河南省"十四五"普通高等教育规划教材
高等院校汽车专业"互联网+"创新规划教材

汽 车 构 造

（第 3 版）

主　编　肖生发　郭一鸣
副主编　张洪飞　杨宗田
参　编　郭建忠　高　伟　康元春
主　审　许洪国

内 容 简 介

本书是湖北汽车工业学院创建的国家精品课程"汽车构造"的配套教材,是河南省"十四五"普通高等教育规划教材。

全书共 21 章,包括总论、汽车发动机构造、汽车底盘构造、新能源汽车、智能网联汽车等内容。

本书的编写特色体现在实用、够用和有新意上;注重理论基础知识与工程实践应用的结合;以基本知识点为纲,结合国内外典型汽车实例介绍汽车的结构与工作原理;以轿车内容为主,介绍近年来已成熟的新结构、新技术。本书对部分汽车零部件做了英文标注。

本书可作为高等院校汽车工程类(车辆工程、汽车服务工程、汽车运用工程、汽车营销、汽车检测与维修等)专业的教材,也可以作为汽车产业工程技术人员的参考用书和汽车爱好者的读本。

图书在版编目(CIP)数据

汽车构造 / 肖生发,郭一鸣主编 . —3 版 . —北京:北京大学出版社,2023.1
高等院校汽车专业"互联网+"创新规划教材
ISBN 978-7-301-33258-0

Ⅰ. ①汽… Ⅱ. ①肖… ②郭… Ⅲ. ①汽车—构造—高等学校—教材 Ⅳ. ①U463

中国版本图书馆 CIP 数据核字(2022)第 144722 号

书 名	汽车构造(第3版) QICHE GOUZAO (DI-SAN BAN)
著作责任者	肖生发 郭一鸣 主编
责 任 编 辑	童君鑫
数 字 编 辑	蒙俞材
标 准 书 号	ISBN 978-7-301-33258-0
出 版 发 行	北京大学出版社
地 址	北京市海淀区成府路 205 号 100871
网 址	http://www.pup.cn 新浪微博:@北京大学出版社
电 子 邮 箱	编辑部 pup6@pup.cn 总编室 zpup@pup.cn
电 话	邮购部 010-62752015 发行部 010-62750672 编辑部 010-62750667
印 刷 者	河北文福旺印刷有限公司
经 销 者	新华书店
	787 毫米×1092 毫米 16 开本 21.25 印张 510 千字 2006 年 8 月第 1 版 2012 年 7 月第 2 版 2023 年 1 月第 3 版 2025 年 6 月第 2 次印刷
定 价	69.00 元

未经许可,不得以任何方式复制或抄袭本书之部分或全部内容。
版权所有,侵权必究
举报电话:010-62752024 电子邮箱:fd@pup.cn
图书如有印装质量问题,请与出版部联系,电话:010-62756370

第 3 版前言

本书是北京大学出版社出版的《汽车构造》的第 3 版。本书是湖北汽车工业学院创建的国家精品课程"汽车构造"的配套教材和河南省"十四五"普通高等教育规划教材。

本书在保持第 2 版的基本体系和内容的基础上，主要在以下方面进行了修改。

（1）调整了部分章节内容。如删除化油器相关内容，合并第 2 版的第 4 章和第 5 章，组成"汽油机燃料供给系统"；合并第 2 版的第 6 章和第 7 章，组成"柴油机燃料供给系统"；将第 2 版的第 9 章分立为"冷却系统"和"润滑系统"；将第 2 版的第 21 章重新编写后，调整至第 10 章。

（2）改写了各章节内容。根据教学实践，在满足基本教学需要的基础上，精选了教学内容。

（3）增加了"智能网联汽车简介"一章。随着汽车新技术的不断涌现，为拓展学生知识面，增加了此部分内容。

本书编写特色体现在实用、够用和有新意上；注重理论基础知识与工程实践应用的结合；以基本知识点为纲，结合国内外典型汽车实例介绍汽车的结构与工作原理；以轿车内容为主，介绍近年来已成熟的新结构、新技术。本书对部分汽车零部件做了英文标注。

本书可作为高等院校汽车工程类各专业的教材，也可作为汽车产业工程技术人员的参考用书和汽车爱好者的读本。

本书由信阳学院肖生发教授、湖北汽车工业学院郭一鸣教授担任主编，黄淮学院张洪飞教授、河南工业大学杨宗田副教授担任副主编，参与编写的有武汉科技大学的郭建忠教授，湖北汽车工业学院的高伟副教授、康元春副教授。全书由肖生发统稿，吉林大学交通学院许洪国教授任主审。全书英文标注由郭一鸣编写。

本书链接了丰富的数字资源，读者可以利用移动设备扫描书中的二维码进行在线学习。

为帮助读者巩固汽车构造知识，读者可参考使用北京大学出版社出版的《汽车构造学习指导与习题详解》。

因编者水平有限，书中疏漏之处在所难免，恳切希望使用本书的广大读者提出修改意见。

编　者
2022 年 8 月

【资源索引】

目 录

总论 ……………………………… 1
  0.1 汽车工业发展概况 …………… 1
  0.2 汽车的组成及分类 …………… 6
  思考题 ………………………………… 12

第1章 汽车发动机的基本知识 … 13
  1.1 概述 …………………………… 13
  1.2 四冲程发动机的工作原理 …… 16
  1.3 发动机的总体构造与产品型号
      编制规则 ……………………… 20
  思考题 ………………………………… 23

第2章 曲柄连杆机构 …………… 24
  2.1 概述 …………………………… 24
  2.2 机体组 ………………………… 25
  2.3 活塞连杆组 …………………… 30
  2.4 曲轴飞轮组 …………………… 35
  2.5 发动机的悬置 ………………… 41
  思考题 ………………………………… 41

第3章 配气机构 ………………… 42
  3.1 概述 …………………………… 42
  3.2 配气机构的组成 ……………… 48
  3.3 可变配气机构 ………………… 53
  思考题 ………………………………… 54

第4章 汽油机燃料供给系统 …… 55
  4.1 概述 …………………………… 55
  4.2 电控汽油喷射系统 …………… 62
  4.3 汽油缸内直喷系统 …………… 79
  思考题 ………………………………… 82

第5章 柴油机燃料供给系统 …… 83
  5.1 概述 …………………………… 83
  5.2 喷油器 ………………………… 86
  5.3 喷油泵 ………………………… 89
  5.4 调速器 ………………………… 96
  5.5 柴油供给装置 ………………… 100
  5.6 共轨柴油喷射系统 …………… 104
  思考题 ………………………………… 110

**第6章 进、排气装置及排气净化
      装置** ……………………… 111
  6.1 进、排气装置 ………………… 112
  6.2 汽车发动机增压 ……………… 118
  6.3 排气净化装置 ………………… 123
  思考题 ………………………………… 127

第7章 冷却系统 ………………… 128
  7.1 概述 …………………………… 128
  7.2 主要部件及冷却液 …………… 131
  思考题 ………………………………… 137

第8章 润滑系统 ………………… 138
  8.1 概述 …………………………… 138
  8.2 主要部件及润滑剂 …………… 141
  思考题 ………………………………… 147

第9章 点火系统与起动系统 …… 148
  9.1 点火系统概述 ………………… 148
  9.2 传统点火系统 ………………… 149
  9.3 电子点火系统和微机控制点火
      系统 …………………………… 155
  9.4 起动系统 ……………………… 157
  9.5 汽车供电装置 ………………… 160
  思考题 ………………………………… 163

第10章 新能源汽车简介 ……… 164
  10.1 新能源汽车的定义 ………… 164
  10.2 纯电动汽车 ………………… 165
  10.3 混合动力电动汽车 ………… 170
  10.4 燃料电池电动汽车 ………… 173
  思考题 ………………………………… 175

第11章 汽车底盘的基本知识 … 176
  11.1 汽车底盘的组成 …………… 176
  11.2 汽车布置形式 ……………… 177
  11.3 汽车的主要技术参数 ……… 179
  思考题 ………………………………… 180

第12章 离合器 ………………… 181
  12.1 概述 ………………………… 181

12.2 摩擦离合器 …… 184
12.3 离合器操纵机构 …… 186
思考题 …… 188

第 13 章 变速器与同步器 …… 189
13.1 概述 …… 189
13.2 变速器的变速传动机构 …… 192
13.3 同步器 …… 197
13.4 变速器的操纵机构 …… 199
思考题 …… 203

第 14 章 自动变速器 …… 204
14.1 概述 …… 204
14.2 液力耦合器和液力变矩器 …… 206
14.3 行星齿轮变速器 …… 210
14.4 无级自动变速器 …… 216
14.5 机械式自动变速器 …… 219
14.6 双离合器自动变速器 …… 220
思考题 …… 223

第 15 章 万向传动装置 …… 224
15.1 概述 …… 224
15.2 万向节 …… 225
15.3 传动轴和中间支承 …… 229
思考题 …… 230

第 16 章 驱动桥 …… 231
16.1 概述 …… 231
16.2 主减速器 …… 233
16.3 差速器 …… 235
16.4 半轴与驱动桥壳 …… 242
思考题 …… 243

第 17 章 车架、车桥和车轮 …… 244
17.1 概述 …… 244
17.2 车架 …… 245
17.3 车桥 …… 247
17.4 车轮与轮胎 …… 252

思考题 …… 258

第 18 章 悬架 …… 259
18.1 概述 …… 259
18.2 弹性元件 …… 261
18.3 液力减振器 …… 263
18.4 非独立悬架 …… 264
18.5 独立悬架 …… 267
18.6 电子控制悬架系统 …… 270
思考题 …… 274

第 19 章 汽车转向系统 …… 276
19.1 概述 …… 276
19.2 机械转向系统 …… 280
19.3 液压动力转向系统 …… 283
19.4 电子控制动力转向系统 …… 286
19.5 四轮转向系统与线控转向系统 …… 289
思考题 …… 292

第 20 章 汽车制动系统 …… 293
20.1 概述 …… 293
20.2 制动器 …… 295
20.3 液压制动系统 …… 301
20.4 驻车制动系统 …… 305
20.5 制动防抱死系统 …… 307
20.6 电子稳定性控制系统 …… 311
思考题 …… 313

第 21 章 智能网联汽车简介 …… 314
21.1 智能网联汽车的定义 …… 314
21.2 智能网联汽车技术 …… 315
21.3 汽车智能化技术 …… 318
21.4 汽车网联化技术 …… 323
思考题 …… 326

参考文献 …… 327

附录 AI 伴学内容及提示词 …… 329

总　　论

汽车这一"改变世界的机器",在20世纪极大地影响了人类社会的发展,创造了辉煌。在21世纪,汽车仍然是主要的交通工具,同样与社会、经济与生活密不可分。学习汽车构造,将为我们的工作和生活奠定基础。

要求学生了解国内外汽车工业发展情况;掌握汽车的组成、分类及汽车编号规则;了解车辆识别代号。

百余年来,汽车改变着世界。发达国家(如美国、日本、德国、法国等)都把汽车产业作为国民经济的支柱产业,汽车产业极大地促进了经济的快速发展。近年来,随着我国经济的不断发展,汽车产业有了长足的进步。汽车产业对我国经济的促进作用越来越明显,其势头有增无减,同样成为我国国民经济的支柱产业。

0.1　汽车工业发展概况

0.1.1　世界汽车工业的发展

现代汽车是以内燃机为动力作标志的。1886年1月29日,德国工程师卡尔·本茨(Karl Benz)的一辆带煤气发动机的三轮汽车(图0.1)获得德国皇家专利局第37435号专利证书,宣告现代汽车诞生。同年,德国人戈特利布·戴姆勒(Gottlieb Daimler)制成了四轮内燃机汽车(图0.2)。

自卡尔·本茨制造出第一辆三轮汽车后,德国的汽车公司大量涌现。戴姆勒-奔驰公司（2022年2月1日更名为梅赛德斯-奔驰集团股份公司）是世界上历史最悠久的汽车公司。其前身奔驰汽车厂成立于1886年，戴姆勒公司成立于1890年，两家公司于1926年合并为戴姆勒-奔驰汽车公司。

汽车工业是19世纪后期在欧洲产生的，当时西欧是世界上唯一的汽车生产地。进入20世纪后汽车生产传到美国，并在底特律集中了一批工匠，形成美国制造中心。1908年10月1日，美国底特律开始生产一种以"福特"命名的汽车，型号为T型（图0.3）。福特汽车公司创造了用大批量生产的部件在流水线上组装汽车的先进生产模式，标志着一个新的工业时代的到来，带动了全球汽车产业的发展。很快，美国取代欧洲成为世界汽车产业中心，产品销往全世界。至20世纪60年代，美国生产的汽车占世界总量的70%～80%。

图0.1　卡尔·本茨的三轮汽车

图0.2　戈特利布·戴姆勒的四轮汽车

"甲壳虫"型汽车（图0.4）于1939年8月正式投产，此后取得极大的成功。它打破了福特T型汽车的产量纪录，至2019年7月停产，累计生产突破2250万辆。

图0.3　美国1908年福特T型汽车

图0.4　大众1939年"甲壳虫"型汽车

20世纪50年代，欧洲经济恢复快速发展，到70年代，欧洲（指当时欧共体）汽车产量可以与美国抗衡。同时，日本汽车工业高速发展，到20世纪80年代，形成美国、西欧（主要是英国、法国、德国、意大利四国）、日本三足鼎立之势，世界汽车产业由一个中心变成三个中心，各自的实力基本相当，世界其他地方的汽车产业无不与这三大中心有关。

20世纪末，汽车企业兼并重组浪潮给世界汽车产业的影响在于：在世界范围内汽车企业更集中，形成六大汽车集团和为数不多的独立企业，全球化和自由化表现得更明显。进入21世纪，汽车生产的格局发生了重大变化，中国汽车生产呈迅猛发展之势，汽车产量不断上升，2009年，中国汽车产量居世界第一位。2013年，中国成为全球首个汽车销量破 2000 万辆大关的国家。2021 年，中国汽车产量 2608.2 万辆、销量 2627.5 万辆，连续 13 年蝉联世界第一。由此看来，全球汽车产销中心正向中国转移。

图 0.5 所示为 2019 年全球销量前十品牌的汽车销量及变化。图 0.6 所示为 2015—2021 年中国新能源汽车产量的增长情况。

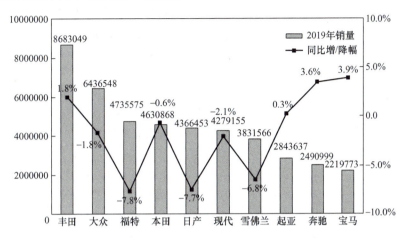

图 0.5　2019 年全球销量前十品牌汽车的销量及变化
（来源：新浪汽车）

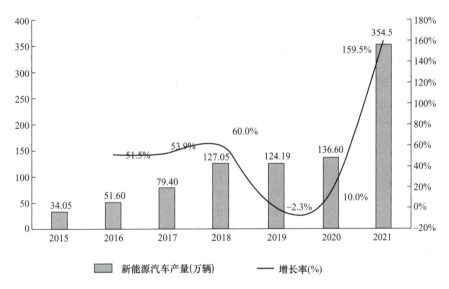

图 0.6　2015—2021 年全球汽车产量的增长情况
（来源：中国报告网，整理：观研天下）

汽车是一部复杂的机器，其生产制造离不开其他行业，汽车产业的发展又会拉动相关行业的发展。汽车生产的原材料包括钢铁、有色金属、工程塑料、橡胶、玻璃、纺织品、木材、涂料等众多材料；汽车制造涉及冶金、机械制造、化工、电子、电力、石油、轻工业等工业部门；汽车后市场涉及汽车的销售、金融、商业、运输、旅游、服务等第三产业。汽车产业的发展带动着整个国民经济的快速发展。

现代汽车已发展成为高新科技产品,计算机技术、现代设计理论、现代测试手段、新材料、新工艺、新技术等诸多方面的成就在汽车上大量应用,可以说汽车也是科学技术发展水平的标志。特别是微电子技术在汽车上的应用,大大改善和提高了汽车的性能。例如,电子控制的发动机点火系统和供油系统、缸内直喷技术、电子节气门技术、柴油机共轨电控燃料喷射技术、可变涡轮增压技术、变速器的电子控制系统、电子驱动力调节系统(ETS)、防抱死制动系统(ABS)、智能悬架、速度感应式转向系统(SSS)、电子车厢温度调节系统、电控防撞安全系统、电子防盗系统、全球定位系统(GPS)等。现代汽车技术正朝着安全、环保、节能方向发展。

0.1.2　中国汽车工业的发展

中华人民共和国成立后,改变了以前没有汽车制造业的历史,中国汽车工业得以逐步建立和发展。

第一汽车制造厂于1953年奠基,1956年,从第一汽车制造厂流水装配线上开出第一辆解放牌汽车(图0.7)。之后,成立了南京汽车制造厂、北京汽车制造厂等。

第二汽车制造厂是在"独立自主、自力更生"方针指引下建设的,于1964年开始筹建,选址在湖北省西北部山区(现在的十堰市),1966年开始动工,1978年开始批量投产,主要产品是中国人自己开发的载重5t的东风牌载货汽车(图0.8)。

图0.7　第一辆解放牌汽车　　　　图0.8　载重5t的东风牌载货汽车

1984年,第一家整车制造合资公司,由北京汽车制造厂与美国克莱斯勒公司共同投资的轿车生产企业诞生。从此,一大批合资公司在中国诞生。20世纪80年代中期,中国汽车产业初步实现与世界产业的接轨。90年代,中国社会经济制度发生了从中央统一计划经济向社会主义市场经济的重大转变,并且开始融入国际经济大循环。2001年,我国加入世界贸易组织(WTO)的谈判取得成功。中国的汽车工业逐渐走上国际化大循环的道路。

自1994年《汽车工业产业政策》发布并执行以来,中国汽车工业有了长足发展,企业生产规模、汽车产销量、产品品种、技术水平、市场集中度均有显著进步。进入21世纪,国内外环境发生了深刻变化,中国汽车工业既有良好的发展机遇,又面临着严峻的挑战,同时一些深层次的矛盾和问题也逐渐暴露出来。要促进汽车工业健康发展,需要有一个具有创新性、前瞻性、科学性,并具有指导意义的产业政策。国家发展和改革委员会于2004年6月1日正式颁布实施《汽车产业发展政策》。

1992年,我国汽车年总产量突破100万辆,到2000年,汽车年总产量达到200万辆,此间增长100万辆用了8年。进入21世纪,我国汽车年总产量迅猛增加,100万辆的增长幅度不超过1年。图0.9所示为2006—2016年我国汽车产销情况。

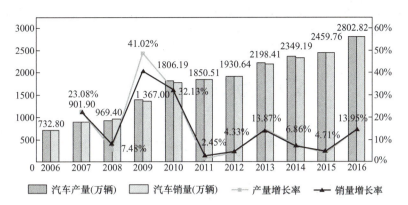

图 0.9　2006—2016 年我国汽车产销情况
（来源：中国报告网，整理：观研天下）

1984—2005 年，我国汽车年总产量由 31.6 万辆提高到 570 万辆，21 年增长约 17 倍；其中乘用车由 0.6 万辆提高到 393 万辆，21 年增长 654 倍。2009 年，中国汽车产销量均超过 1300 万辆，2014 年，中国汽车产销量均超过 2300 万辆，5 年间汽车产销增长 1000 万辆，中国已经成为世界汽车生产和销量第一大国。表 0-1 列出了 2015—2020 年我国汽车销量情况。图 0.10 所示为 2006—2016 年我国汽车保有量及城镇化率情况。

表 0-1　2015—2020 年我国汽车销量情况

年份	2015	2016	2017	2018	2019	2020
汽车销量	2459.76	2802.8	2887.89	2808.06	2576.9	2531.1
同比增长/（%）	4.68	13.7	3.04	−2.76	−8.2	−1.9

图 0.10　2006—2016 年我国汽车保有量及城镇化率情况
（来源：中国报告网，整理：观研天下）

汽车工业是我国的支柱产业之一，在国民经济中占据重要地位。加入 WTO 以来，我国汽车工业正逐步融入世界汽车制造业体系，并进入了发展的黄金时期。快速成长的国内市场和较低的生产成本，吸引了全球汽车产业资源向中国聚集。2009 年，中国正式跃居世界第一大汽车产销国。2009—2021 年，中国已经连续 13 年雄踞全球汽车产销量榜首。

在总体发展目标上，我国要在20年左右的时间里不但成为世界上最大的汽车生产国，而且努力成为汽车技术强国之一。

0.2　汽车的组成及分类

按照 GB/T 3730.1—2001《汽车和挂车类型的术语和定义》，汽车是由动力驱动，具有四个或四个以上车轮的非轨道承载的车辆，主要用于载运人员和（或）货物，牵引载运人员和（或）货物的车辆，以及特殊用途。

0.2.1　汽车的组成

现代汽车至少由上万个零件装配而成，而且型号很多，用途与构造各异，但从汽车的整体构造而言，任何一辆汽车都包括四大组成部分：发动机、底盘、车身和电气设备。图0.11所示为汽车的总体构造。

(a) 车身

(b) 发动机和底盘

图0.11　汽车的总体构造

1. 发动机（engine）

发动机是汽车的动力装置，其作用是使供入其中的燃料经过燃烧而变成热能，并转换为动能，通过底盘的传动系统驱动汽车行驶。

2. 底盘（chassis）

底盘用来支承车身，接受发动机产生的动力，并保证汽车能够正常行驶。底盘本身又可分为传动系统、行驶系统、转向系统和制动系统四部分。

3. 车身（body）

车身用来乘坐驾驶人、旅客或装载货物。乘用车的车身一般为整体结构；载货汽车的车身则包括车头、驾驶室与车厢三部分。

4. 电气设备（electrical device）

电气设备包括电源、发动机起动系统及汽车照明等用电设备。在强制点火的发动机中还包括发动机的点火系统。

以上所述是当前大多数汽车的总体构造。为了适应不同使用要求及改善汽车某些方面的使用性能，汽车的总体构造和布置形式可进行某些变动。汽车结构的发展过程是不断出现矛盾和解决矛盾的过程。因此，在研究汽车总体和部件的构造时，应看到它们只是解决汽车在使用、制造过程中出现的一系列矛盾的结果，其结构形式不是一成不变的。

0.2.2 汽车的分类

国家标准 GB/T 3730.1—2001《汽车和挂车类型的术语和定义》参照国际惯例，将汽车分类由原来的轿车、客车、载货汽车等类型，分为乘用车、商用车两大类，常说的轿车归属乘用车，载货汽车、客车归属商用车。乘用车（不超过9座）分为普通乘用车、活顶乘用车、高级乘用车、小型乘用车、敞篷车、仓背乘用车、旅行车、多用途乘用车、短头乘用车、越野乘用车和专用乘用车共11类；商用车分为客车、半挂牵引车和货车共3类。客车细分为小型客车、城市客车、长途客车、旅游客车、铰接客车、无轨电车、越野客车和专用客车；货车细分为普通货车、多用途货车、全挂牵引车、越野货车、专用作业车和专用货车。

1. 乘用车（passenger car）

乘用车（表0-2）是指在其设计和技术特性上主要用于载运乘客及其随身行李和（或）临时物品的汽车，包括驾驶员座位在内最多不超过9个座位。它也可以牵引一辆挂车。

表0-2 乘用车（部分）分类

分 类	定 义	图 例
普通乘用车 saloon（sedan）	封闭式车身。固定式车顶（顶盖），硬顶。有的顶盖一部分可以开启。4个或4个以上座位，至少2排。2个或4个侧门，可有一后开启门	
活顶乘用车 convertible saloon	具有固定侧围框架的可开启式车身。车顶为硬顶或软顶，至少有两个位置：①封闭；②开启或拆除。4个或4个以上座位，至少2排。2个或4个侧门。4个或4个以上侧窗	
高级乘用车 pullman saloon （pullman sedan） （executive limousine）	封闭式车身。前后座之间可以设有隔板。固定式硬顶。有的顶盖一部分可以开启。4个或4个以上座位，至少2排。4个或6个侧门，也可有一个后开启门。6个或6个以上侧窗	
小型乘用车 coupé	封闭式车身，通常后部空间较小。固定式硬顶。有的顶盖一部分可以开启。2个或2个以上的座位，至少一排。2个侧门，也可有一个后开启门。2个或2个以上侧窗	
敞篷车 convertible （open tourer） （roadster）（spider）	可开启式车身。车顶可为软顶或硬顶，至少有两个位置：①遮覆车身；②车顶卷收或可拆除。2个或2个以上的座位，至少一排。2个或4个侧门。2个或2个以上侧窗	
仓背乘用车 hatchback	封闭式车身，侧窗中柱可有可无。固定式硬顶。有的顶盖一部分可以开启。4个或4个以上座位，至少两排。后座椅可折叠或可移动，以形成一个装载空间。2个或4个侧门，车身后部有一仓门	

续表

分 类	定 义	图 例
旅行车 station wagon	封闭式车身。车尾外形按可提供较大的内部空间设计。固定式硬顶。有的顶盖一部分可以开启。4个或4个以上座位，至少2排。座椅的一排或多排可拆除，或装有向前翻倒的座椅靠背，以提供装载平台。2个或4个侧门，并有一后开启门。4个或4个以上侧窗	
多用途乘用车 multipurpose passenger car	上述车辆以外的，只有单一车室载运乘客及其行李或物品的乘用车	
越野乘用车 off-road passenger car	在其设计上所有车轮同时驱动或其几何特性、技术特性和它的性能允许在非道路上行驶的一种乘用车	

2. 商用车（commercial vehicle）

商用车（表0-3）是指在设计和技术特性上用于运送人员和货物的汽车，并且可以牵引挂车。

表0-3 商用车（部分）分类

分 类	定 义	图 例
小型客车 minibus	用于载运乘客，除驾驶人座位外，座位数不超过16座的客车	
城市客车 city-bus	一种为城市内运输而设计和装备的客车。这种车辆设有座椅及站立乘客的位置，并有足够的空间供频繁停站时乘客上下车走动用	
长途客车 interurban coach	一种为城间运输而设计和装备的客车。这种车辆没有专供乘客站立的位置，但在其通道内可载运短途站立的乘客	
旅游客车 touring coach	一种为旅游而设计和装备的客车。这种车辆的布置要确保乘客的舒适性，不载运站立的乘客	
铰接客车 articulated bus	一种由两节刚性车厢铰接组成的客车。在这种车辆上，两节车厢是相通的，乘客可通过铰接部分在两节车厢之间自由走动	
半挂牵引车 semi-trailer towing vehicle	装备有特殊装置用于牵引半挂车的商用车辆	

续表

分 类	定 义	图 例
普通货车 general purpose goods vehicle	一种在敞开（平板式）或封闭（厢式）载货空间内载运货物的货车	
多用途货车 multipurpose goods vehicle	在其设计和结构上主要用于载运货物，但在驾驶人座椅后带有固定或折叠式座椅，可运载3个以上的乘客的货车	
越野货车 off-road goods vehicle	在其设计上所有车轮同时驱动或其几何特性、技术特性和它的性能允许在非道路上行驶的一种车辆	

汽车的分类方法很多，按所用原动机类型可分为热力机汽车和电动机汽车两类，而热力机可分为外燃机和内燃机，电动机可按电源类型分为蓄电池、燃料电池和太阳能电池。目前，常用的汽车按燃料种类分为汽油机汽车、柴油机汽车和其他燃料（压缩天然气、液化石油气、醇类、氢气等）汽车。

0.2.3 汽车代号

我国车辆识别代号（vehicle identification number，VIN）是由原机械工业部1996年12月25日发布，从1997年1月1日起实施的。车辆识别代号中含有车辆的制造厂家、生产年代、车型、车身形式、发动机及其他装备的信息。它是由17位字母、数字组成的编码，经过排列组合，可以使30年内生产的任何两辆车不会发生重号现象，具有对车辆的唯一识别性，故称其为"汽车身份证"。车辆识别代号是汽车管理、汽车营销、汽车维修和配件采购的重要依据。

对于年产量大于或等于1000辆的完整车辆和/或非完整车辆制造厂，车辆识别代号如图0.12所示。

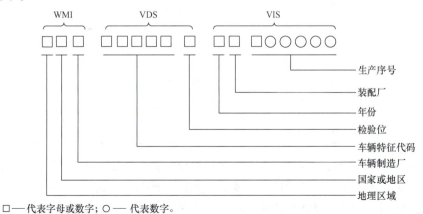

图0.12 年产量大于或等于1000辆的完整车辆和/或非完整车辆制造厂车辆识别代号结构示意图

对于年产量小于 1000 辆的完整车辆和/或非完整车辆制造厂，车辆识别代号如图 0.13 所示。

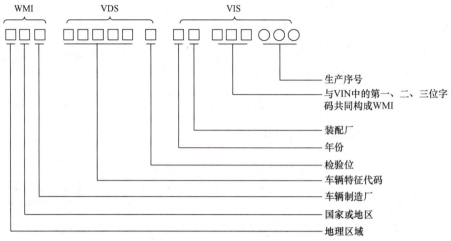

□——代表字母或数字；○——代表数字。

图 0.13　年产量小于 1000 辆的完整车辆和/或非完整车辆制造厂车辆识别代号结构示意图

车辆识别代号由三部分组成：第一部分，世界制造厂识别代号（world manufacturer identifier，WMI）；第二部分，车辆说明部分（vehicle descriptor section，VDS）；第三部分，车辆指示部分（vehicle indicator section，VIS）。其具体内容参见 GB 16735—2019《道路车辆　车辆识别代号（VIN）》。

第一部分——世界制造厂识别代号，由三位字码组成。第一位字码是标明一个地理区域的字母或数字；第二位字码是标明一个特定地区内的一个国家的字母或数字（表 0-4）；第一位和第二位字码的组合将能保证国家识别标志的唯一性；第三位字码是标明某个特定的制造厂的字母或数字。第一、二、三位字码的组合能保证制造厂识别标志的唯一性。对于年产量小于 1000 辆的制造厂，第三位字码为数字 9。WMI 应符合 GB 16737—2019《道路车辆　世界制造厂识别代号（WMI）》的标准。

表 0-4　国家或地区的字码

代　码	国家或地区	代　码	国家或地区	代　码	国家或地区
1	美国	W	德国	V	法国
2	加拿大	T	瑞士	R	中国台湾
3	墨西哥	J	日本	Y	瑞典
4	美国	S	英国	Z	意大利
6	澳大利亚	K	韩国		
9	巴西	L	中国		

第二部分——车辆说明部分，由六位字码组成，如果制造厂不用其中的一位或几位字码，应在该位置填入制造厂选定的字母或数字占位。此部分的前五位字码应对车型特征进行描述，其代码及顺序由制造厂决定，最后一位字码为检验码。

第三部分——车辆指示部分，由八位字码组成，其最后三位字码应是数字。此部分的第一位字码指示年份,年份代码按表 0-5 规定使用。第二位字码代表装配厂。如果制造厂生产的某种类型的车辆年产量大于或等于 1000 辆,此部分的第三至第八位字码表示生产顺序号;如果制造厂的年产量小于 1000 辆,则此部分的第三、四、五位字码应与第一部分的三位字码一同表示一个车辆制造厂,第六、七、八位用来表示生产顺序号。

表 0-5 标示年份的字码

年 份	代 码	年 份	代 码	年 份	代 码	年 份	代 码
2001	1	2011	B	2021	M	2031	1
2002	2	2012	C	2022	N	2032	2
2003	3	2013	D	2023	P	2033	3
2004	4	2014	E	2024	R	2034	4
2005	5	2015	F	2025	S	2035	5
2006	6	2016	G	2026	T	2066	6
2007	7	2017	H	2027	V	2037	7
2008	8	2018	J	2028	W	2038	8
2009	9	2019	K	2029	X	2039	9
2010	A	2020	L	2030	Y	2040	A

车辆识别代号中仅能采用下列阿拉伯数字和大写英文字母(字母 I、O 和 Q 不能使用)。
1 2 3 4 5 6 7 8 9 0
A B C D E F G H J K L M N P R S T U V W X Y Z
我国乘用车的车辆识别代号大多可以在仪表板左侧、风窗玻璃下面找到。

(1) 示例 1:第一汽车集团公司生产的红旗牌轿车车辆识别代号中各代码(号)含义。

①	②	③	④	⑤	⑥	⑦	⑧	⑨	⑩	⑪	⑫	⑬	⑭	⑮	⑯	⑰
L	F	P	H	5	A	B	A	2	W	8	0	0	4	3	2	1

① 生产国别,L 代表中国;② 制造厂商,F 代表一汽;③ 车型类型,P 代表轿车;④ 车辆品牌,H 代表红旗牌;⑤ 发动机排量,5 代表 2.1~2.5L;⑥ 发动机类型及其驱动形式,A 代表汽油机,前置、前轮驱动;⑦ 车身形式,B 代表四门折背式;⑧ 安全保护装置,A 代表手动安全带;⑨ 工厂检验数字;⑩ 生产车款年型,W 代表 1998;⑪ 生产装配工厂,8 代表第一轿车厂;⑫~⑰ 工厂生产顺序号。

(2) 示例 2:东风本田汽车有限公司生产的本田汽车车辆识别代号中各代码(号)含义。

①	②	③	④	⑤	⑥	⑦	⑧	⑨	⑩	⑪	⑫	⑬	⑭	⑮	⑯	⑰
L	V	H	R	W	2	8	9	*	J	5	0	0	0	0	0	1

①~③ 制造商代码,东风本田汽车有限公司(中国制造);④~⑥ 车身类型,CR-V 1500 DOHC VTEC TURBO 4WD ⑦ 车身形式与变速器说明,8 代表五门、无级变速;⑧ 安全保护装置,等级代码;⑨ 工厂检验数字;⑩ 生产车款年型,J 代表 2018;⑪ 生产装配工厂,5 代表中国武汉工厂;⑫~⑰ 工厂生产顺序号。

1. 汽车产业为何能成为发达国家国民经济的支柱产业?
2. 你认为汽车对人类产生了哪些影响?
3. 我国汽车产业是如何发展变化的?
4. 谈谈你对我国汽车产业发展的看法。
5. 汽车由哪几部分组成?各部分的功用如何?
6. 汽车按用途分为哪些类型?
7. 车辆识别代号有何意义?

第 1 章 汽车发动机的基本知识

发动机是将某一种形式的能量转换为机械能的机器,是汽车的动力之源,被称为汽车的心脏。本章重点介绍发动机的分类、术语、工作原理、总体构造。

要求学生掌握发动机的分类和基本术语;重点掌握四冲程发动机的工作原理;熟悉发动机的总体构造,以及国产发动机编号规则。

1.1 概　　述

发动机(engine)是将某一种形式的能量转换为机械能的机器。发动机为汽车提供动力。发动机还广泛应用于交通运输机械、农业机械、工程机械和发电机组等。

1.1.1　发动机的分类

发动机是汽车的动力源。汽车发动机大多是热能动力装置,简称热力机。热力机借助工质的状态变化将燃料燃烧产生的热能转换为机械能。

热力机分内燃机和外燃机两种。直接以燃料燃烧所生成的燃烧产物为工质的热力机为内燃机,反之则为外燃机。内燃机包括活塞式内燃机和燃气轮机。外燃机则包括蒸汽机、汽轮机和热气机(也称斯特林发动机)等。内燃机与外燃机相比,具有结构紧凑、体积小、质量轻和容易起动等优点。因此,内燃机尤其是活塞式内燃机被广泛地用作汽车的动力装置。本书后面涉及的发动机内容,主要指活塞式内燃机。

【发动机】

活塞式内燃机按不同的特征可进行如下分类。

（1）按活塞运动方式的不同，将其分为往复活塞式内燃机和旋转活塞式内燃机。前者活塞在气缸内做往复直线运动，后者活塞在气缸内做旋转运动。旋转活塞式发动机（也称转子发动机），主要在日本马自达乘用车上应用。由于往复活塞式发动机应用广泛，本书内容以往复活塞式发动机为主。

（2）根据所用燃料种类的不同，将其分为汽油机、柴油机和气体燃料发动机。以汽油或柴油为燃料的活塞式内燃机分别称为汽油机或柴油机。使用天然气、液化石油气和其他气体燃料的活塞式内燃机称为气体燃料发动机。汽油和柴油都是石油制品，是汽车发动机的传统燃料。非石油燃料称为代用燃料。燃用代用燃料的发动机称为代用燃料发动机，如乙醇发动机、氢气发动机、甲醇发动机等。

（3）按冷却方式的不同，将其分为水冷式内燃机和风冷式内燃机。以水或冷却液为冷却介质的称为水冷式内燃机，而以空气为冷却介质的则称为风冷式内燃机。

（4）按在一个工作循环期间活塞往复运动的行程数，将其分为四冲程内燃机和二冲程内燃机。在一个工作循环中活塞往复四个行程的内燃机称为四冲程往复活塞式内燃机，而活塞往复两个行程完成一个工作循环的则称为二冲程往复活塞式内燃机。

（5）按进气状态不同，将其分为增压内燃机和非增压内燃机。若进气是在接近大气状态下进行的，称为非增压内燃机或自然吸气式内燃机；若利用增压器增高进气压力，使进气密度增大，则称为增压内燃机。

（6）根据气缸布置形式的不同，将其分为L型（直列式）内燃机、V型内燃机、斜置式内燃机和对置式内燃机等。

1.1.2　发动机的基本结构与术语

1. 发动机的基本结构

单缸发动机的基本结构如图1.1所示。它由气缸10、活塞8、连杆7、曲轴3、气缸盖11、机体、凸轮轴16、进气门25、排气门15、气门弹簧、曲轴同步带轮4等组成。

【转子发动机】

往复活塞式内燃机的工作腔称作气缸，气缸内表面为圆柱形。在气缸内做往复运动的活塞通过活塞销与连杆的一端铰接，连杆的另一端则与曲轴相连，构成曲柄连杆机构。活塞在气缸内做往复运动时，连杆推动曲轴旋转，或者相反。同时，气缸的容积在不断地由小变大，再由大变小，如此循环不已。气缸的顶端用气缸盖封闭。气缸盖上装有进气门和排气门。通过进、排气门的开闭实现向气缸内充气和向气缸外排气。进、排气门的开闭由凸轮轴驱动。凸轮轴由曲轴通过同步带或齿轮驱动。构成气缸的零件称作气缸体，曲轴在曲轴箱内转动。

2. 发动机的基本术语

以图1.2为例说明发动机的一些基本术语。

（1）工作循环。工作循环是由进气（intake）、压缩（compression）、做功（power）和排气（exhaust）四个工作过程组成的封闭过程。

汽车发动机的基本知识 第1章

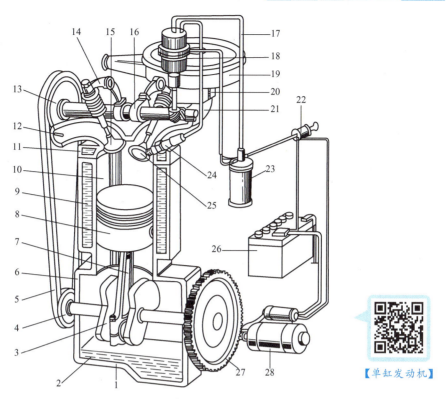

1—油底壳；2—机油；3—曲轴；4—曲轴同步带轮；5—同步带；6—曲轴箱；7—连杆；8—活塞；
9—水套；10—气缸；11—气缸盖；12—排气管；13—凸轮轴同步带轮；14—摇臂；15—排气门；
16—凸轮轴；17—高压线；18—分电器；19—空气滤清器；20—化油器；21—进气管；
22—点火开关；23—点火线圈；24—火花塞；25—进气门；
26—蓄电池；27—飞轮；28—起动机

图 1.1 单缸发动机的基本结构

（2）上、下止点。活塞顶离曲轴回转中心最远处为上止点（top dead center, TDC）；活塞顶离曲轴回转中心最近处为下止点（bottom dead center, BDC）。活塞从一个止点运动至另一个止点的过程称为行程（stroke）。

（3）活塞行程（piston stroke）。上、下止点间的距离 S 称为活塞行程。曲轴的回转半径 R 称为曲柄半径。显然，曲轴每回转一周，活塞移动两个活塞行程。对于气缸中心线通过曲轴回转中心的内燃机，有 $S=2R$。

（4）气缸工作容积。上、下止点间所包容的气缸容积称为气缸工作容积（swept volume），记作 V_S，单位为 L。

$$V_S = \frac{\pi D^2}{4\times 10^6} \cdot S$$

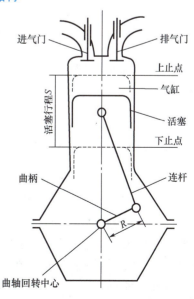

图 1.2 往复活塞式内燃机示意图

15

式中：D——气缸直径（mm）；

S——活塞行程（mm）。

（5）发动机排量。发动机所有气缸工作容积的总和称为发动机排量（engine displacement），记作 V_L，单位为 L。

$$V_L = i \cdot V_S$$

【往复活塞式内燃机】

式中：i——气缸数；

V_S——气缸工作容积（L）。

（6）燃烧室容积。活塞位于上止点时，活塞顶面以上气缸盖底面以下所形成的空间称为燃烧室，其容积称为燃烧室容积（clearance volume），也称压缩容积，记作 V_C，单位为 L。

（7）气缸总容积。气缸工作容积与燃烧室容积之和称为气缸总容积，记作 V_a，单位为 L。

$$V_a = V_S + V_C$$

（8）压缩比。气缸总容积与燃烧室容积之比称为压缩比（compression ratio），记作 ε。

$$\varepsilon = \frac{V_a}{V_C} = 1 + \frac{V_S}{V_C}$$

压缩比的大小表示活塞由下止点运动到上止点时，气缸内的气体被压缩的程度。压缩比越大，压缩终了时气缸内的气体压力和温度就越高。一般车用汽油机的压缩比为 8～11；柴油机的压缩比为 16～22。

1.2　四冲程发动机的工作原理

往复活塞式内燃机所用的燃料主要是汽油（gasoline）或柴油（diesel）。由于汽油和柴油具有不同的性质，因而在发动机的工作原理和结构上也有所差异。

1.2.1　四冲程汽油机的工作原理

汽油机是将空气与汽油以一定的比例混合成良好的混合气，在进气行程被吸入气缸，混合气经压缩点火燃烧而产生热能，高温高压的气体作用于活塞顶部，推动活塞做往复直线运动，通过连杆、曲轴飞轮机构对外输出机械能。四冲程汽油机在进气行程、压缩行程、做功行程和排气行程内完成一个工作循环。

以气缸容积 V 为横坐标、气缸内气体压力 p 为纵坐标构成示功图（图 1.3），表示活塞在不同位置时各个行程中 p 与 V 的变化关系。下面结合示功图来说明汽油机的工作过程。

1. 进气行程（intake stroke）

活塞在曲轴的带动下由上止点移至下止点。此时进气门开启，排气门关闭，曲轴转动 180°。在活塞移动过程中，气缸容积逐渐增大，气缸内气体压力从 p_r 逐渐降低到 p_a，气缸内形成一定的真空度，空气和汽油的混合气通过进气门被吸入气缸，并在气缸内进一步混合形成可燃混合气。由于进气系统存在阻力，进气终点［图 1.3(a) 中 a 点］气缸内气体压力小于大气压力 p_0，即 $p_a = (0.80～0.90) p_0$。进入气缸内的可燃混合气的温度，

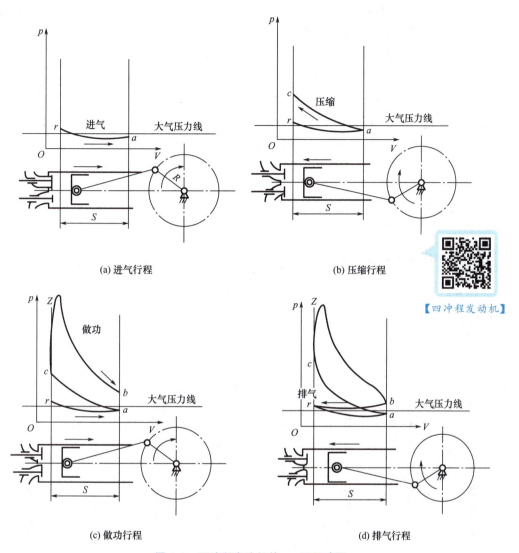

图 1.3 四冲程汽油机的 p-V 示功图

由于进气管、气缸壁、活塞顶、气门和燃烧室壁等高温零件的加热及与残余废气的混合而升高到 340～400K。在示功图上，进气行程为曲线 r—a。

2. 压缩行程（compression stroke）

压缩行程时，进、排气门同时关闭。活塞从下止点向上止点运动，曲轴转动180°。活塞上移时，工作容积逐渐缩小，缸内混合气受压缩后压力和温度不断升高，到达压缩终点时，其压力 p_c 可达 800～2000kPa，温度达 600～750K。在示功图上，压缩行程为曲线 a—c。

3. 做功行程（power stroke）

当活塞接近上止点时，由火花塞点燃可燃混合气，混合气燃烧释放出大量的热能，使气缸内气体的压力和温度迅速提高。燃烧最高压力 p_Z 达 3000～6000kPa，温度 T_Z 达 2200～

2800K。高温高压的燃气推动活塞从上止点向下止点运动，并通过曲柄连杆机构对外输出机械能。随着活塞下移，气缸容积增加，气体压力和温度逐渐下降，到达 b 点时，其压力降至 300～500kPa，温度降至 1200～1500K。在做功行程，进气门、排气门均关闭，曲轴转动 180°。在示功图上，做功行程为曲线 $c-Z-b$。

4. 排气行程（exhaust stroke）

排气行程时，排气门开启，进气门仍然关闭，活塞从下止点向上止点运动，曲轴转动 180°。排气门开启时，燃烧后的废气一方面在气缸内外压差的作用下向缸外排出，另一方面通过活塞的排挤作用向缸外排气。由于排气系统的阻力作用，排气终点 r 点的压力稍高于大气压力，即 $p_r=(1.05～1.20)p_0$。排气终点温度 $T_r=900～1100K$。活塞运动到上止点时，燃烧室中仍留有一定容积的废气无法排出，这部分废气叫残余废气。在示功图上，排气行程为曲线 $b-r$。

1.2.2 四冲程柴油机的工作原理

【四冲程柴油机】

四冲程柴油机和汽油机一样，每个工作循环也是由进气行程、压缩行程、做功行程和排气行程组成的。由于柴油机以柴油为燃料，与汽油相比，柴油自燃温度低、黏度大、不易蒸发，因而柴油机采用压缩终点自燃着火，其工作过程及系统结构与汽油机有所不同，如图 1.4 所示。

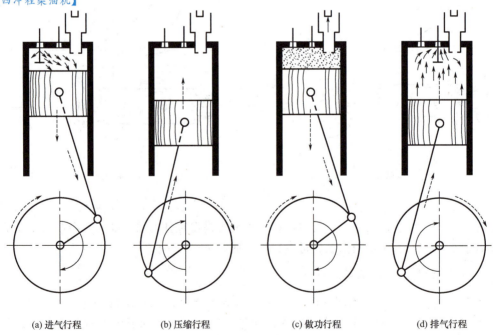

(a) 进气行程　　(b) 压缩行程　　(c) 做功行程　　(d) 排气行程

图 1.4　四冲程柴油机的工作原理图

1. 进气行程

进入气缸的工质是纯空气。由于柴油机进气系统阻力较小，进气终点压力 $p_a=(0.85～0.95)p_0$，比汽油机高。进气终点温度 $T_a=300～340K$，比汽油机低。

2. 压缩行程

由于压缩的工质是纯空气,因此柴油机的压缩比比汽油机高(一般 $\varepsilon=16\sim22$)。压缩终点的压力为 $3000\sim5000$kPa,压缩终点的温度为 $750\sim1000$K,大大超过柴油的自燃温度(约 520K)。

3. 做功行程

当压缩行程接近终了时,在高压油泵的作用下,将柴油以 10MPa 左右的高压通过喷油器喷入气缸燃烧室中,在很短的时间内与空气混合后立即自行发火燃烧。气缸内气体的压力急速上升,最高达 $5000\sim9000$kPa,最高温度达 $1800\sim2000$K。由于柴油机靠压缩自行着火燃烧,因此称柴油机为压燃式发动机。

4. 排气行程

柴油机的排气与汽油机基本相同,只是排气温度比汽油机低。一般 $T_r=700\sim900$K。

对于单缸发动机来说,其转速不均匀,发动机工作不平稳,振动大。这是因为四个行程中只有一个行程是做功的,其他三个行程是消耗动力为做功做准备的行程。为了解决这个问题,飞轮必须具有足够大的转动惯量,这样又会导致整个发动机质量和尺寸增加。采用多缸发动机可以弥补上述不足。现代汽车多采用四缸、六缸和八缸发动机。

对于多缸四冲程发动机的每一个气缸,所有的工作过程完全相同,并按上述同样的次序进行,但所有气缸的做功行程并不同时发生。例如,在四缸发动机内,曲轴每转动半周便有一个气缸在做功;在八缸发动机内,曲轴每转动四分之一周便有一个气缸在做功。多缸发动机做功行程的间隔为 $720°/i$(i 为气缸数),气缸数越多,发动机的工作越平稳,但发动机缸数增加会使发动机结构复杂,尺寸及质量增加。

1.2.3　汽油机和柴油机的比较

(1) 可燃混合气形成方式不同。汽油和柴油在蒸发性和流动性上的差别使得两种发动机的混合气形成方式不同。除了缸内汽油直接喷射的汽油机外,目前绝大部分汽油机的可燃混合气是在气缸外部准备好的;而柴油机的可燃混合气是在气缸内部形成的。

(2) 可燃混合气着火方式不同。汽油机的可燃混合气由电火花强制点火燃烧(称为点燃),而柴油机的可燃混合气则在高温高压环境下自行着火燃烧(称为压燃)。

(3) 压缩比不同。汽油机的压缩比受到汽油爆燃的限制,而柴油机压缩的是空气,压缩比比汽油机高,燃气膨胀充分,膨胀终了的气体温度较低,热量利用率高,热效率可达 40% 左右(汽油机只有 30% 左右),所以柴油机燃油消耗率低。由于柴油机压缩比高,不仅造成起动困难,同时零件所受的机械负荷大。与相同功率的汽油机相比,柴油机的体积大,质量大,制造和维修成本高,运转时振动和噪声较大。

(4) 尾气排放质量不同。由于柴油和空气在气缸内混合的时间极短,通常需要比理论空气量多的过量空气,因此柴油机排放的尾气中 CO(一氧化碳)的含量比汽油机低;柴油在气缸内能充分燃烧,总的 HC(碳氢化合物)排放量比汽油机低得多。柴油机的 NO_x(氮氧化合物)和 PM(颗粒)排放量较高。此外,由于柴油机的燃油经济性好,相应的 CO_2(二氧化碳)排放量也比汽油机低。

总之,汽油机具有转速高、质量轻、体积小、升功率高、噪声小、起动性能好、制造和维修成本低等特点,在汽车上,特别在乘用车上得到广泛应用。自 20 世纪 70 年代以来,人们越来越重视环境污染和能源问题,因此低油耗、低排放(主要指 CO、HC 和 CO_2)的柴油机在各种货车和中型以上客车上得到越来越多的应用,并且在乘用车上也有广泛应用。

1.3 发动机的总体构造与产品型号编制规则

1.3.1 发动机的总体构造

发动机是一部由许多机构和系统组成的复杂机器。尽管发动机的类型各不相同,但其基本构造相似。通常,汽油机由一个机体、两个机构、五大系统组成;柴油机由一个机体、两个机构、四大系统组成(无点火系统)。

下面以图 1.5 为例,介绍四冲程汽油机的一般构造。

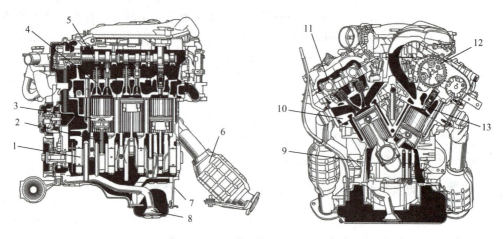

1—曲轴;2—连杆;3—活塞;4—气门;5—凸轮轴;6—三元催化转化器;7—油底壳;
8—机油集滤器;9—气缸体;10—气缸盖;11—凸轮;12—凸轮轴定时齿轮;13—喷油器

图 1.5 乘用车发动机

1. 机体组(engine body)

发动机的机体组包括气缸盖 10、气缸盖罩盖、气缸垫、气缸体 9 及油底壳 7 等。在进行结构分析时,常把机体组列为曲柄连杆机构。发动机机体组是发动机的装配基础。

2. 曲柄连杆机构(crankshaft and connecting rod system)

曲柄连杆机构包括活塞 3、连杆总成、曲轴 1 和飞轮等。这是发动机借以产生动力,并将活塞的往复直线运动转变为曲轴的旋转运动而输出动力的机构。

3. 配气机构(valve system)

配气机构包括进气门、排气门、液力挺杆总成、凸轮轴 5、凸轮轴定时齿轮 12、曲轴定时齿轮、定时传动带。其功用是将可燃混合气更多地充入气缸并及时从气缸排出废气。

4. 燃料供给系统（fuel supply system）

燃料供给系统包括汽油箱、汽油泵、汽油滤清器、油管、空气滤清器、喷油器 13（或化油器）、进气支管、排气支管、排气消声器等。其功用是根据发动机各种工况要求，配制具有一定数量和浓度的可燃混合气并供入气缸，再将燃烧生成的废气排出发动机。

5. 点火系统（ignition system）

点火系统包括电源（蓄电池和发电机）、分电器、点火开关、点火线圈、火花塞等。其功用是保证按规定时刻及时点燃气缸中被压缩的可燃混合气。

6. 冷却系统（cooling system）

冷却系统主要包括水泵、散热器、风扇、节温器、冷却液温度表及气缸体 9 和气缸盖 10 里铸出的水套等。其功用是散发受热机件的热量于大气之中，以保证发动机在最适宜的温度下工作。

7. 润滑系统（lubrication system）

润滑系统包括油底壳 7、机油集滤器 8、机油滤清器、机油泵、限压阀、润滑油道及油管、油温和油压传感器、油温和油压表、油标尺等。润滑系统的功用是将润滑油不断地供给做相对运动的零件以减少它们之间的摩擦阻力，减轻机件的磨损，并部分地冷却摩擦零件，清洗摩擦表面。

8. 起动系统（starting system）

起动系统包括起动机、冷起动加热器及其附属装置，用以使静止的发动机起动并转入自行运转。如图 1.6 所示的本田 Accord 乘用车 F20B 型 DOHC（VTEC）汽油发动机。其主要结构特点为四气缸直列（L4）、16 气门（16V）、水冷却、双列凸轮轴顶置（DOHC）、可变配气相位（VTEC）和电子控制燃油喷射装置。

图 1.6　本田 Accord 乘用车 F20B 型 DOHC（VTEC）汽油发动机

1.3.2 内燃机产品名称及型号编制规则

1. GB/T 725—2008 主要内容简介

为了便于内燃机的生产管理和使用，我国于2008年对内燃机产品的名称和型号编制方法重新审定颁布了国家标准 GB/T 725—2008《内燃机产品名称和型号编制规则》。该标准的主要内容如下。

内燃机产品名称均按所采用的燃料命名。例如，柴油机、汽油机、天然气机等。

内燃机型号由阿拉伯数字、汉语拼音字母或国际通用的英文缩略字母（以下简称字母）组成，包含下列四部分内容。

（1）第一部分：由制造商代号或系列符号组成。本部分代号由制造商根据需要选择相应 1~3 位字母组成。

（2）第二部分：由气缸数、气缸布置形式符号、冲程形式符号、缸径符号组成。气缸数用 1~2 位数字表示。缸径符号一般用缸径/行程数字表示，也可用发动机排量或功率表示。

（3）第三部分：由结构特征符号、用途符号组成。

（4）第四部分：区分符号。同系列产品需要区分时，由制造商选用适当符号表示。第三部分与第四部分用"-"分隔。

内燃机组成的意义规定如图 1.7 所示。

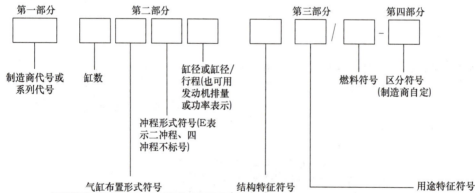

图 1.7 内燃机组成的意义

2. 型号编制示例

汽油机：

1E65F/P——单缸、二冲程、缸径65mm、风冷、通用型汽油机。

492Q/P－A——四缸、直列、四冲程、缸径92mm、冷却液冷却、汽车用汽油机（A为区分符号）。

柴油机：

6135Q——六缸、直列、四冲程、缸径135mm、冷却液冷却、汽车用柴油机。

10V120FQ——十缸、V形、四冲程、缸径120mm、风冷、汽车用柴油机。

12VE230ZCz——十二缸、V形、二冲程、缸径230mm、冷却液冷却、增压、船用主机、左机基本型。

YZ6102Q——六缸、直列、四冲程、缸径102mm、冷却液冷却、车用柴油机（YZ为扬州柴油机厂代号）。

双燃料发动机：

12V26/32ZL/SCZ——十二缸、V形、缸径260mm、行程320mm、冷却液冷却、增压中冷、燃料为柴油/沼气双燃料发动机。

1. 什么是发动机排量、燃烧室容积和压缩比？
2. 简述四冲程汽油机的工作原理。
3. 简述四冲程柴油机的工作原理。
4. 汽油机和柴油机在可燃混合气形成方式和点火方式上有何不同？
5. 四冲程汽油机和柴油机在总体结构上有哪些相同点和不同点？
6. BJ492Q型发动机排量为2.445L，求该发动机的曲柄半径。

第 2 章 曲柄连杆机构

教学提示

曲柄连杆机构的功用是将燃料燃烧时产生的热能转换为机械能，通过连杆将活塞的往复运动变为曲轴的旋转运动而对外输出动力。曲柄连杆机构由机体组、活塞连杆组和曲轴飞轮组三部分组成。本章主要介绍曲柄连杆机构的结构组成和工作原理。

教学目标

要求学生熟悉曲柄连杆机构各组成部分的功用与组成，理解并掌握气缸体、气缸盖、活塞、连杆、曲轴等重要部件的结构和工作原理。

2.1 概　　述

曲柄连杆机构是发动机的主要工作机构之一。它的功用主要表现在两个方面：一是形成发动机的基体，把组成发动机的各机构和系统联系成一个整体；二是将燃气作用在活塞顶上的力转变为曲轴的驱动转矩，对发动机内、外提供动力。曲柄连杆机构由机体组、活塞连杆组和曲轴飞轮组三部分组成。

燃料在发动机燃烧室和气缸内燃烧，产生高温（最高温度高于 2500K）、高压（高压可达 5～9MPa），燃气推动活塞高速运动（发动机转速在 3000r/min 时，活塞线速度可达 8m/s）。由此可见，曲柄连杆机构的工作条件是很苛刻的，与燃气接触的零件需要耐高温、承受高压，做高速运动的零件还需要耐磨。此外，有的零部件还将受到化学腐蚀。

2.2 机 体 组

如图 2.1 所示，机体组主要由气缸体 3、气缸盖 2、油底壳 5、气缸套和气缸垫（在图上未标出）等组成。

2.2.1 气缸体

气缸体（cylinder block）构成机体组的骨架，将气缸盖、油底壳等联系起来，形成发动机的装配基体。

汽车发动机一般为多缸发动机。气缸的排列常采用单列式（直列式）和双列式两种形式。气缸的排列方式不同，与发动机在汽车上的总布置有关系。

直列式发动机的各个气缸排成一列，一般是垂直布置的，如图 2.2(a) 所示。双列式发动机左右两列气缸中心线的夹角小于 180°的，称为 V 型发动机 [图 2.2(b)]；两列气缸中心线的夹角等于 180°的，则称为对置式发动机 [图 2.2(c)]。

直列式多缸发动机气缸体因为结构简单、加工容易，所以使用广泛，但长度和高度较大。一般六缸以下的发动机多采用单列式。V 型发动机气缸体的长度和高度相对单列式缩短，其刚度增加，质量减轻，但 V 型发动机宽度加大了，而且形状复杂，加工困难，主要用于气缸数多的大功率发动机。对置式发动机高度相对最低，但宽度最宽，有利于某些汽车（主要是大型客车和乘用车）的总布置。

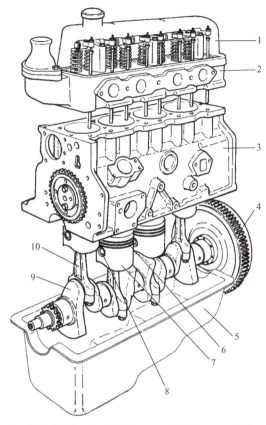

1—气缸盖罩；2—气缸盖；3—气缸体；4—飞轮；
5—油底壳；6—活塞环；7—活塞；
8—活塞销；9—曲轴；10—连杆

图 2.1 机体组

【工作中的四冲程发动机】

【直列式发动机】

【V 型发动机】

【水平对置式发动机】

直列式和 V 型多缸发动机气缸体如图 2.3 所示。汽车发动机一般将气缸体和曲轴箱制成一体，可统称为气缸体。上平面 4 与气缸垫、气缸盖装配在一起；下部制成曲轴箱的一部分（上曲轴箱 6），其上有支承曲轴主轴颈的主轴承座 5，下平面与油底壳装配在一起；气缸体内制成供

【气缸排列形式】

活塞运动的圆柱形空腔,称为气缸3;还有环绕气缸供冷却液流动的水套,以及润滑油道、冷却液通道等。

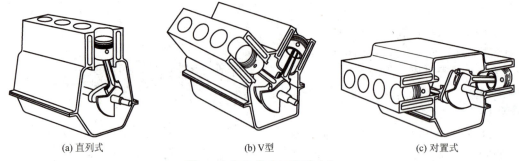

(a) 直列式　　　　　　(b) V型　　　　　　(c) 对置式

图 2.2　多缸发动机排列形式

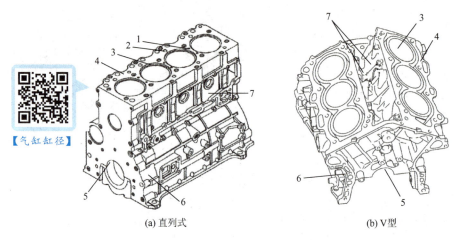

(a) 直列式　　　　　　　　　　　(b) V型

1—冷却液孔;2—润滑油孔;3—气缸;4—上平面;5—主轴承座;6—上曲轴箱;7—气缸体

图 2.3　直列式和 V 型多缸发动机气缸体

气缸体的结构形式主要有三种。发动机的曲轴轴线与气缸体下平面在同一平面上的为一般式气缸体 [图 2.4(a)],这种气缸体便于机械加工。发动机的曲轴轴线高于气缸体下平面的,称为龙门式气缸体 [图 2.4(b)],这种气缸体的刚度和强度较好,但工艺性较差。还有一种为隧道式气缸体 [图 2.4(c)],这种气缸体便于安装滚动主轴承支承的组合式曲轴,其结构刚度高于龙门式气缸体。

气缸是与燃气接触的主要部位,加之活塞的高速摩擦,气缸表面温度很高,必须加以冷却。冷却方式采用冷却液冷却(水冷)和空气冷却(风冷)两种。汽车发动机上采用较多的是冷却液冷却。气缸体的气缸周围和气缸盖中铸成空腔,称为水套(water jacket),气缸体和气缸盖上的水套是相通的,冷却液可从水套中流动。

活塞在气缸中工作,对气缸工作表面要求很高,需要耐高温、耐高压、耐磨损、耐腐蚀,并且加工精度要求高。近些年来,在大部分发动机上解决这个问题的办法是将气缸工作表面单独制成加工件镶入气缸体内,这个零件称为气缸套(cylinder sleeve),如图 2.5 所示。由此,气缸套可用耐磨性较好的合金铸铁或合金钢制造,以延长气缸使用寿命,而气缸体则可采用价格较低的普通铸铁或铝合金等材料制造。这样不仅可以改善气缸的工作性能,而且可以带来很好的经济效益。

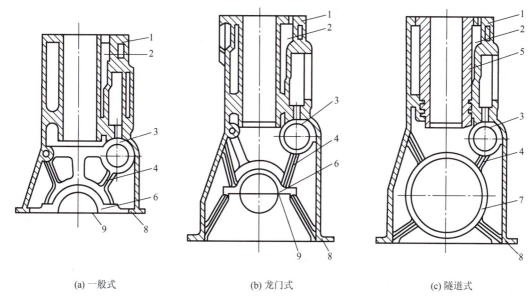

(a) 一般式　　　　　　　　(b) 龙门式　　　　　　　　(c) 隧道式

1—气缸体；2—水套；3—凸轮轴孔座；4—加强肋；5—湿缸套；6—主轴承座；
7—主轴承座孔；8—安装油底壳的加工面；9—安装主轴承盖的加工面

图 2.4　气缸体结构形式

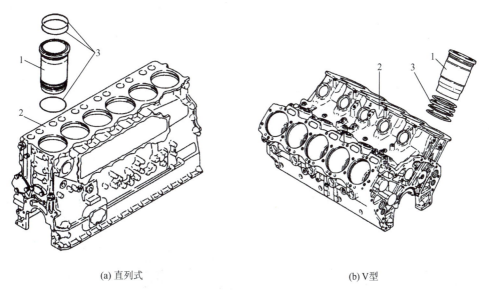

(a) 直列式　　　　　　　　　　　　　(b) V 型

1—气缸套；2—气缸体；3—O 形橡胶密封圈

图 2.5　直列式和 V 型发动机的气缸套

气缸套视是否直接与冷却液接触，分为干式和湿式两种，如图 2.6 所示。

干式气缸套［图 2.6(a)］不直接与冷却液接触，壁厚一般为 1～3mm。因气缸套壁薄，为保证气缸套有足够的承压面积，气缸套外表面和气缸体承孔的内表面都应具有相应的加工精度，采用过盈配合，使二者贴合紧密。如果气缸套内壁（气缸）磨损严重，影响工作性能，可以拆下更换。

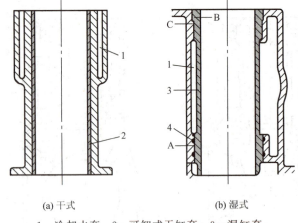

(a) 干式　　　(b) 湿式

1—冷却水套；2—可卸式干缸套；3—湿缸套；
4—橡胶密封圈；A、B—凸环带；C—凸缘

图 2.6　气缸套

湿式气缸套[图 2.7(b)]与冷却液直接接触，壁厚一般为 5～9mm。为保证径向定位，气缸套的外表面有两个凸环带 B 和 A，分别称为上支承定位带和下支承密封带。为保证轴向定位，气缸套的上端有凸缘 C。防止冷却液泄漏是湿式气缸套结构设计的重要方面。为此，有的气缸套凸缘 C 下面装有纯铜垫片。气缸套的上支承定位带与气缸套座孔配合紧密；下支承密封带与座孔配合较松，装有 1～3 道橡胶密封圈来封冷却液[图 2.5、图 2.6(b)]。采用湿式气缸套的气缸体铸造方便，气缸套拆卸更换容易，冷却效果较好；但气缸体的刚度差，易漏气、漏冷却液。湿式气缸套广泛应用于柴油机。

2.2.2　气缸盖与气缸衬垫

气缸盖（cylinder head）用来封闭气缸体的上部（图 2.7），并构成燃烧室，用螺栓与气缸体连接起来。气缸盖上有气门座及气门导管孔等，其内部有气道和水套，还有冷却液孔和润滑油孔与气缸体相通，以利于冷却液循环和润滑油供给。汽油机的气缸盖设有火花塞座孔，柴油机则设有安装喷油器的座孔。

气缸盖分为整体式气缸盖[覆盖全部气缸，图 2.7(a)]和分段式气缸盖[覆盖部分气缸，图 2.7(b)]。采用整体式气缸盖可以缩短气缸中心距和发动机的总长度，但刚性较差，在受热和受力后易变形而影响密封。整体式气缸盖多用于发动机缸径小的汽油机上。分段式气缸盖常用于缸径较大的发动机上。

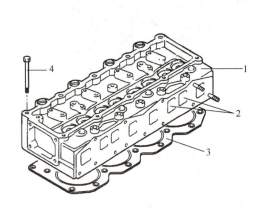 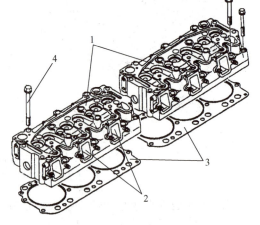

(a) 整体式　　　(b) 分段式

1—气缸盖；2—气道；3—气缸垫；4—气缸盖螺栓

图 2.7　发动机气缸盖

气缸盖的形状复杂,一般采用灰铸铁或合金铸铁铸成。有的汽油机气缸盖用铝合金铸成,因铝的导热性比铸铁好,有利于提高压缩比,但刚度低,使用中易变形。

汽油机的燃烧室(combustion chamber)是由气缸盖上相应的凹部空间与活塞顶部形成的。燃烧室是汽油机的重要部位,直接影响发动机的性能。为有利于混合气燃烧,要求燃烧室的结构尽可能紧凑,表面积要小,以减少热量损失及缩短火焰行程;在压缩行程终了时具有一定的涡流运动,以提高混合气燃烧速度。

常用的汽油机燃烧室形状有盆形、楔形和半球形,如图 2.8 所示。

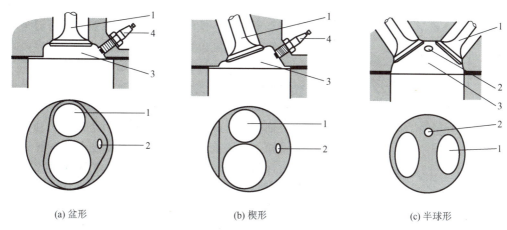

(a) 盆形　　　(b) 楔形　　　(c) 半球形

1—气门;2—火花塞孔;3—燃烧室;4—火花塞

图 2.8　汽油机的燃烧室形状

盆形燃烧室[图 2.8(a)],结构较简单但不够紧凑,表面积大。楔形燃烧室[图 2.8(b)],结构较简单、紧凑,在压缩终了时能形成挤气涡流,但存在较大的激冷面积,对 HC 排放不利。半球形燃烧室[图 2.8(c)],结构紧凑,散热面积小,有利于燃料的完全燃烧和减少排气中的有害气体,但因进、排气门分置两侧而使配气机构较复杂。半球形燃烧室在现代发动机上应用较多。

柴油机燃烧室的内容将在"柴油机燃料供给系统"中讨论。

气缸盖衬垫(cylinder head gasket)简称气缸垫,用来密封燃烧室,防止漏气、漏冷却液和润滑油,同时补偿接合面的不平度。气缸垫装置在气缸盖与气缸体之间,靠螺栓固紧。气缸垫(图 2.9)上制有燃烧室孔、冷却液孔、润滑油孔和螺栓孔。

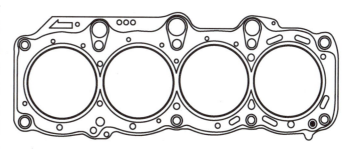

图 2.9　气缸垫的构造

由于气缸垫受到高温、高压燃气及压力润滑油、冷却液的作用,需要满足工作条件和环境的要求。气缸垫要有足够的强度且应耐高温和耐腐蚀,还要有一定的弹性,拆装方便等,保证密封,不易损坏,使用寿命长。

气缸垫外表面用钢皮或铜皮制成。在燃烧室孔周围有镶边,以防被高温燃气烧坏,有的冷却液孔、润滑油孔也有镶边，防止液体渗漏。钢皮覆盖层内通常为石棉，或石棉-金属丝（金属屑）。这种气缸垫压紧厚度为1.2～2mm，有很好的弹性和耐热性，能重复使用，但厚度和质量的均匀性较差。安装气缸垫时，为防止气缸垫被气体冲坏，应把光滑的一面朝气缸体或按规定的要求安装。

气缸盖螺栓的固紧，其拧紧顺序和拧紧力矩要按照制造公司的要求进行。拧紧螺栓的一般原则是，按从中央对称地向四周扩展的顺序，分几次拧紧，直至达到规定的拧紧力矩。对于不同材质的气缸盖，其拧紧状态不同。铸铁气缸盖在发动机热的状态时最后拧紧；铝合金气缸盖则在发动机冷的状态下拧紧，以增加热状态的密封可靠性。

2.2.3 油底壳

油底壳（oil pan）的主要功用是储存机油并封闭曲轴箱。油底壳（图2.10）受力很小，一般采用薄钢板冲压而成，通过螺钉与气缸体下端面接合在一起。为防止漏油，在气缸体下端面和油底壳之间有密封衬垫。

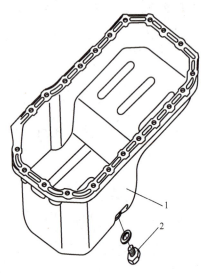

1—油底壳；2—磁性放油螺塞

图 2.10 油底壳

油底壳制成一端较深的形状，以保证在发动机纵向倾斜时机油泵能经常吸到机油。有的油底壳内还设有挡油板，防止汽车行驶时油面波动过大。油底壳底部装有磁性放油螺塞，能吸集机油中的金属屑，以减少发动机运动零件的磨损。

2.3 活塞连杆组

活塞连杆组由活塞、活塞环、活塞销、连杆等机件组成，如图2.11所示。

2.3.1 活塞

活塞（piston）的主要作用是承受气缸中的气体压力，并将此力通过活塞销传给连杆，以推动曲轴旋转。活塞顶部还与气缸盖、气缸壁共同组成燃烧室。

前已述及，活塞的工作条件主要是高压、高温、高速。高压是指在做功行程时，对于汽油机活塞顶部承受的燃气最大瞬时压力值可达3～5MPa；对于柴油机活塞顶部，其最大瞬时压力可达6～9MPa，采用增压时则更高。高温是指活塞顶部直接与燃气接触，燃气的最高温度可达2500K以上。高速是指活塞平均速度可达10～14m/s。在这样的条件下，侧压力大，加速活塞的磨损和引起活塞变形；活塞材料的机械强度显著下降，热膨胀量增大，破坏活塞与其相关零件的配合间隙；惯性力增大，增加附加的载荷。

为使活塞能在不利的条件下良好地工作，要求活塞质量轻，热膨胀系数小，导热性好、耐磨性和加工性能好。因此，必须在活塞的材料和结构上做出努力。由于铝合金比铸

曲柄连杆机构 第2章

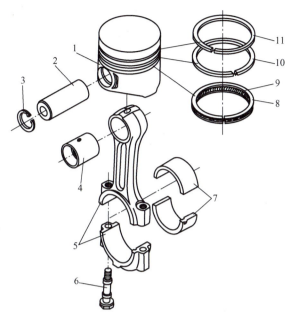

1—活塞；2—活塞销；3—卡环；4—衬套；5—连杆及连杆盖；6—连杆螺栓；
7—连杆轴瓦；8、9—组合油环；10—第二道气环；11—第一道气环

图 2.11 发动机活塞连杆组

铁具有较好的性能，因此现代汽车发动机广泛采用铝合金活塞。

活塞的基本构造可分为活塞顶、活塞头和活塞裙三部分，如图 2.12 所示。

（1）活塞顶。活塞顶的形状较多。汽油机活塞顶多采用平顶 [图 2.13(a)]，其优点是吸热面积小，制造工艺简单；有的采用凹顶活塞（图 2.12），用来改善混合气形成和燃烧，而凹坑的大小还可以调节发动机的压缩比。柴油机活塞顶制成凹坑 [图 2.13(b)、图 2.13(c)]，构成燃烧室的主体，凹坑的具体形状、位置和大小必须与柴油机混合气的形成或与燃烧要求相适应。

（2）活塞头。活塞头是活塞环槽及环

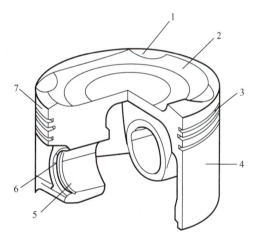

1—凹坑；2—活塞顶；3—活塞环槽；4—活塞裙；
5—活塞销座；6—活塞销锁槽；7—活塞头

图 2.12 活塞结构剖视示意图

槽以上的部分。活塞头用来承受气体压力并传给连杆，其上的环槽安装活塞环实现气缸的密封和热量传导。如图 2.13(a) 所示，活塞头切有若干道环槽，用以安装活塞环。汽油机一般有 3～4 道环槽，其中 2～3 道安装气环，另一道安装油环。在油环槽底面钻有若干径向小孔，油环从气缸壁上刮下来的多余机油经这些小孔流回油底壳。

活塞头一般做得较厚，用以承受气体压力和增加热容量。活塞顶的热量传导是从活塞顶、活塞头经活塞环传给气缸壁，然后传给水套中的冷却液，从而防止温度过高。

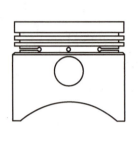  

(a) 平顶　　　　　　　　　(b) 凹坑(1)　　　　　　　　(c) 凹坑(2)

1—凹坑；2—缺口（活塞顶朝前记号）

图 2.13　活塞顶部形状

（3）活塞裙。活塞裙用来为活塞在气缸内做往复运动导向和承受侧压力。

由于受燃烧气体压力和高温的作用，活塞头容易膨胀变形，在气缸内卡死，因此活塞的径向制成上小下大。由此，活塞头不与气缸壁接触，而是靠活塞环与气缸壁接触。

2.3.2　活塞环

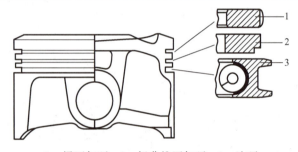

1—桶面气环；2—扭曲锥面气环；3—油环

图 2.14　活塞环的安装位置

活塞环（piston ring）包括气环和油环。活塞环的安装位置如图 2.14 所示。

1. 气环

气环（compression ring）用来密封和传热，防止气缸中的气体从活塞与气缸壁间大量漏入曲轴箱，同时将活塞顶的大部分热量传导到气缸壁。

活塞环在高温（第一道环温度可达 600K）、高压、高速及润滑困难的条件下工作，工作环境和条件十分恶劣，故要求活塞环必须有良好的性能，以尽可能延长其使用寿命。尤其是气环的密封性能，若气环能够有效截止高温燃气直接漏入曲轴箱，则其密封性能良好；否则，将导致活塞和气环烧坏、机油变质、发动机功率不足等。因此，要在活塞环的材料、结构、安装等方面采取措施，保证活塞环工作良好。

活塞环的工作条件恶劣，故其采用的材料不仅要耐热、耐磨，（因承受很大的冲击负荷）还要有高的强度和冲击韧度。目前，活塞环广泛采用的材料是合金铸铁（在优质灰铸铁中加入少量铜、铬、钼等合金元素）。为改善第一道气环的润滑条件，一般在其工作表面镀上多孔性铬，因多孔性铬层硬度高，并且能储存少量机油，可使气环的使用寿命提高 2～3 倍。其余气环一般镀锡或磷化，也可以喷钼，以改善磨合和提高耐磨性。在高速强化的柴油机上，可采用钢片活塞环来提高弹力和冲击韧度。在国外也有使用粉末冶金的金属陶瓷活塞环和聚四氟乙烯制造的活塞环。

为保证气环的封气效果，汽油机一般装有 2～3 道气环。活塞环有一个切口，其自由状态下为非圆环形，外形尺寸大于气缸内径。当活塞环随活塞一起装入气缸后，靠自身弹力紧贴于气缸壁上。活塞环装入气缸，每道环的切口要相互错开，以阻碍燃气泄漏。

气环的断面形状对封气有较大影响。矩形断面是常用的断面形状，其工艺性和导热效果较好，但磨合性和密封性较差。矩形断面气环还存在一种所谓的"气环泵油作用"现象，即气环随活塞做往复运动时，会把气缸壁上的机油不断送入气缸中。

在发动机上广泛采用非矩形断面的扭曲环。扭曲环是指在矩形环的内圆上边缘或外圆下边缘切去一部分。

2. 油环

油环（oil ring）用来布油，将气缸壁面的机油涂抹均匀形成油膜，刮去气缸壁上多余的机油，并起到辅助密封的作用。机油窜入活塞顶会被燃烧而形成积炭，因此需要油环防止机油窜入；油环可确保气缸中的摩擦副之间有机油，以利于减少运动阻力和磨损。

图 2.15 普通单体油环

油环分为普通单体油环和组合油环两种。普通单体油环的结构如图 2.15 所示，一般是用合金铸铁制造的，其外圆面的中间切有一道凹槽，在凹槽底部加工出很多排油小孔或狭缝。组合油环如图 2.16 所示，由刮油钢片 1、轴向衬环 2 和径向衬环 3 组成。

2.3.3 活塞销

活塞销（piston pin）用来连接活塞和连杆小头，将活塞承受的气体作用力传给连杆。

活塞销两端支承在活塞销座孔上，中间与连杆小头相连，两端的卡环嵌在销座孔凹槽中给活塞销轴向定位（图 2.17）。活塞销在传力时，主要承受燃气爆发产生的很大的周期性冲击载荷；活塞销处在高温区，其润滑条件很差（一般靠飞溅润滑）。因而要求活塞销有足够的刚度和强度，表面耐磨。活塞销随活塞高速运动，要求其质量尽可能小，为此通常将活塞销做成空心圆柱体，如图 2.18 所示。

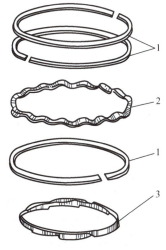

1—刮油钢片；2—轴向衬环；
3—径向衬环

图 2.16 组合油环

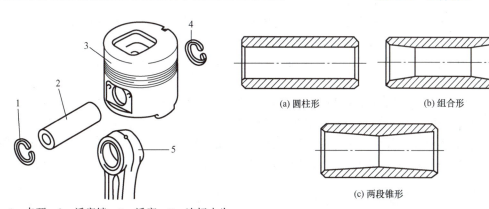

1、4—卡环；2—活塞销；3—活塞；5—连杆小头

图 2.17 活塞销

图 2.18 活塞销的内孔形状

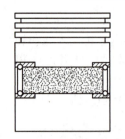

图 2.19　活塞销的连接

活塞销一般用低碳钢或低碳合金钢制造，先经表面渗碳处理以提高表面硬度，并保证心部有一定的冲击韧度，再进行精磨和抛光。

活塞销的内孔形状有圆柱形［图 2.18(a)］、两段锥形与一段圆柱的组合形［图 2.18(b)］及两段锥形［图 2.18(c)］等。圆柱孔容易加工，但活塞销的质量较大。两段锥形孔的活塞销质量较小，又接近于等强度梁的要求（因活塞销的受力属简支梁，中部所承受的弯矩最大），但孔的加工较复杂。组合孔的结构则介于两者之间。

为使活塞销各部分的磨损比较均匀，活塞销与活塞销座孔和连杆小头衬套孔的连接配合一般多采用"全浮式"（图 2.19），即在发动机运转过程中，活塞销可相对于连杆小头衬套孔和活塞销座孔缓慢地转动。

由于铝活塞的活塞销座孔热膨胀量大于钢活塞销，为保证高温工作时有正常的工作间隙（0.01～0.02mm），在冷态装配时活塞销与活塞销座孔采用过渡配合。装配时，应先将铝活塞放在温度为 70～90℃ 的水或油中加热，然后装入销。

2.3.4　连杆

连杆（connecting rod）用来连接活塞和曲轴，将活塞承受的力传给曲轴，将活塞的往复运动变为曲轴的旋转运动。

连杆主要承受活塞销传来的气体作用力，其次承受连杆小头随活塞组往复运动时的惯性力；连杆做平面运动，还要承受变速摆动而产生的惯性力矩。这些力和力矩的大小及方向都是周期性变化的。连杆受力复杂，受到压缩、拉伸和弯曲等交变载荷的作用，因此，要求连杆在质量尽可能小的条件下，有足够的刚度和强度。若连杆因强度不足断裂，会导致发动机报废。若连杆刚度不足，会使连杆大头孔失圆而导致大头轴瓦因油膜破坏而烧损；会使连杆杆身弯曲，造成活塞与气缸偏磨、活塞环漏气和窜油等。

连杆一般用中碳钢或合金钢经模锻或辊锻而成，然后经机械加工和热处理。

连杆由连杆小头 2、杆身 3 和连杆大头 4（含连杆盖 8）三部分组成（图 2.20）。

连杆小头与活塞销相连，小头内孔装有青铜衬套，以减少磨损。活塞销与衬套的润滑，可在小头和衬套上钻出集油孔或铣出集油槽，靠收集被激溅上来的机油润滑；也有的在杆身内钻出压力油通道，靠发动机供给的压力润滑油润滑。

连杆杆身通常做成"工"字形断面（图 2.20），可在满足强度和刚度要求的前提下减小质量。

连杆大头的剖分面可分为平切口和斜切口两种。平切口连杆（图 2.20）的大头剖分面垂直于连杆轴线。平切口连杆大头一般用于汽油机，原因是气缸直径尺寸大于连杆大头。由于柴油机的连杆受力较大，其大头的尺寸会超过气缸直径。为使连杆大头能通过气缸，便于拆卸，一般采用斜切口连杆（图 2.21）。斜切口连杆的大头剖分面与连杆轴线成 30°～60° 夹角。

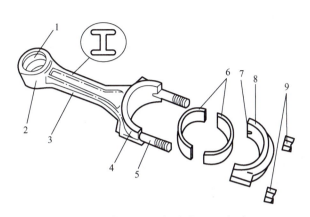
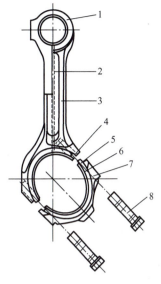

1—连杆衬套；2—连杆小头；3—杆身；
4—连杆大头；5—连杆螺栓；6—轴瓦；
7—凹槽；8—连杆盖；9—螺母

图 2.20　连杆组件分解图

1—连杆衬套；2—杆身油道；3—杆身；
4—连杆大头；5—连杆盖止口凸台；
6—轴瓦；7—连杆盖；8—连杆螺栓

图 2.21　斜切口连杆组件分解图

连杆轴瓦（图 2.22）采用剖分成两半的滑动轴承，轴瓦是在厚 1～3mm 的薄钢背的内圆面上浇注 0.3～0.7mm 的减摩合金层（如巴氏合金、铜铅合金、高锡铝合金等）制成的。减摩合金具有保持油膜、减少摩擦阻力和加速磨合的作用。巴氏合金轴瓦的疲劳强度较低，只能用于负荷不大的汽油机；而铜铅合金轴瓦或高锡铝合金轴瓦均具有较高的承载能力与耐疲劳性。锡的质量分数在 20% 以上的高锡铝合金轴瓦，在汽油机和柴油机上均得到广泛应用。高强化柴油机上的轴瓦，在减摩合金层上再镀一层厚度为 0.02～0.03mm 的铟或锡。半个轴瓦在

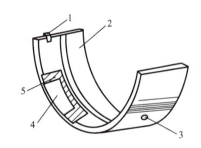

1—定位凸键；2—减摩合金层；3—油孔；
4—钢背；5—铜铅合金

图 2.22　连杆轴瓦

自由状态下不是半圆形的，将其装入连杆大头孔内时，因有过盈而能均匀地紧贴在大头孔壁上，具有很好的承受载荷和导热的能力。两个半分连杆轴瓦上的定位凸键用来防止连杆轴瓦在工作中发生转动或轴向移动。定位凸键分别嵌入连杆大头和连杆盖上的相应凹槽中。连杆轴瓦内表面的油槽，用来储存润滑油，保证可靠润滑。

2.4　曲轴飞轮组

如图 2.23 所示，曲轴飞轮组主要由曲轴和飞轮及其他不同功用的零件和附件组成。

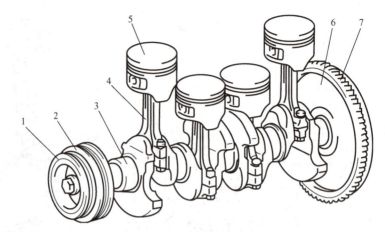

1—带轮；2—扭转减振器；3—曲轴；4—连杆；5—活塞；6—飞轮；7—齿环

图2.23 发动机活塞连杆组与曲轴飞轮组

2.4.1 曲轴

曲轴（crankshaft）用来承受连杆传来的力，并将其转变为驱动转矩。曲轴主要在周期性变化的气体压力，以及旋转质量的离心力和往复惯性力的共同作用下，承受弯曲与扭转载荷。曲轴应具有足够的刚度和强度，并且各工作表面要耐磨和润滑良好，以确保曲轴可靠工作。

如图2.24所示，多数发动机的曲轴做成整体式的。曲轴主要由三部分组成：①曲轴的前端（或称自由端）轴1；②若干个曲拐［由一个连杆轴颈（曲柄销）4和它左右两端的曲柄3，以及前后两个主轴颈2组成］；③曲轴后端（或称功率输出端）凸缘5。曲轴的曲拐数取决于气缸的数目和排列方式，直列式发动机曲轴的曲拐数等于气缸数；V型发动机曲轴的曲拐数等于气缸数的一半。

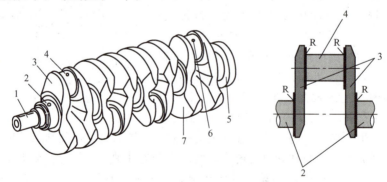

1—前端轴；2—主轴颈；3—曲柄；4—连杆轴颈（曲柄销）；5—后端凸缘；6—油孔；7—平衡重；R—加工倒角

图2.24 曲轴与曲拐

曲轴按支承方式可分为全支承曲轴和非全支承曲轴两种。全支承曲轴是指在相邻的两个曲拐之间，都设置一个主轴颈的曲轴；否则称为非全支承曲轴。直列式发动机的全支承曲轴，其主轴颈总数（包括曲轴前端和后端的主轴颈）比气缸数多一个；V型发动机的全支承曲轴，其主轴颈总数比气缸数的一半多一个。采用全支承曲轴可以提高曲轴的刚度和弯曲强度，并且能减轻主轴承的载荷。但曲轴的加工表面增多，主轴承增多，而且机体会加长。汽油机可采用全支承曲轴和非全支承曲轴，但柴油机因其载荷较大多采用全支承曲轴。

曲轴的材料一般采用中碳钢或中碳合金钢模锻，以满足高强度、冲击韧度和耐磨性的要求。曲轴的主轴颈和曲柄销表面均需高频淬火或渗氮，再经过精磨，以达到高的精度和较小的表面粗糙度值，提高其耐磨性。在一些强化程度不高的发动机上，还采用高强度的稀土球墨铸铁铸造曲轴。

曲柄销靠从主轴颈经曲柄孔道输来的机油润滑，如图 2.25 所示。发动机上的主油道有多个分油道向主轴颈供机油，从主轴颈到曲柄销加工有斜油道，以满足每个曲柄销的润滑。在曲柄销与曲柄的连接处加工出圆角，以减少应力集中。

由于曲柄销偏离曲轴旋转中心，存在不平衡质量，需要对曲轴进行质量平衡，采用的方法是用平衡重（balance weight）来平衡偏心质量引起的离心力和离心力矩，以及平衡部分往复惯性力。对于四缸、六缸等多缸发动机，因对称布置曲柄，往复惯性力和离心力及其产生的力矩，从整体上看都能相互平衡，但曲轴的局部却受到弯曲作用，解决方式是，一般在曲柄的相反方向设置平衡重（也称平衡块）。图 2.26 所示是装有平衡重的曲轴。

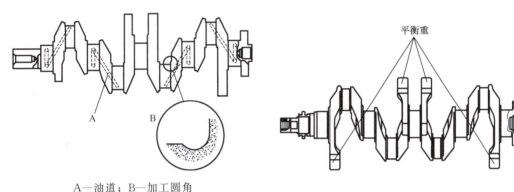

A—油道；B—加工圆角

图 2.25　曲柄销的润滑　　　　　　　　　　图 2.26　装有平衡重的曲轴

有的发动机曲轴前端（图 2.27）装有驱动配气凸轮轴的定时齿轮 4，驱动风扇和水泵的带轮 1 及扭转减振器 2 等。曲轴前端装置的甩油盘 3 用来防止机油沿曲轴颈外漏。甩油盘随着曲轴旋转，当有被齿轮挤出或甩出的机油落到甩油盘上时，会随甩油盘的旋转而被甩到齿轮室盖的壁面上，再沿壁面流回油底壳。甩油盘的外斜面应向后，不能装错，否则效果将适得其反。有的中、小型发动机的曲轴前端还装有起动爪，必要时以便用人力转动曲轴，使发动机起动。

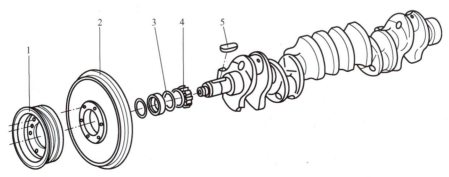

1—带轮；2—扭转减振器；3—甩油盘；4—定时齿轮；5—键

图 2.27　曲轴前端的结构

如图 2.28 所示,曲轴后端有凸缘 1、甩油环 3 和回油螺纹槽 2。凸缘用来安装飞轮。甩油环和回油螺纹槽用来防止机油从曲轴后端漏出。当机油流入曲轴后端时,甩油环将机油甩向外侧,顺着回油通道流回油底壳。回油螺纹槽螺旋方向与曲轴转动方向相反,靠机油本身的黏性与机体后盖孔壁的摩擦阻力使机油往回流动,阻止机油流向凸缘。

曲轴各曲拐的排列布置,要考虑气缸数、气缸排列方式(单列或 V 型等)和点火次序,以保证发动机运转平稳。对四冲程发动机而言,在发动机完成一个工作循环的曲轴转角内,每个气缸都应点火做功一次,其各缸点火的间隔时间(以曲轴转角表示,称为点火间隔角)应力求均匀(做功间隔应力求均匀),对缸数为 i 的发动机其点火间隔角为 $720°/i$。此外,为减轻主轴承的载荷,同时避免可能发生的进气重叠现象(即相邻两缸进气门同时开启),应使连续做功的两缸相距尽可能远。

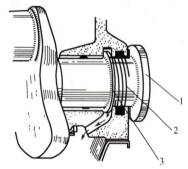

1—凸缘;2—回油螺纹槽;3—甩油环

图 2.28 曲轴后端

几种常用的多缸发动机曲拐布置和点火次序如下。

四冲程直列四缸发动机的曲拐布置如图 2.29 所示,4 个曲拐布置在同一平面内。点火间隔角为 $720°/4=180°$。其点火次序有两种排列法,即 1—2—4—3 或 1—3—4—2,其工作循环见表 2-1、表 2-2。

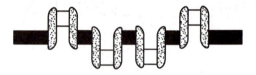

图 2.29 四冲程直列四缸发动机的曲拐布置

表 2-1 四冲程直列四缸发动机工作循环(点火次序:1—2—4—3)

曲轴转角/(°)	第 一 缸	第 二 缸	第 三 缸	第 四 缸
0~180	做功	压缩	排气	进气
180~360	排气	做功	进气	压缩
360~540	进气	排气	压缩	做功
540~720	压缩	进气	做功	排气

表 2-2 四冲程直列四缸发动机工作循环(点火次序:1—3—4—2)

曲轴转角/(°)	第 一 缸	第 二 缸	第 三 缸	第 四 缸
0~180	做功	排气	压缩	进气
180~360	排气	进气	做功	压缩
360~540	进气	压缩	排气	做功
540~720	压缩	做功	进气	排气

四冲程直列六缸发动机的曲拐布置如图 2.30 所示,6 个曲拐分别布置在 3 个平面内,各平面夹角为 120°。点火间隔角为 $720°/6=120°$。其点火次序有两种排列法,一种为 1—5—3—6—2—4,此形式在国产汽车上应用普遍,其工作循环见表 2-3;另一种为 1—4—2—6—3—5。

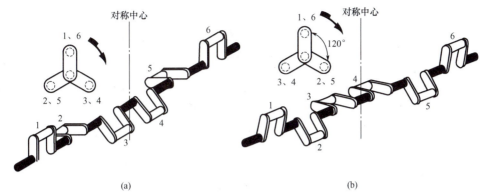

图 2.30 四冲程直列六缸发动机的曲拐布置

表 2-3 四冲程直列六缸机工作循环（点火次序：1—5—3—6—2—4）

曲轴转角/(°)		第一缸	第二缸	第三缸	第四缸	第五缸	第六缸
0～180	60	做功	排气	进气	做功	压缩	进气
	120						
	180			压缩	排气		
180～360	240	排气	进气			做功	压缩
	300						
	360			做功	进气		
360～540	420	进气	压缩			排气	做功
	480						
	540			排气	压缩		
540～720	600	压缩	做功			进气	排气
	660			进气	做功		
	720		排气			压缩	

2.4.2 扭转减振器

装置于发动机曲轴前端的扭转减振器（torsional vibration damper）用来消减曲轴的扭转振动。产生曲轴扭转振动的原因：在发动机工作过程中，各曲拐所承受的转矩大小是周期性变化的，这将引起曲拐回转的瞬时角速度也呈周期性变化。由于曲轴后端固接的飞轮转动惯量大，瞬时角速度可看作均匀的。因而，各曲拐相对于飞轮会产生大小和方向做周期性变化的相对扭转振动，简称扭振。曲轴是扭转弹性系统，本身具有一定的自振频率。出现扭振时，曲轴前端的角振幅最大，当扭振的频率与曲轴弹性系统的自振频率相等或成整数倍时，则会产生共振。会造成曲轴前端的定时传动系统失准，严重时将造成曲轴断裂。

如图 2.31 所示，汽车发动机常用的曲轴扭转减振器有带轮-橡胶式、橡胶式和综合式 3 种，都属于摩擦式扭转减振器。摩擦式扭转减振器的工作原理是使曲轴扭转振动能量逐渐消耗于减振器内的摩擦，从而逐渐减小振幅。

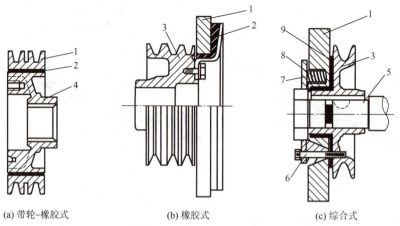

(a) 带轮-橡胶式　　　　(b) 橡胶式　　　　(c) 综合式

1—扭转减振惯性质量；2—硫化橡胶层；3—曲轴带轮；4—带轮轮毂；5—曲轴；
6—螺栓；7—连接板；8—弹簧；9—摩擦板

图 2.31　摩擦式扭转减振器

2.4.3　飞轮

飞轮（flywheel）用来储存曲轴在做功行程中做功的部分能量，在其他行程中释放能量用于克服曲柄连杆机构的运动阻力，保证曲轴的旋转角速度稳定和输出转矩尽可能均匀，克服发动机短时间超载荷。飞轮同时又作为发动机的动力输出元件，成为汽车传动系统中摩擦离合器的主动件。

飞轮是一个转动惯量很大的圆盘，如图 2.32 所示。为使飞轮在质量尽可能小的情况下，有足够的转动惯量，飞轮的大部分质量都集中在轮缘上，因而轮缘通常做得宽而厚。为与起动机的驱动齿轮啮合，飞轮外缘上压有齿环 2，供起动发动机用。有的发动机为了校准点火时间，在飞轮上刻有第一缸点火定时记号"上止点 1-6"（图 2.33），当这个记号与离合器外壳记号对正时，即表示 1-6 缸的活塞处在上止点位置。

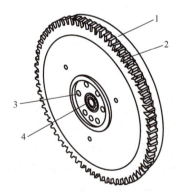

1—飞轮；2—齿环；3—螺栓孔；4—轴承

图 2.32　飞轮

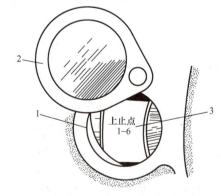

1—离合器外壳记号；2—观察孔盖板；3—飞轮上的记号

图 2.33　发动机点火定时记号

飞轮多采用灰铸铁制造，当轮缘的圆周速度超过 50m/s 时，要采用强度较高的球墨铸铁或铸钢制造。

飞轮和曲轴装配在一起后需要进行动平衡测量，消除不平衡质量。否则若存在不平衡质量，将因产生的离心力引起发动机振动并加速主轴承的磨损。一般用定位销或螺栓的不对称布置来保证飞轮与曲轴之间的相对位置，从而在拆装时也不至于破坏它们的平衡状态。

2.5 发动机的悬置

前已述及，燃烧气体的作用力和活塞及连杆小头的往复惯性力，以及曲柄、曲柄销和连杆大头绕曲轴轴线旋转而产生的旋转惯性力，会引起发动机的上下振动和水平方向的振动。在发动机气缸数目少或运转速度较低时，发动机的振动会加剧。为了防止和减轻振动传递，在将发动机装置到车架或车身上时，在其连接支承部位要设置弹性元件。这种将振动源进行隔离的弹性支承称为发动机悬置（engine mounting）。

发动机悬置除应吸收、缓和振动外，还要有可靠支承发动机质量的能力，因此要综合考虑支承点及数目、发动机的类型、汽车底盘或车身的结构等。

发动机悬置较多地采用 4 点支承和 3 点支承。采用 4 点支承时，如图 2.34 所示，前部支承点位于定时齿轮壳下部或发动机机体下部两侧，后部支承点位于飞轮壳或变速器壳两侧。采用 3 点支承时，如图 2.35 所示，前部支承点与 4 点支承的相同，后部支承点位于变速器壳后的③点处。

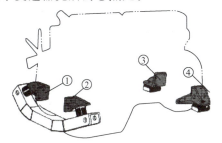

图 2.34 发动机悬置 4 点支承示意

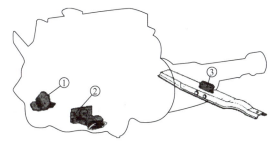

图 2.35 发动机悬置 3 点支承示意

1. 曲柄连杆机构的功用和组成是什么？
2. 气缸的排列方式有哪几种？
3. 汽油机燃烧室主要有哪几种？各有何特点？
4. 什么是干式气缸套？什么是湿式气缸套？
5. 活塞由哪几部分组成？各部分的作用如何？
6. 活塞环有哪几种？各起什么作用？
7. 连杆由哪几部分构成？
8. 曲轴的构造是怎样的？
9. 曲轴上的平衡重起什么作用？
10. 曲轴扭转减振器起什么作用？
11. 发动机悬置有哪几种支承方式？

第 3 章 配气机构

配气机构是保证新鲜可燃混合气（汽油机）或空气（柴油机）得以及时进入气缸并把燃烧后生成的废气及时排出气缸的装置。本章重点介绍配气机构的气门与凸轴的布置形式、配气相位、配气机构的气门组及气门传动组，同时简要介绍可变配气机构。

本章要求学生熟练掌握配气机构的气门与凸轮轴的布置形式、结构特点、基本组成和工作原理；了解发动机可变配气机构。

3.1 概　　述

配气机构是发动机的另一个主要机构。它的功用主要表现在两个方面：一是按照发动机的工作顺序控制各缸气门的开启或关闭；二是保证气缸内进气充分、排气完全。

3.1.1　充气效率

气缸内进气量的多少，直接影响发动机的功率，即进入气缸的新鲜空气或可燃混合气越多，可燃混合气燃烧时可能放出的热量越大，则发动机可能发出的功率就越大。这个度量进气充满气缸的程度，用充气效率（也称充气系数）η_v 来表示。充气效率是指在进气过程中，实际进入气缸的新鲜空气或可燃混合气的质量与在理想状况下充满气缸工作容积的新鲜空气或可燃混合气的质量之比，即

$$\eta_v = \frac{M}{M_0}$$

式中，M 为进气过程中，实际进入气缸的新鲜空气或可燃混合气的质量；M_0 为理想状况下充满气缸工作容积的新鲜空气或可燃混合气的质量。

追求高的充气效率是提高发动机功率的主要途径之一。影响发动机充气效率的因素有进气系统对进气流动的阻力、进气时气缸内外压力差、气缸燃烧区域高温零件对进气的加热等。这导致实际进入气缸的新鲜气体的质量总是小于在理想状况下充满气缸工作容积的新鲜气体的质量，即充气效率总是小于 1，一般为 0.80～0.90。因此，若要提高发动机的充气效率，一则要使配气机构的结构有利于减小进气和排气的阻力，二则对气门的开闭时刻控制要有利于进气和排气。

3.1.2 气门与凸轮轴的布置形式

1. 气门的布置形式

现代汽车发动机广泛采用气门顶置式配气机构，即进气门和排气门都倒置装在气缸盖上，如图 3.1 所示。该配气机构主要由气门 13、气门导管 12、气门弹簧 11、气门弹簧座 10、锁片 9、摇臂轴 7、摇臂 8、推杆 3、挺柱 2、凸轮轴 1 和定时齿轮（图中未画出）等组成。发动机工作时，曲轴通过定时齿轮驱动凸轮轴旋转，当凸轮轴转到凸轮的凸起部分顶起挺柱时，通过推杆和调整螺钉使摇臂绕摇臂轴摆动，压缩气门弹簧 11，使气门离开气门座，即气门开启。当凸轮的凸起部分离开挺柱之后，气门便在气门弹簧力的作用下上升而落座，气门关闭。

四冲程发动机每完成一个工作循环，曲轴旋转两周，各缸进、排气门各开启一次，此时凸轮轴只旋转一周，因此曲轴与凸轮轴的转速传动比为 2∶1。

气门顶置式发动机，由于燃烧室结构紧凑，充气阻力小，具有良好的抗爆性和高转速性，易于提高发动机的动力性和经济性指标。

采用链传动的气门顶置式发动机配气机构如图 3.2 所示。发动机工作时，曲轴 1 通过曲轴定时齿轮 2，带传动链 3，驱动凸轮轴定时齿轮 4，使凸轮轴 6 转动，凸轮轴上的凸轮 5 直接驱动气门 7 开启，气门关闭则依靠气门弹簧，完成进气或排气行程。

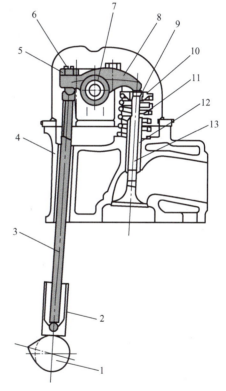

1—凸轮（轴）；2—挺柱；3—推杆；4—气缸盖；
5—锁紧螺母；6—调整螺钉；7—摇臂轴；
8—摇臂；9—锁片；10—气门弹簧座；
11—气门弹簧；12—气门导管；13—气门

图 3.1　气门顶置式配气机构

【配气机构工作演示】

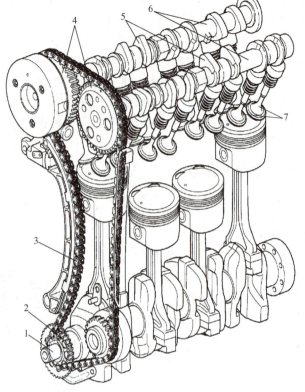

1—曲轴；2—曲轴定时齿轮；3—传动链；4—凸轮轴定时齿轮；5—凸轮；6—凸轮轴；7—气门

图 3.2　采用链传动的气门顶置式发动机配气机构

2. 凸轮轴的布置形式

凸轮轴的布置形式可分为下置、中置和上置三种形式。以下仅介绍常见的凸轮轴下置式和上置式的配气机构。

（1）凸轮轴下置式配气机构。

曲轴驱动凸轮轴若由定时齿轮驱动，则希望尽可能缩短曲轴与凸轮轴之间的距离。将凸轮轴布置在曲轴箱中部，称为凸轮轴下置式配气机构（图 3.1）。这种方案传动简单，一般都采用齿轮传动。

（2）凸轮轴上置式配气机构。

配气机构的凸轮轴布置在气缸盖上，凸轮轴上的凸轮可直接驱动气门（图 3.2）或通过摇臂来驱动气门。它省去了挺柱和推杆，使往复运动质量大大减小，因此适合于高转速发动机。

3. 凸轮轴的传动方式

凸轮轴由曲轴带动旋转，它们之间的传动方式有齿轮传动、链传动和同步带传动等。

（1）齿轮传动（gear drive）。

凸轮轴下置式、中置式配气机构大多数采用圆柱定时齿轮传动，如图 3.3 所示。一般由曲轴到凸轮轴只需一对定时齿轮传动，必要时可加装中间齿轮。为了使啮合平稳、减小噪声和磨损，定时齿轮一般都用斜齿轮并用不同材料制成，曲轴定时齿轮常用钢制造，而凸轮轴定时齿轮则用铸铁或夹布胶木制造。

（2）链传动（chain drive）和同步带传动（belt drive）。

链传动特别适合于凸轮轴上置式配气机构（图 3.2），但其工作可靠性和耐久性不如齿轮传动。近年来在高转速汽车发动机上还广泛采用同步带代替传动链，如图 3.4 所示。同步带传动对于减小噪声、减小结构质量与降低成本都有很大好处。同步带用氯丁橡胶制成，中间夹有玻璃纤维以提高强度。

【齿轮传动】

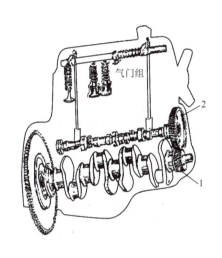

1—曲轴定时齿轮；2—凸轮轴定时齿轮

图 3.3　凸轮轴的齿轮传动装置

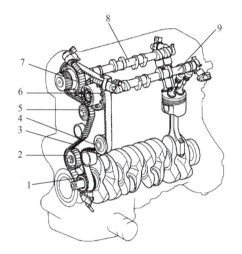

1—曲轴定时带轮；2—中间轴定时带轮；3—定时同步带；
4、5—张紧轮；6、7—凸轮轴定时带轮；
8—凸轮轴（进气门侧）；9—凸轮轴（排气门侧）

图 3.4　凸轮轴的同步带传动装置

东风本田思域和长安福特福克斯型乘用车配气机构采用链传动；一汽奥迪 A4 和上海桑塔纳型乘用车配气机构均采用的是同步带传动。

4. 气门数目及排列方式

一般发动机都采用的是每缸两气门（一个进气门和一个排气门）的结构（图3.5）。为了进一步改善气缸的换气性能，在结构允许的条件下，应尽量增大进气门头部的直径。当气缸直径较大，活塞平均线速度较高时，每缸一进一排的气门结构就不能保证良好的换气质量了，因此，在很多中、高级新型乘用车和运动型汽车发动机上普遍采用每缸多气门结构，有采用每缸三气门结构的，也有采用每缸五气门（三个进气门、两个排气门）结构的，最常见的是采用每缸四气门结构（图3.6）的。气门数目的增加，使发动机的进、排气通道的横截面积大大增加，从而提高了发动机的充气效率，改善了发动机的动力性能。

5. 气门间隙

为保证气门关闭严密，通常发动机在冷态装配时，在气门杆尾端与气门驱动零件（摇臂、挺柱或凸轮）之间留有适当的间隙，这一间隙称为气门间隙，如图3.7所示。发动机工作时，气门因温度升高而膨胀。如果气门及其传动件之间，在冷态时无间隙或间隙过小，那么在热态下,气门及其传动件受热膨胀势必会引起气门关闭不严,造成发动机在压缩和做功行程中漏气,从而使功率下降,严重时甚至不易起动。为了消除这种现象,通常留有适当的气门间隙,以补偿气门受热后的膨胀量。气门间隙的大小由发动机制造厂根据试验确定,一般在冷态时,进气门的间隙为 0.25～0.30mm,排气门的间隙为 0.30～0.35mm。气门间隙过大,会影响气门的开启量,同时在气门开启时会产生较大的冲击响声。为了能对气门间隙进行调整,通常在摇臂(或挺柱)上装有调整螺钉及锁紧螺母。一些中、高级乘用车由于装用液力挺柱,因此不预留气门间隙。

【气门顶置】

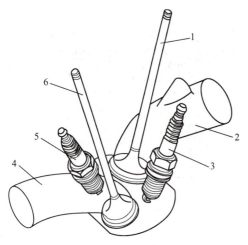

1—进气门;2—进气道;3、5—火花塞;
4—排气道;6—排气门

图 3.5　每缸两气门的布置

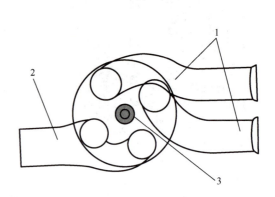

1—进气道;2—排气道;3—火花塞孔

图 3.6　每缸四气门的布置

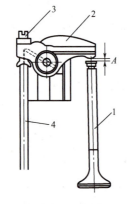 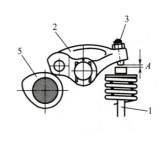

(a) 凸轮轴下置式气门　　(b) 凸轮轴上置式气门
1—气门;2—摇臂;3—调整螺钉;4—推杆;5—凸轮;A—气门间隙

图 3.7　气门间隙

3.1.3　配气相位

用曲轴转角表示的进、排气门实际开闭时刻和开启持续时间,称为配气相位(valve

timing)。通常用相对于上、下止点曲拐位置的曲轴转角的环形图来表示，这种图形称为配气相位图，如图 3.8 所示。

理论上，四冲程发动机的进气门应在曲拐位于上止点时开启，在曲拐转到下止点时关闭；排气门则在曲拐位于下止点时开启，在曲拐转到上止点时关闭。进气过程和排气过程各占 180°曲轴转角。但实际上由于发动机转速很高，活塞每一行程历时相当短，如上海桑塔纳乘用车发动机活塞行程历时仅 0.0054s。在这样短的时间内换气，势必会造成进气不足和排气不彻底的现象，从而使发动机功率下降。因此，现代发动机气门实际开闭时刻需要提前开、迟后关，采取延长进、排气时间的方法，以改善进、排气状况，从而提高发动机的动力性。

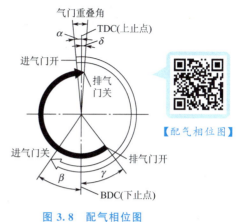

图 3.8 配气相位图

1. 进气门的配气相位

（1）进气提前角（intake advance angle）α。在排气行程接近终了，活塞到达上止点之前，进气门便开始开启，从进气门开始开启到活塞移到上止点所对应的曲轴转角 α，称为进气提前角。进气门提前开启，是为了保证进气行程开始时进气门已开大，减小进气阻力，新鲜气体能顺利地进入气缸。

（2）进气迟后角（intake lag angle）β。在进气行程下止点过后，活塞又上行一段距离后，进气门才关闭。从下止点到进气门关闭所对应的曲轴转角 β，称为进气迟后角。进气门迟后关闭，是由于活塞到达下止点时，缸内压力仍低于大气压力，从而进入惯性进气阶段，因此仍可以利用气流惯性和压力差继续进气。

由此可见，进气门开启持续时间内的曲轴转角（即进气持续角）为 α+180°+β。α 一般为 10~30°，β 一般为 40~80°。

2. 排气门的配气相位

（1）排气提前角（exhaust advance angle）γ。在做功行程接近终了，活塞到达下止点之前，排气门便开启。从排气门开始开启到下止点所对应的曲轴转角 γ，称为排气提前角。排气门提前开启，是由于当做功行程活塞接近下止点时，进入自由排气阶段，气缸内还有 0.30~0.50MPa 的压力，虽然此压力对做功的作用已经不大，但仍高于大气压力，可利用此压力与大气压力差使气缸内的废气迅速自由排出，一方面可减小发动机的功率消耗，另一方面高温废气迅速排出可防止发动机过热。

（2）排气迟后角（exhaust lag angle）δ。活塞越过上止点后，排气门才关闭。从上止点到排气门关闭所对应的曲轴转角 δ，称为排气迟后角。排气门迟后关闭，是由于活塞到达上止点时，气缸内的残余废气压力仍高于大气压力，加之排气时气流有一定的惯性，仍可以利用气流惯性和压力差把废气排放得更干净。

由此可见，排气门开启持续时间内的曲轴转角（即排气持续角）为 γ+180°+δ。γ 一般为 40~80°，δ 一般为 10~30°。

3. 气门重叠

由于进气门在上止点前已开启,而排气门在上止点后才关闭,这就会出现在一段时间内进、排气门同时开启的现象,这种现象称为气门重叠。气门同时开启的曲轴转角 $\alpha+\delta$,称为气门重叠角。由于新鲜气流和废气流的流动惯性都比较大,在短时间内是不会改变流向的,因此只要气门重叠角选择适当,就不会有废气倒流入进气管和新鲜气体随同废气排出的可能性。

不同的发动机,由于其结构形式、转速各不相同,因此配气相位也不相同。同一台发动机转速不同其配气相位应不同,转速越高,提前角和迟后角应越大,但这在结构上很难满足。通常按照发动机的性能要求,通过反复试验确定某一常用转速下较为合适的配气相位。

3.2 配气机构的组成

配气机构由气门组和气门传动组组成。气门组包括气门、气门导管、气门座和气门弹簧等主要零部件。气门传动组主要包括凸轮轴、凸轮轴定时齿轮、挺柱、推杆(气门顶置式配气机构)、摇臂和摇臂轴。

3.2.1 气门组

气门组的作用是实现气缸的密封。气门组的组成如图3.9所示。

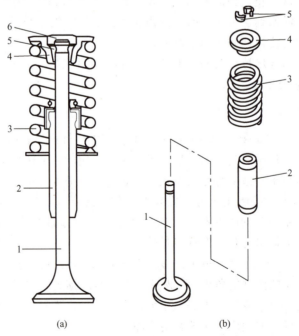

1—气门;2—气门导管;3—气门弹簧;4—气门弹簧座;5—锁片;6—垫块

图 3.9 气门组的组成

1. 气门（valve）

气门（图 3.9 中的件 1）由头部和杆部两部分组成，头部用来封闭气缸的进、排气通道，杆部则主要为气门的运动导向。气门的作用是与气门座相配合，对气缸进行密封，并按工作循环的要求定时开启和关闭。气门头部受高温作用，同时承受高压及气门弹簧和传动组惯性力的作用；而气门杆在气门导管中做高速直线往复运动，其冷却和润滑条件差，因此，要求气门必须具有足够的强度、刚度、耐热和耐磨能力。进气门材料常采用合金钢（铬钢或镍铬钢等），排气门材料则采用耐热合金钢（硅铬钢等）。另外，为了改善气门的导热性能，有的气门在内部充注金属钠，钠在 970 ℃时为液态，液态钠可将气门头部的热量传给气门杆，冷却效果十分明显。东风日产骐达 1.6T 乘用车发动机的排气门即采用钠冷却气门。

2. 气门导管（valve guide）

气门导管的功用是给气门的运动导向，并为气门杆散热。其结构如图 3.10 所示。为便于调换或修理，气门导管内、外圆柱面经加工后压入气缸盖或气缸体的气门导管孔中，然后精铰内孔。为了防止气门导管在使用过程中松落，有的发动机的气门导管用卡环（图 3.10）定位。气门杆与气门导管之间一般留有 0.05～0.12 mm 的间隙，使气门杆能在导管中自由运动。气门导管的工作温度较高，润滑比较困难，一般用含石墨较多的铸铁或铁基粉末冶金制成，以提高其自润滑性能。

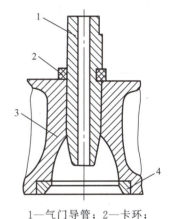

1—气门导管；2—卡环；
3—气缸盖；4—气门座

图 3.10 气门导管和气门座

3. 气门座（valve seat）

气缸盖或气缸体的进、排气道与气门锥面相结合的部位称为气门座，气门座上有相应的锥面。气门座的作用是靠其内锥面与气门锥面的紧密贴合来密封气缸，并接受气门传来的热量。气门座在高温下工作时，磨损严重，故有的发动机的气门座是用耐热钢材或合金铸铁单独制成气门座圈，然后嵌入气缸盖或气缸体的气门座圈孔中，可以有效提高其使用寿命并便于更换。

4. 气门弹簧（valve spring）

气门弹簧的作用是保证气门及时落座并与气门座紧密贴合，并防止气门在发动机振动时因跳动而破坏密封。因此要求气门弹簧具有足够的刚度和安装预紧力。

气门弹簧是由中碳铬钒钢丝或硅铬钢丝制成的圆柱形螺旋弹簧［图 3.11(a)］。气门弹簧在工作时承受交变载荷，要有合适的弹力、足够的刚度和抗疲劳强度。为此，气门弹簧要经过热处理，钢丝表面要磨光、抛光或喷丸处理等，以提高气门弹簧的抗疲劳强度和工作可靠性。

安装气门弹簧时，其一端支承在气缸盖或气缸体上，而另一端则压靠在气门杆尾端的弹簧座上，弹簧座用锁片固定在气门杆的末端。为防止弹簧发生共振，可采用变螺距的圆柱形弹簧［图 3.11(b)］，如五十铃 CVR 重型货车型发动机的气门弹簧。在

(a) 圆柱形螺旋弹簧

(b) 变螺距的圆柱形弹簧

大多数高转速发动机上,每个气门同心安装了内、外两根气门弹簧[图3.11(c)]即双气门弹簧,这样可防止共振,且当一根弹簧折断时另一根仍可维持工作,并能降低弹簧的高度。由于两根气门弹簧的螺旋方向和螺距各不相同,因此可防止折断的弹簧圈卡入另一个弹簧圈内。一汽奥迪A4、上海桑塔纳乘用车发动机均采用双气门弹簧。

3.2.2 气门传动组

气门传动组的作用是使气门按发动机配气相位规定的时刻及时开、闭,并保证遵循规定的开启时间和开启升程。这部分内容主要涉及气门顶置式配气机构的气门传动组。

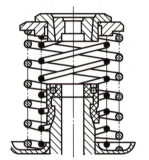
(c) 同心安装的内、外两根气门弹簧

图 3.11 气门弹簧

1. 凸轮轴(cam shaft)

凸轮轴主要由凸轮6、凸轮轴轴颈5等组成(图3.12)。汽油机中,下置凸轮轴上还有用来驱动机油泵、分电器的螺旋齿轮7和驱动汽油泵的偏心轮8。由于凸轮经常会受到间歇开启气门的周期性冲击载荷,因此要求凸轮表面耐磨,即凸轮轴要有足够的韧性和刚度。凸轮轴一般用优质锻钢或特种铸铁制成,凸轮和凸轮轴轴颈的工作表面经热处理后精磨和抛光,可以提高其硬度及耐磨性。

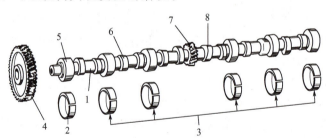

1—凸轮轴;2—前轴承;3—中、后轴承;4—凸轮轴定时齿轮;5—凸轮轴轴颈;6—凸轮;
7—螺旋齿轮;8—偏心轮

图 3.12 凸轮轴总成

凸轮轴由曲轴通过传动装置驱动,如图3.13所示,有的采用一对定时齿轮传动。小齿轮和大齿轮分别用键安装在曲轴和凸轮轴的前端,其传动比为2∶1。在装配曲轴和凸轮轴时,必须将齿轮定时标记对准,以保证正确的配气相位和点火时刻。

2. 挺柱(cam follower)

挺柱的作用是将凸轮的推力传递给推杆或气门杆,并承受凸轮轴旋转时所施加的侧向力。挺柱可分为普通挺柱和液力挺柱两种。

(1) 普通挺柱。气门顶置式配气机构采用的挺柱有筒式和滚轮式两种结构形式,如

图3.14所示。筒式挺柱圆周钻有通孔，便于筒内收集的机油流出以润滑挺柱底面及凸轮，并可减轻质量。滚轮式挺柱可以减少磨损，但结构较复杂，质量较大，多用于大缸径柴油机的配气机构上。

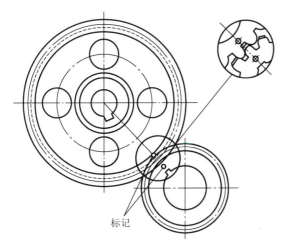

图3.13 定时齿轮及定时标记

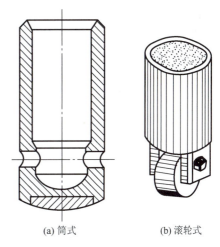

(a) 筒式　　(b) 滚轮式

图3.14 普通挺柱

挺柱工作时，由于受凸轮侧向推力的作用，会稍有倾斜，将引起挺柱与导管之间的单面磨损和造成挺柱底面磨损不均匀。为此，有的挺柱底面被制成球面 [图3.14(a)]，而且凸轮面被制成带锥度形状。这样可使挺柱被凸轮顶起时还有绕本身轴线的转动，以达到均匀磨损的目的。

（2）液力挺柱。由于存在气门间隙，发动机工作时，配气机构传动件将发生撞击而产生噪声。为解决这一矛盾，有些高级乘用车的发动机采用液力挺柱。图3.15所示为现代伊兰特悦动1.8升直列四缸发动机使用的液力挺柱结构图。在挺柱体1中装有柱塞3，在柱塞上端压入支承座5。柱塞被柱塞弹簧8压向上方，其最上位置由卡环4来限制，柱塞下端的单向阀架2内装有单向阀碟形弹簧6和单向阀7。发动机工作时，润滑系统中的机油从主油道经挺柱体侧面的油孔流入，并充满柱塞内腔及下面的空腔。

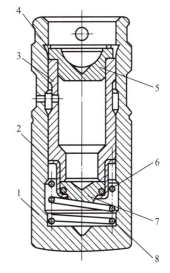

1—挺柱体；2—单向阀架；3—柱塞；
4—卡环；5—支承座；6—单向阀碟形弹簧；
7—单向阀；8—柱塞弹簧

图3.15 现代伊兰特悦动1.8升直列
四缸发动机使用的液力挺柱结构图

当气门关闭时，柱塞弹簧使柱塞连同压合在柱塞中的支承座紧靠着推杆，整个配气机构中不存在间隙。当挺柱被凸轮推举向上时，推杆作用于支承座和柱塞上的反力力图使柱塞克服柱塞弹簧的弹力而相对于挺柱体向下移动，于是柱塞下部腔内的油压迅速增高，使单向阀关闭。此时挺柱如同一个刚体，这样便保证了必要的气门升程。当气门开始关闭或冷却收缩时，柱塞所受压力减小，在柱塞弹簧的作用下，柱塞向上运动，始终与推杆保持接触，同时柱塞下部腔中产生真空度，单向阀被吸开，油液便流入挺柱体腔。

一汽奥迪 A4 和上海桑塔纳乘用车的发动机均采用液力挺柱。

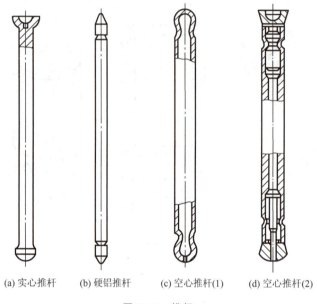

(a) 实心推杆　(b) 硬铝推杆　(c) 空心推杆(1)　(d) 空心推杆(2)

图 3.16　推杆

3. 推杆（push rod）

推杆的作用是将凸轮轴经过挺柱传来的推力传递给摇臂。推杆是细长的传力件，压力过大易挠曲。为保证推杆有足够的刚度和减轻质量，常采用冷拔无缝钢管制成推杆。推杆可以是实心的，也可以是空心的。实心推杆[图 3.16(a)]两端有凹球支座和凸球体。图 3.16(b) 所示为由硬铝棒制成的硬铝推杆，该推杆两端配以钢制的支承，其上、下端头与杆身做成一体。空心推杆如图 3.16(c) 和图 3.16(d) 所示，前者的球头与杆身做成整体，后者的两端与杆身用焊接或压配的方式连成一体。不同形状的端头与气门间隙调整螺钉的球形头部相适应，凹形球头可积存少量的润滑油以减少磨损。

4. 摇臂（rocker arm）

摇臂是一个中间带有圆孔的不等长双臂杠杆，其作用是将推杆传来的力改变方向后作用在气门尾端，使气门开启。

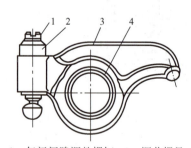

1—气门间隙调整螺钉；2—调节螺母
3—摇臂；4—摇臂轴套

图 3.17　普通摇臂

普通摇臂（图 3.17）的长臂端部制有圆弧形的工作面，以利于传力和减少磨损。短臂端部螺纹孔中装有调整气门间隙的调整螺钉及锁紧螺母。螺钉的球头与推杆顶端的凹球座相连接。摇臂内有润滑油孔。

如图 3.18 所示，摇臂通过摇臂轴来支承。摇臂 7、摇臂轴 2、摇臂轴前支座 5 和摇臂轴中间支座 10 等组成了摇臂组（摇臂支架）。摇臂 7 通过摇臂衬套 6 空套在两端带碗形塞 1 的空心摇臂轴 2 上，而摇臂轴又通过摇臂轴前支座 5 和摇臂轴中间支座 10 固定在气缸盖上。通常润滑油先从气缸体上的主油道经气缸体或气缸体外油管、气缸盖和摇臂轴支座中的油道进入中空的摇臂轴，然后通过摇臂轴上的径向孔进入摇臂及摇臂轴之间，实现润滑。为防止摇臂轴向窜动，在每两个摇臂之间都装有限位弹簧 11。

摇臂的材料一般为中碳钢，也可以采用铸铁或铸钢。为提高耐磨性，支座的摇臂轴孔

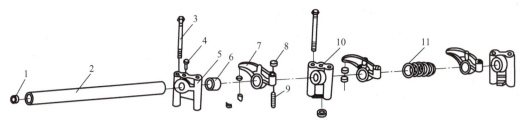

1—碗形塞；2—摇臂轴；3—螺栓；4—摇臂轴紧定螺钉；5—摇臂轴前支座；6—摇臂衬套；
7—摇臂；8—锁紧螺母；9—调整螺钉；10—摇臂轴中间支座；11—限位弹簧

图 3.18　摇臂组

内镶有青铜衬套或装有滚针轴承。

3.3　可变配气机构

发动机的配气相位确定下来后，在发动机运转过程中是无法改变的。由于最佳的配气相位不能覆盖发动机的各种转速工况，只能满足一定转速范围，因此需要兼顾高、低转速时发动机性能对进排气的不同需求。由于发动机的进气对发动机性能影响较大，因此在乘用车发动机上配备了能随发动机转速变化而改变进气量或配气相位的装置。

图 3.19 所示为可变配气定时控制系统。

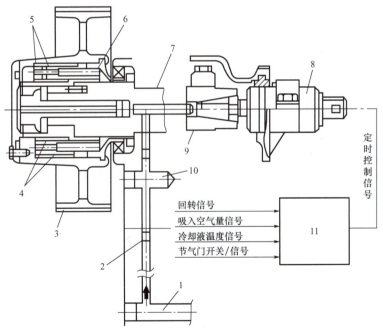

1—气缸体主油道；2—节流孔；3—进气凸轮轴同步带轮；4—螺旋形花键；5—活塞；6—回位弹簧；
7—凸轮轴；8—电磁阀；9—控制阀；10—气缸盖油道孔；11—电控单元

图 3.19　可变配气定时控制系统

可变配气定时控制系统的工作原理：如图 3.19 所示，进气凸轮轴同步带轮 3 与凸轮轴通过螺旋形花键 4 连接，由控制阀 9 控制的油液可通过油道进入活塞 5 端部。如图 3.20 所示，当发动机的转速、负荷变化时，进入油压活塞 2 一侧端部的油液压力升高，另一侧端部的油液压力降低，使得油压活塞在油液压力差的作用下沿轴向移动，因螺旋形花键的导向作用，使得凸轮轴相对于凸轮轴同步带轮 1 提前或滞后旋转一定的角度，从而改变配气相位。

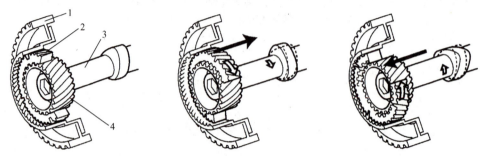

1—凸轮轴同步带轮；2—油压活塞；3—凸轮轴；4—螺旋形花键

图 3.20 配气定时可变示意图

凸轮轴同步带轮内活塞的油液是由气缸体主油道提供的（图 3.20），用控制阀和电磁阀控制凸轮轴同步带轮内活塞油压的变化。电控单元通过相应的传感器提供发动机的转速、进气量、冷却液温度及节气门开度等参数的信息，向控制阀和电磁阀发出执行指令。

1. 配气机构的功用是什么？其工作原理如何？
2. 什么是充气效率？
3. 凸轮轴的传动形式有哪几种？
4. 什么是配气相位？
5. 气门组由哪些零件组成？
6. 气门传动组由哪些零件组成？
7. 已知某型号发动机的进气提前角为 20°，气门重叠角为 39°，进气持续角为 256°，排气持续角为 249°，画出其配气相位图。

第 4 章
汽油机燃料供给系统

电控汽油喷射系统不但有效地提高了发动机的动力性和经济性，而且改善了排放性能。电控汽油喷射系统的组成包括燃油供给系统、空气供给系统和电子控制系统。

要求学生了解电控汽油喷射系统的分类及工作原理，重点掌握 L 型汽油喷射系统的组成及工作原理，掌握电控汽油喷射系统中主要部件的结构和工作原理。

4.1 概　　述

在汽车发动机上使用的汽油机燃料供给系统（简称汽油机供给系统）有两种基本形式：化油器式汽油机燃料供给系统和电控汽油喷射式汽油机燃料供给系统。由于化油器式汽油机燃料供给系统在汽车上不再运用，因此本章对化油器的内容只用于比较，主要介绍电控汽油喷射式汽油机燃料供给系统（简称电控汽油喷射系统）。

4.1.1　汽油的基本特性与汽油机燃料供给系统的功用

汽油（gasoline）是由石油提炼而得到的密度小又易挥发的液体燃料。汽油由多种碳氢化合物组成。按照提炼方法，汽油可分为直馏汽油和裂化汽油等。

汽油的使用性能指标主要是蒸发性、热值和抗爆性。对于高速发动机，形成可燃混合气过程的时间很短，一般只有百分之几秒，因此汽油的蒸发性对形成的混合气质量有很大的影响。汽油的蒸发性可通过燃料的蒸馏试验来测定：加热汽油，分别测定蒸发出 10%、50%、90%馏分时的温度及终馏温度。发动机所用的汽油蒸发性越强，则越易发生气阻，导致发动机失速。燃料的热值是指 1kg 燃料完全燃烧后所产生的热量。汽油的热值约为 44000kJ/kg。

汽油的抗爆性是汽油的一项主要性能指标，是指汽油在发动机气缸中燃烧时，避免产生爆燃的能力，即抗自燃能力。发动机选用抗爆性较好的汽油，就可能采用较高的压缩比而不至于发生爆燃。汽油的抗爆性一般用辛烷值表示，辛烷值越高，汽油的抗爆性越好。国产汽油的辛烷值可以看其代号，例如，代号为 RQ-95 的汽油，表明其辛烷值不小于 95。选择汽油的主要依据是发动机的压缩比，一般压缩比高的汽油机应采用辛烷值高的汽油。

汽油机供给系统的功用是根据发动机各种不同工况的要求，配制出一定数量和浓度的可燃混合气，然后供入气缸，使之在临近压缩终了时点火燃烧而膨胀做功，最后将燃烧废气排入大气中。如何根据发动机的工作要求配制出不同浓度、不同数量、具有较高雾化质量的可燃混合气，是汽油供给系统所要解决的主要问题。

4.1.2　可燃混合气

1. 可燃混合气浓度的表示方法

汽油喷散呈雾状，按一定的比例与空气均匀混合，能够进入气缸燃烧。这种按一定比例混合的汽油和空气的混合物，称为可燃混合气。可燃混合气中燃油含量的多少称为可燃混合气浓度。可燃混合气的成分通常有如下表示方法。

（1）空燃比 R。

将实际吸入发动机中空气的质量与燃料的质量比值称为空燃比（air-fuel ratio），用符号 R 表示（欧美国家采用），空燃比即燃烧 1kg 燃料实际供给的空气量。理论上，1kg 汽油完全燃烧需 14.7kg 空气。故对汽油机而言，将空燃比为 14.7 的可燃混合气称为理论可燃混合气；若空燃比小于 14.7，则说明汽油有余，称为浓可燃混合气；若空燃比大于 14.7，则说明空气有余，称为稀可燃混合气。

（2）过量空气系数 α。

将燃烧 1kg 燃料实际供给的空气质量与理论上完全燃烧 1kg 燃料所需的空气质量之比称为过量空气系数（excess-air coefficient），用符号 α 表示。$\alpha=1$ 的可燃混合气为理论可燃混合气；$\alpha>1$ 的可燃混合气则为稀可燃混合气；$\alpha<1$ 的可燃混合气为浓可燃混合气。

2. 可燃混合气成分对发动机性能的影响

可燃混合气是指空气与燃料的混合物，除了数量之外，它的成分对发动机的动力性、经济性与排放性等都有很大的影响。

（1）理论可燃混合气（$\alpha=1$）。

当 $\alpha=1$ 时，理论上气缸中所含空气中的氧正好能使其中的燃料完全燃烧。但实际上，由于气缸中可燃混合气的成分不可能绝对均匀地分布，残余废气的存在也影响火焰中心的形成和火焰的传播，即使 $\alpha=1$ 的可燃混合气也不可能达到完全燃烧。

（2）稀可燃混合气（$\alpha>1$）。

当 $\alpha>1$ 时，可使所有汽油分子获得足够的氧气而完全燃烧。对应于燃料消耗率最低时的可燃混合气称为经济混合气。对不同的汽油机，经济混合气的成分一般为 $\alpha=1.05$～1.15。然而，空气过量后因燃烧速度降低、热损失增加而使平均有效压力和发动机的功率略有下降。若可燃混合气过稀（图4.1中$\alpha>1.11$），会因燃烧速度的进一步降低而造成加速性能变差，因此不能对发动机供给这种过稀的可燃混合气。

(3) 浓可燃混合气（$\alpha<1$）。

当$\alpha<1$时，因可燃混合气中汽油分子较多而使燃烧速度升高，热损失减小。将发动机输出功率最大时的可燃混合气称为功率混合气。对不同的汽油机，功率混合气的成分一般为$\alpha=0.85\sim0.95$。这时因可燃混合气中空气含量不足，致使其燃烧不完全，经济性较差。若可燃混合气过浓（图4.1中$\alpha<0.88$），因燃烧不完全，会产生大量的一氧化碳，在高温高压气体的作用下析出游离的炭粒，导致燃烧室积炭、排气管放炮及冒黑烟。

(4) 燃烧极限。

当可燃混合气太稀（$\alpha\geqslant1.4$）或太浓（$\alpha\leqslant0.4$）时，虽然混合气能点燃，但是火焰无法传播，导致发动机运转不稳定，直至熄火。故将此时的α值分别称为火焰传播下限和火焰传播上限。

发动机转速一定和节气门全开的条件下，改变可燃混合气的浓度即改变α值，即可得到相应的发动机功率P_e和燃油消耗率

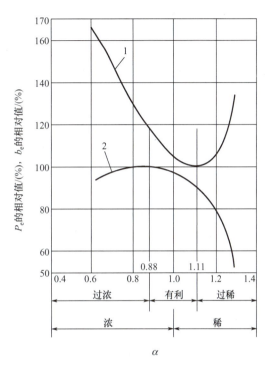

$1—b_e-\alpha$曲线；$2—P_e-\alpha$曲线

图4.1 可燃混合气浓度对发动机性能的影响

b_e随α变化的曲线（分别为图4.1中的曲线2和曲线1）。图4.1中纵坐标为P_e和b_e的相对值，对P_e而言，以各个不同的功率之中的最大值为100%；对b_e来说，以各个燃油消耗率中的最小值为100%。图4.1表明：功率点与经济点并不对应，当$\alpha=1.11$时，燃油消耗率最低，经济性最好，而当$\alpha=0.88$时，发动机的输出功率最大；可燃混合气过浓、过稀时，发动机的动力性、经济性均不理想；为兼顾发动机的动力性和经济性，可燃混合气的成分在$\alpha=0.88\sim1.11$最有利。

实际使用中，在一定的工况（负荷和转速）下，燃料供给系统只能供给一定浓度的可燃混合气。过量空气系数α是以发动机动力性为主，还是以经济性为主，或是将排放控制放在首位，应根据汽车及其汽油机各工况的需要而定。

3. 汽车发动机各种工况对可燃混合气成分的要求

发动机工况是发动机工作情况的简称，其主要参数是负荷和转速，转速一定时，负荷可以用节气门开度来衡量。汽车在行驶过程中的载荷、车速、路况等经常变化，因此汽车发动机工作时有以下特点：工况变化范围大，负荷可从0变到100%，转速可从最低稳定转速变化到最高转速；在汽车行驶的大部分时间内，发动机在中等负荷下工作。乘用车发动机的负荷经常是40%~60%，而货车则为70%~80%。

车用汽油机在不同工况下对可燃混合气的浓度有不同的要求，具体分述如下。

（1）稳定工况。发动机的稳定工况是指发动机已经完成预热，进入正常运转状态，且在一定时间内没有转速或负荷的突然变化。稳定工况可按负荷大小划分为怠速、小负荷、中等负荷、大负荷和全负荷。

怠速工况：怠速一般是指发动机在对外无功率输出的情况下以最低转速运转，此时混合气燃烧后所做的功，只是用以克服发动机内部的阻力，从而使发动机保持最低转速稳定运转。汽油机怠速转速一般为700～900r/min，且需供给浓而少的可燃混合气（$\alpha=0.6\sim0.8$）。这是因为发动机转速低，节气门接近关闭，气流速度低，吸入气缸的混合气数量很少，气缸内废气比例相对提高。为了减少怠速排气中的有害成分，宜采用较高的怠速转速。

小负荷工况：当发动机节气门略开启而转入小负荷工况时，新鲜可燃混合气的品质逐渐改善，废气对可燃混合气的稀释作用逐渐减弱，因而可燃混合气浓度可以降低（$\alpha=0.7\sim0.9$）。α值应随节气门开度的加大而变大。

中等负荷工况：车用发动机在大部分工作时间内处于中等负荷状态。在此情况下，节气门有足够的开度，燃油经济性要求是首要的，$\alpha=0.9\sim1.1$，α值应随节气门开度的加大而变大，即供给多而稀的可燃混合气。其原因是：节气门开度加大，进入气缸的可燃混合气增多，残余废气量相对减少，燃烧速度变快，热损失较小，可以用稀可燃混合气；可燃混合气虽稀，但数量增多，发动机功率随可燃混合气数量增多而增大，功率损失不多，节油效果却很明显。

大负荷和全负荷工况：汽车需要克服较大的阻力而要求发动机能发出尽可能大的功率时，驾驶人往往将加速踏板踩到底，使节气门全开，使发动机在全负荷下工作。节气门开度达85%以上是获得最大功率的工况。这时，要求能供给相应于最大功率的浓可燃混合气（$\alpha=0.8\sim0.9$），即多而浓的可燃混合气。这是因为：此时应以动力性为主，经济性则退居次要地位。

如图4.2所示，曲线3表示在发动机转速一定时，可燃混合气成分随发动机负荷（节气门开度）而变化的规律，称为理想可燃混合气特性。它表明：① 曲线3的中间部分在较大节气门开度范围内为稀混合气，两端在较小范围内为浓混合气，开度小的一端逐渐由浓变稀，开度大的一端迅速由稀变浓；② 曲线3满足了正常工况下混合气量变和质变的要求，即自动调节、连续变化、过渡圆滑等性能。

（2）过渡工况。汽车在运行中主要的过渡工况有冷起动、暖机、加速及急减速等几种。它们对可燃混合气成分各有特殊的要求。

起动工况：冷发动机起动，需供给极浓的可燃混合气，$\alpha=0.2\sim0.6$。这是因为：起动转速极低（100r/min左右），进气道内气流速度低，汽油雾化条件差，从而使气缸内可燃混合气过稀，以致无法燃烧；机体温度低，汽油

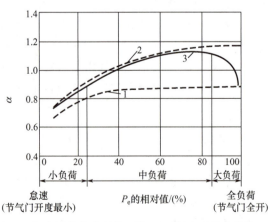

1—相应于最大功率的α值；2—相应于最小燃油消耗率的α值；3—理想可燃混合气特性

图4.2 可燃混合气特性（转速一定）

汽化条件和着火条件都不好。特别是在冷起动时，汽油呈油粒状附在进气管壁上。为此，要求供给极浓的可燃混合气，以保证进入气缸内的可燃混合气中有足够的汽油蒸气，使发动机得以顺利起动。

暖机：冷起动后，发动机各气缸开始自动运转，发动机温度逐渐上升（暖机），直到接近正常温度、发动机能稳定地怠速运转为止。在暖机过程中，供给的可燃混合气 α 值应随着温度的升高，从起动时的极小值逐渐加大到稳定怠速所要求的数值为止。

加速工况：发动机的加速是指负荷突然迅速增加的过程。当加速时，驾驶人猛踩加速踏板，使节气门开度突然加大，以期发动机功率迅速增大。当节气门突然开大时，需供给额外的燃油，以防止可燃混合气瞬间变稀，降低加速性能。

4.1.3 汽油机供给系统的组成

1. 化油器式汽油机供给系统的组成

一般化油器式汽油机供给系统由下列装置组成（图 4.3）。

（1）燃油供给装置，包括油箱 7、汽油滤清器 5、汽油泵 4 和油管 6 等。
（2）空气供给装置，即空气滤清器 2。
（3）可燃混合气形成装置，即化油器 1。
（4）可燃混合气供给装置，即进气管 3。

汽油泵 4 将汽油自油箱 7 泵出，流经汽油滤清器 5，滤去所含杂质后，将汽油泵入化油器 1 中。空气则经空气滤清器 2 滤去所含灰尘后，流入化油器。汽油在化油器中实现雾化和蒸发，并与空气混合形成可燃混合气，经过进气管 3 分配到各个气缸。混合气燃烧生成的废气经排气管与排气消声器等被排到大气中。

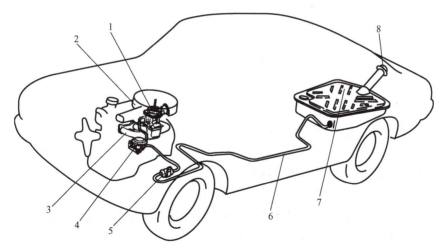

1—化油器；2—空气滤清器；3—进气管；4—汽油泵；5—汽油滤清器；
6—油管；7—油箱；8—油箱盖

图 4.3 化油器式汽油机的供给系统

2. 电控汽油喷射系统的组成

电控汽油喷射系统（electronic fuel injection，EFI）由燃油供给系统、空气供给系统、电子控制系统组成。

（1）燃油供给系统。

燃油供给系统向气缸内供给燃烧时所需一定量的燃油。电控发动机燃油供给系统的组成如图 4.4 所示，主要由汽油箱 2、汽油泵 1、汽油滤清器 8、油压调节器 3 及喷油器 5 等组成。汽油泵将汽油从汽油箱吸出后经过汽油滤清器，除去杂质和水分。油压调节器调节供油总管的油压（一般为 0.25～0.3MPa）后，送至各缸喷油器或低温起动喷油器。喷油器根据电控单元的喷油指令，把适量的汽油喷射到进气门附近，在进气行程时，汽油与空气形成的可燃混合气被吸入气缸内。

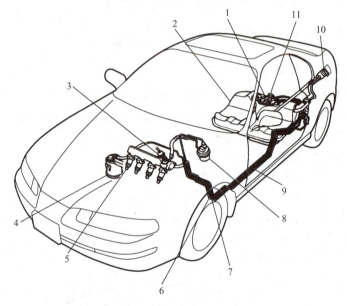

1—汽油泵；2—汽油箱；3—油压调节器；4—汽油蒸发控制炭罐；5—喷油器；6—汽油蒸气管；
7—汽油供给管；8—汽油滤清器；9—汽油回流管；10—油箱盖；11—双通阀

图 4.4　电控发动机燃油供给系统的组成

（2）空气供给系统。

空气供给系统为发动机可燃混合气的形成提供必要的空气，并测量和控制空气量。它主要由空气滤清器、空气流量传感器、进气总管及进气支管等组成。发动机在进气行程时，空气经空气滤清器、空气流量传感器和节气门进入各缸进气支管。驾驶人通过操纵节气门的开度来控制每个工作循环的进气量。发动机怠速时，节气门关闭，空气量由怠速旁通阀来控制，保证冷暖车时加大空气量，正常怠速时恢复怠速空气量。当发动机冷却液温度较低时，怠速控制阀开启，以获得适当的快怠速。

（3）电子控制系统。

电子控制系统主要由电控单元（electronic control unit，ECU）、各种传感器及执行器三部分组成。电控单元是电子控制系统的核心，它的主要功用是控制和检测。电控单元一方面接收各个传感器传来的信号，另一方面又完成对这些信息的处理，并发出相应的指令控制执行器的动作。传感器负责把各种反映发动机工况和汽车运行状况的参数转变成电信号（电压或电流）提供给电控单元，使电控单元正确地控制发动机运转或汽车运行。执行器用来完成电控单元发出的各种指令,是电控单元指令的执行者。

3. 电控汽油喷射系统的优点

电控汽油喷射系统是利用电子控制技术控制喷油器,将一定数量和压力的汽油直接喷射到进气管道或气缸中,并与进入的空气混合而形成可燃混合气的汽油机燃油供给装置。

化油器式燃油供给系统与电控汽油喷射系统的比较如图 4.5 所示。化油器式燃油供给系统中可燃混合气的形成和控制是通过化油器实现的,进入燃烧室的混合气量与发动机负荷成一定的比例关系,混合气浓度可以根据发动机工况调节,但控制精度不高。电控汽油喷射系统通过空气流量计预先测定空气量,然后电控单元根据空气进气量的多少控制喷油器喷射燃油,吸入的空气与喷油器喷出的雾状汽油混合形成可燃混合气。

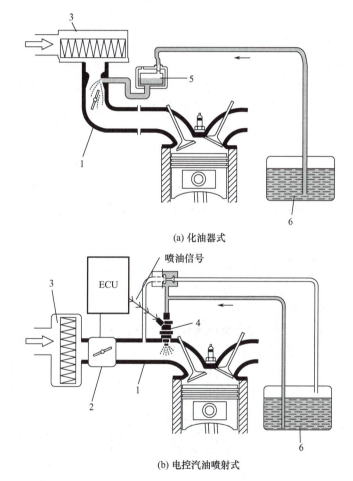

(a) 化油器式

(b) 电控汽油喷射式

1—进气管;2—空气流量传感器;3—空气滤清器;4—喷油器;5—化油器浮子室;6—燃油箱

图 4.5　化油器式燃油供给系统与电控汽油喷射系统的比较

装有电控汽油喷射系统的发动机具有下列优点。

(1) 由于进气管道中没有喉管,因此提高了发动机的充气效率、功率和转矩。

(2) 可以对可燃混合气成分进行精确的控制,使发动机在任何工况下都处于最佳的工作状态。

(3) 发动机各缸可燃混合气的分配更加均匀,节省燃油并减少废气排放中的有害成分。

采用电控汽油喷射系统的发动机与传统的化油器式发动机相比,发动机的功率可提高 5%~10%,油耗可降低 5%~10%,废气中有害排放含量可减少 15%~20%,从而能满足目前严格的排放及燃料经济性法规的要求。

4.2 电控汽油喷射系统

4.2.1 系统分类

车用汽油喷射系统有多种类型,可按不同的方法进行分类。

(1) 按喷射部位的不同,可分为缸外喷射系统和缸内喷射系统两种。

① 缸外喷射系统分为进气管喷射系统和进气道喷射系统,是将喷油器安装在进气管或进气道上,以 0.1~0.35MPa 的喷射压力将汽油喷入进气管或进气道内。

a. 进气管喷射系统(图 4.6)的喷油器安装在节气门体上,节气门体安装在进气支管的上部,相当于化油器式发动机安装化油器的位置。因此,进气管喷射又称节气门体喷射(throttle body injection,TBI)。由于一台发动机只在节气门体上装有 1 个或 2 个喷油器,汽油喷入进气管后与进气气流混合,形成的可燃混合气由进气支管分配到各个气缸,因此这种喷射方式又称单点喷射(single point injection,SPI)。

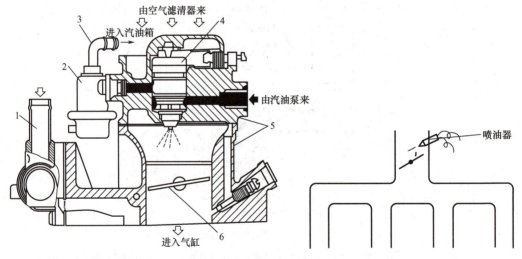

1—空气阀;2—油压调节器;3—回油管;4—喷油器;5—节气门体;6—节气门
图 4.6 进气管喷射(节气门体喷射,单点喷射)系统

b. 进气道喷射系统(图 4.7)是每个气缸设置一个喷油器,各个喷油器分别向各缸进气道(进气门前方)喷油。这种喷射方式又称多点喷射(multi point injection,MPI)。

② 缸内喷射系统也称直接喷射系统,是通过安装在气缸盖上的喷油器,将汽油直接喷入气缸内。这种喷射系统需要较高的喷射压力,一般为 3~5MPa。

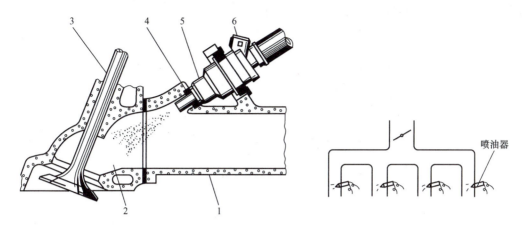

1—进气支管；2—进气道；3—进气门；4—密封圈；5—喷油器；6—接线柱

图 4.7　进气道喷射（多点喷射）系统

（2）按进气量的检测方式不同，可分为流量型喷射系统和压力型喷射系统两种。流量型喷射系统以质量-流量方式检测进气量，即用空气流量计直接检测出进气管的空气流量，用测得的空气流量除以发动机的转速而得每一循环的空气量，由此算出每一循环的汽油喷射量。此方法检测精度高，目前使用较广泛。压力型喷射系统以速度-密度方式检测进气量，即通过压力传感器测出进气管的压力，再根据发动机的转速间接地推算出进气流量，从而确定汽油喷射量。因为进气管压力与吸入的空气量不是简单的线性关系，所以此法的检测精度不高。

（3）按喷射的连续性，可分为连续喷射式和间歇喷射式。连续喷射是指在发动机工作期间，喷油器连续不断地向进气道内喷油。这种喷射方式大多用于机械控制式或机电混合控制式汽油喷射系统。间歇喷射是指在发动机工作期间，汽油被间歇地按一定规律喷入进气道内。电控汽油喷射系统都采用间歇喷射方式。

间歇喷射还可按各缸喷射时间分为同时喷射、分组喷射和顺序喷射三种形式。同时喷射是指电控单元发出同一个指令控制各缸喷油器同时喷油（图 4.8）。分组喷射是指各缸喷油器分成两组，每一组喷油器共用一根导线与电控单元连接，电控单元在不同时刻先后发出两个喷油指令，分别控制两组喷油器交替喷射（图 4.9）。顺序喷射是指喷油器按发动机各缸的工作顺序进行喷射。电控单元根据曲轴位置传感器信号，辨别各缸的进气行程，适

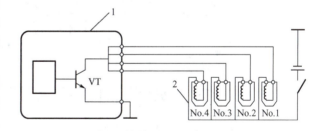

1—电控单元；2—喷油器

图 4.8　同时喷射控制方式电路

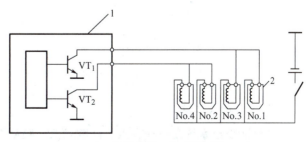

1—电控单元；2—喷油器

图 4.9　分组喷射控制方式电路

时发出各缸喷油指令以实现顺序喷射（图4.10）。

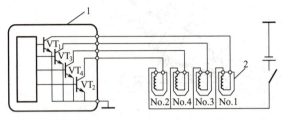

1—电控单元；2—喷油器

图 4.10 顺序喷射方式控制电路

4.2.2 工作原理

电控汽油喷射系统是以电控单元为控制中心，利用安装在发动机上不同部位的传感器，测出发动机的各种运行参数，精确地计算进入气缸的空气量，再按照电控单元中预存的控制程序精确地控制喷油，使发动机在各种工况下都能获得最佳浓度的混合气，以求得最佳的动力性、经济性及排放性。发动机电控汽油喷射系统工作原理如图4.11所示。

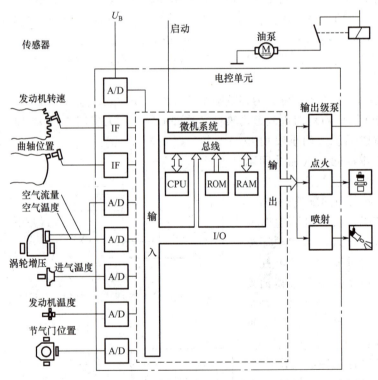

图 4.11 发动机电控汽油喷射系统工作原理

1. L型汽油喷射系统

L型汽油喷射系统是一种多点、间歇式汽油喷射系统。它以发动机的进气量和发动机转速作为基本控制参数，从而提高了喷油量的控制精度。如图4.12所示，汽油箱1内的汽油被电动汽油泵 2 吸出并加压至一定压力（0.25～0.35MPa），经汽油滤清器 3 滤除杂质后被送至燃油分配管 4。燃油分配管与安装在各缸进气支管上的喷油器 7 相通。在燃油分配管的末端装有油压调节器 5，用来调节油压使其保持稳定。发动机的进气量由汽车驾驶人通过加速踏板操纵节气门来控制，节气门开度越大，进气量就越多。安装在进气管上的空气流量传感器 12 将空气流量转变为电信号传输给电控单元 6。

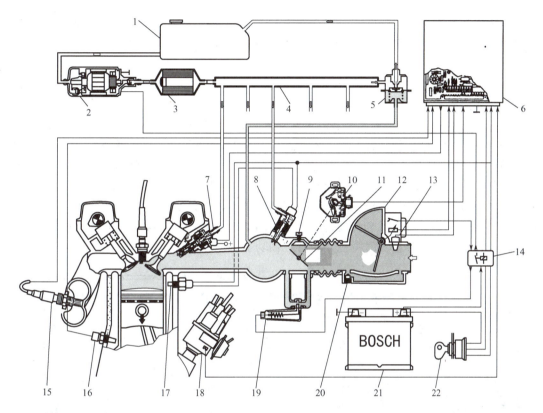

1—汽油箱；2—电动汽油泵；3—汽油滤清器；4—燃油分配管；5—油压调节器；6—电控单元；7—喷油器；8—冷起动喷嘴；9—怠速调节螺钉；10—节气门位置传感器；11—节气门；12—空气流量传感器；13—进气温度传感器；14—继电器组；15—氧传感器；16—发动机温度传感器；17—热时间开关；18—分电器；19—补充空气阀；20—怠速混合气调节螺钉；21—蓄电池；22—点火开关

图 4.12　L 型汽油喷射系统

喷油器的喷油量和喷油时刻由电控单元控制。电控单元先根据转角传感器确定发动机转速，再根据转速和进气管压力计算出相应的喷油量，并通过控制喷油持续时间来控制喷油量。电控单元根据曲轴转角传感器发出的第一缸上止点信号，控制各缸喷油器在进气行程开始之前进行喷油。电控单元根据空气流量和发动机转速计算出的喷油量是基本喷油量，尚须根据发动机的运行状况加以修正，以满足发动机各种运行工况对可燃混合气成分的要求。

当发动机怠速工作时，节气门接近关闭，节气门位置传感器 10 中的怠速触点闭合，这时电控单元指令喷油器增加喷油量，供给发动机较浓的可燃混合气，以维持怠速运转的稳定性，并将怠速的有害排放控制在最低水平。发动机在中小负荷下运转时，电控单元根据发动机温度传感器 16 和进气温度传感器 13 传输来的发动机温度和进气温度信号，对基本喷油量进行修正,修正后的喷油量即可满足向发动机供给经济可燃混合气的要求。发动机在全负荷下工作时,节气门全开,节气门位置传感器中的全负荷触点闭合。电控单元按照供给发动机功率混合气的要求增加喷油量,实现全负荷加浓,以使发动机发出最大功率。

2. D型汽油喷射系统

D型汽油喷射系统是最早应用在汽车发动机上的电子控制多点间歇式汽油喷射系统,其基本特点是以进气管压力和发动机转速作为基本控制参数,用来控制喷油器的基本喷油量。

D型汽油喷射系统的工作原理与L型汽油喷射系统类似。如图4.13所示,汽油箱1内的汽油被电动汽油泵2吸出并加压至0.25MPa左右,经汽油滤清器3滤除杂质后被送至燃油分配管。燃油分配管与安装在各缸进气支管上的喷油器6相通。在燃油分配管的末端装有油压调节器12,用来调节油压使其保持稳定。发动机的进气量由汽车驾驶人通过加速踏板操纵节气门来控制。节气门开度越大,进气量就越多,进气管压力也就越大,反之亦然。安装在进气管上的进气管压力传感器7将进气管压力转变为电信号传输给电控单元15。D型汽油喷油系统结构简单,工作可靠,但控制精度稍差,当大气状态有较大变化时,会导致汽车加速反应不良。现代汽车发动机上所使用的D型汽油喷射系统都是经过改进的,如采用运算速度快、内存容量大的微机,完善控制功能等。

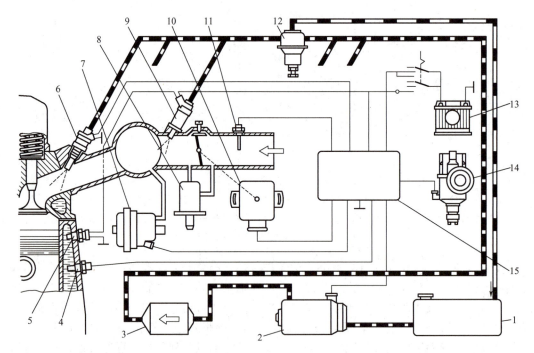

1—汽油箱;2—电动汽油泵;3—汽油滤清器;4—发动机温度传感器;5—热时间开关;6—喷油器;
7—进气管压力传感器;8—补充空气阀;9—冷起动喷嘴;10—节气门位置传感器;
11—进气温度传感器;12—油压调节器;13—蓄电池;14—分电器;15—电控单元

图4.13 D型汽油喷射系统

4.2.3 燃油供给系统

如图 4.14 所示，电控汽油喷射系统的燃油供给系统由汽油箱、电动汽油泵、汽油滤清器、燃油分配管、油压调节器、喷油器、冷起动喷嘴和输油管等组成（部分零件未示出，这里对冷起动喷嘴和输油管不做介绍）。

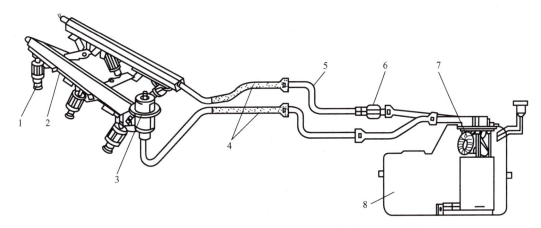

1—喷油器；2—油道；3—油压调节器；4—软管；5—进油管；
6—汽油滤清器；7—电动汽油泵；8—汽油箱

图 4.14 电控汽油喷射系统的燃油供给系统

1. 汽油箱（fuel tank）

汽油箱用以储存汽油。一般汽油箱的储备里程为 200～600km。乘用车的汽油箱通常装在车身的尾部。现代汽车上的汽油箱壳体是用高密度聚乙烯吹塑而成的，其优点是抗冲击、耐腐蚀、密封性好、易成型，并且结构紧凑、质量轻、成本低，提高了汽车行驶的安全性。图 4.15 所示为本田飞度乘用车用的燃油箱。

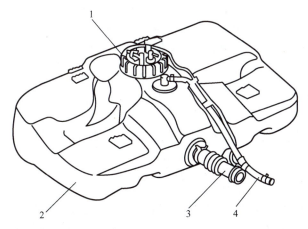

1—电动汽油泵；2—燃油箱体；3—加油管；4—输油管

图 4.15 本田飞度乘用车的燃油箱

2. 电动汽油泵（electric fuel pump）

电动汽油泵的功用是供给各喷油器及冷起动喷油器所需要的燃油。在电控汽油喷射系统中应用的电动汽油泵通常有两种类型，即滚柱式电动汽油泵和叶片式电动汽油泵。

滚柱式电动汽油泵如图 4.16 所示。泵壳的一端是进油口 1，另一端是出油口 6。进油口一侧的滚柱泵由泵壳中间的驱动电动机高速驱动。转子 9 偏心地安装在泵体 7 内，滚柱 8 装在转子的凹槽中。当汽油泵旋转时，由于离心力的作用，转子槽内的滚子向外移动，紧靠在偏心设计的泵体壁面上。同时在惯性力的作用下，滚柱总是与转子凹槽的一个侧面贴紧，从而形成若干个工作腔。工作过程中，进油口一侧的工作腔容积增大，成为低压吸油腔，汽油经进油口被吸入工作腔内。在出油口一侧的工作腔容积减小，成为高压油腔，高压汽油从压油腔经出油口流出。汽油泵出油口处有一个单向阀，在汽油泵不工作时可以阻止汽油倒流回汽油箱，以保持发动机停机后的燃油压力，便于再次起动。出油口处的缓冲器用来减小出油口处的油压脉动和运转噪声。这种汽油泵的最大泵油压力可达 0.45MPa 以上。若因汽油滤清器堵塞等原因使汽油泵出油口一侧油压过高，与汽油泵一体的限压阀则被顶开，使部分汽油回到进油口一侧，以保护电动汽油泵。

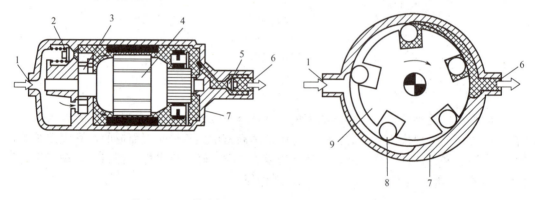

1—进油口；2—限压阀；3—汽油泵；4—电动机；5—单向阀；
6—出油口；7—泵体；8—滚柱；9—转子

图 4.16 滚柱式电动汽油泵

叶片式电动汽油泵如图 4.17 所示。叶轮是一个圆形平板，在平板的圆周上加工有小槽，形成泵油叶片。叶轮旋转时，小槽内的汽油随同叶轮一同高速旋转。由于离心力的作用，使出油口油压增高，而在进油口产生真空，从而使汽油从进油口吸入，从出油口排出。叶片式电动汽油泵具有运转噪声小、油压脉动小、泵油压力高、叶片磨损小、使用寿命长的特点。

3. 汽油滤清器（fuel filter）

汽油滤清器用来去除汽油中的水分和杂质，以免系统堵塞而发生故障。

汽油滤清器由滤清器外壳、滤芯及进、出油管接头等组成。滤清器外壳材质有塑料和金属两种。滤芯除有尼龙布滤芯、聚合粉末塑料滤芯和纸质滤芯外，还有金属片缝隙式滤芯和多孔陶瓷式滤芯。汽油滤清器的构造示意图如图 4.18 所示。它由壳体 2、滤芯 1 等组成。壳体 2 上有进油管接头 A 和出油管接头 B。滤芯装在壳体内。

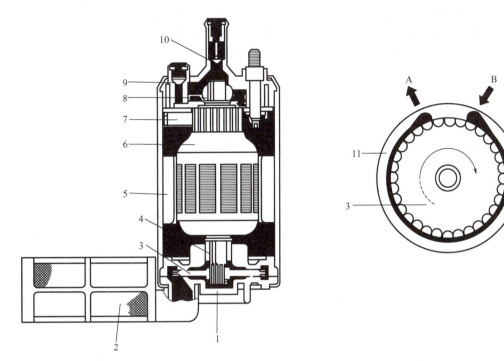

1—橡胶缓冲垫；2—滤网；3—叶轮及叶片；4、8—轴承；5—永久磁铁；
6—电枢；7—电刷；9—限压阀；10—单向阀；11—泵体；A—出油口；B—进油口

图 4.17　叶片式电动汽油泵

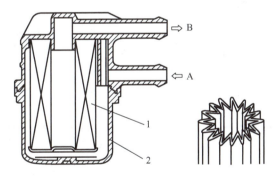

1—滤芯；2—壳体；A—进油管接头（自汽油箱）；B—出油管接头（至汽油泵）

图 4.18　燃油滤清器的构造示意图

发动机工作时，汽油在汽油泵的作用下，经进油管接头 A 流入，由于水的密度大于汽油，因此水分及较重的杂质颗粒沉淀于壳体内底部，较轻的杂质随汽油流向滤芯，被黏附在滤芯上，而清洁的汽油通过纸滤芯渗入滤芯的内腔，然后从出油管接头 B 流出。滤芯是特制折叠的纸质滤芯。由于纸质汽油滤清器的性能良好、制造和使用方便，因此目前广泛采用。

4．燃油分配管（fuel distribution tube）

燃油分配管的功用是将汽油均匀、等压地输送给各缸喷油器，以及储油蓄压、减缓油压脉动。燃油分配管总成用螺栓安装在进气支管下部的固定座上，与喷油器相连，并向喷油器分配燃油。燃油由燃油泵泵出，经脉冲缓冲器，流入燃油分配管。油压调节器保持正常的系统压力，多余的燃油从油压调节器出油口流回油管返回汽油箱。

5. 油压调节器（fuel pressure regulator）

油压调节器的功用是调节至喷油器的燃油压力，使油路中的燃油压力与进气管压力之差保持为稳定的常数，从喷油器喷出的燃油量便唯一地取决于由电脉冲宽度控制的喷油器的开启时间，如图4.19所示。膜片4将油压调节器分隔成上下两个腔。上腔有进油口1连接燃油分配管，回油口2与汽油箱连通。下腔通过真空接管6与节气门后的进气管相连。当燃油压力与进气管压力之差超过预调的压力值时，膜片上方的燃油就会推动膜片向下压缩弹簧，打开回油阀，使超压的燃油流回燃油箱，以保持一定的燃油压力。燃油供给系统的压力与进气管压力之差由油压调节器中的弹簧5的弹力限定，调节弹簧预紧力即可改变两者的压力差，也就是改变喷油压力。

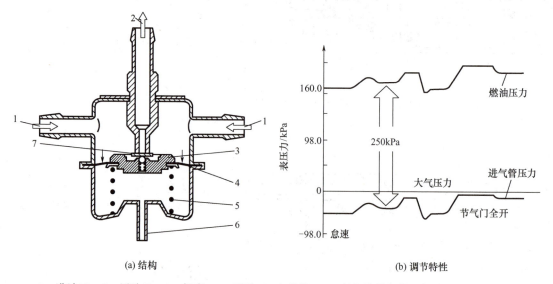

1—进油口；2—回油口；3—阀座；4—膜片；5—弹簧；6—真空接管（接进气管）；7—平面阀

图4.19 油压调节器

6. 喷油器（injector）

喷油器的功用是按照电控单元的指令将一定量的汽油适时地喷入进气道或进气管内，并与其中的空气混合形成可燃混合气。

轴针式喷油器的结构如图4.20所示，喷油器体内有一个电磁线圈3，喷油器头部的针阀6与衔铁5结合成一体。电控单元以电脉冲的形式向喷油器输出控制电流（图4.21）。当电控单元送来电流信号时，电磁线圈通电，产生电磁力，吸起铁芯与针阀，将燃油通过精确设计的轴针头部环形间隙喷出，在喷油器头部前端将燃油粉碎雾化，与空气混合，在发动机进气行程中被吸入气缸。电控单元利用电脉冲宽度来控制喷油器每次打开喷油的时间，从而控制喷油量。一般喷油器针阀升程约为0.1mm，而喷油持续时间为2～10ms。

汽油机燃料供给系统 第4章

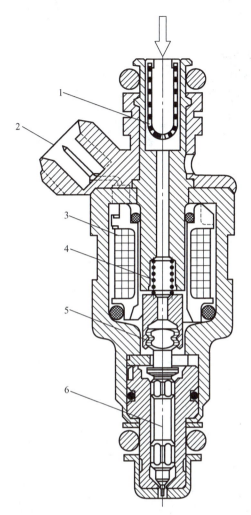

1—滤网；2—电接头；3—电磁线圈；4—复位弹簧；
5—衔铁；6—针阀

图4.20 轴针式喷油器的结构

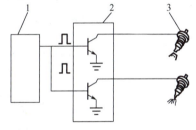

1—电控单元；2—输出回路；3—喷油器

图4.21 控制喷油器的输出回路

4.2.4 空气供给系统

如图4.22所示，电控汽油喷射系统的空气供给系统主要包括空气流量传感器、怠速控制阀、节气门及空气滤清器等（部分零件图中未示出）。这里主要介绍空气流量传感器和怠速控制阀。

1. 空气流量传感器（air flow meter）

空气流量传感器的功用是测量进入发动机的空气流量，并将测量的结果转换为电信号传输给电控单元。空气流量传感器可分为两种：一种是直接测量空气体积流量的传感器，如叶片式空气流量传感器、卡门涡旋式空气流量传感器；另一种是直接测量空气质量流量的传感器，如热线式空气流量传感器、热膜式空气流量传感器。若采用空气体积流量传感

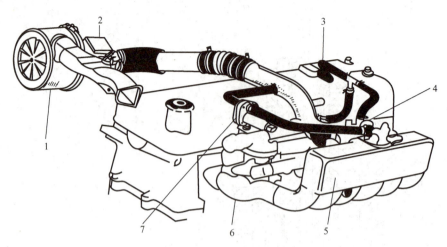

1—空气滤清器；2—空气流量传感器；3—PCV管；4—怠速开关控制传感器；
5—进气总管；6—进气支管；7—空气阀

图4.22 电控汽油喷射系统的空气供给系统

器测定空气容积流量，还必须对其进行修正。空气流量传感器往往与进气温度传感器和绝对压力传感器一起使用。

空气流量传感器的种类很多，下面主要介绍叶片式空气流量传感器、热线式空气流量传感器、热膜式空气流量传感器和进气管压力传感器。

（1）叶片式空气流量传感器。

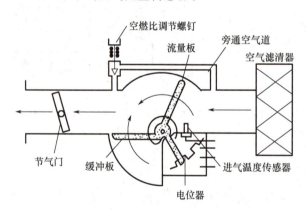

图4.23 叶片式空气流量传感器的结构原理

叶片式空气流量传感器的结构原理如图4.23所示。在空气流量传感器壳体内有空气主流道和旁通空气道。在主流道内装有流量板（即叶片）和缓冲板。在没有空气流过的情况下，卷簧总是使叶片处于关闭主流道的位置。进气量越大，气流对叶片的推力越大，叶片的开启角度也就越大。与叶片同轴的电位器则把叶片开启角度的变化（即进气量的改变）转变成电阻值的变化。电位器与电控单元相连，电控单元根据电位器电阻的变化或作用在电位器上电压的变化，测出发动机进气管空气量的多少。

空气流量传感器进气通道旁还设有一个旁通空气道。经此气道进入发动机的气流不对叶片产生推力，即不经过叶片的计量就进入发动机。发动机怠速运转时，叶片处于接近关闭状态，此时经旁通空气道进入发动机的气流占很大比例。在空气流量传感器的旁通空气道上还设置了一个怠速调节螺钉，该螺钉可以调整怠速时旁通空气道的空气量的大小，旋出该螺钉，空气流量增加；反之，空气流量减少。这样可实现对怠速工况时的可燃混合气浓度的调整。

(2) 热线式空气流量传感器。

热线式空气流量传感器是一种测量空气质量型传感器，它不需要校正大气温度、压力对测量精度的影响。热线式空气流量传感器的结构原理如图 4.24 所示。在进气道内套有一个测试管 2，小管架有一根极细的铂金属丝 3，由于在工作中铂金属丝被电流加热至 100 ℃ 以上，因此被称为热线。在支承环前端装有铂薄膜温度补偿电阻 4，支承环后端黏结有精密电阻，而在控制电路板上则装有高阻值电阻。热线电阻 R_Z、温度补偿电阻 R_C、精密电阻 R_A 和高阻值电阻 R_B 构成惠斯通电桥电路中的 4 个臂（图 4.25）。电路调节供给 4 个臂的电流，从而使电桥保持平衡。

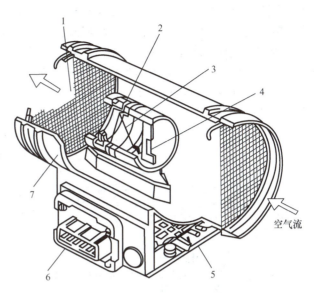

1—金属防护网；2—测试管；3—铂金属丝（热线）；4—温度补偿电阻；5—控制电路板；6—电源插座；7—壳体

图 4.24 热线式空气流量传感器的结构原理

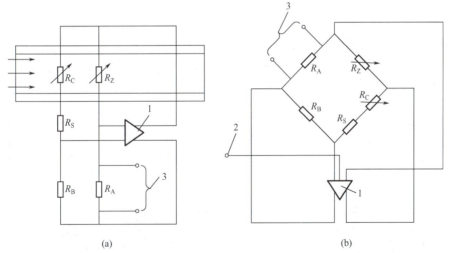

1—放大器；2—电源；3—输出信号；R_Z—热线电阻；R_C—温度补偿电阻；R_S，R_B—高阻值电阻；R_A—精密电阻

图 4.25 热线式空气流量传感器电路

空气流过时热线受到一定冷却，其电阻值随之减少，同时使电桥电路的电压也发生变化，这一信号输入电控单元，用来指示通过空气流量传感器的空气量。这时电路将自动增加供给热线的电流，以使其恢复原来的温度，直至电桥恢复平衡。流过热线的空气流量越大，混合电路供给热线的加热电流也越大。加热电流通过精密电阻产生的电压降作为电压输出信号传输给电控单元，电压降的大小即是对空气流量的度量。由于热线的冷却效果随着进入空气温度变化而不同，因此需要进行温度补偿，图 4.25 中的 R_C 就是用作温度补偿的

电阻(一般称为冷线),一般将热线通电加热到高于温度补偿电阻温度100℃。温度补偿电阻的阻值随进气温度发生变化,起到一个参照的作用,使进气温度的变化不影响测量精度。

热线式空气流量传感器测量精度高,响应特性较好,因为没有运动件而无磨损,所以进气阻力小,但热线表面黏附的尘埃影响测量精度。为克服上述缺点,可在电控单元中设计自洁电路,在发动机熄火后4s内,控制电路发出电流,使热线通电,让其在约1s内迅速升温高达1000℃左右,烧掉黏附在热线上的污物。

(3) 热膜式空气流量传感器。

热膜式空气流量传感器与热线式空气流量传感器的结构和工作原理基本相同(图4.26)。它将热线、温度补偿电阻及精密电阻用厚膜工艺镀在一块陶瓷基片上(称为热膜电阻)装在测量管内。用热膜代替热线提高了空气流量传感器的可靠性和耐用性,并且热膜不会被空气中的灰尘黏附。热膜式空气流量传感器可满足计量精度要求,且结构简单,抗沾污能力比热线式空气流量传感器强。

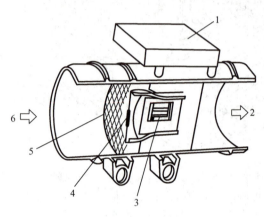

1—控制电路;2—通至发动机;3—热膜;
4—温度传感器;5—金属网;6—来自空气滤清器

图 4.26 热膜式空气流量传感器的结构原理

(4) 进气管压力传感器。

D型汽油喷射系统利用进气管压力传感器测量节气门后进气管内的绝对压力,它接收节气门变化时进气管中压力高低的变化信号,以电压信号方式传给电控单元并以此作为电控单元计算喷油量的主要参数。电控单元再发出指令,使喷油器喷出适量的汽油。在发动机工作时,节气门开大,进气量增多,进气管压力的大小反映了进气量的多少。进气管压力传感器(图4.27)有膜片式和弹性波纹筒式。

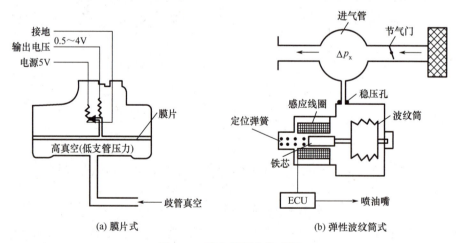

图 4.27 进气管压力传感器

膜片式进气管压力传感器是将进气管真空度的变化转化为膜片的位移,膜片位移又使传感器内可变电阻器阻值发生变化,从而使输出电压发生变化,如图4.27(a)所示。

弹性波纹筒式进气管压力传感器由抽空的弹性波纹筒、铁芯、感应线圈、定位弹簧和稳压孔组成,如图4.27(b)所示。波纹筒长度的变化使铁芯位置发生变化,从而输出信号给电控单元。不同的铁芯位置，会感应出数值不同的电动势，对应不同的喷油量。当转速一定时，节气门开度增大，压力增大，波纹筒变短，喷油量应加大；节气门开度减小，压力减小，波纹筒变长，喷油量应减小。当节气门开度一定时，转速升高，压力减小，波纹筒变长，喷油量减小；转速降低，压力增大，波纹筒变短，喷油量增多。

进气管压力传感器的优点是结构简单，无摩擦件影响，使用寿命较长，可靠性较高。其缺点是空气流量因地理条件和气候条件的影响与压力不成正比，计量精度稍差；由于发动机工况突变时（如急加速、急减速、急制动时），进气管内压力波动较大，有失控反应。为此，近年来采用了压敏电阻传感器，利用膜片通过硅胶液体传递压力的变化，其使用性能明显提高。

2. 怠速控制阀（idle control valve）

在节气门体汽油喷射系统的节气门体上装有怠速控制阀（图4.28），其功用是自动调节发动机的怠速转速，使发动机在设定的怠速转速下稳定运转。步进电动机式怠速控制阀由步进电动机、螺旋机构和锥面控制阀等组成。螺旋机构中的螺母和步进电动机的转子制成一体，而螺杆和锥面控制阀制成一体。步进电动机中有几组励磁线圈，改变励磁线圈的通电顺序，可以改变电动机的旋转方向。步进电动机由电控单元控制。电控单元从发动机转速传感器获得发动机实际转速的信息，并将实际转速与预编程序中设定的转速相比较，根据两者的偏差向励磁线圈输出不同的控制脉冲电流。这时步进电动机或正转或反转一定的角度，并驱动螺杆和锥面控制阀向前或向后移动一定的距离，使旁通空气道的通过断面减小或增大，从而改变进气量，达到控制怠速转速的目的。

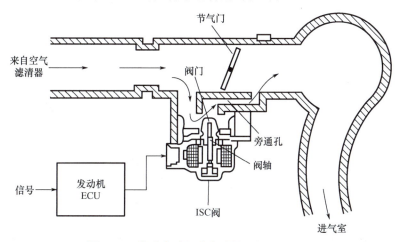

图4.28 步进电动机式怠速控制阀工作原理

4.2.5 电子控制系统

电控汽油喷射系统中的控制系统由电控单元、各种传感器、执行器，以及连接它们的控制电路组成。

1. 电控单元

电控单元是电子控制单元的简称。它的功用是根据其内存的程序和数据对各种传感器输入的信息进行运算、处理、判断，然后输出指令，向喷油器提供一定宽度的电脉冲信号以控制喷油量。电控单元一般由 CPU（中央处理器）、ROM（只读存储器）、PROM（可编程的只读存储器）、RAM（运行数据的随机存储器）和 I/O（输入/输出）接口等组成（图 4.11）。

CPU 是电控单元中运算器与控制器的总称，其特性基本反映了微机的性能。ROM 用来存储固定数据信息，即存放各种永久性程序和数据。如电控燃油喷射系统中控制程序软件、燃油基本喷射时间脉谱图、点火控制特性脉谱图及其他重要特性数据等，它们都是通过大量试验获得的。PROM 是在 ROM 的基础上增加编程和改写功能而生产出的。汽车上的电控单元使用 PROM 来存储一些只适用于少数汽车类型的信息，如特定的分电器点火调整、整车或发动机的调整数据等。有了这些存储器可使同一台电控单元适用不同车型的发动机成为可能。RAM 在电控单元中起暂时存储信息的作用。切断电源时，在 RAM 中存入的全部数据完全消失。因此，为防止发动机运行时，有些需较长时间保存以备后用的信息（如发动机故障码）不致丢失，一些 RAM 都通过专用的电源后备电路与蓄电池直接连接，使其不受点火开关的控制。

当电控单元进入工作状态时，某些程序和步骤从 ROM 中取出，进入 CPU，这些程序可包括燃油喷射控制、点火时刻控制或怠速控制等。在执行程序过程中，所需要的信息来自各传感器。从各个传感器输出的信号，先经过输入回路，进行处理。传感器输送给输入回路的信号，若是模拟信号需经 A/D（模/数）转换器转换成数字信号，再经 I/O 接口进入电控单元；若是数字信号，经 I/O 接口直接进入微机。大多数信息，暂时存储在 RAM 内，根据指令再从 RAM 送到 CPU。将存入 ROM（或 PROM）的参数引入 CPU 后，与传感器输入的信息进行比较，对每一个信号依次取样，并与参考数据进行比较。CPU 对这些数据比较运算后，做出决定并发出输出指令信号，经 I/O 接口和输出回路去控制执行器动作。

2. 传感器（sensor）

(1) 节气门位置传感器。

节气门位置传感器的作用是把节气门的位置或开度转换为电压的信号，传输给电控单元，作为电控单元判定发动机运行工况的依据，以实现不同节气门开度下的喷油量控制。节气门位置传感器有线性、开关型及综合型（既有开关又有线性可变电阻）三种。节气门位置传感器装在节气门体上，与节气门联动。节气门位置传感器内部是一种滑动电位计，由节气门轴带动电位计的滑动触点。不同的节气门开度，电位计的电阻值不同，从而将节气门的开度转变为电阻或电压信号输送给电控单元。电控单元通过节气门位置传感器可获得表示节气门由全闭到全开的所有开启角度的连续变化的模拟信号，以及节气门开度的变化速率，从而更精确地判定发动机的运行工况，提高控制精度和效果。为了准确检测怠速工况（节气门全关状态）的信号，综合型节气门位置传感器（图 4.29）有一个怠速触点。节气门全闭时，怠速触点接通，传感器输出怠速信号，这时电控单元将指令喷油器增加喷油量以加浓混合气。

(2) 冷却液温度传感器。

冷却液温度传感器安装在发动机机体或气缸盖上，与冷却液接触，用来检测发动机循环冷却液的温度，并将检测结果传输给电控单元以便修正喷油量和点火定时。冷却液温度传感器常采用对温度变化非常敏感的热敏电阻制成，如图 4.30 所示。传感器的两根导线都和电控单元连接，其中一根为搭铁线。热敏电阻经常采用负温度系数电阻，即冷却液温度越低,热敏电阻阻值越大,电控单元根据这一信号,增加喷油量,使可燃混合气浓度增加;反之,减少喷油量,使可燃混合气浓度降低。

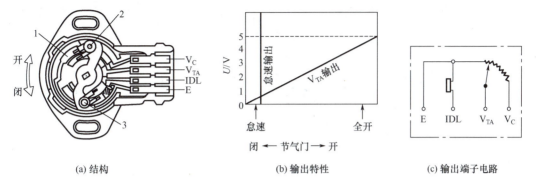

(a) 结构　　　　　　(b) 输出特性　　　　　　(c) 输出端子电路

1—电阻膜;2—节气门开度输出触点;3—急速触点

图 4.29　综合型节气门位置传感器

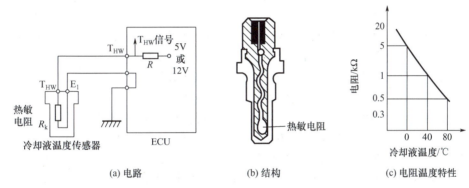

(a) 电路　　　　　(b) 结构　　　　　(c) 电阻温度特性

图 4.30　冷却液温度传感器

(3) 进气温度传感器。

进气温度传感器(图 4.31)通常安装在空气流量传感器上,用来测量进气温度。进气温度传感器与空气流量传感器相配合,通过测量空气温度的变化,以确定空气密度的变化,进而获得较精确的空气质量流量及空燃比。并将温度变化的信息传输给电控单元作为修正喷油量的依据之一。进气温度传感器内部也是一个热敏电阻,其电阻温度特性、构造、工作原理及与电控单元的连接方式均与发动机冷却液温度传感器相同。

(4) 曲轴位置和转角传感器。

曲轴位置和转角传感器用来检测第一缸和各缸压缩上止点位置信号、曲轴转角及发动机转速,作为控制点火和喷射的信号源。曲轴位置和转角传感器的安装位置因车而异,通常安装在分电器内,有时安装在曲轴前端或曲轴后端。曲轴位置和转角传感器有电磁感应式、光电式和霍尔效应式三种。这里仅介绍电磁感应式曲轴位置传感器。

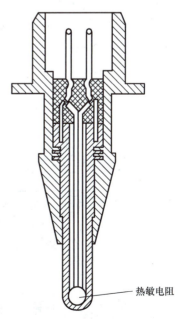

图 4.31　进气温度传感器

图 4.32 所示的电磁感应式曲轴位置和转角传感器安装在分电器内。其功用是辨别发动机气缸顺序,检测曲轴转角,确定曲轴的原始位置,检测发动机转速。它由上、下两个传感器组成。

（5）氧传感器。

氧传感器是电控汽油喷射系统进行反馈控制的传感器,安装在排气管上。排气中氧分子的浓度与进入发动机的可燃混合气成分有关。

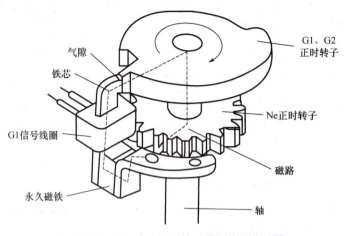

图 4.32 电磁感应式曲轴位置和转角传感器

当可燃混合气太稀时,排气中氧分子的浓度较高,氧传感器便产生一个低电压信号;当可燃混合气太浓时,排气中氧分子的浓度低,氧传感器将产生一个高电压信号。电控单元根据氧传感器的反馈信号,不断地修正喷油量,使可燃混合气成分始终保持在最佳范围内。通常氧传感器和三元催化转化器同时使用,由于后者只有在可燃混合气的空燃比接近理论空燃比的狭小范围内时净化效果才最好,因此电控单元必须根据氧传感器的反馈信号,控制可燃混合气的空燃比更接近于理论空燃比。

目前使用的氧传感器有二氧化锆（ZrO_2）型氧传感器和二氧化钛（TiO_2）型氧传感器两种,应用较多的是二氧化锆型氧传感器（图 4.33）。二氧化锆是具有传导氧离子能力的固体电解质,它能在氧分子浓度差的作用下产生电动势。在传感器壳体内有一个由二氧化锆陶瓷体制成的一端封闭的锆管 2,锆管的内外表面均覆盖一层多孔性薄铂导电层作为电极。锆管的内电极 4 与大气相通,外电极与排气接触。发动机工作时,排气从氧传感器锆管的外表面流过。在高温下氧分子发生电离,而且总是从氧离子浓度大的锆管内表面向浓度小的锆管外表面移动,从而在锆管的内外电极之间产生微小的电压。当发动机燃用浓可燃混合气时,排气中无氧,锆管中氧离子移动强烈,会产生 0.9V 的电压;当发动机燃

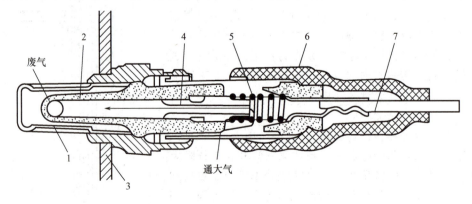

(a) 结构

1—气孔；2—锆管；3—排气管；4—内电极；5—弹簧；6—铂电极座；7—导线

图 4.33 二氧化锆型氧传感器

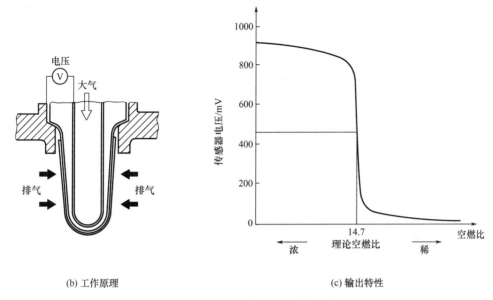

(b) 工作原理　　　　　　　　　　(c) 输出特性

图 4.33　二氧化锆型氧传感器（续）

用稀可燃混合气时，排气中氧分子较多，锆管中氧离子移动能力减弱，只产生约 0.1V 的电压。因此，氧传感器输出的电压信号随可燃混合气浓度的变化而变化，并以理论空燃比为界发生突变。

二氧化锆传感器只有温度超过 300℃ 才可进入正常工作。因此，目前大部分汽车上使用的是一种加热型二氧化锆氧传感器，即在传感器内设置一个加热器，在发动机起动后 20~30s 内迅速将氧传感器加热到工作温度，减少了排气温度对传感器性能的影响。

4.3　汽油缸内直喷系统

4.3.1　工作原理

为了进一步提高汽油机的经济性，降低有害气体排放，各汽车公司大力开发汽油缸内直喷系统，如图 4.34 所示。汽油缸内直喷发动机，可以将汽油直接喷入气缸内，且喷射定时精确。

汽油缸内直喷系统的主要特点如下。

（1）由于汽油直接喷入气缸内，气缸内充量得到冷却，可以使用较大的压缩比，怠速及部分负荷燃油消耗率可以降低。

（2）汽油与缸外喷射发动机相比，由于提高了燃油雾化质量和降低了泵吸损失，功率可以增加。

（3）汽油缸内直喷发动机可大幅减少 CO_2、CO、HC 及 NO_x 的排放量。

【汽油缸内直喷发动机】

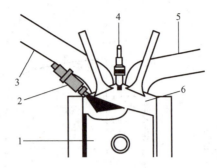

1—浅碗活塞；2—高压喷油器；3—进气支管；
4—火花塞；5—排气支管；6—燃烧室

图 4.34 汽油缸内直喷系统

4.3.2 典型结构

汽油缸内直喷发动机为达到省油及高动力输出，相比一般喷射发动机采取了特殊结构。

（1）高压涡流喷油器：安装在气缸盖上，配合高压燃油泵，将汽油直接喷入气缸内，喷油压力达 0.5～1.20MPa。

（2）进气涡流产生装置：三菱汽车公司采用两条垂直进气道，进气道中不装控制阀，如图 4.35 所示。丰田汽车公司采用的两条进气道中，一条为直线孔道，另一条为螺旋孔道，直线孔道中设涡流控制阀，低负荷时关闭，空气经螺旋孔道进入气缸，可形成强烈涡流，如图 4.36 所示。日产汽车公司采用两条进气道，其中一条进气道装设涡流控制阀，如图 4.37 所示。

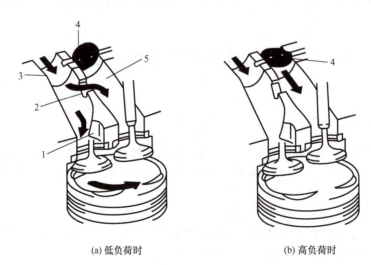

(a) 低负荷时　　　　　　　　(b) 高负荷时

1—涡流形成凸缘；2—连通孔；3—螺旋孔道；4—涡流控制阀；5—直线孔道

图 4.35 三菱汽车公司采用的进气涡流产生装置

（3）特殊活塞：活塞顶部凹陷为浅碗形或深碗形，并削成不规则形状，如图 4.38(a) 与图 4.38(b) 所示的三菱 GDI 发动机活塞构造及日产发动机活塞构造。

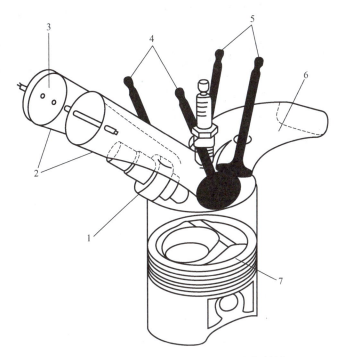

1—垂直进气道；2—纵涡流

图 4.36　丰田汽车公司采用的进气涡流产生装置

1—高压喷射器；2—进气管；3—涡流控制阀；
4—进气门；5—排气门；6—排气管；7—浅碗活塞

图 4.37　日产汽车公司采用的进气涡流产生装置

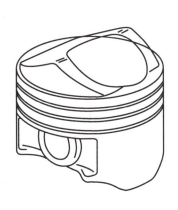
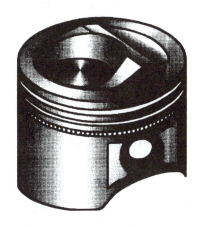

(a) 三菱GDI发动机活塞构造　　　　　　(b) 日产发动机活塞构造

图 4.38　特殊活塞的构造

　　三菱汽车公司缸内直喷分层充量燃烧系统（图 4.39）是采用纵向直送气口形成缸内强烈的紊流，其紊流旋转方向为顺时针，这与通常的横向过气口产生的缸内紊流方向正好相反，故称之为反向紊流。燃烧室为半球屋顶形，借助于紊流运动形成火花塞周围的浓可燃混合气，火花塞至燃烧室空间形成由浓变稀的分层可燃混合气，采用电磁式低压旋流喷油器，喷射压力 5MPa。以实现合理的燃油雾化、贯穿及油束扩散。此燃烧系统在部分负荷时燃用分层可燃混合气，全负荷时燃用均质可燃混合气。

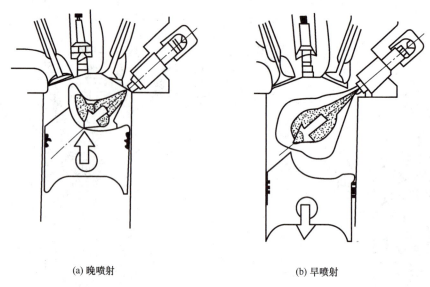

(a) 晚喷射　　　　　　　　(b) 早喷射

图 4.39　三菱汽车公司直喷分层充分燃烧系统

在部分负荷时，燃油在进气行程后期喷向半球屋顶形的活塞凹坑，喷到凹坑的燃油向火花塞方向运动，在缸内紊流的帮助下在火花塞附近形成浓可燃混合气，燃烧室空间为整体较稀的分层可燃混合气，稳定运转的空燃比可达 40∶1，燃油消耗率大幅度降低。在高负荷时，燃油在进气行程的早期喷入气缸形成化学当量比或稍浓的均质可燃混合气，油束不接触活塞顶面，燃油的蒸发将使缸内充量温度下降，充量系数提高，所需辛烷值下降，压缩比可达 12，发动机的整体性能明显提高，同时采用废气再循环降低 NO_x 排放。

1. 什么是可燃混合气？可燃混合气浓度如何表示？
2. 电控汽油喷射系统由哪几部分组成？电控汽油喷射式发动机有何优点？
3. 电控汽油喷射系统是如何分类的？
4. 简述 L 型电控汽油喷射系统的工作过程。
5. 在电控汽油喷射系统中，燃油供给系统由哪些部分组成？
6. 油压调节器有何作用？它的工作原理是什么？
7. 在电控汽油喷射系统中，空气供给系统由哪些部分组成？
8. 空气流量传感器有哪几种？
9. 在电控汽油喷射系统中，电子控制系统由哪些部分组成？
10. 电子控制系统中的传感器主要有哪些？
11. 汽油缸内直喷系统的主要特点是什么？

第 5 章 柴油机燃料供给系统

柴油机所用燃料的理化特性决定了燃料供给方式,即在压缩行程接近终了时,柴油经喷油泵油压提高到 10MPa 以上,通过喷油器喷入气缸,在很短时间内与压缩后的高温空气混合,形成可燃混合气,自行发火燃烧。柴油机燃料供给系统要与燃烧室配合,在一定高压下定时、定量并按一定喷射规律喷入气缸燃烧室。柴油机的供油量调节是由喷油泵和调速器共同完成的。高压共轨系统可实现对理想油量的控制。

要求学生了解柴油机供给系统的功用和组成;掌握直列柱塞式喷油泵和转子分配式喷油泵的基本结构和工作原理;了解调速器的功用及工作原理;了解柴油机高压共轨系统。

5.1 概　　述

5.1.1 柴油机燃料供给系统的功用和组成

柴油机燃料供给系统的功用是完成燃料的储存、滤清和输送工作,根据柴油机的不同工况,定时、定量供油,形成良好的混合气并燃烧,根据负荷调节供油量,稳定柴油机转速,并将燃烧后的废气排出气缸。

一般柴油机燃料供给系统的组成如下。

(1) 燃油供给系统(图 5.1):低压油路(油箱、输油泵、柴油滤清器、低压油管等);高压油路(喷油泵、喷油器、高压油管等)。

(2) 空气供给系统:空气滤清器、进气管和气缸盖内的进气道。

(3) 混合气形成装置：燃烧室。
(4) 进排气系统：进气道、排气管及消声器等。

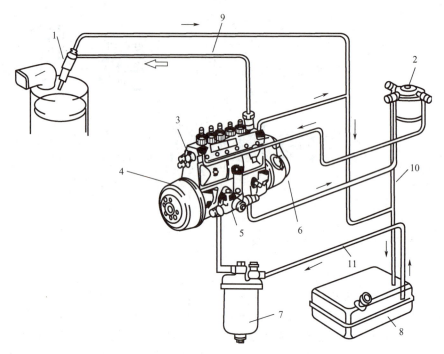

1—喷油器；2—燃油滤清器；3—直列柱塞式喷油泵；4—喷油提前器；5—输油泵；
6—调速器；7—油水分离器；8—油箱；9—高压油管；10—回油管；11—低压油管

图 5.1　柴油机燃油供给系统的组成

5.1.2　可燃混合气形成的影响因素与燃烧室

柴油机采用压燃，即在压缩行程接近终了时，把柴油喷入气缸，使之与空气混合成可燃混合气，并利用空气压缩所形成的高温使其自行发火燃烧。

1. 可燃混合气形成的影响因素

由于柴油机在进气过程中进入燃烧室的是空气，在压缩过程接近终了时，柴油才喷入，经一定准备后即自行发火燃烧，柴油机的混合气形成的时间很短，只占 15°～35°曲轴转角。与汽油相比，柴油的蒸发性和流动性都比较差，难以在燃烧前彻底雾化蒸发并与空气均匀混合。为了保证燃烧完全，柴油机不得不采用较大的过量空气系数，即总体上过量空气系数 $a>1$。但燃烧室内仍存在局部可燃混合气过浓和过稀的现象。

柴油机的可燃混合气形成直接影响燃烧，而柴油机燃烧又是一个极其复杂的过程，影响因素如下。

① 燃油物化品质（十六烷值、热值、组分、杂质）。
② 压缩气体状态（温度、压力、残余气体量）。
③ 燃油喷射规律（喷油压力、喷油定时、喷油率、持续期）。
④ 油气混合组织（油束分布、穿透、雾化、气流运动）。

燃油系统、燃烧室及它们之间的相互匹配对改善柴油机的可燃混合气形成与燃烧起着重要的作用。不同形式的燃烧室对喷油始点、喷油持续角、喷油压力、喷油规律、喷注雾化质量及在燃烧室内的分布等，都有不同的要求，对喷油系统的要求区别也很大。所有这些喷油参数的变化对柴油机的经济性、动力性、排放性和噪声水平都有直接的影响。

2. 柴油机燃烧室

柴油机燃烧室可分为两大类：直喷式燃烧室和非直喷式（也称分隔式）燃烧室。

（1）直喷式（direct injection type）燃烧室。

直喷式燃烧室可根据活塞顶部凹坑的深浅分为开式燃烧室和半开式燃烧室两类。图 5.2 所示为具有代表性的各种直喷式燃烧室的形式。开式燃烧室有浅盆形，半开式燃烧室有 ω 形、挤流口形、球形、各种非回转体形等。

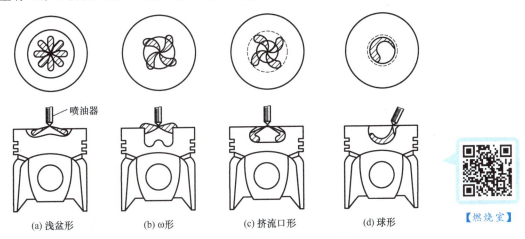

图 5.2 具有代表性的各种直喷式燃烧室的形式

（2）非直喷式（indirect injection type）燃烧室。

非直喷式燃烧室的结构特点是除位于活塞顶部的主燃烧室外，还有位于气缸盖内的副燃烧室，两者之间有通道相连。燃油不是直接喷入主燃烧室内，而是喷入副燃烧室内。典型的非直喷式燃烧室有涡流室（副）燃烧室（swirl combustion chamber）和预燃室（副）燃烧室（precombustion chamber），分别如图 5.3 和图 5.4 所示。

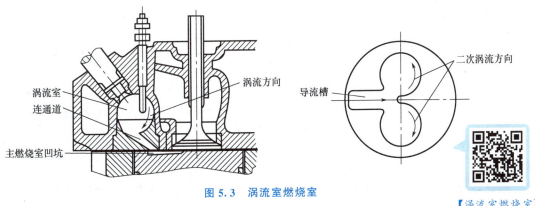

图 5.3 涡流室燃烧室

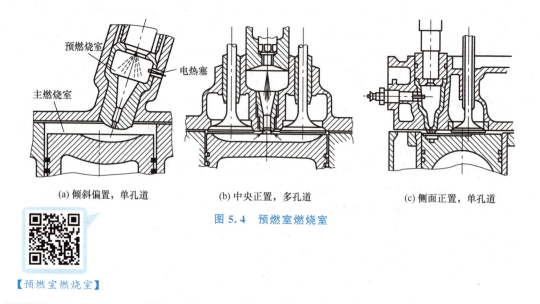

(a) 倾斜偏置，单孔道　　(b) 中央正置，多孔道　　(c) 侧面正置，单孔道

图 5.4　预燃室燃烧室

【预燃室燃烧室】

5.2　喷　油　器

5.2.1　功用与工作原理

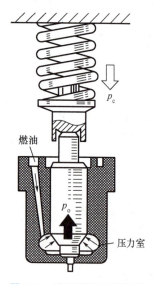

图 5.5　喷油器的工作原理

喷油器（injector）的作用是将燃油雾化成容易燃烧的雾滴，并使喷雾和燃烧室大小、形状相配合，分散到燃烧室各处，与空气充分混合。喷油器的喷油嘴是由针阀和针阀体组成的一对精密偶件，其配合间隙仅为 0.002～0.004mm，为此，在精加工后，再配对研磨，在使用中不能互换。

喷油器的工作原理如图 5.5 所示。由喷油泵送来的压力燃油通过喷油嘴的通油孔进入压力室中，燃油压力使针阀克服喷油器中的调压弹簧的作用力而升起，从而使燃油从喷油孔中喷出。由于调压弹簧的作用，针阀总是被压向阀座。因此喷油器实际上是一种在机械和液力作用下的自动阀。

压力室中使针阀开启时的燃油压力称为喷油器开启压力，用 p_o 表示。针阀从开启状态转变到针阀关闭时压力室的燃油压力称为针阀关闭压力，用 p_c 表示。针阀关闭压力低于针阀开启压力。针阀关闭压力越接近针阀开启压力，喷油器的喷雾质量越好，断油也更干脆，这正是低惯量 P 型喷油器的优点（因为它的密封座面直径相对较小）。此外，喷油器开启压力 p_o 与喷油峰值压力 p_{jmax} 不同，不应混淆。但它们之间有一定的内在联系，一般来说，p_o 越大，p_{jmax} 也就越高，p_{jmax} 一般是 p_o 的 2～4 倍。

喷油器分为开式和闭式两种。开式喷油器结构简单，但雾化不良，很少被采用。闭式喷油器广泛应用于各种柴油机上。根据喷油嘴结构形式的不同，闭式喷油器可分为孔式喷油器和轴针式喷油器两种。

5.2.2 孔式喷油器

孔式喷油器一般用于直喷式燃烧室柴油机，其结构如图5.6所示。

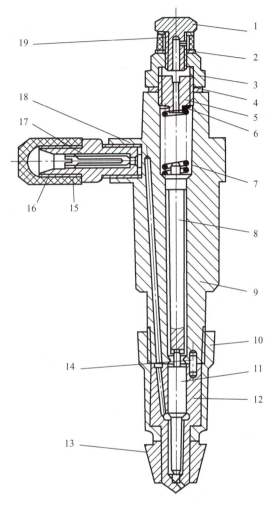

【喷油器】

1—回油管接头；2、18—衬垫；3—调压螺钉保护螺母；4、6—垫圈；5—调压螺钉；7—调压弹簧；
8—顶杆；9—喷油器体；10—喷油嘴锁紧螺母；11—针阀；12—针阀体；13—垫块；14—定位销；
15—进油管接头保护螺母；16—进油管接头；17—喷油器滤芯；19—保护套

图5.6　孔式喷油器的结构

由针阀（needle valve）11和针阀体（needle valve body）12构成的喷油嘴（nozzle）通过喷油嘴锁紧螺母10与喷油器体9紧固在一起。调压弹簧7的预紧力通过顶杆8作用在针阀上，将针阀压紧在针阀体内的密封锥面上，使喷油嘴关闭。调压弹簧的预紧力由调压螺钉5调节。来自喷油泵的高压柴油通过高压油管送到喷油器，经进油管接头16、喷油器滤芯17及喷油器体9和针阀体12内的油道进入喷油嘴内的压力室。油压作用在针阀的承压锥面上，产生向上的推力。当此推力超过调压弹簧的预紧力时，针阀升起并将喷孔打开，高压柴油经喷孔喷入燃烧室。当喷油泵停止供油时，喷油嘴压力室内的油压迅速下降，针阀在调压弹簧的作用下迅速落座，终止喷油。在喷油器工作期间，有少量柴油会从针阀与针阀体配合表面之间的间隙漏出，并沿顶杆周围的缝隙上升，最后通过回油管接头1进入回油管，流回燃油滤清器。这部分柴油在漏过针阀偶件时，对偶件起润滑作用。

5.2.3 轴针式喷油器

轴针式喷油器与孔式喷油器的工作原理相同、结构相似，只不过轴针式喷油器是将针阀头部的轴针伸入针阀体的喷油孔内，针阀升起后，燃油从喷油孔和轴针之间的环状间隙喷出，呈中空圆锥形喷雾。轴针式喷油器主要用于非直喷式柴油机，将燃油喷入比较狭小的空间内。

轴针式喷油器的结构如图 5.7 所示。轴针式喷油器工作时，轴针在喷孔内往复运动，能清除喷孔中的积炭，使喷孔不易堵塞，喷油器工作可靠。由于轴针式喷油器的喷孔较大，因此加工更加方便。

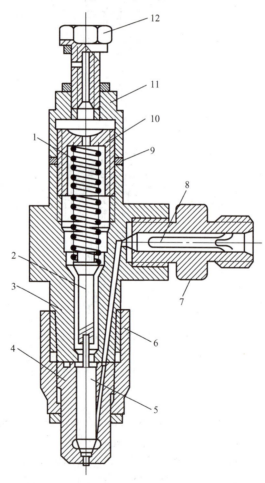

1—调压弹簧；2—顶杆；3—喷油器体；4—针阀体；5—针阀；6—喷油嘴锁紧螺母；7—进油管接头；8—滤芯；9—垫圈；10—调压螺钉；11—保护螺母；12—回油管接头

图 5.7 轴针式喷油器的结构

5.3 喷 油 泵

喷油泵的功用是根据柴油机的运行工况和工作顺序,将一定量的燃油增高到一定的压力,按照规定时间向喷油器输送高压燃油,并保证供油迅速,停油干脆。对于多缸柴油机的喷油泵还应保证各缸的供油量均匀,在标定工况下各缸供油量相差不超过3%～4%;各缸的供油时刻及供油延续时间应一致,各缸供油提前角误差不大于0.5°曲轴转角。可概括为定时、定量、定压。

喷油泵的结构形式很多,车用柴油机的喷油泵按其原理不同分为三类:柱塞式喷油泵、转子分配式喷油泵和泵-喷嘴式喷油泵。限于篇幅,这里只介绍柱塞式喷油泵和转子分配式喷油泵。

5.3.1 柱塞式喷油泵

柱塞式喷油泵(plunger fuel injection pump)的基本结构如图5.8所示。其泵油机构主要由凸轮、柱塞偶件、出油阀偶件、柱塞弹簧和出油阀弹簧等组成。

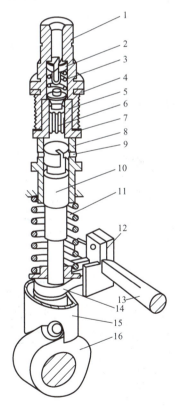

【柱塞式喷油泵】

1—出油阀紧座;2—减容体;3—出油阀弹簧;4、7—密封垫;5—出油阀座;6—出油阀;
8—柱塞套;9—径向油孔;10—柱塞;11—柱塞弹簧;12—拨叉;
13—油量调节拉杆;14—油量调节臂;15—挺杆;16—凸轮

图 5.8 柱塞式喷油泵的基本结构

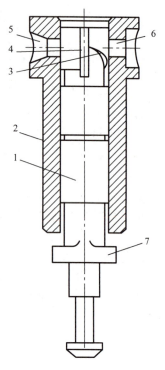

1—柱塞；2—柱塞套；
3—螺旋槽；4—直槽；
5、6—径向油孔；7—调节块

图 5.9 柱塞偶件

柱塞偶件主要由柱塞（plunger）和柱塞套（barrel）构成，如图 5.9 所示。柱塞在柱塞套内既可上下运动，又可在一定角度范围内转动。柱塞头部加工有螺旋形斜槽和直槽，直槽使斜槽与柱塞上方的泵腔相通。柱塞套安装在喷油泵体的座孔中，用定位螺钉固定防止转动。柱塞套上的油孔与喷油泵内的低压油腔相通。柱塞偶件是喷油泵中最精密的偶件，采用优质合金钢制造，经过精加工和配对研磨，使其配合间隙控制在 0.0015～0.0025mm，因而在使用中不能互换。正是由于柱塞偶件的精密配合，才保证了加压后的燃油具有足够的压力。

出油阀偶件主要由出油阀（delivery valve）与出油阀座（delivery valve seat）构成，如图 5.10 所示，它也是喷油泵中的一对精密偶件。出油阀的密封锥面与出油阀座的接触表面经过精细研磨。出油阀弹簧将出油阀压紧在出油阀座上，从而隔绝了柱塞泵腔与高压油管之间的通路。出油阀中部的圆柱面与出油阀座孔紧密配合，称为减压环带。减压环带以下的导向部分有 4 个油槽，其横截面为十字形。

出油阀偶件位于柱塞偶件的上方，出油阀座的下端面与柱塞套的上端面接触，通过拧紧出油阀紧座使两者的接触面保持密合。在有些出油阀紧座中设有减容体，用以减小高压管路系统的容积，改善燃油的喷射过程。此外，减容体还起到限制出油阀最大升程的作用。

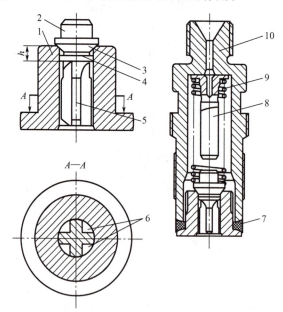

1—出油阀座；2—出油阀；3—密封锥面；4—减压环带；5—导向体；6—十字槽；
7—密封垫；8—减容体；9—出油阀弹簧；10—出油阀紧座

图 5.10 出油阀偶件

柱塞式喷油泵的工作原理如图 5.11 所示（并参照图 5.8）。柱塞由凸轮轴、挺杆驱动，按喷油次序，依次在各自的柱塞套内做往复运动。当柱塞顶面下移至柱塞套油孔以下及柱塞停驻在下止点位置时，柴油从喷油泵的低压油腔经柱塞套油孔充入柱塞顶部的空腔（又称柱塞腔），如图 5.11(a) 所示。

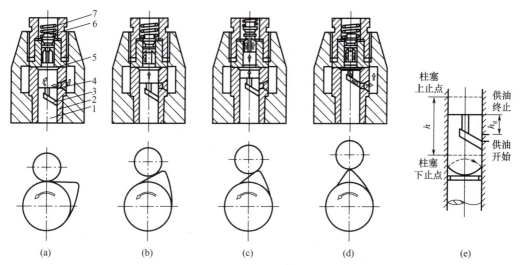

1—柱塞；2—柱塞套；3—螺旋槽；4—柱塞套油孔；5—出油阀座；6—出油阀；7—出油阀弹簧

图 5.11　柱塞式喷油泵的工作原理

在柱塞从其下止点上移的过程中，将有部分柴油从柱塞腔经柱塞套油孔被挤回低压油腔，这一过程一直延续到柱塞顶面将油孔的上边缘封闭为止，如图 5.11(b) 所示。

此后，柱塞继续上移，柱塞腔内的油压骤然增高，克服出油阀弹簧 7 的预紧力，将出油阀 6 顶起，如图 5.11(c) 所示。当出油阀密封锥面已经离开出油阀座，但减压环带尚在出油阀座孔内时，喷油泵仍然不能供油。仅当减压环带全部离开出油阀座孔之后，高压柴油才能经出油阀上的切槽供入高压油管，并经喷油器喷入燃烧室。

当柱塞上移至图 5.11(d) 所示位置时，柱塞上的螺旋槽将柱塞套油孔的下边缘打开，此时柱塞腔内的高压柴油经柱塞上的直槽、螺旋槽和柱塞套油孔流回喷油泵的低压油腔，供油终止。由于柱塞腔的油压急剧下降，出油阀在出油阀弹簧和高压柴油的作用下迅速回落。当减压环带的下边缘进入出油阀座孔时，高压油管与柱塞腔的通路被切断，燃油不能从高压油管流回柱塞腔。当出油阀完全落座之后，高压管路系统的容积因为空出了减压环带的体积而增大，致使高压管路系统内的油压迅速降低，喷油器立即停止喷油，从而可以避免喷油器滴漏和其他不正常喷射现象发生。

柱塞由其下止点移动到上止点所经过的距离称为柱塞行程，也就是喷油泵凸轮的最大升程。喷油泵柱塞行程由喷油泵凸轮的外形决定。由上述泵油过程可知，在柱塞上移的整个行程内，喷油泵并不会始终供油，只是在柱塞顶面封闭柱塞套油孔到柱塞上的螺旋槽打开柱塞套油孔这段柱塞行程内供油。这段柱塞行程称为柱塞有效供油行程。柱塞有效供油行程越大，供油的持续时间越长，喷油泵每一次的泵油量越多。当直槽与径向油孔对准时，柱塞有效供油行程为零，喷油泵停止供油，柴油机熄火。因此，改变柱塞斜槽和柱塞套径向油孔的相对位置即可改变柱塞有效供油行程，通常通过转动柱塞来实现对喷油泵循环供油量的调节。

柱塞式喷油泵结构简单、工作可靠、性能良好、维护方便，为目前大多数车用柴油机所采用。

5.3.2 转子分配式喷油泵

转子分配式喷油泵（rotor distributor fuel injection pump）简称分配泵，又称 VE 型分配泵。

1. 分配泵基本结构和工作原理

分配泵由驱动机构、二级滑片式输油泵、高压分配泵头和电磁式断油阀等组成。此外，机械式调速器和液压式喷油提前器也安装在分配泵体内（图 5.12）。

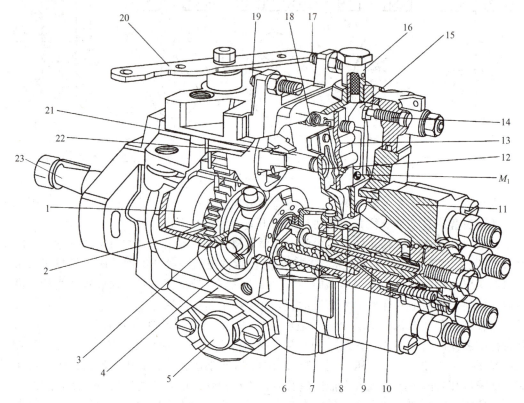

1—二级滑片式输油泵；2—调速器驱动齿轮；3—滚轮机构；4—平面凸轮盘；5—液压式喷油提前器；
6—柱塞弹簧；7—油量调节套筒；8—分配柱塞；9—柱塞套；10—出油阀；11—高压泵头；
12—起动杠杆；13—调速器张力杠杆；14—最大供油量调节螺钉；15—校准杆；16—放气孔；
17—怠速调整螺钉；18—调速弹簧；19—高速调整螺钉；20—调速手柄；
21—调速套筒；22—调速器齿轮及飞锤总成；23—驱动轴

图 5.12 分配泵

驱动轴 23 由柴油机曲轴定时齿轮驱动。驱动轴带动二级滑片式输油泵 1 工作，并通过调速器驱动齿轮 2 带动调速器轴旋转。在驱动轴的右端通过联轴器（图 5.13 中的 3）与平面凸轮盘 4 连接，利用平面凸轮盘上的传动销带动分配柱塞 8。柱塞弹簧 6 将分配柱塞压紧在平面凸轮盘上，并使平面凸轮盘压紧滚轮（图 5.13 中的 5）。滚轮轴嵌入静止不动的滚轮架（图 5.13 中的 2）上。当驱动轴 23 旋转时，平面凸轮盘与分配柱塞同步旋转，而且在滚轮、平面凸轮和柱塞弹簧的共同作用下，凸轮盘还带动分配柱塞 8 在柱塞套 9 内做往复运动。往复运动给柴油增压，旋转运动则进行柴油分配。

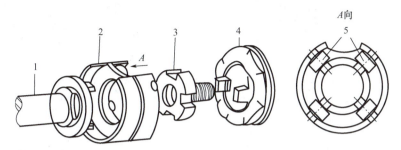

1—驱动轴；2—滚轮架；3—联轴器；4—平面凸轮盘；5—滚轮

图 5.13　滚轮、联轴器及平面凸轮

平面凸轮盘上平面凸轮的数目与柴油机气缸数相同。分配柱塞的结构如图 5.14 所示。在分配柱塞 1 的中心加工有中心油孔 3，其右端与柱塞腔相通，而左端与泄油孔 2 相通。分配柱塞上还加工有燃油分配孔 5、压力平衡槽 4 和数目与气缸数相同的进油槽 6。柱塞套（图 5.12 中的 9）上有一个进油孔和数目与气缸数相同的分配油道，每个分配油道都连接一个出油阀（图 5.12 中的 10）和一个喷油器。

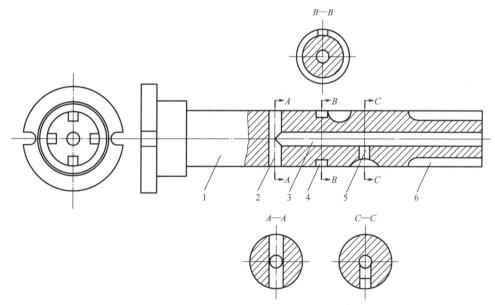

1—分配柱塞；2—泄油孔；3—中心油孔；4—压力平衡槽；5—燃油分配孔；6—进油槽

图 5.14　分配柱塞的结构

2. 分配泵工作过程

分配泵的工作过程如图 5.15 所示。

（1）进油过程。

如图 5.15(a) 所示，当平面凸轮盘的凹下部分转至与滚轮接触时，柱塞弹簧将使分配柱塞 1 由右向左推移至柱塞下止点位置，这时分配柱塞上的进油槽 10 与柱塞套 6 上的进油道 15 连通，柴油自喷油泵体的内腔经进油道 15 进入柱塞腔 9 和中心油道 8 内。

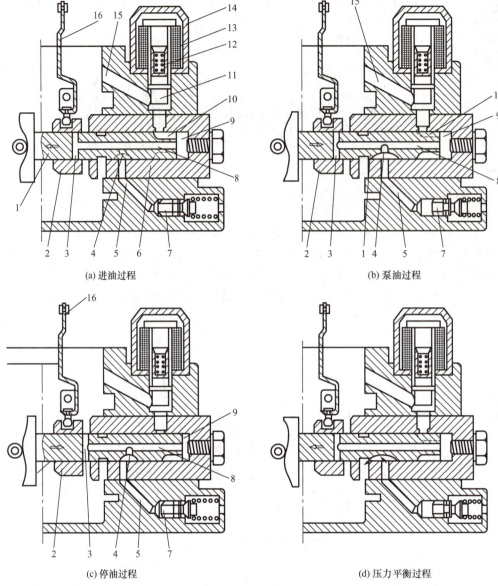

(a) 进油过程　　　　　　　　　　　　(b) 泵油过程

(c) 停油过程　　　　　　　　　　　　(d) 压力平衡过程

1—分配柱塞；2—油量控制套筒；3—泄油孔；4—分配孔；5—出油道；6—柱塞套；
7—出油阀；8—中心油道；9—柱塞腔；10—进油槽；11—进油阀；12—弹簧；
13—线圈；14—电磁阀；15—进油道；16—起动杠杆

图 5.15　分配泵的工作过程

(2) 泵油过程。

如图 5.15(b) 所示，当平面凸轮盘由凹下部分转至凸起部分与滚轮接触时，分配柱塞在平面凸轮盘的推动下由左向右移动。在进油槽转过进油孔的同时，分配柱塞将进油孔封闭，这时柱塞腔内的柴油开始增压。与此同时，分配柱塞上的燃油分配孔 4 转至与柱塞套上的出油道 5 相通，高压柴油从柱塞腔经中心油道、燃油分配孔进入出油道，再经出油阀 7 和喷油器喷入燃烧室。

平面凸轮盘每转一周，分配柱塞上的燃油分配孔就会依次与各缸分配油道接通一次，即向柴油机各缸喷油器供油一次。

（3）停油过程。

如图 5.15(c) 所示，分配柱塞在平面凸轮盘的推动下继续右移，当柱塞上的泄油孔 3 移出油量控制套筒 2 并与喷油泵体内腔相通时，高压柴油从柱塞腔经中心油道和泄油孔流进喷油泵体内腔，柴油压力立即下降，供油停止。

从柱塞上的燃油分配孔与柱塞套上的出油道相通的时刻起，至泄油孔移出油量控制套筒的时刻止，分配柱塞所移动的距离为柱塞有效供油行程。显然，柱塞有效供油行程越大，供油量越多。移动油量调节套筒即可改变柱塞有效供油行程，向左移动油量调节套筒，停油时刻提前，柱塞有效供油行程缩短，供油量减少；反之，向右移动油量调节套筒，柱塞有效供油行程增长，供油量增加。油量调节套筒的移动由调速器操纵。

（4）压力平衡过程。

如图 5.15(d) 所示，分配柱塞上设有压力平衡槽（图 5.14 中的 4），在分配柱塞旋转和移动过程中，压力平衡槽始终与喷油泵体内腔相通。在某一气缸供油停止之后，且当压力平衡槽转至与相应气缸的分配油孔连通时，分配油孔和出油道与喷油泵体内腔相通，于是两处的油压趋于平衡。在柱塞旋转过程中，压力平衡槽与各缸分配油道逐个相通，致使各出油道内的压力均衡一致，从而保证了各缸供油的均匀性。

分配泵设有电磁断油阀，其电路和工作原理如图 5.16 所示。电磁阀装在柱塞套进油孔的上方。在开关板上设有 ST、ON、OFF 开关，用以操纵电磁阀打开或关闭进入气缸的燃油通路。起动时，将起动开关 1 旋至 ST 位置，这时来自蓄电池 4 的电流直接流过电磁线圈 3，产生的电磁力压缩回位弹簧 5，将阀门 6 吸起，进油道 7 便开启。柴油机起动后，起动开关旋至 ON 位置，此时，由于电路中串入了电阻，通过电磁线圈的电流减小，但由于有油压的作用，仍然能使阀门保持在开启位置。当柴油机停机时，将起动开关旋至 OFF 位置，这时电路断开，阀门在回位弹簧的作用下关闭，从而切断油路，停止供油。

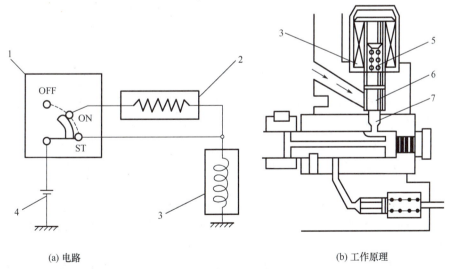

(a) 电路　　　　　　　　　　　　　(b) 工作原理

1—起动开关；2—电阻；3—电磁线圈；4—蓄电池；5—回位弹簧；6—阀门；7—进油道

图 5.16　电磁断油阀的电路和工作原理

3. 分配泵的供油提前角自动调节器

分配泵的下部装有供油提前角自动调节器，该装置为液压式调节器，其构造如图 5.17 所示。

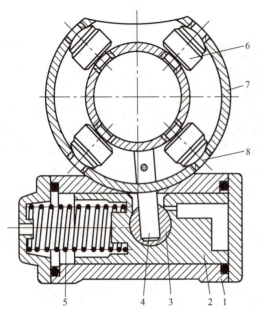

1—壳体；2—活塞；3—连接销；4—传力销；
5—弹簧；6—滚轮；7—滚轮架；8—滚轮轴

图 5.17　液压式供油提前角自动调节器的构造

在供油提前角自动调节器壳体 1 内装有活塞 2，活塞左端与二级滑片式输油泵的入口相通，并有弹簧 5 压在活塞上。活塞右端与喷油泵体内腔相通，内腔中的油压与滑片式输油泵的出口压力相等。当柴油机在某一转速下稳定运转时，作用在活塞左、右端的力相等，活塞处于某一平衡位置。柴油机工作时，二级输油泵的输出压力随转速增加而上升，活塞右端油压上升使作用于活塞右端的压力大于左端的作用力，活塞向左移动，带动传力销 4 使滚轮架 7 转动一定角度，滚轮架的转动方向与平面凸轮盘的旋转方向正好相反，使平面凸轮盘提前一定角度与滚轮 6 接触，供油提前角增大。柴油机转速越高，油压越大，供油提前角也越大。

当柴油机转速降低时，二级输油泵的输出压力下降，在调节器弹簧力的作用下，活塞被推至右边，传力销使滚轮架向着平面凸轮盘的旋转方向转动一定角度，使供油提前角减小。这种供油提前角调节器的调整，可以通过改变弹簧的预紧力和弹簧刚度来实现。

5.4　调 速 器

5.4.1　功用与分类

调速器的作用是随着柴油机负荷的变化，自动调节喷油泵的循环供油量。另外，除了防止超速与保持怠速稳定这两项基本任务以外，调速器作为柴油机及其燃料供给系统的重要控制部件，还担负着其他重要作用，如保持怠速与最高转速之间各工况的转速稳定（全程调速）、起动加浓、转矩校正及增压与海拔高度补偿等，以满足柴油机在各种情况下的运转需要。

汽车柴油机调速器按其工作原理的不同，可分为机械式、气动式、液压式、机械气动复合式、机械液压复合式和电子式等多种形式。但目前应用广泛的是机械式调速器，其结构相对简单，工作可靠，性能良好。

按调速器起作用的转速范围，又可将调速器分为两极式调速器和全程式调速器。两极式调速器（two pole governor）只在柴油机的最高转速和怠速时起自动调节作用，限定最高转速或最低转速，在最高转速和怠速之间的其他任何转速，调速器不起调速作用，而是由驾驶人来控制柴油机转速的变化。全程式调速器则在柴油机的各种转速下起作用，可以使柴油机稳定在任一选定的转速下工作。这里主要介绍两极式调速器。

5.4.2 两极式调速器

RQ型调速器是一种典型的两极式调速器,广泛应用于汽车柴油机上。

1. RQ型调速器结构

通常把调速器结构分为感应部件、传动部件和附加装置三部分。感应部件用来感知柴油机转速的变化,并发出相应的信号;传动部件则根据此信号进行供油量的调节。附加装置用来稳定怠速、消除转矩波动及校正转矩等。

RQ型(R表示机械离心式,Q表示可变杠杆比)调速器的结构如图5.18所示。

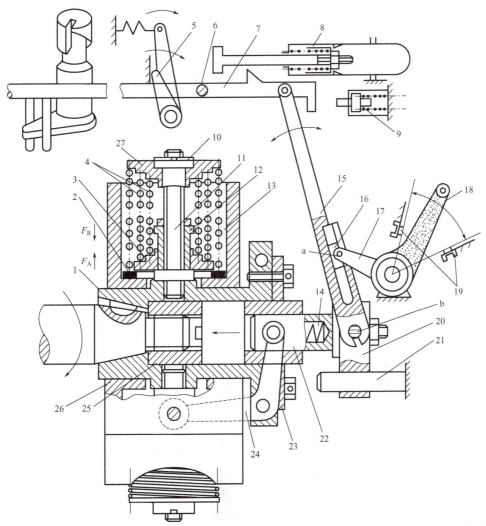

1—调速套筒;2—怠速弹簧调整垫片;3—内弹簧座;4—高速弹簧(内弹簧);5—停油臂;6—停油销;7—油量调节杆;8—防冒烟限位器;9—怠速稳定弹簧;10—调整螺母;11—支承杆;12—限位螺母;13—怠速弹簧(外弹簧);14—转矩平稳器;15—调速杠杆;16—滑块;17—摆臂;18—调速手柄;19—高低速限位螺钉;20—滑动块;21—导向销;22—滑动销;23—盖套;24—角形杠杆;25—固定螺母;26—飞锤;27—外弹簧座;a—铰接点;b—销

图5.18 RQ型调速器的结构

调速器壳体用螺栓固定在喷油泵泵体的后端面上。喷油泵凸轮轴通过半圆键连接一个轴套，轴套上固定两个双头螺柱，在每个螺柱上套装一个飞锤 26。飞锤通过角形杠杆 24、调速套筒 1、调速杠杆 15 和油量调节杆 7 与喷油泵的供油量调节拨叉连接。飞锤内装有内、中、外三个弹簧，其外端均支承在外弹簧座 27 上。外弹簧 13 的内端支承在飞锤的内端面上，称为怠速弹簧；中间弹簧和内弹簧 4 的内端支承在内弹簧座 3 上，称它们为高速弹簧。当把它们安装在弹簧座上时会有一定的预紧力，预紧力的大小可由调整螺母 10 调节。

摆臂 17 的一端与调速手柄 18 连接，另一端与圆柱形的滑块 16 铰接，滑块在调速杠杆 15 的长孔中滑动。为了保证滑动块 20 能灵活移动，设有导向销 21 为滑动销 22 导向。

在调速器壳体的侧面装有停油臂 5，转动停油臂，拨动停油销 6，使其向左拉动油量调节杆直至停油。

此外，RQ 型调速器在调速器盖上装有怠速稳定弹簧 9，在滑动块 20 内装有转矩平稳器 14，还可根据需要在飞锤内安装转矩校正装置等。

感应部件由飞锤 26 等组成，而传动部件则包括角形杠杆 24、调速套筒 1、调速杠杆 15 和油量调节杆 7 等组成。

2. RQ 型调速器基本工作原理

将 RQ 型调速器表示为图 5.19 所示的机构简图。飞锤 17 在喷油泵凸轮轴 18 的驱动下旋转，当转速增加时，飞锤会在离心力的作用下克服调速弹簧 16 的预紧力向外张开，此运动通过飞锤转臂 13 转变为滑柱 12 的轴向移动，从而使调速杠杆 5 绕滑块 4 上的支点

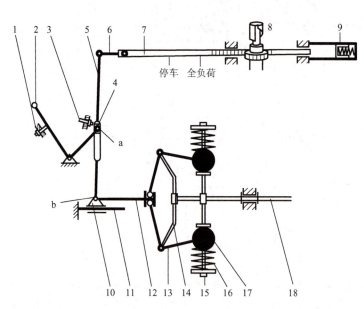

1—停车挡块；2—操纵杆；3—全负荷挡块；4—滑块；5—调速杠杆；6—连接叉杆；7—油量调节杆；8—喷油泵柱塞；9—弹性触止；10—滑座；11—导向销；12—滑柱；13—飞锤转臂；14—飞锤座；15—调节螺母；16—调速弹簧；17—飞锤；18—喷油泵凸轮轴；a—铰接点；b—销

图 5.19　RQ 型调速器的机构简图（停车状态）

旋转，调速杠杆端部通过连接叉杆 6 将油量调节杆 7 向减少油量的方向拉动；反之若转速降低，则将油量调节杆向增加油量的方向推动。同时，若驾驶人通过加速踏板使操纵杆 2 在停车挡块 1 与全负荷挡块 3 之间转动，调速杠杆 5 则改由以下部滑座 10 上的铰链为支点摆动，从而拉动油量调节杆，达到增加或减少供油量的目的。

RQ 型调速器的工作过程如下。

（1）起动。柴油机在冷车起动时，起动比较困难。为了便于起动，要求起动供油量多于全负荷额定供油量。因此，冷车起动时应将加速踏板踩到底，操纵杆压靠在高速限位螺钉上，操纵杆上的滑块即推动调速杠杆和油量调节杆向加油方向移动。当达到全负荷位置时，油量调节杆即达到起动加浓位置［图 5.20(a)］。

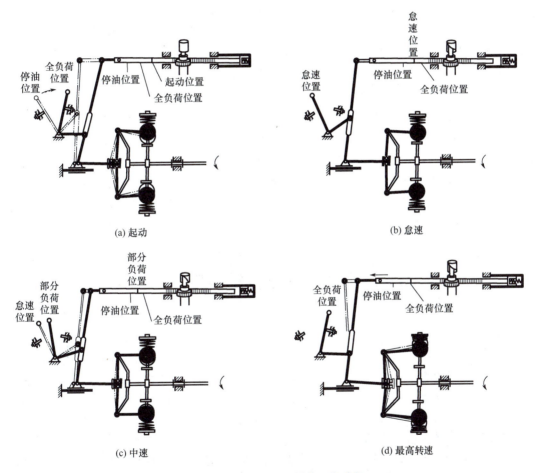

图 5.20 RQ 系列调速器的工作过程

（2）怠速。柴油机在怠速时，操纵臂和低速限位螺钉接触，滑动销处于最高位置，油量调节杆移动到怠速供油量位置。此时的杠杆比减小，可保证在飞锤移动量一定的条件下，油量调节杆的移动量较小，有利于怠速的稳定。怠速时柴油机转速较低，飞锤的离心力小，张开的程度也较小，它与怠速弹簧相平衡，使飞锤处在套筒和高速弹簧座之间的空隙中游动。

当柴油机受某种因素的影响而转速下降时，飞锤产生的离心力减小，怠速弹簧的张力使飞锤向里收拢，通过角形杠杆和滑动销、滑动块、调速杠杆使油量调节杆向加油方向移动，增加供油量，使转矩增大，转速不再继续下降，直至飞锤的离心力与怠速弹簧的张力达到新的平衡；当柴油机转速升高时，飞锤的离心力也相应地增加，使飞锤进一步克服怠速弹簧的张力向外张开。这样，飞锤就通过角形杠杆、滑动销、滑动块、调速杠杆带动油量调节杆向减油方向移动，减少供油量，使转矩减小，转速不再继续升高，直至飞锤的离心力与怠速弹簧的张力重新平衡［图5.20(b)］。

(3) 中速。将操纵臂移至中速位置，油量调节杆处于部分负荷供油位置。柴油机在中等转速范围内工作时，飞锤在离心力的作用下，压缩怠速弹簧而与高速弹簧座相接触。由于飞锤产生的离心力不足以克服怠速弹簧和高速弹簧两组弹簧的张力，因此飞锤便紧靠在高速弹簧座上，既不外张又不收拢，因而在中速范围内，调速器不起调速作用。这时，驾驶员则根据需要进行人工调节。人工调节是以滑动块的销 b（图5.19）为支点，以操纵臂上的滑块铰接点 a（图5.19）为力点，以不同的杠杆比来改变调速杠杆和油量调节杆的位置，使供油量和转速发生相应的变化［图5.20(c)］。

(4) 最高转速。将操纵臂移至高速限位螺钉位置，油量调节杆相应地移至全负荷供油位置，滑块处于调速杠杆的最低位置，杠杆比最大。若柴油机转速超过额定转速，飞锤的离心力克服全部调速弹簧的作用力向外张开，使飞锤连同内弹簧座一起向外移到一个新的位置。飞锤以较小的动作，获得较大的油量调节杆移动量，使油量调节杆向减油方向迅速移动，供油量迅速减少，从而防止超速"飞车"事故。在此位置，飞锤离心力可以与弹簧作用力达到新的平衡［图5.20(d)］。

5.5 柴油供给装置

5.5.1 柴油滤清器

柴油中所含硬质粒子进入系统后，会引起精密偶件的严重磨损，甚至卡死。为了保证燃料供给系统可靠地工作，必须采用能滤去机械杂质99%～99.5%的高效滤清器，其滤网应能满足滤去粒度为0.002～0.003mm尺寸杂质的要求。

目前常用的单级滤清器或双级滤清器大多采用纸质滤芯，纸质滤芯柴油滤清器的结构如图5.21所示。来自输油泵的柴油从进油口5进入滤清器壳体6与纸质滤芯7之间的空隙中，经过滤芯过滤之后，由中心杆8经出油口3流出。在滤清器盖4上设有限压阀2，当油压超过0.1～0.15MPa时，限压阀开启，多余的柴油自进油口经限压阀直接返回燃油箱。

重型汽车柴油机经常装置粗、精两级滤清器。当两级滤清器串联使用时，粗滤清器采用毛毡等纤维滤芯，精滤清器仍用纸质滤芯。毛毡滤芯可滤除粒度为5～10μm尺寸杂质。毛毡滤芯具有一定的机械强度和弹性，堵塞以后可清洗再用。

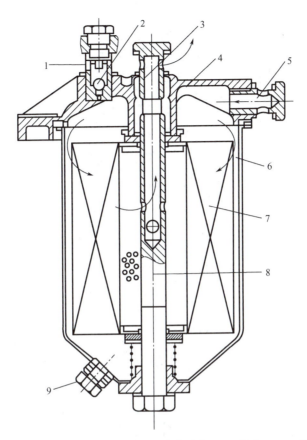

1—旁通孔；2—限压阀；3—出油口；4—滤清器盖；5—进油口；6—滤清器壳体；
7—纸质滤芯；8—中心杆；9—放油塞

图 5.21　纸质滤芯柴油滤清器的结构

5.5.2　油水分离器

当柴油机工作时，柴油先经油水分离器粗滤，除掉水分和部分杂质，然后流经柴油滤清器进行细滤，保证柴油的洁净度。

油水分离器由手压膜片泵、液面传感器、浮子、分离器壳和分离器盖等组成，如图 5.22 所示。柴油经进油口 2 进入油水分离器，并经出油口 9 流出。柴油中的水分在油水分离器内从柴油中分离出来并沉积在壳体的底部。浮子 6 随着积水的增多而上浮。当浮子到达规定的放水水位时，液面传感器 5 将电路接通，仪表板上的报警灯发出放水信号，这时驾驶员应及时旋松放水塞 4 放水。手压膜片泵 1 在放水和排气时使用。

5.5.3　输油泵

输油泵的功用是保证柴油在低压油路内循环，并供给喷油泵足够数量及一定压力的燃油，其输油量应为柴油机全负荷最大喷油量的 3～4 倍。输油泵有活塞式、滑片式、膜片式及齿轮式等。这里仅介绍活塞式输油泵和滑片式输油泵。

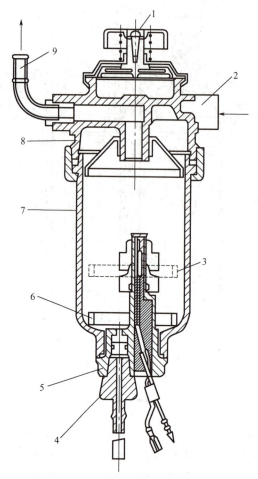

1—手压膜片泵；2—进油口；3—放水水位；4—放水塞；5—液面传感器；6—浮子；
7—分离器壳；8—分离器盖；9—出油口

图 5.22　油水分离器

1. 活塞式输油泵（piston type fuel supply pump）

活塞式输油泵安装在柱塞式喷油泵的侧面，并由喷油泵凸轮轴上的偏心轮驱动。图 5.23 所示为其工作原理示意图。

当喷油泵凸轮轴 13 转动时，在偏心轮 14 和活塞弹簧 17 的共同作用下，输油泵活塞 16 在输油泵体 15 内做往复运动。当输油泵活塞在活塞弹簧的作用下向上运动时，A 腔容积增大，产生真空，进油单向阀 6 开启，柴油经进油口被吸入 A 腔。与此同时，B 腔容积缩小，其中的柴油压力增高，出油单向阀 7 关闭，B 腔中的柴油经出油口被压出，送往燃油滤清器。当偏心轮 14 推动滚轮 12、挺柱 11 和推杆 9 使输油泵活塞向下运动时，A 腔油压增高，进油单向阀关闭，出油单向阀开启，柴油从 A 腔流入 B 腔。

若喷油泵供油量减少，或燃油滤清器阻力过大，则 B 腔油压增高。当活塞弹簧的弹力恰好与 B 腔的油压平衡时，活塞便滞留在某一位置而不能回到其行程的止点处。在这种情况下，活塞的行程减小，输油泵的输油量自然也就减少，从而限制了油压的继续增高，即

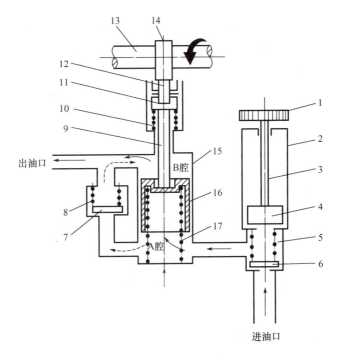

1—手压泵拉钮；2—手压泵体；3—手压泵杆；4—手压泵活塞；5—进油单向阀弹簧；6—进油单向阀；
7—出油单向阀；8—出油单向阀弹簧；9—推杆；10—推杆弹簧；11—挺柱；12—滚轮；
13—喷油泵凸轮轴；14—偏心轮；15—输油泵体；16—输油泵活塞；17—活塞弹簧

图 5.23 活塞式输油泵工作原理示意图

实现输油量与供油压力的自动调节。

在起动长时间停止工作的柴油机之前，先将柴油滤清器和喷油泵的放气螺钉拧松，再将手压泵拉钮旋出，上下反复拉动手压泵活塞，使柴油自进油单向阀吸入，经出油单向阀压出，并充满柴油滤清器和喷油泵的低压油腔，将其中的空气驱除干净；拧紧放气螺钉，旋进手压泵拉钮，再起动柴油机。

手压泵活塞与手压泵体、输油泵活塞与输油泵体、推杆与导管等偶件，都经过选配和研磨，达到较精密的配合，在使用中不能拆对互换。

2. 滑片式输油泵（vane type fuel supply pump）

由于分配泵每次进油的时间很短，进油节流阻力较大。为了保证分配泵进油充分，需要提高输油压力，为此在分配泵内增设一个滑片式输油泵。滑片式输油泵由输油泵体、输油泵盖、转子和滑片等零件构成。输油泵转子由分配泵驱动轴传动。四个滑片分别安装在转子的四个滑片槽内。转子偏心地安装在泵体的内孔中，在转子和输油泵体之间形成弯月形工作腔，并被四个滑片分隔成四个工作室。

当转子旋转时，由于工作室的容积不断地由小变大或由大变小，从而产生吸油或压油的作用。滑片式输油泵的出口油压随其转速的增高而增大。为了保持油压稳定，在输油泵出口装置调压阀。

5.6 共轨柴油喷射系统

5.6.1 工作原理

1. 高压共轨系统的优点

共轨系统先将柴油以高压（喷油压）状态蓄积在被称为共轨管的容器中，然后利用电磁三通阀将共轨中的压力油引到喷油器中完成喷射任务。利用安装在高压油路中的高速、强力电磁溢流阀来直接控制喷油始点和喷油量，通过实时变更电磁阀升程和改变高压油路中的油压来实现对喷油率和喷油压力的控制。

共轨管中蓄积着与喷油压力相同的柴油，此油直接进入喷嘴（针阀腔）开启针阀进行喷射，这就是高压共轨系统。概括起来高压共轨系统的主要优点如下。

① 共轨系统中的喷油压力柔性可调，对不同工况可确定所需的最佳喷射压力，从而优化了柴油机的综合性能。

② 可独立地柔性控制喷油定时，配合高的喷射压力（120～200MPa），可同时控制NO_x和微粒（PM）在较小的数值范围内，以满足排放要求。

③ 柔性控制喷油速率变化，实现理想喷油规律，容易实现预喷射和多次喷射，既可降低柴油机噪声和NO_x排放，又能保证优良的动力性和经济性。

④ 由电磁阀控制喷油，控制精度较高，高压油路中不会出现气泡和残压为零的现象，因此在柴油机运转范围内，循环喷油量变动小，各缸供油不均匀可得到改善，从而减轻柴油机的振动和降低排放。

⑤ 能分缸调控并且响应快。

⑥ 具有极好的燃油密封性，高压燃油泄漏量小，降低了驱动燃油泵的功率损失。

⑦ 具有很好的可安装性。对柴油机不要求附加驱动轴，即可像通常的直列式油泵一样安装，只需略加修改喷油器支架，就可安装电控喷油器。

2. 高压共轨系统的组成与工作原理

图5.24所示为博世公司的共轨燃油喷射系统的基本组成。该共轨燃油喷射系统主要由电控单元14、高压油泵2、共轨管6、电控喷油器8及其他传感器12与其他执行器13等组成。

低压齿轮泵3将燃油输入高压油泵2，高压油泵2将燃油加压送入共轨管6，共轨管6中的压力由电控单元14根据油轨压力传感器7测量的油轨压力及电控单元预设的压力MAP图（喷油压力与转速、负荷关系图）进行调节，高压油轨内的燃油经过高压油管，根据机器的运行状态，由电控单元从预设的MAP图中确定合适的喷油定时、喷油持续期和喷油率，然后电液控制的电控喷油器8将燃油喷入气缸。高压油泵只起到向燃油轨供油的作用，其工作频率与柴油机转速没有固定的约束关系，可任意选择，只需保持共轨腔的油压即可。低压齿轮泵将燃油从油箱中吸出，经调压控制阀5调节到喷油所需的压力。

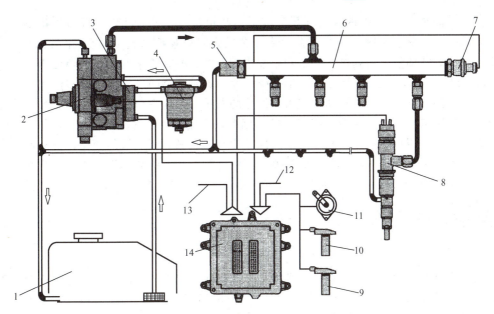

1—油箱；2—高压油泵；3—低压齿轮泵；4—柴油滤清器；5—调压控制阀；6—共轨管；
7—油轨压力传感器；8—电控喷油器；9—曲轴位置传感器；10—转速传感器；
11—加速踏板；12—其他传感器；13—其他执行器；14—电控单元

图 5.24 博世公司的共轨燃油喷射系统的基本组成

日本电装公司的 ECD-U2 共轨燃油喷射系统如图 5.25 所示。该共轨燃油喷射系统包括高压供油泵 11、共轨管 4、喷油管、电控单元及多种传感器。

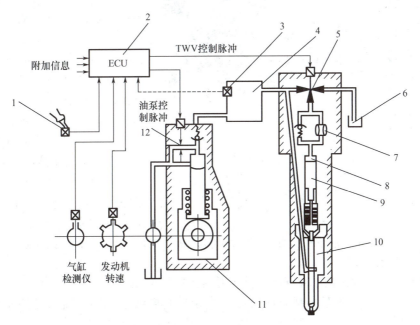

1—加速踏板；2—电控单元；3—燃油压力传感器；4—共轨管；5—电控三通阀（TWV）；6—燃油箱；
7—节流孔；8—控制室；9—液压活塞；10—喷嘴；11—高压供油泵；12—油泵控制阀

图 5.25 日本电装公司的 ECD-U2 共轨燃油喷射系统

高压供油泵11是一个两缸直列泵，该泵的凸轮是一个三叶凸轮，近似三角形，凸轮轴每旋转一次，就会给每缸供油三次，装在它上面的油泵控制阀12接收来自电控单元2的指令控制旁通油量，达到控制共轨管中油压的目的。共轨管中的油压由燃油压力传感器3送到电控单元中，并经与预先存储在电控单元中的油压MAP图的比较和修正，进行喷油压力的反馈控制。共轨油压同样作为喷油器的背压（控制室内压力）使用，喷油量与喷油定时的控制依靠电控三通阀（TWV）5不断变动控制室内的背压来实现，即依靠电控单元指令，变化作用在电控三通阀上的电脉冲宽度来实现循环喷油量的变化，依靠改变电脉冲的定时来实现喷油定时的变化，依靠喷油器设计措施和电脉冲作用方式的变化来实现喷油率的变化。ECD-U2共轨燃油喷射系统的喷油率形状有三角形、靴形和引导喷射三种。

5.6.2 典型结构

1. 高压油泵（high-pressure oil pump）

高压油泵的供油量的设计准则是必须满足在任何工况下，柴油机的喷油量与控制油量之和的需求及起动和加速时的油量变化的需求。由于高压共轨燃油喷射系统中喷油压力的产生与燃油喷射过程无关，而且喷油定时也不由高压油泵的凸轮来保证，因此高压油泵的压油凸轮可以按照峰值转矩低、接触应力小和耐磨性强的设计原则来设计。

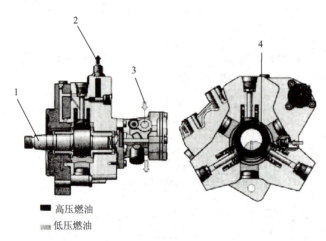

1—凸轮轴；2—出油口（到共轨管）；
3—机油进油口；4—压油凸轮
图5.26 三缸径向柱塞型高压油泵

博世公司采用由柴油机驱动的三缸径向柱塞型高压泵（图5.26）来产生高达135MPa的压力。该高压油泵在每个压油单元中采用了多个压油凸轮，使其峰值转矩降低为传统高压油泵的1/9，负荷也比较均匀，且降低了运行噪声。该系统中高压共轨管中压力的控制是通过对共轨管中燃油的放泄来实现的。为了减小功率损耗，在喷油量较小的情况下，将关闭三缸径向柱塞泵中的一个压油单元使供油量减少。

ECD-U2共轨燃油喷射系统通过控制直列高压油泵（图5.27）上面的油泵控制阀的旁通油量，即控制低压燃油有效进油量的方法，达到控制共轨管内的油压。其工作原理如图5.28所示，具体工作过程如下。

① 柱塞下行，油泵控制阀开启，低压燃油经控制阀流入柱塞腔。

② 柱塞上行，但油泵控制阀尚未通电，处于开启状态，低压燃油经控制阀流回低压腔。

③ 达到供油量定时，油泵控制阀通电而关闭，回流油路被切断，柱塞腔中的燃油被压缩，燃油经出油阀进入共轨管。利用油泵控制阀关闭时间的不同，控制进入共轨管的油

量的多少,从而达到控制共轨管中油压的目的。

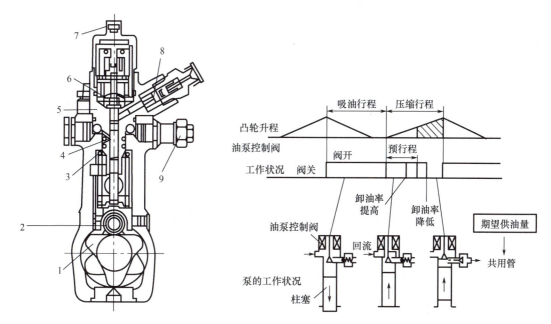

1—三次工作凸轮;2—挺柱体;3—柱塞弹簧;
4—柱塞;5—柱塞套;6—外开型电磁阀;
7—接头;8—出油阀;9—溢流阀

图 5.27 三作用凸轮直列高压油泵

图 5.28 三作用凸轮直列高压油泵的工作原理

④ 凸轮经过最大升程后,柱塞进入下降行程,柱塞腔内的压力降低,出油阀关闭,停止供油,这时油泵控制阀停止供电,处于开启状态,低压燃油进入柱塞腔,进入下一个循环。

高压油泵采用小柱塞直径、长行程和低凸轮轴转速的设计,以减少燃油泄漏、运动阻力及驱动力矩高峰值。由于采用两缸直列泵就相当于六缸常规直列泵的功能,因此显著减小了供油泵的尺寸。另外,高压油泵不会产生额外的功率消耗,只需要确定控制电脉冲宽度和控制电脉冲与高压油泵凸轮的相位关系即可。

2. 共轨管（common rail pipe）

共轨管储存高压燃油,保持压力稳定,其结构如图 5.29 所示。共轨管上安装有共轨压力传感器、限压阀和流量限制器。共轨管容积具有削减高压油泵的供油压力波动和每个喷油器由喷油过程引起的压力振荡的作用,使其中的压力波动控制在 5MPa 以下。但其容积又不能太大,以保证共轨有足够的压力响应速度,以快速适应柴油机工况的变化。

共轨压力传感器由压力传感膜片 3、分析电路 2 等组成,其结构如图 5.30 所示。当燃油经小孔流向共轨压力传感器时,压力传感膜片感受共轨管中的油压,通过分析电路,将压力信号转换为电信号。

限压阀的作用是限制共轨管中油压,其结构如图 5.31 所示,当油压超过限压阀中的弹簧力时,柱塞 4 被顶起,高压燃油溢出,通过集油管流回油箱,保证共轨管中油压不超过系统最大值。

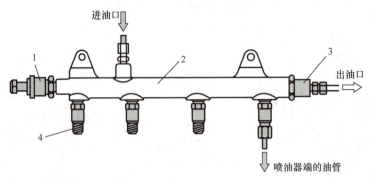

1—共轨压力传感器；2—共轨管；3—限压阀；4—流量限制器

图 5.29　共轨管的结构

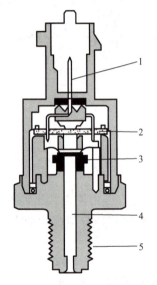

1—电子接头；2—分析电路；
3—压力传感膜片；4—高压油管；5—螺纹

图 5.30　共轨压力传感器的结构

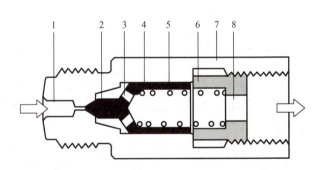

1—高压油管；2—阀门；3—通道；4—柱塞；
5—弹簧；6—限位块；7—阀体；8—通道

图 5.31　限压阀的结构

流量限制器的作用是防止喷油器出现持续喷油，其结构如图 5.32 所示，柱塞 3 在静止时受弹簧力的作用总是靠在堵头一端。喷油后，喷油器端的压力下降，柱塞在共轨管燃油压力的作用下向喷油器端移动，但并不关闭密封锥面。只有在喷油器出现持续喷油，导致柱塞下移量增大时，才封闭通往喷油器的通道，切断供油。

3. 电控喷油器（electronic injector）

电控喷油器是共轨燃油喷射系统中最关键和最复杂的部件，它的作用是根据电控单元发出的控制信号，通过控制电磁阀的开启和关闭，将共轨管中的燃油以最佳的喷油定时、喷油量和喷油率喷入柴油机的燃烧室。

博世公司的共轨燃油喷射系统和日本电装公司的 ECD‑U2 共轨燃油喷射系统的电控喷油器的结构基本相似，都是由与传统喷油器相似的喷油嘴、液压控制活塞、控制量孔、控制电磁阀等组成的。以 ECD-U2 共轨燃油喷射系统的电控喷油器为例加以说明，其工作原理如图 5.33 所示。

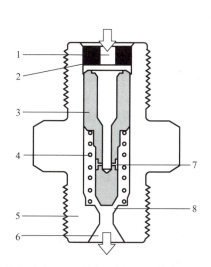

1—共轨管接头；2—锁紧垫圈；3—柱塞；4—弹簧；
5—壳体；6—喷油器接头；7—节流孔；8—座面

图 5.32 流量限制器的结构

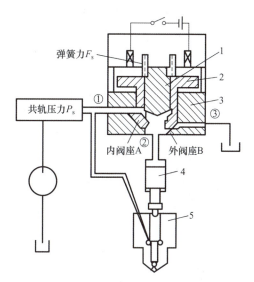

1—内阀；2—外阀；3—阀体；
4—液压活塞；5—喷油嘴；①、②、③—油通道

图 5.33 ECD-U2 共轨燃油喷射系统的
电控喷油器的工作原理

ECD-U2 共轨燃油喷射系统的每个喷油器总成的上方均有一个电控三通阀（TWV），参看图 5.25。电控三通阀包括内阀 1 和外阀 2（图 5.33），外阀和电磁线圈的衔铁做成一体，由电磁线圈的通电来指令外阀的运动，阀体 3 则用来支承外阀。三个元件精密地配合在一起，分别形成内阀座 A 和外阀座 B，随着外阀的运动，阀座 A、B 交替关闭，三个油道（共轨管、回油管和液压活塞上腔）两两交替接通，三通阀仅起压力开关阀的作用，本身并不控制喷油量。

当电磁线圈没有通电时，外阀在弹簧力的作用下落座，内阀在油道①的油压作用下上升（图 5.33），此时内阀座 A 开启，油道①、②相通，高压油从①进入液压活塞上腔②中。

当电磁线圈通电时，外阀在电磁力的吸引下向上运动，关闭内阀座 A，此时内阀仍停留在上方，外阀座 B 开启，油道②、③相通，活塞上腔向回油室放油，这时喷油器开始喷油。电磁线圈通电时间即喷油脉宽决定喷油量。油道①、②称为控制量孔，液压活塞上部的空间称为控制室的容积。

控制室容积的大小决定了针阀开启时的灵敏度，控制室的容积太大，针阀在喷油结束时不能实现快速断油，使后期的燃油雾化不良；控制室容积太小，不能给针阀提供足够的有效行程，使喷射过程的流动阻力加大，因此应根据机型的最大喷油量合理地选择控制室的容积。

控制量孔①、②的大小对喷油嘴的开启和关闭速度及喷油过程有着决定性的影响。因此三个关键性结构是进油量孔①、回油量孔②和控制室，它们的结构尺寸对喷油器的喷油性能有很大影响。回油量孔与进油量孔的流量率之差及控制室的容积决定了喷油嘴针阀的开启速度,而喷油嘴针阀的关闭速度由进油量孔的流量率和控制室的容积决定。进油量孔的设计应使喷油嘴针阀有足够的关闭速度,以减少喷油嘴喷射后期的雾化不良。

此外喷油嘴的最小喷油压力取决于回油量孔和进油量孔的流量率及控制活塞的端面面积。这样在确定进油量孔、回油量孔和控制室的结构尺寸后,就确定了喷油嘴针阀完全开启的稳定、最短喷油过程,同时也确定了喷油嘴的稳定最小喷油量。控制室容积的减少可以使针阀的响应速度更快,使燃油温度对喷油量的影响更小。但控制室的容积不可能无限制减少,它应能保证喷油嘴针阀的升程以使针阀完全开启。两个控制量孔决定控制室中的动态压力,从而决定针阀的运动规律。

由于共轨燃油喷射系统的喷射压力非常高,因此其喷油嘴的喷孔截面积很小,如博世公司的共轨燃油喷射系统喷油嘴的 6 个喷孔直径均为 0.169mm,在如此小的喷孔直径和非常高的喷射压力下,燃油流动处于极端不稳定状态,使得油束的喷雾锥角变大,燃油雾化更好,但贯穿距离变小。因此应改变原柴油机进气的涡流强度、燃烧室结构形状以确保最佳的燃烧过程。

对于喷油器电磁阀,由于共轨燃油喷射系统要求它有足够的开启速度,考虑到预喷射是改善柴油机性能的重要喷射方式,因此控制电磁阀的响应时间应缩短。博世公司的共轨燃油喷射系统开启响应时间为 0.35ms,关闭响应时间为 0.4ms,全负荷能耗为 50W。

1. 柴油机燃料供给系统由哪些部分组成?
2. 影响柴油机可燃混合气形成和燃烧的主要因素有哪些?
3. 柴油机燃烧室可分为哪两大类?各自有哪些形式的燃烧室?
4. 说明喷油器的工作原理。
5. 闭式喷油器分为哪两种类型?
6. 简述柱塞式喷油泵的组成及工作原理。
7. 简述转子分配式喷油泵的组成及工作原理。
8. 柴油机为什么要设置调速器?
9. 简述 RQ 型调速器的基本工作原理。
10. 简述柴油供给装置的组成。
11. 简述活塞式输油泵的工作原理。
12. 高压共轨系统有哪些优点?
13. 简述高压共轨系统的工作原理。

第6章 进、排气装置及排气净化装置

发动机进、排气装置的作用是供给发动机新鲜空气,并将发动机燃烧后的废气排至大气。一般进气装置主要包括空气滤清器和进气支管。排气装置分为单排气装置和双排气装置。本章除介绍发动机进、排气装置外,还介绍发动机的增压和发动机外部的排气净化装置。

要求学生了解发动机进、排气装置的各种结构类型;重点掌握进、排气装置主要部件的结构和工作原理;了解增压器和排气净化装置的基本结构和工作原理。

发动机进、排气装置的作用是供给发动机新鲜空气,并将发动机燃烧后的废气排至大气。发动机进、排气装置由进气装置和排气装置构成。发动机进、排气装置的结构如图6.1所示。

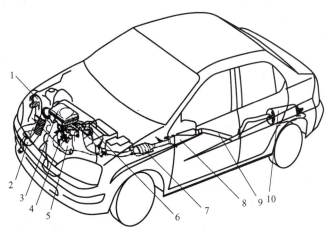

1—空气进气口;2—进气管;3—空气滤清器;4—空气流量计;5—进气支管;
6—排气支管;7—三元催化转化器;8—副排气消声器;9—排气管;10—主排气消声器

图6.1 发动机进、排气装置的结构

6.1 进、排气装置

如图 6.1 所示,进、排气装置主要包括空气滤清器、进气支管、排气支管、排气消声器。在汽油喷射式发动机的进气装置中还包括空气流量计。

6.1.1 空气滤清器

空气滤清器的功用是滤除空气中的杂质或灰尘,以及消减进气噪声。空气滤清器一般由进气导流管、空气滤清器盖、空气滤清器外壳和滤芯等组成。空气滤清器有多种结构形式。

1. 纸滤芯空气滤清器

纸滤芯空气滤清器被广泛用于各类汽车发动机上,其结构如图 6.2 所示。用微孔滤纸制成的纸滤芯 1 安装在滤清器外壳 2 中。纸滤芯的上、下表面是密封面,当拧紧蝶形螺母 4 将滤清器盖 3 紧固在滤清器上时,纸滤芯下密封面 8 和上密封面 9 分别与滤清器盖及滤清器外壳底部的配合面贴紧密合。对滤纸 7 进行打褶,可以增加纸滤芯的过滤面积和减小纸滤芯阻力。纸滤芯外面是多孔金属网 6,用来保护纸滤芯,使其在运输和保管过程中不破损。在发动机工作时,空气从滤芯的四周穿过滤纸进入纸滤芯中心,随后流入进气管。杂质被纸滤芯阻留在纸滤芯外面。纸滤芯有干式和湿式两种。干式纸滤芯可以反复使用。干式纸滤芯经过浸油处理后即为湿式纸滤芯,不能反复使用,需定期更换。

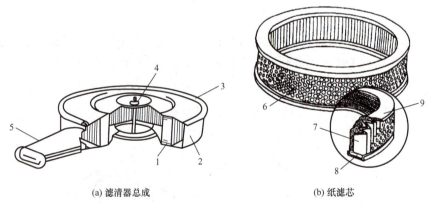

(a) 滤清器总成　　　　　　　　(b) 纸滤芯

1—纸滤芯;2—滤清器外壳;3—滤清器盖;4—蝶形螺母;5—进气导流管;
6—金属网;7—滤纸;8—滤芯下密封面;9—滤芯上密封面

图 6.2　纸滤芯空气滤清器

2. 离心式及复合式空气滤清器

离心式空气滤清器多用于大型载货汽车上。在许多自卸车或矿山用汽车上还使用离心式空气滤清器与纸滤芯空气滤清器相结合的双级复合式空气滤清器(图 6.3)。双级复合式空气滤清器的上体 7 是纸滤芯空气滤清器,下体 12 是离心式空气滤清器。空气从滤清器下体的进气口 10 先进入旋流管 11,并在旋流管螺旋导向面 16 的引导下产生高速旋转运动。在离心力的作用下空气中的大部分灰尘被甩向旋流管壁并落入集灰盘 14 中,空气则从旋流管顶部进入纸滤芯空气滤清器。空气中残存的细微杂质被纸滤芯 2 滤除。

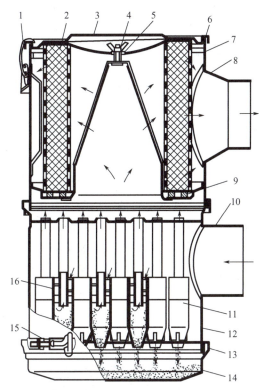

1—卡簧；2—纸滤芯；3—滤清器上盖；4—蝶形螺母；5—密封垫；6、9、13—密封圈；
7—上体；8—出气口；10—进气口；11—旋流管；12—下体；14—集灰盘；
15—卡箍；16—旋流管螺旋导向面

图 6.3　双级复合式空气滤清器

3. 空气滤清器进气导流管

在现代乘用车上，为了增强发动机的谐振进气效果，空气滤清器进气导流管需要有较大的容积。但是进气导流管不能太粗，以保证空气在进气导流管内有一定的流速，因此，空气滤清器进气导流管只能做得很长（图6.4），以利于实现从车外吸气。

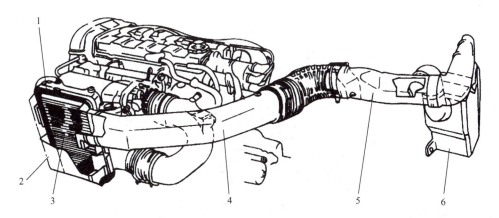

1—空气滤清器外壳；2—空气滤清器盖；3—滤芯；4—后进气导流管；5—前进气导流管；6—谐振室

图 6.4　空气滤清器进气导流管

6.1.2 进气支管

汽油机进气支管的作用是将节气门体所供给的可燃混合气或空气,分别送到发动机的各个气缸内。柴油机进气支管的作用则是将空气分别送到发动机的各个气缸内。

1. 进气支管的结构

对于节气门体汽油喷射式发动机,进气支管指的是节气门体之后到气缸盖进气道之前的进气管路,它将空气、燃油混合气从化油器或节气门体分配到各缸进气道。对于进气道燃油喷射式发动机或柴油机,进气支管只是将洁净的空气分配到各缸进气道。

一般节气门体燃油喷射式发动机的进气支管由合金铸铁制造,乘用车发动机多用铝合金制造。铝合金进气支管质量轻、导热性好。进气道燃油喷射式发动机除应用铝合金进气支管外,近年来采用复合塑料的进气支管日渐增多。复合塑料进气支管的质量极轻,内壁光滑,无须加工。节气门体燃油喷射式和进气道燃油喷射式发动机的进气支管分别如图 6.5 和图 6.6 所示。

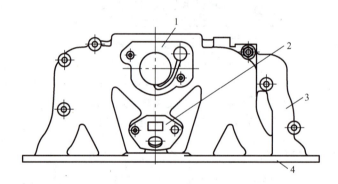

1—节气门体安装面;2—废气再循环阀安装面;3—循环冷却液管;4—进气支管安装面

图 6.5 节气门体燃油喷射式发动机的进气支管

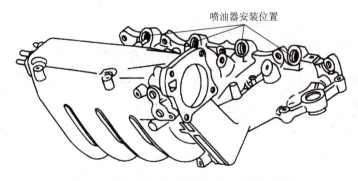

图 6.6 进气道燃油喷射式发动机的进气支管

2. 谐振进气装置

利用发动机的进气脉动，使进入发动机的空气在进气门开启时的压力为正压，实现"气体动力增压"，提高发动机的进气量，进而改善发动机的动力性。由于进气过程具有间歇性和周期性，致使进气支管内产生一定幅度的压力波。此压力波以当地声速在进气装置内传播和往复反射。如果利用一定长度和直径的进气支管与一定容积的谐振室组成谐振进气装置（图6.7），并使其自振频率与气门的进气周期调谐，那么在特定的转速下，就会在进气门关闭之前，在进气支管内产生大幅度的压力波，使进气支管的压力增高，从而增加进气量。这种效应称作进气波动效应。谐振进气装置的优点是没有运动件，工作可靠，成本低。但其只能增加特定转速下的进气量和发动机转矩。

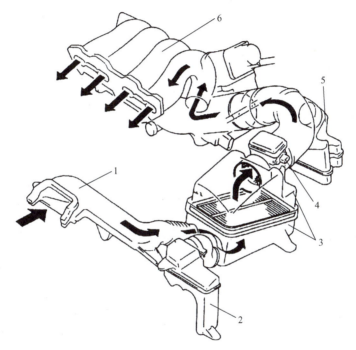

1—进气导流管；2—副谐振室；3—空气滤清器；4—空气流量传感器；5—主谐振室；6—进气支管

图 6.7 谐振进气装置

3. 可变进气支管

为了充分利用进气波动效应和尽量缩小发动机在高、低转速时进气速度的差别，从而达到改善发动机经济性及动力性特别是改善中、低转速和中、小负荷时的经济性与动力性的目的，要求发动机在中、低转速运行时选用细而长的进气支管，在高转速时选用短而粗的进气支管。可变进气支管就是为适应这种要求而设计的。

图6.8所示为可变长度进气支管，它是一种能根据发动机转速和负荷的变化而自动改变有效长度的进气支管。当发动机低转速运行时，发动机电子控制装置5指令转换阀控制机构4关闭转换阀3，这时空气经空气滤清器1和节气门2沿着弯曲而又细长的进气支管流入气缸。使用细长的进气支管可以提高进气速度，增强气流的惯性，使进气量增

多。当发动机高转速运行时，转换阀开启，空气经空气滤清器和节气门直接进入短粗的进气支管。短粗的进气支管进气阻力小，也会使进气量增多。可变长度进气支管不仅可以提高发动机的动力性，还由于它提高了发动机在中、低转速时的进气速度而增强了气缸内的气流强度，从而改善了燃烧过程，使发动机在中、低转速时的燃油经济性有所提高。

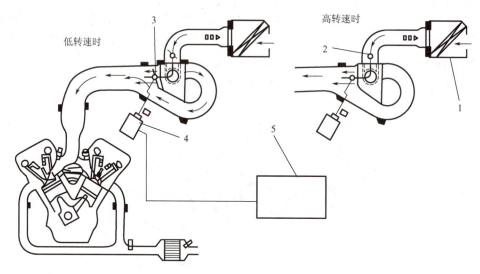

1—空气滤清器；2—节气门；3—转换阀；4—转换阀控制机构；5—发动机电子控制装置

图 6.8　可变长度进气支管

6.1.3　排气支管

一般排气支管由铸铁或球墨铸铁制造，现在采用不锈钢排气支管的汽车越来越多，因为其质量轻，耐久性好，同时内壁光滑，排气阻力小。排气支管的形状十分重要。为了不出现使各缸排气相互干扰及排气倒流的现象，并尽可能地利用惯性排气，应该将排气支管做得尽可能长，而且各缸排气支管应该相互独立、长度相等。图 6.9 所示的不锈钢排气支管的结构就较好地满足了上述要求。相互独立的各个排气支管都很长，而且 1、4 缸排气支管汇合在一起，2、3 缸汇合在一起，可以完全消除排气干扰现象。图 6.10 所示为铸铁排气支管的结构。

在直列式多缸发动机上，进、排气支管有多种排列方法。第一种是每一对相邻两缸共用一条进气支管，这样可使进气支管制造简化；而每缸使用单独的排气支管，这样有利于排气的散热，以降低进气支管附近的温

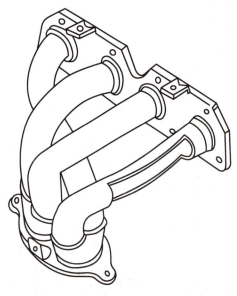

图 6.9　不锈钢排气支管的结构

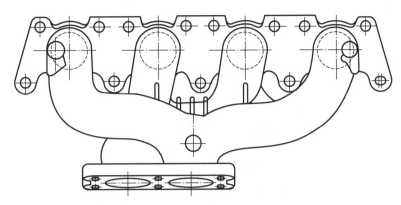

图 6.10 铸铁排气支管的结构

度。第二种是部分气缸使用单独的进气支管。第三种是每缸都单独使用一条进气支管,这样可以削弱相互之间的影响,有利于改善混合气分配的均匀性。柴油发动机将进、排气支管分装在两侧,其目的是避免热机时废气加热进气支管,以提高发动机的进气量,改善动力性。

6.1.4 排气消声器

排气消声器的作用是减少排气噪声和消除废气中的火焰及火星,使废气安全地排入大气。发动机的废气在排气支管中流动时,受排气门的开闭与活塞往复运动的影响,气流呈脉动形式。发动机的排气压力为 0.3~0.5MPa,温度为 500~700℃。如果使废气直接排入大气,废气高速流出喷入大气时,将发出脉动噪声和强烈的喷气噪声,同时高温气体排入大气也会对环境造成危害。为解决上述问题,汽车上必须装有排气消声器。其基本原理是消耗废气流的能量,并平衡气流的压力波。具体方法是多次变动气流方向;使气流重复通过收缩又扩张的断面;将气流分割为许多小支流,并沿着不平滑的平面流动;将气流冷却。

若加装排气消声器,则不可避免地增加了气流的阻力,导致发动机功率下降,且排气消声器的阻力应小于 40kPa,因此多采用组合式排气消声器,如图 6.11 所示。本田飞度乘用车的排气消声器如图 6.12 所示。

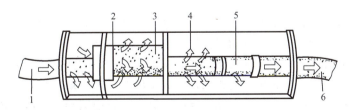

1—排气管;2—节流管;3—反射管;4—吸声材料;5—干涉管;6—尾管

图 6.11 组合式排气消声器

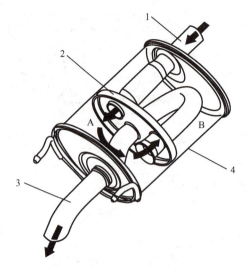

1—排气管；2—中间隔板；3—尾管；4—外壳；A、B—消声室
图 6.12　本田飞度乘用车的排气消声器

6.2　汽车发动机增压

6.2.1　基本原理与分类

增压就是将空气预先压缩后再供入气缸，以期提高空气密度、增加进气量的一项技术。通过增压可以提高发动机空气或混合气的压力及密度，因此可以提高发动机的功率及转矩，降低比油耗。发动机增压有机械增压、气波增压和涡轮增压三种基本类型。

(1) 机械增压。机械增压器 4 由发动机曲轴 1 经齿轮增速器 5 驱动 [图 6.13(a)]，或由曲轴同步带轮经同步带 9 及电磁离合器 6 驱动 [图 6.13(b)]。机械增压能有效地提高发动机功率，与涡轮增压相比，其低速增压效果更好。另外，机械增压器与发动机容易匹配，结构也比较紧凑。但是，由于驱动增压器需要消耗发动机功率，因此燃油消耗率比非增压发动机略高。

(2) 气波增压。气波增压器（图 6.14）中有一个特殊形状的转子 3，由发动机曲轴带轮经传动带 4 驱动。在转子 3 中发动机排出的废气直接与空气接触，利用排气压力波使空气受到压缩，以提高进气压力。气波增压器结构简单，加工方便，工作温度不高，不需要耐热材料，也无须冷却。与涡轮增压相比，气波增压的低速转矩特性好，但是气波增压器的体积大，噪声水平高，安装位置受到一定的限制。气波增压器提供的增压压力在整个发动机转速范围内变化不大，只能在低速范围内使用。由于柴油机的最高转速比较低，因此气波增压器多用于柴油机上。

(3) 涡轮增压。内容详见 6.2.2 节。

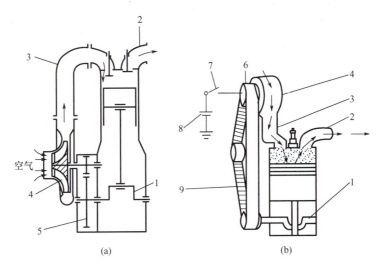

1—发动机曲轴；2—排气管；3—进气管；4—机械增压器；5—齿轮增速器；
6—电磁离合器；7—开关；8—蓄电池；9—同步带

图 6.13　机械增压器

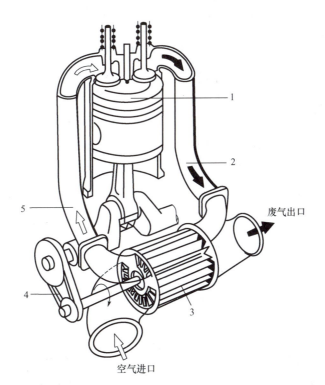

1—发动机活塞；2—排气管；3—转子；4—传动带；5—进气管

图 6.14　气波增压器

6.2.2 涡轮增压系统

涡轮增压可以明显地提高发动机的动力性能，降低比油耗及排放。其利用排气能量推动涡轮，带动压气机向发动机提供压力高、密度大的新鲜充量，从而提高发动机功率及转矩。

涡轮增压器（turbocharger）是涡轮增压系统的重要部件。汽车用涡轮增压器由离心式压气机和径流式涡轮机及中间体三部分组成，其结构如图 6.15 所示。增压器轴 5 通过两个浮动轴承 9 支承在中间体 14 内。中间体内有润滑和冷却轴承的油道，还有防止润滑油漏入压气机或涡轮机中的密封装置等。

离心式压气机由进气道 6、压气机叶轮 3、无叶式扩压管 2 及压气机蜗壳 1 等组成。压气机叶轮包括叶片和轮毂，并由增压器轴 5 带动旋转。

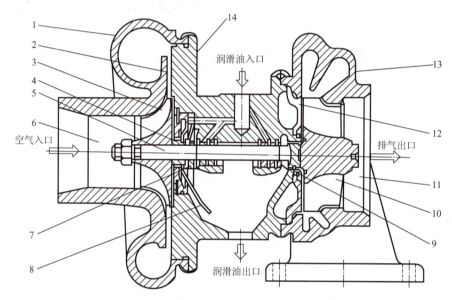

1—压气机蜗壳；2—无叶式扩压管；3—压气机叶轮；4—密封套；5—增压器轴；
6—进气道；7—推力轴承；8—挡油板；9—浮动轴承；10—涡轮机叶轮；
11—出气道；12—隔热板；13—涡轮机蜗壳；14—中间体

图 6.15　汽车用涡轮增压器结构

当压气机旋转时，空气经进气道进入压气机叶轮，并在离心力的作用下沿着压气机叶片之间形成的流道，从叶轮中心流向叶轮的周边，然后进入叶片式扩压管（图 6.15 中未画出）。扩压管为渐扩形流道，空气流过扩压管时减速增压，温度也有所升高。即在扩压管中，空气所具有的大部分动能转换为压力能。

涡轮机是将发动机排气的能量转换为机械功的装置。径流式涡轮机由涡轮机蜗壳、喷管、涡轮机叶轮和出气道等组成。涡轮机蜗壳 13 的进口与发动机排气管相连，发动机排气经涡轮机蜗壳引导进入叶片式喷管。排气流过喷管时降压、降温、增速、膨胀，排气的压力能转换为动能。由喷管流出的高速气流冲击涡轮机叶轮 10，并在叶片所形成的流道中继续膨胀做功，推动叶轮旋转。

涡轮增压器的润滑油路及冷却水套如图 6.16 所示。来自发动机润滑系统主油道的机油,经中间体上的机油进口 1 进入涡轮增压器,用来润滑和冷却增压器轴及轴承。然后,机油经中间体上的机油出口 2 返回发动机油底壳。在增压器轴上装有油封,用来防止机油窜入压气机蜗壳或涡轮机蜗壳内。如果油封损坏,将导致机油消耗量增加和排气冒蓝烟。

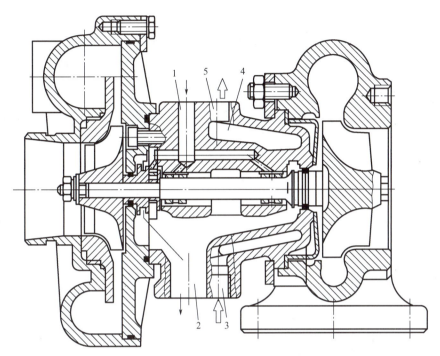

1—机油进口;2—机油出口;3—冷却液进口;4—冷却水套;5—冷却液出口

图 6.16　涡轮增压器的润滑油路及冷却水套

由于汽油机涡轮增压器的热负荷大,因此在涡轮增压器中间体的涡轮机侧设置冷却水套,并用软管与发动机的冷却系统连通。冷却液自中间体上的冷却液进口 3 流入中间体内的冷却水套 4,从冷却液出口 5 流回发动机冷却系统。冷却液在中间体的冷却水套中不断循环,使增压器轴和轴承得到冷却。

当发动机在大负荷或高转速工作之后,如果立即停机,那么机油可能由于轴承温度太高而在轴承内燃烧。因此,这类涡轮增压发动机应该在停机之前,至少在怠速下运转 1min。

涡轮增压系统分为单涡轮增压系统和双涡轮增压系统。

1. 单涡轮增压系统

只有一个涡轮增压器的增压系统为单涡轮增压系统,如图 6.17 所示。此涡轮增压系统除涡轮增压器之外,还包括进气旁通阀 1、排气旁通阀 9 和排气旁通阀控制装置 10 等。

当发动机工作时,来自发动机的具有一定压力的排气驱动涡轮机叶片,使涡轮机在高速流动的排气冲击下转动,并带动与涡轮机同轴的压气机转动,将来自发动机外的空气经空气滤清器、空气流量计吸入并压送至进气管,被压缩的空气经节气门进入气缸,由此提高了发动机的进气量。

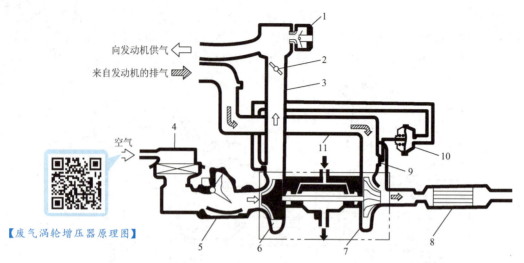

【废气涡轮增压器原理图】

1—进气旁通阀；2—节气门；3—进气管；4—空气滤清器；5—空气流量计；6—压气机；
7—涡轮机；8—催化转化器；9—排气旁通阀；10—排气旁通阀控制装置；11—排气管

图 6.17　单涡轮增压系统

2. 双涡轮增压系统

图 6.18 所示为六缸汽油喷射式发动机的双涡轮增压系统。其中两个涡轮增压器并列布置在排气管中，按气缸工作顺序把 1、2、3 缸作为一组，4、5、6 缸作为另一组，每组

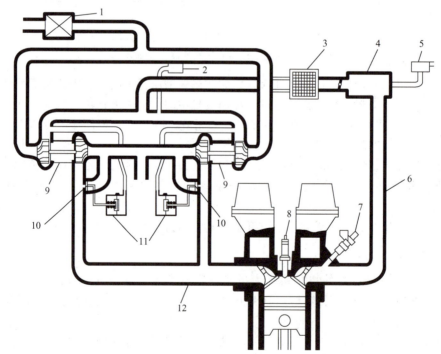

1—空气滤清器；2—进气旁通阀；3—中冷器；4—谐振室；5—增压压力传感器；
6—进气管；7—喷油器；8—火花塞；9—涡轮增压器；10—排气旁通阀；
11—排气旁通阀控制装置；12—排气管

图 6.18　六缸汽油喷射式发动机的双涡轮增压系统

三个气缸排气驱动一个涡轮增压器。因为三个气缸的排气间隔相等，所以增压器转动平稳。另外，把三个气缸分成一组还可防止各缸之间的排气干扰。此系统除包括涡轮增压器9、进气旁通阀2、排气旁通阀10及排气旁通阀控制装置11外，还有中冷器3、谐振室4和增压压力传感器5等。

6.3 排气净化装置

世界各国都制定了相应的法规和标准，以期把汽车有害排放物控制在较低的水平。为了满足排放标准，必须对发动机排气进行净化。近年来，汽车制造商和相关研发机构开发和创制出许多净化排气的新技术和新装置。本节只介绍安装在发动机外部的排气净化装置：催化转化器、废气再循环装置、柴油机微粒过滤器、汽油蒸发控制系统等。

汽车排放的污染物主要有一氧化碳（CO）、碳氢化合物（HC）、氮氧化合物（NO_x）和微粒。CO 是燃油的不完全燃烧产物，HC 包括未燃和未完全燃烧的燃油及机油蒸气。NO_x 主要是指 NO 和 NO_2，产生于燃烧室内高温富氧的环境中。微粒主要是指柴油机排气中的碳烟。当前汽车上装备的各种排气净化装置就是为了降低上述污染物的排放量。

6.3.1 催化转化器

催化转化器是利用催化剂的作用将排气中的 CO、HC 和 NO_x 转换为对人体无害的气体的一种排气净化装置，也称催化净化转化器。

金属铂、钯或铑均可作催化剂。在化学反应过程中，催化剂只促进反应的进行，不是反应物的一部分。催化转化器有氧化催化转化器和三元催化转化器。氧化催化转化器只将排气中的 CO、HC 氧化为 CO_2 和 H_2O。使用氧化催化转化器，必须向催化转化器供给二次空气作为氧化剂，才能使其有效地工作。三元催化转化器可同时减少 CO、HC 和 NO_x 的排放，它以排气中的 CO 和 HC 作为还原剂，把 NO_x 还原为氮气（N_2）和氧气（O_2），而 CO 和 HC 在氧化还原反应中被氧化为 CO_2 和 H_2O。当同时采用两种催化转化器时，通常把两者放在同一个催化转化器外壳内，而且将三元催化转化器置于氧化催化转化器前面，其目的是排气经过三元催化转化器后，部分未被氧化的 CO 和 HC 会继续在氧化催化转化器中与供入的二次空气进行氧化反应。

催化转化器有两种结构形式（图 6.19）：一种是颗粒型催化转化器 [图 6.19(a)]，该催化转化器由直径为 2～3mm 的多孔性陶瓷小球构成反应床，排气从反应床流过；另一种是整体型催化转化器 [图 6.19(b)]，该催化转化器中有一个带很多蜂窝状小孔的陶瓷块，排气从蜂窝状小孔流过。催化转化器内的陶瓷小球或陶瓷块小孔表面有一层薄薄的铂、钯或铑的镀层。陶瓷小球或陶瓷块均装在不锈钢外壳内。与颗粒型催化转化器相比，整体型催化转化器具有体积小、与排气的接触表面积大和排气阻力小等优点。

催化转化器的使用条件相当严格。首先，装有催化转化器的发动机只能使用无铅汽油。如果使用加铅汽油，铅覆盖在催化剂表面将会使催化剂失效。其次，仅当温度超过 350℃时，催化转化器才起催化反应。温度较低时，催化转化器的转化效率急剧下降。因此,催化转化器都安装在温度较高的排气支管后面。最后,只有向装有三元催化转化器的发动机供给理论混合比的混合气,才能保证三元催化转化器有较好的转化效果。如果混合气成分不是理论混合比,那么CO和HC的氧化反应或NO_x的还原反应就不可能进行得很完全。另外,若发动机调节不当,如混合气过浓或气缸缺火,都将引起催化转化器过热。

【排气系统】

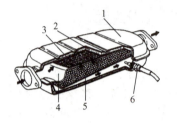

(a) 颗粒型催化转化器

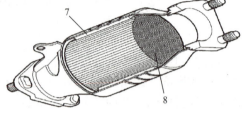

(b) 整体型催化转化器

1—转化器外壳;2—隔热层;3—转化器内壳;4—挡板;5—陶瓷小球;
6—排气温度传感器;7—整体隔热层;8—陶瓷块

图 6.19 催化转化器的两种结构形式

6.3.2 废气再循环装置

废气再循环(exhaust gas recirculation,EGR)是净化排气中NO_x的主要方法。废气再循环是指把发动机排出的部分废气回送到进气支管,并与新鲜混合气一起再次进入气缸的过程。废气中含有大量的CO_2,故可使气缸中混合气的燃烧温度降低,从而减少NO_x的生成量。为了既减少NO_x的排放,又保持发动机的动力性,必须根据发动机的工况对再循环的废气量加以控制。NO_x的生成量随发动机负荷的增大而增多,因此再循环的废气量也应随负荷的增大而增多。在暖机期间或怠速时,NO_x生成量不多,为了保持发动机运转的稳定性,不进行废气再循环。在全负荷或高转速下工作时,为了使发动机有足够的动力性,也不进行废气再循环。

再循环的废气量由EGR阀8自动控制(图6.20)。EGR阀安装在废气再循环通道上,废气再循环通道的一端连接排气管10,另一端通进气管9。当EGR阀开启时,部分废气将从排气管经废气再循环通道进入进气管。电磁阀6接收发动机电控单元的控制信号,电磁阀开启真空通路,在进气管道真空度的作用下,EGR阀上的膜片被吸起,EGR阀打开,并将来自排气管的废气引入气缸,使NO_x排放降低。

6.3.3 柴油机微粒过滤器

微粒是柴油机排放的主要问题。对车用柴油机排气微粒的处理,主要采用过滤法。微粒过滤器(图6.21)的滤芯由多孔陶瓷制造,有较高的过滤效率。排气穿过多孔陶瓷滤芯进入排气管,而微粒则滞留在滤芯上。工作一段时间后,需及时清除积存在微粒过滤器滤芯上的微粒,以恢复微粒过滤器的工作能力和减小排气阻力。为此,在微粒过滤器的入口

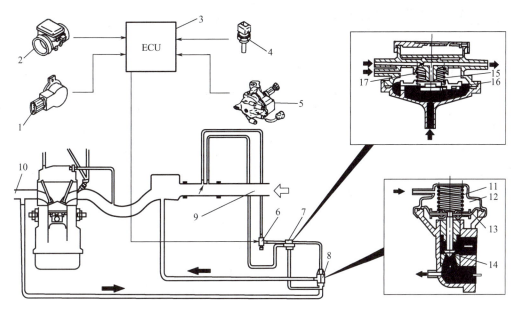

1—节气门位置传感器；2—空气流量计；3—电控单元；4—冷却液温度传感器；5—转速传感器；
6—电磁阀；7—真空调节阀；8—EGR 阀；9—进气管；10—排气管；11、15—弹簧；
12、17—真空膜片室；13、16—膜片；14—锥形阀

图 6.20　计算机控制废气再循环系统

处设置一个燃烧器，通过喷油器向燃烧器内喷入少量燃油，并供入二次空气，利用火花塞或电热塞将其点燃，烧掉滞留在滤芯上的微粒。

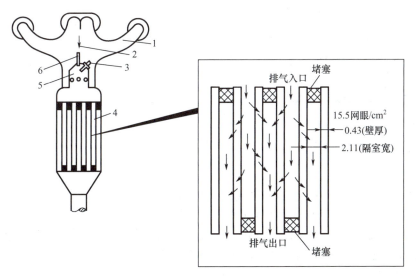

1—排气支管；2—燃油；3—电热塞；4—滤芯；5—燃烧器；6—喷油器

图 6.21　柴油机微粒过滤器

6.3.4 汽油蒸发控制系统

汽油箱和油管中的汽油随时都在蒸发汽化，若不加以控制或回收，则当发动机停机时，汽油蒸气将逸入大气，对环境造成污染。汽油蒸发控制系统的功用便是将这些汽油蒸气收集和储存在炭罐内，在发动机工作时再将其送入气缸燃烧。

电子控制汽油蒸发控制系统如图6.22所示。炭罐5内填满活性炭6。当发动机停机后，汽油箱1中的汽油蒸气经气液分离器3和汽油蒸气管4进入炭罐5。汽油蒸气进入炭罐后被其中的活性炭吸附。当发动机起动后，电磁阀10开启且连接进气支管8的真空软管真空度较大时，新鲜空气自炭罐底部经滤网向上流过炭罐，并携带吸附在活性炭表面的汽油蒸气经电磁阀和真空软管进入进气支管。

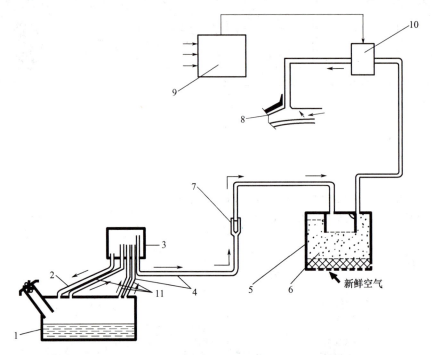

1—汽油箱；2—回油管；3—气液分离器；4—汽油蒸气管；5—炭罐；6—活性炭；
7—双通阀；8—进气支管；9—电控单元；10—电磁阀；11—通气管

图6.22 电子控制汽油蒸发控制系统

炭罐的外壳一般由塑料制造，内部填充活性炭颗粒。

气液分离器用来分离液态汽油和汽油蒸气，以防止液态汽油流入炭罐。气液分离器安装在汽油箱顶部，主要由一组出口朝上的管子组成，其中三根通气管分别接在汽油箱的中央和两侧。这样，不论汽车如何倾斜，至少会有一根通气管高于汽油的液面，使汽油蒸气得以经汽油蒸气管4进入炭罐。分离出来的液态汽油将会从回油管2流回汽油箱。

1. 空气滤清器的作用是什么？常用的有哪几种类型？
2. 为什么发动机运行在大负荷、高转速时选用粗短的进气支管，而在低转速和中、小负荷时选用细长的进气支管？
3. 为什么汽车发动机要安装排气消声器？
4. 排气消声器的基本原理是什么？
5. 试述涡轮增压器的工作原理。
6. 催化转化器在什么情况下会过热？
7. 在什么情况下不进行废气再循环？为什么？
8. 炭罐起什么作用？汽油蒸发控制系统是如何工作的？

第 7 章 冷却系统

发动机工作时，气缸内燃烧气体的温度可高达2500℃，过高的温度将使金属材料的强度显著下降，润滑油也将因温度过高而烧损变质或黏度下降，这将导致运动零件卡死或加剧磨损，因此必须对发动机加以适度冷却。

要求学生掌握冷却系统的功用、组成、冷却强度的调节及冷却系统主要机件的结构和工作原理。重点了解强制循环式水冷系统中冷却液的循环路径。

7.1 概 述

发动机工作时，为了防止发动机过热，通过冷却发动机，并使其保持适宜温度范围的系统称为冷却系统（cooling system）。

发动机气缸内燃烧气体的温度最高可达2500℃，与高温气体直接接触的气缸壁、气缸盖、活塞、气门等零部件，随着吸收热量的过度增高，其工作状态将受到极大影响，因此需要采取措施，对发动机进行适度冷却。

当发动机温度超过其适宜温度范围时，称为发动机过热，即冷却不足。在这种情况下，气缸内零部件因受热膨胀过大而破坏正常的配合间隙，严重时运动零部件会出现卡死现象；气缸壁的润滑油膜因温度过高而被破坏，机油易变质；发动机过热，会使气缸的充气效率下降、工作过程恶化等，导致发动机动力性、经济性、排放性能等下降。

当发动机温度过低时，称为发动机过冷，即冷却过度。在这种情况下，发动机的热效率会降低，造成热损失；不利于可燃混合气的形成和燃烧；因机油黏度大而导致供油不足。发动机过冷会造成与发动机过热相近的结果。

7.1.1　功用与组成

1. 功用

发动机冷却系统的功用是使发动机在各种工况下都保持在适宜的温度范围内工作。对于汽车发动机，广泛采用水冷式冷却系统，即要求发动机水套中适宜的温度为80～90℃，防止发动机过热和过冷。此外发动机冷起动时，需要对发动机暖机，使其迅速达到适宜的温度。

发动机的冷却系统有两种：水冷却系统和风冷却系统。以冷却液为冷却介质的冷却系统称为水冷却系统；以空气为冷却介质的冷却系统称为风冷却系统。由于汽车发动机较少采用风冷却系统，本章不做赘述。

2. 组成

汽车发动机水冷却系统如图 7.1 所示。这是一种强制循环式水冷却系统（forced circulation water cooling system）。该系统由散热器 1、风扇 3、水泵 4、节温器 5、百叶窗（图中未画出）、气缸盖水套 6 和气缸体水套 7 等组成。

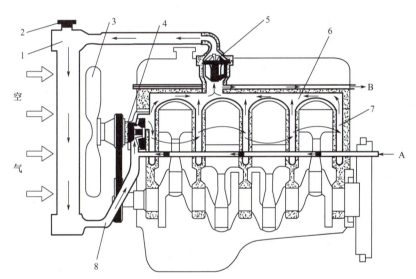

1—散热器；2—散热器盖；3—风扇；4—水泵；5—节温器；6—气缸盖水套；
7—气缸体水套；8—散热器出水软管；A—自暖风机出口；B—至暖风机进口

图 7.1　汽车发动机水冷却系统

强制循环式水冷却系统通过水泵提高冷却液的压力，促进冷却液在冷却系统中循环流动，将发动机内部的热量输送到发动机外部，经散热器散发到大气中。如图 7.1 所示，水泵 4 在发动机曲轴带轮的带动下，通过散热器出水软管 8 将散热器 1 下部的冷却液吸入并压送至气缸体水套 7，冷却液从气缸壁吸热而升温，然后流向气缸盖水套 6，吸热升温后的冷却液经节温器 5，通过进水软管流入散热器 1。冷却液流经散热器 1 芯部时，其携带的热量被流过芯部的空气带走，温度下降，冷却液再次被吸入水泵 4 的进水口。如此循环往复，不断地将发动机内部的热量散发到大气中，使在高温条件下工作的发动机零部件得到冷却。

7.1.2　冷却强度调节

汽车发动机冷却系统必须保证发动机在常用工况和较高气温情况下的冷却可靠。如果发动机的使用条件(如转速、负荷和气温等)发生变化,发动机冷却系统的散热能力必须随之改变,以保证发动机总是在适宜的温度范围内工作。把发动机冷却系统散热能力的改变称为冷却强度调节。冷却强度调节的方式有两种:冷却液流量调节和空气流量调节。冷却液流量是通过改变流经散热器内的冷却液流量来加以调节的。空气流量则是通过改变流经散热器芯部的空气流量加以调节的。

1. 改变流经散热器内的冷却液流量

为了保证发动机在不同的负荷和转速条件下处于适宜的温度范围内工作,冷却系统中设有调节冷却液流量的装置——节温器。发动机水套冷却液的温度由冷却液温度传感器感知,设置在驾驶室仪表板上的冷却液温度表显示温度情况。

冷却液流量调节是通过节温器来控制的。如图7.2所示,节温器2装置在发动机气缸盖水套3出口处,节温器如同冷却液流动路径上的阀门,控制着两条冷却液流动通道,一条通往散热器1,另一条直接通往水泵5的入口。当发动机冷起动时,冷却液温度低,为使发动机迅速达到适宜的温度,节温器将通往散热器的通道关闭,开启通往水泵入口的通道,使冷却液不流经散热器,而经旁通管流入水泵入口。这样,冷却液在发动机水套—节温器—水泵—水套之间循环,把这种循环称为冷却液小循环[图7.3(a)]。当发动机冷却液温度升高到一定值时,节温器关闭直接通往水泵入口的通道,将通往散热器的通道逐渐开启,使冷却液流经散热器冷却。此时,冷却液在发动机水套—节温器—散热器—水泵—水套之间循环,把这种循环称为冷却液大循环[图7.3(b)]。不管冷却液是进行大循环还是小循环,都由节温器来控制。

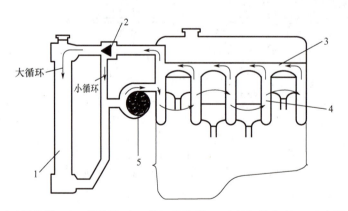

1—散热器；2—节温器；3—气缸盖水套；4—气缸体水套；5—水泵

图7.2　冷却液流量调节

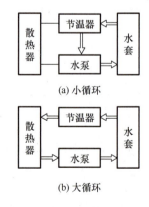

图7.3　冷却液循环示意图

【冷却液循环路线】

2. 改变流经散热器芯部的空气流量

冷却液携带的热量主要是由散热器散发到大气中的,流过散热器芯部的空气流量越多,其散热的效果就越好。流过散热器芯部的空气流量取决于空气流经散热器芯部的面积和流速。控制空气流量的方式有两种：一种是通过装置在散热器前端的百叶窗来调节空气流经散热器芯部的面积，另一种是利用风扇来加速空气的流速。

有的载货汽车和大型客车上装有百叶窗（shutter）。在发动机冷起动或环境温度较低时，关闭部分或全部百叶窗，减少或遮挡散热器芯部的通风面积，以利于冷却液温度迅速上升或保证发动机在适宜的温度范围内工作。百叶窗的开度可以由驾驶人操纵控制，也可以用感温器自动控制。

风扇用来加速流经散热器芯部的空气流速，从而降低冷却液温度。风扇的驱动动力来自发动机，风扇的转速随发动机转速的变化而变化，风扇转速越高，消耗发动机功率越多且风扇噪声越大。在发动机冷起动或环境温度较低（如冬天）时，冷却液温度较低，此时并不需要风扇参与工作。为了减少发动机的功率损失，节省燃油，使风扇能根据冷却液温度的变化而适时地参与工作，在现代汽车发动机上大多装置风扇离合器。风扇离合器有硅油式、电磁式和电动式等。

7.2 主要部件及冷却液

7.2.1 散热器

散热器（radiator）的功用是将冷却液所携带的热量散入大气中以降低冷却液温度。

1. 散热器的结构

散热器的结构如图 7.4 所示，它由上储水室、散热器芯和下储水室三部分构成。从节温器流过来的冷却液先流入散热器的上储水室 2，然后流入散热器芯 6 的冷却管，冷却液的热量通过冷却管上的散热片向空气散发，空气流过散热片缝隙时带走热量，冷却液温度降低，随后流入散热器的下储水室 7。散热器实际上是一个热交换器。

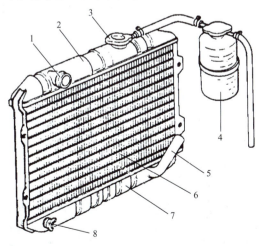

1—进水管；2—上储水室；3—散热器盖；4—补偿水桶；5—出水管；
6—散热器芯；7—下储水室；8—放水口

图 7.4　散热器的结构

散热器芯主要有管片式和管带式等结构形式。图7.5所示为管片式散热器芯，它由冷却管1和散热片2组成。冷却管是焊在上、下储水室之间的直管，有扁管和圆管之分。与圆管相比，扁管在容积相同的情况下散热表面积较大。扁管与多层散热片焊接，使散热器芯部散热面积扩大。管片式散热器芯具有气流阻力小、结构刚度好、承压能力强及制造工艺比较复杂等特点。

图7.6所示为管带式散热器芯，它由冷却管1及波形散热带2组成。冷却管为扁管并与波形散热带相间焊接。为增强散热能力，在波形散热带上加工有鳍片。由于管带式散热器芯比管片式散热器芯散热能力强，因此应用日益增多。管带式散热器芯具有制造简单、质量轻、成本低及结构刚度差等特点。

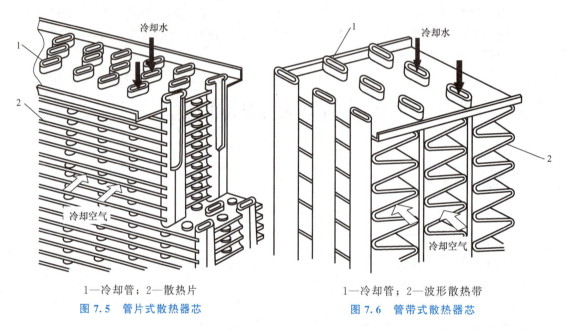

1—冷却管；2—散热片
图7.5 管片式散热器芯

1—冷却管；2—波形散热带
图7.6 管带式散热器芯

散热器的材料要求热传导率高、抗腐蚀能力强、有足够的强度、易于成型和钎焊等。散热器除用黄铜制造外，也有用铝、锌等材料制造的。有的散热器采用复合塑料制造上、下储水室。

2. 散热器盖（radiator cap）和补偿水桶（compensation reservoir）

散热器的散热量大体上与冷却液-空气总温差（进入散热器的冷却液温度与流经散热器的空气温度之差）成正比，所以提高冷却系统压力，进而提高冷却液的沸点是增加散热量的有效方法之一。现代汽车发动机冷却系统均采用散热器盖密闭冷却液加注口的封闭系统，即闭式水冷系统。

散热器盖的作用是密闭冷却液加注口和调节冷却系统内的压力。散热器盖的结构如图7.7所示。为调节冷却系统内的压力，散热器盖安装有真空阀和蒸气阀。当发动机热状态在正常范围时，真空阀和蒸气阀在各自弹簧的作用下处于关闭状态。当冷却系统内蒸气压力超过预定值时，蒸气阀开启［图7.7(a)］，此时将从溢流管中流出一部分冷却液到补偿水桶，使冷却系统内的压力下降，防止冷却液胀裂散热器。当冷却系统内蒸气压力低于大气压力时，真空阀开启［图7.7(b)］，补偿水桶中的一部分冷却液从溢流管流回散热器，防止散热器冷却管被大气压瘪。

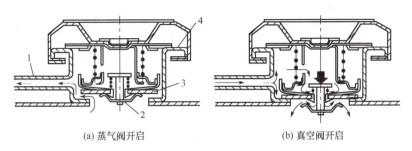

(a) 蒸气阀开启　　　　(b) 真空阀开启

1—溢流管；2—真空阀；3—蒸气阀；4—散热器盖

图 7.7　散热器盖的结构

补偿水桶（图 7.8）用来减少冷却系统冷却液的溢失，起到调节冷却液量的作用。补偿水桶用软管与散热器盖上的溢流管连接。当冷却系统内蒸气压力过高时，散热器中部分冷却液流入补偿水桶；当冷却系统内产生一定的真空度时，补偿水桶内的部分冷却液又被吸回散热器。在补偿水桶的外表面上刻有两条显示液面高度的标记线：Low（低）和 Full（满）。补偿水桶内的液面应位于两条标记线之间。

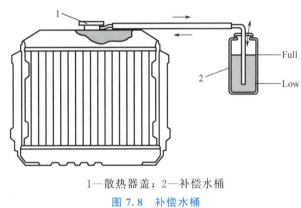

1—散热器盖；2—补偿水桶

图 7.8　补偿水桶

7.2.2　节温器

节温器（thermostat）有折叠式节温器（folding thermostat）和蜡式节温器（wax thermostat）之分。由于蜡式节温器使用广泛，这里仅介绍蜡式节温器的结构和工作原理。

蜡式节温器分为单阀和双阀两种。单阀蜡式节温器的结构如图 7.9 所示。推杆 2 的一端固定在支架 1 上，另一端插入胶管 6 内。胶管与感温体 7 之间装有精制石蜡 5，当冷却液温度低于规定值时，石蜡呈固态，在弹簧 8 的作用下关闭阀门 3 [图 7.9(a)]，冷却液流向散热器的通道被切断，冷却液经旁通孔、水泵返回发动机，进行小循环。当冷却液温度达到规定值后，石蜡开始熔化而逐渐变成液体，体积也随之增大并压迫胶管使其收缩。在胶管收缩的同时，对推杆作用以向上的推力。由于推杆上端固定，因此推杆对胶管和感温体产生向下的反推力使阀门开启 [图 7.9(b)]。这时冷却液经节温器阀进入散热器，并由散热器经水泵流回发动机，进行大循环。

一汽奥迪 A4、上海桑塔纳等，均采用蜡式节温器。

7.2.3　水泵

水泵的功用是通过对冷却液升压，促进冷却液在冷却系统中的循环流动。发动机上广泛采用离心式水泵。离心式水泵的特点是结构简单、尺寸小、工作可靠、制造容易等。如

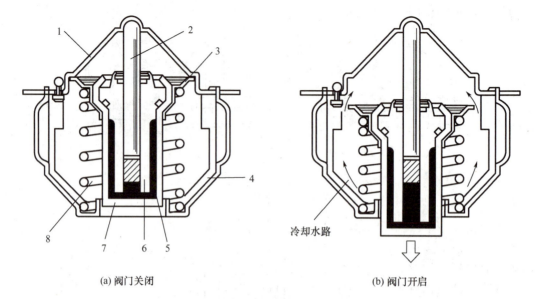

(a) 阀门关闭　　　　　　　　(b) 阀门开启

1—支架；2—推杆；3—阀门；4—节温器外壳；
5—石蜡；6—胶管；7—感温体；8—弹簧

图 7.9　单阀蜡式节温器的结构

图 7.10(a) 所示，离心式水泵主要由水泵壳体 2、水泵轴 4 和水泵叶轮 5 等组成。水泵轴与水泵叶轮固接，当水泵轴在带轮的驱动下转动时，水泵叶轮一同旋转，叶轮上各叶片之间的冷却液被叶轮带动旋转，冷却液在离心力的作用下不断地被甩向水泵壳体的内缘，即叶轮的叶片外端处冷却液压力增高，冷却液从出水口流出。叶轮的叶片内端处冷却液不断地被甩向外端而压力降低，散热器中的冷却液经进水口被吸入水泵中心，然后又被叶轮甩向外端。叶轮的叶片呈径向或向后弯曲状，如图 7.10（b）所示，一般为 6～9 片。

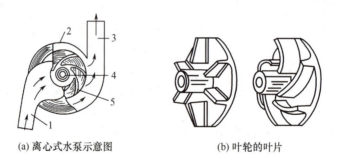

(a) 离心式水泵示意图　　　　(b) 叶轮的叶片

1—进水口；2—水泵壳体；3—出水口；4—水泵轴；5—水泵叶轮

图 7.10　离心式水泵

7.2.4　风扇

1. 风扇的功用与结构

风扇（fan）的功用是增大流经散热器芯部的空气流速，增强散热能力。

汽车发动机风扇通常采用轴流式风扇，即风扇旋转时空气沿着风扇旋转轴方向流动。

风扇的扇风量主要与风扇的直径、转速、叶片形状、叶片安装角及叶片数目有关。叶片形状有弧形和翼形，叶片数目通常为 4 片或 6 片，叶片与风扇旋转平面倾角一般为 30°～45°。叶片之间的间隔角一般不相等，以减小旋转时产生的振动和噪声。叶片可用薄钢板冲压制成，也可以用塑料或铝合金铸成。翼形叶片风扇效率较高，功率消耗较少，故在轿车和轻型汽车上得到广泛应用。为提高风扇效率，有的风扇外围设有导风罩，以利于冷却空气全部通过散热器芯部。

风扇通常装置在带轮上，与水泵同轴，由 V 带驱动。V 带将风扇带轮、曲轴带轮和发电机带轮联系起来。V 带传动需要一定的张紧力，张紧力达不到规定值，就会打滑，风扇和水泵的转速会降低；张紧力超过规定值，会增加水泵轴承磨损。常将发电机带轮作为张紧轮来调节带的张紧力。带的张紧力也称风扇带松紧度。

2. 硅油风扇离合器（silicon oil fan clutch）

硅油风扇离合器是一种以硅油为传动介质的液力传动离合器，硅油的流动由感温器感知散热器的气流温度来控制。硅油风扇离合器的结构如图 7.11 所示。硅油风扇离合器由主动轴 10、主动板 8、从动板 7、离合器壳体 6、双金属感温器 3 和阀片 5 等组成。主动板 8 与主动轴 10 固接，并由带轮驱动；从动板 7 与离合器壳体 6、风扇 12 固接为一体，由轴承支撑。从动板将离合器壳体内部分割成两个容腔，从动板左侧的容腔为储油腔 11，储存硅油；从动板右侧的容腔为工作腔 9。在从动板上设有进油孔 4 和回油孔 1。储油腔内的硅油通过进油孔 4 进入工作腔，从回油孔再返回储油腔 11。进油孔由装置在离合器壳体上的双金属感温器 3 和阀片（由铍青铜制造）5 控制，回油孔由钢球弹簧阀 2 控制，钢球弹簧阀为单向阀。

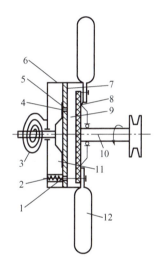

1—回油孔；2—钢球弹簧阀；3—双金属感温器；4—进油孔；
5—阀片；6—离合器壳体；7—从动板；8—主动板；
9—工作腔；10—主动轴；11—储油腔；12—风扇

图 7.11　硅油风扇离合器的结构

当流过散热器芯部气流的温度较低时，螺旋形的双金属感温器使阀片遮挡关闭进油孔，储油腔的硅油此时不能流入工作腔内。工作腔内没有硅油，主动板在工作腔内空转，故主动板的转矩不能传到从动板上，离合器处于分离状态。离合器壳体上的风扇叶片在主动板密封毛毡圈摩擦力的作用下，以很低的转速旋转。当流过散热器芯部气流的温度超过一定值时，双金属感温器的金属片受热变形，带动阀片转过一定角度，开启进油孔，储油腔中的硅油通过此孔进入工作腔内。主动板利用硅油的黏性带动从动板，使离合器壳体和风扇转动，离合器处于接合状态。进入工作腔的硅油在离心力的作用下甩向外缘，顶开钢球弹簧阀并通过回油孔流回储油腔，然后通过进油孔进入工作腔，形成循环。硅油在循环时产生的热量由离合器壳体上的散热片散至大气。当流过散热器芯部气流的温度低于一定值时，双金属感温器控制阀片关闭进油孔，硅油不再进入工作腔，残留在工作腔中的硅油在离心力的作用下不断地返回储油腔，直至硅油被排空，离合器此时又处于分离状态。

3．电动风扇（electric fan）

电动风扇是将风扇装置在电动机驱动轴上，电动机通电时风扇随驱动轴转动，风扇转速与发动机转速无关。由于电动风扇具有结构简单、布置方便、不消耗发动机功率等特点，在现代轿车上普遍采用。

电动风扇工作示意如图7.12所示。冷却液温度传感器4感知发动机冷却液的温度，并将温度信号传输给温度开关8。当冷却液温度达到一定值时，温度开关将导通电路向电动风扇离合器1供电，风扇2随之转动；当冷却液温度低于一定值时，温度开关将切断电路，风扇停止转动。

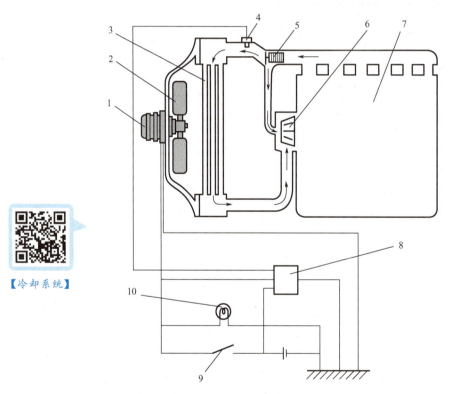

1—电动风扇离合器；2—风扇；3—散热器；4—冷却液温度传感器；5—节温器；
6—水泵；7—水套；8—温度开关；9—开关；10—指示灯

图 7.12　电动风扇工作示意

桑塔纳2000GSi等轿车采用的电动风扇分为两挡，风扇转速由温控热敏电阻开关控制。当冷却液流出散热器的温度为92～97℃时，热敏开关接通风扇电动机的1挡，这时风扇转速为2300r/min；当冷却液温度升高到99～105℃时，热敏开关接通风扇电动机的2挡，这时风扇转速升为2800r/min；当冷却液温度降低到84～91℃时，热敏开关切断电源，风扇停止转动。

7.2.5 冷却液

冷却液又称防冻液,作为发动机的冷却介质,具有冷却、防冻、防垢、防腐、防沸等作用,直接影响发动机的使用寿命。冷却液的沸点可达106℃以上,可防止出现发动机"开锅"现象;加入防冻剂后,其冰点可达到-68~-15℃,可以有效防止冬季结冰冻裂气缸体和散热器。

冷却液一般由防冻剂、水、添加剂三部分组成。应用最广泛的防冻剂是乙二醇,它具有稳定性好、沸点高、黏度适中,与橡胶相容性好等特点。水是冷却液的重要组成部分,占冷却液的30%~60%,必须使用蒸馏水或去离子水,对水的硬度、腐蚀离子含量都有相应规定。冷却液中使用的添加剂,主要有缓蚀剂、缓冲剂、防垢剂、防泡剂和染色剂等。

【冷却液】

这些添加剂分别用来减缓金属部件的腐蚀;维持一定的pH,防止酸化;防止金属离子与负离子结合形成水垢,分散水垢成微小的悬浮颗粒;消除泡沫产生的气穴危害;具有醒目的颜色,以便识别。

冷却液牌号即为其冰点值。并不是冰点值越小的冷却液越好,应选用比车辆运行地区最低温度再低10℃的冷却液,以确保在特殊情况下冷却液不冻结。若因冷却系统渗漏引起散热器液面降低,应及时补充同一品牌的冷却液。冷却液应定期更换,一般为汽车行驶40000~50000km或2年更换一次。

1. 冷却过度和冷却不足各对发动机有何影响?冷却系统的功用是什么?
2. 典型水冷却系统由哪些主要部件组成?各起什么作用?
3. 水冷却系统中为什么要安装节温器?什么叫大循环?什么叫小循环?
4. 水冷却系统为什么要采用风扇?简述硅油风扇离合器的基本工作原理。
5. 水冷却系统的节温器在夏季是否可以摘除?为什么?

第 8 章 润滑系统

发动机中有许多做高速相对运动的摩擦副，若不对这些摩擦副表面进行润滑，将造成发动机功率消耗增大、零件因摩擦生热而磨损加剧、发动机使用寿命缩短等严重后果。

要求学生掌握润滑系统的功用、组成、润滑方式及润滑系统主要机件的工作原理。重点了解润滑油路中润滑油的工作路径。

8.1 概　　述

在发动机内部有若干对摩擦副，这些零件表面既要承担相应负荷，又要做高速相对运动。如曲轴主轴颈与主轴承、曲柄销与连杆轴承、凸轮轴颈与凸轮轴轴承，以及活塞、活塞环、气缸壁等工作表面，因摩擦会产生大量热。若这些摩擦表面没有润滑油，将会形成干摩擦，导致零件温度急剧升高，加速零件工作表面磨损或烧损，严重时会使零件"黏接"在一起。因此，为保证发动机正常工作，提高可靠性和耐久性，必须润滑摩擦副零件表面，从而形成液体摩擦，减小摩擦阻力，降低发动机功率消耗。

8.1.1　功用与组成

1. 功用

润滑系统（lubrication system）的功用是在发动机工作时不断地向运动零件的摩擦表面输送洁净和充足的润滑油。润滑油的流动兼有冷却和清洁的功能。发动机使用的润滑油也称机油。

2. 组成

发动机润滑系统主要由油底壳、集滤器、机油泵、机油滤清器和机油冷却器等零部件组成。此外还装有起限压、安全等作用的各种压力阀,以及机油压力表、温度表和机油管道等。

油底壳用来储存润滑油;集滤器用来滤除润滑油中粗大的杂质;机油泵连续不断地提供一定压力的润滑油,以保证进行压力润滑和润滑油在润滑系统内能循环流动;机油滤清器用来滤除润滑油中的金属磨屑、机械杂质和润滑油氧化物;机油冷却器用来降低润滑油的温度。

8.1.2 润滑方式与润滑油路

1. 润滑方式

润滑方式有 3 种,分别用于发动机中不同工作条件的摩擦副。

(1) 压力润滑(pressure lubrication)。

压力润滑是一种通过机油泵将润滑油施加一定压力后输送到承受负荷较大摩擦表面的润滑方式。如曲轴主轴承、连杆轴承及凸轮轴轴承等摩擦表面采用压力润滑。

(2) 飞溅润滑(splash lubrication)。

飞溅润滑是一种通过运动零件将油底壳的润滑油击溅呈油滴或油雾来润滑负荷较小摩擦表面的润滑方式。如气缸壁面和配气机构的凸轮、挺柱等零件的工作表面采用飞溅润滑。

(3) 润滑脂润滑(grease lubrication)。

润滑脂润滑是一种通过润滑脂嘴定期加注润滑脂来润滑零件工作表面的润滑方式。如水泵、发电机、起动机等部件轴承的润滑采用润滑脂润滑。

2. 润滑油路

现代汽车发动机润滑系统的油路随发动机工作条件和具体结构的不同而有差异。曲轴的主轴颈、连杆轴颈、凸轮轴轴颈、摇臂轴等采用压力润滑;活塞、活塞环、活塞销、气缸壁、凸轮面等采用飞溅润滑。图 8.1 所示为某四缸发动机的润滑系统。

图 8.2 所示为该发动机润滑油路。发动机工作时,机油泵将油底壳中的润滑油经集滤器过滤后吸入,并形成一定压力后向机油滤清器供油。经机油滤清器过滤后的润滑油进入发动机主油道。润滑油被分别输送到各个曲轴主轴颈轴承和各个凸轮轴轴颈轴承。曲轴主轴颈轴承处的润滑油经曲轴上的斜油道流向连杆轴颈轴承。主油道的润滑油经分油道润滑摇臂轴,以及推杆球头和气门端。所有润滑油都会流回油底壳。

当机油泵所供润滑油压力超过一定值时,机油泵上的限压阀开启,润滑油返回机油泵入口。当机油滤清器因润滑油太脏而被堵塞时,机油滤清器盖上设置的旁通阀开启,润滑油不流经机油滤清器而由旁通阀直接进入主油道,保证主油道有润滑油供给。在主油道上还装有机油压力感应器,润滑油压力在驾驶室仪表板机油压力表上显示。当润滑油压力低于规定值时,机油压力报警灯闪亮或蜂鸣器鸣响报警。

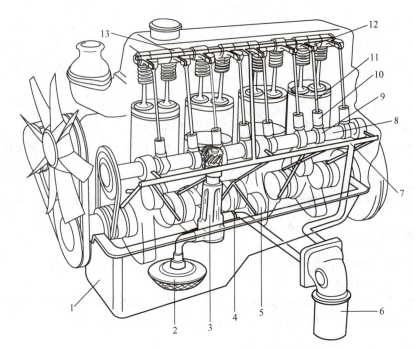

1—油底壳；2—集滤器；3—机油泵；4—曲轴主轴颈；5—曲轴连杆轴颈；6—机油滤清器；7—主油道；8—凸轮轴；9—凸轮；10—挺杆；11—推杆；12—摇臂；13—摇臂轴

图 8.1 某四缸发动机的润滑系统

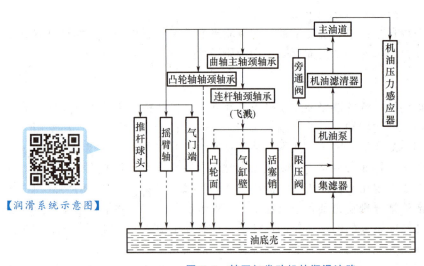

【润滑系统示意图】

图 8.2 某四缸发动机的润滑油路

丰田凯美瑞汽车发动机润滑系统如图 8.3 所示（图中箭头部分为压力润滑油路）。转子式机油泵 1 向机油滤清器 4 供油，过滤后的润滑油进入发动机主油道 6，主油道的润滑油分别进入曲轴 5 的主轴颈轴承和连杆轴颈轴承。此外，主油道的润滑油还流向可变配气机构，一方面通过机油控制阀 11 向可变配气定时器 10 供油，另一方面向进气门凸轮轴 8 和排气门凸轮轴 7 供油。

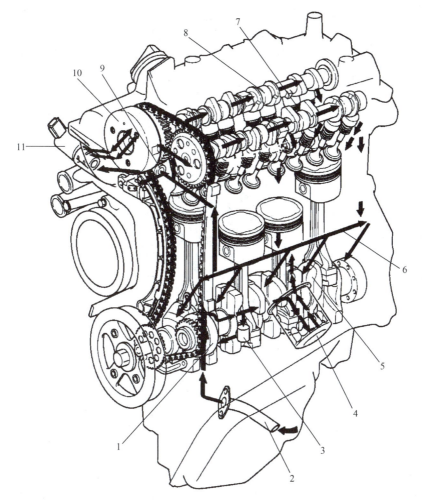

1—转子式机油泵；2—集滤器连接管；3—机油泵旁通阀；4—机油滤清器；5—曲轴；6—主油道；
7—排气门凸轮轴；8—进气门凸轮轴；9—旁通阀；10—可变配气定时器；11—机油控制阀

图 8.3　丰田凯美瑞汽车发动机润滑系统

8.2　主要部件及润滑剂

8.2.1　机油泵

现代汽车发动机润滑系统常用的机油泵有齿轮式和转子式两种。

1. 齿轮式机油泵（gear type oil pump）

齿轮式机油泵主要由主动轴、主动齿轮、从动轴、从动齿轮、机油泵体等组成，其工作原理如图 8.4 所示。主动齿轮 2 由主动轴驱动，从动齿轮 5 套在从动轴上，主动齿轮 2 与从动齿轮 5 啮合。当主动齿轮带动从动齿轮按图 8.4 所示方向旋转时，进油腔 1 处的机油不断地被轮齿带走，轮齿逐渐脱开啮合而进油腔容积逐渐增大，此处形成一定的真空，油底壳中的润滑油被吸入进油腔。另外，轮齿带走的润滑油被送至出油腔，出油腔因轮齿逐渐进入啮合而容积趋于减小，润滑油压力升高，润滑油经出油口被压入润滑油道，流向机油滤清器。在出油腔处，当轮齿进入啮合时，出油腔容积减小，润滑油压力急剧升高，对齿轮形成很大的推力，导致机油泵轴衬套磨损加剧和功率消耗增大。为改善这一状况，在机油泵盖上加工一道卸压槽，使轮齿间被挤压的润滑油通过卸压槽流入出油腔。

【齿轮式机油泵】

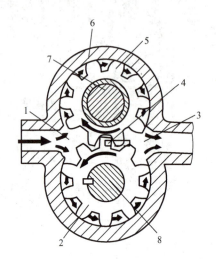

1—进油腔；2—主动齿轮；3—出油腔；4—卸压槽；
5—从动齿轮；6—机油泵体；7—从动轴；8—主动轴

图 8.4　齿轮式机油泵的工作原理

图 8.5 所示为齿轮式机油泵的结构。机油泵体上装有主动齿轮轴、主动齿轮和从动齿轮。主动齿轮轴上端通过联轴套与分电器传动轴连接，下端则用半圆键与主动齿轮装配在一起。机油泵盖上有与集滤器相通的进油口、与机油粗滤器相通的出油口，有限压阀及旁通孔等结构。

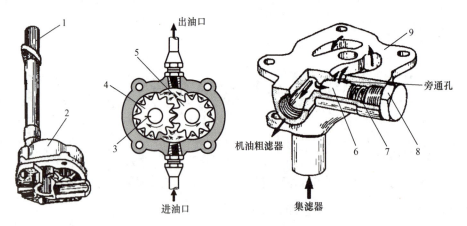

1—主动齿轮轴；2—油泵壳体；3—半圆键；4—主动齿轮；5—从动齿轮；
6—限压阀；7—限压阀弹簧；8—螺塞；9—油泵盖

图 8.5　齿轮式机油泵的结构

机油泵齿轮与泵体的配合间隙（端面间隙和径向间隙）影响机油泵的使用性能，因此配合间隙要符合规定值。配合间隙过大，机油易泄漏，不容易建立高油压；配合间隙过小，会产生磨损或形成运动阻力。

齿轮式机油泵具有效率高、工作可靠、功率损失小及制造成本较高等特点，其应用广泛。

2．转子式机油泵（rotor-type oil pump）

转子式机油泵主要由内转子、外转子、机油泵体及机油泵盖等组成，其工作原理如图8.6所示。内转子用键或销固定在主动轴上，由曲轴齿轮直接或间接驱动；外转子松套在机油泵体内。内转子有4个凸齿（图8.7），外转子有5个凹齿，内、外转子之间存在一定的偏心距。内转子带动外转子同向转动，但不同步。内、外转子工作面轮廓为一对共轭曲线，内、外转子啮合时，可形成4个工作腔。当某一工作腔转到进油口时，由于转子间脱离啮合，工作腔容积增大，产生真空，润滑油经进油口被吸入工作腔内。当该工作腔转到出油口时，工作腔容积减小，润滑油压力升高，润滑油经出油口被压出。

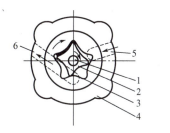

【转子式机油泵】

1—主动轴；2—内转子；3—外转子；4—机油泵体；5—进油口；6—出油口

图8.6 转子式机油泵的工作原理

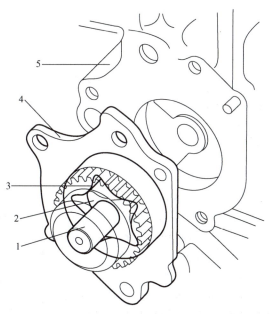

1—主动轴；2—内转子；3—外转子；4—机油泵体；5—发动机体

图8.7 转子式机油泵

转子式机油泵具有结构紧凑、质量轻、供油均匀、噪声小、泵油量大、成本低等特点，在中、小功率高速发动机上的应用广泛。

8.2.2 滤清器

滤清器用来滤清润滑油中的金属屑、机械杂质及润滑油氧化物，防止这些物质进入发动机零件的摩擦表面，以免零件表面被拉毛、刮伤，减缓零件磨损，避免堵塞润滑通道。

润滑油的供给量与润滑油滤清程度是相互矛盾的。润滑油滤清程度要求越高，润滑油流动阻力越大。为解决这一矛盾，在发动机润滑系统中设有几个不同滤清能力的滤清器：集滤器、机油粗滤器和机油细滤器。在润滑油道中，可采取将滤清器与主油道串联或并联的形式。与主油道串联的滤清器，称为全流式滤清器；与主油道并联的滤清器，称为分流式滤清器。这里只涉及集滤器和机油粗滤器的结构。

1. 集滤器（suction filter）

集滤器用来滤除润滑油中较大的杂质。集滤器安装在机油泵进油管上，其滤清装置多采用滤网式结构。集滤器有浮筒式和固定式两种。

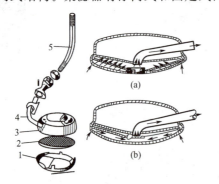

1—浮筒罩；2—滤网；3—浮筒；4—吸油管；5—固定管

图 8.8 浮筒式集滤器的结构

浮筒式集滤器的结构如图 8.8 所示。它由浮筒 3、滤网 2、浮筒罩 1 及吸油管 4 等组成。浮筒 3 是空心的，利用其浮力随油底壳润滑油液面浮动，此结构能吸入液面上层较清洁的润滑油，但同时油面上的泡沫也容易被吸入，这样就会导致润滑油压力下降。集滤器的中央有环口，靠滤网的弹性将环口紧压在罩板上。浮筒罩的边缘有缺口，与浮筒装合后形成吸入润滑油的狭缝，滤除粗大的杂质。若滤网被杂质堵塞，滤网上方的真空度将会增大，从而克服滤网的弹力，此时滤网上升且环口离开浮筒罩，润滑油便直接从环口进入吸油管，以保证润滑油的供给。

固定式集滤器固装在油底壳润滑油面以下，可防止吸入泡沫。这种集滤器具有结构简单、润滑可靠等特点，应用广泛。

2. 机油粗滤器（coarse filter）

机油粗滤器用来滤除润滑油中粒度较大（直径在 0.05～0.1mm 以上）的杂质。粗滤器通常属全流式滤清器（full flow filter），它串联在机油泵与主油道之间，对机油产生较小的流动阻力。根据滤芯的不同，机油粗滤器有不同的结构形式，有金属片式、纸质滤芯式等。由于纸质式机油粗滤器具有结构简单、质量轻、成本低等特点，被现代汽车发动机普遍采用。

图 8.9 所示为纸质滤芯式机油粗滤器。它主要由滤清器壳体、滤芯和旁通阀等组成。滤清器壳体由上盖和外壳组成。滤芯用经过树脂处理的微孔滤纸制成。滤芯的两端由环形密封圈 2 和 6 密封。用金属丝网或带有网眼的薄铁皮作为滤芯的骨架，微孔滤纸（图 8.10）折叠成波纹形以利于增大过滤面积。

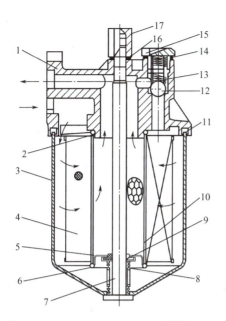
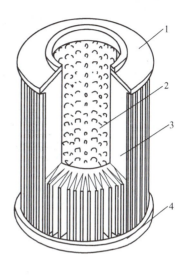

1—上盖；2、6、10、11、14、16—密封圈；3—外壳；
4—滤芯；5—托板；7—拉杆；8—弹簧；9—垫圈；
12—旁通阀；13—弹簧；15—阀座；17—螺母

图 8.9　纸质滤芯式机油粗滤器

1—上端盖；2—芯筒；
3—微孔滤纸；4—下端盖

图 8.10　纸质滤芯

机油粗滤器工作时，润滑油由上盖的进油孔进入滤芯周围（图 8.9），通过滤芯过滤后，从上盖的出油孔流出，进入主油道。当滤芯被积污堵塞，其内外压差达到 0.15～0.17MPa 时，旁通阀（图 8.9）即被顶开，大部分润滑油不经滤芯滤清，直接进入主油道，以保证主油道有润滑油供给。

8.2.3　机油冷却器

有的发动机润滑系统中设有机油冷却器（oil cooler），用于发动机大负荷、高转速下长时间工作时，对润滑油进行强制冷却，以保持润滑油在适宜的温度范围内（70～80℃）工作。

机油冷却器分为风冷式和水冷式两类。风冷式机油冷却器利用汽车行驶时的迎面风对润滑油进行冷却。如图 8.11 所示，风冷式机油冷却器机油管的周围焊有散热片，机油管和散热片常用导热性好的黄铜制造。润滑油从进口流入扁形机油管，经散热片降温后从出口流出。如图 8.12 所示，水冷式机油冷却器装在冷却液水路中，靠冷却液的流动使

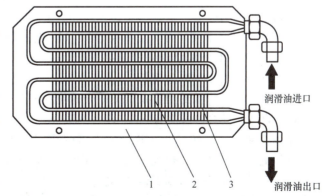

1—安装底板；2—散热片；3—机油管

图 8.11　风冷式机油冷却器

流经冷却器的润滑油降温。

8.2.4 润滑剂

汽车发动机所使用的润滑材料有两种：润滑油和润滑脂。

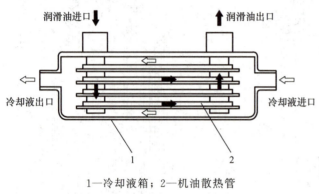

1—冷却液箱；2—机油散热管

图8.12 水冷式机油冷却器

1. 润滑油

（1）润滑油的主要作用。

润滑与减摩：在摩擦副零件表面形成油膜，减少摩擦阻力，降低磨损。减少发动机润滑动力消耗是润滑油的首要作用。

冷却：靠润滑油的循环流动，带走部分摩擦热和燃烧传导的热量。

密封：辅助活塞环密封，防止燃气窜入曲轴箱。

清洁：润滑油中的清净分散剂能清除掉部件表层的漆膜沉积物，使油泥和其他污染物分散成细小颗粒，悬浮在油中，保持机件清洁。

防腐防锈：润滑油中的添加剂，可以综合燃料燃烧时的酸性产物和润滑油氧化时产生的有机酸。

（2）润滑油的分类。

国际上通用的润滑油分类方法有两种：一种是按润滑油的黏度等级分类，即SAE（美国汽车工程师协会）分类法；另一种是按润滑油性能（品质）分类，即API（美国石油学会）分类法。

SAE分类法按照润滑油的黏度等级，把润滑油分为冬季用润滑油和非冬季用润滑油。冬季用润滑油有6种牌号：SAE0W、SAE5W、SAE10W、SAE15W、SAE20W和SAE25W。非冬季用润滑油有4种牌号：SAE20、SAE30、SAE40和SAE50。标号越大，黏度越高。上述牌号的润滑油只是单一的黏度等级，也称单级润滑油。使用单级润滑油时，需要根据季节和气温的变化，及时更换润滑油。能满足季节和温度变化两方面黏度要求的润滑油称为多级润滑油，其牌号有SAE5W-20、SAE10W-30、SAE15W-40、SAE20W-40等。例如，SAE10W-30在低温下使用时，具有与SAE10W润滑油一样的黏度特性，而在高温下使用时，又具有与SAE30润滑油一样的黏度特性。目前使用的润滑油大多数具有多黏度等级，这样的润滑油可以冬夏通用。

API分类法按润滑油的性能及其最适合的使用场合，把润滑油分为S系列和C系列两类。S系列为汽油机油，目前有SA、SB、SC、SD、SE、SF、SG和SH共8个级别。C系列为柴油机油，目前有CA、CB、CC、CD和CE共5个级别。标号越靠后，质量等级越高，适用的机型越新或强化程度越高。其中，SA、SB、SC和CA等级别的润滑油，除非汽车制造厂特别推荐，否则不再使用。

我国的润滑油分类法参照ISO分类方法。GB/T 28772—2012《内燃油分类》规定，按润滑油的性能和使用场合分为汽油机油、柴油机油和农用柴油机油（无品种代号）。汽油机油有 SE、SF、SG、SH(GF-1)、SJ(GF-2)、SL(GF-3)、SM(GF-4)、SN(GF-5) 共 8 个级别。柴油机油有 CC、CD、CF、CF-2、CF-4、CG-4、CH-4、CI-4、CJ-4 共 9 个级别。

2. 润滑脂

ISO 给予润滑脂的定义：润滑脂是由稠化剂分散在液体润滑剂中形成的一种稳定的半流体至固态状产品，还可加入赋予某种特性的添加剂和填料。

润滑脂具有不流失、不飞溅、使用温度范围宽（-20～120℃）、耐压性高、使用寿命长等特点。发动机所用润滑脂分为钙基脂、锂基脂、复合钙基脂及复合锂基脂等。使用时须根据不同季节、各类润滑脂的特点，考虑润滑部位的工作温度、负荷、速度和环境等，并按有关标准选用。

1. 润滑系统的功用是什么？它由哪些部件组成？
2. 简述发动机压力润滑油路的主要路径。
3. 润滑油路中如果不装限压阀将导致什么后果？
4. 发动机通常采用哪几种机油滤清器？
5. 试述齿轮式机油泵和转子式机油泵的构造和工作原理。
6. 试解释 SAE15W-40 有什么样的黏度特性。

第 9 章 点火系统与起动系统

教学提示

汽油机工作时采用点燃式着火方式,故必须设置点火系统专门用于点燃气缸内压缩终了的高温高压的可燃混合气。点火系统的主要功能是按照汽油机工作的要求,定时、可靠地产生高压电点燃气缸内的高温高压的可燃混合气。

现代汽车的起动机电路是一个大电流的电路,由蓄电池产生的电能通过起动机中的电磁场相互作用转变为机械能。现代内燃机需要 90～150A 的电流驱动曲轴以 400r/min 或更高的速度转动,以便可靠起动。

教学目标

要求学生掌握发动机汽油机点火系统和起动系统的主要部件、各自的作用及工作原理。

9.1 点火系统概述

汽油机工作时采用点燃式着火方式,因此,它必须设置一个独立的系统——点火系统(ignition system)用于专门点燃气缸内压缩终了的高温高压的可燃混合气。

1. 点火系统的功用

点火系统的主要功能是按照汽油机工作的要求,定时、可靠地产生高压电点燃气缸内的高温高压的可燃混合气。

2. 点火系统的分类

按照点火系统的组成和产生高压电的方法不同,将点火系统分为传统点火系统、电子点火系统、微机控制点火系统及磁电机点火系统(这里不做详细介绍)。

(1) 传统点火系统。由蓄电池或发电机提供12V的低压直流电源，通过点火线圈和断电器将低压电转变为高压电，再经过配电器分配到各缸火花塞，使火花塞两电极之间产生电火花，点燃混合气。

(2) 电子点火系统。由点火线圈和晶体管及集成电路构成的点火器，将电源的低压电转变为高压电。它是目前国内外汽车上广泛应用的点火系统。

(3) 微机控制点火系统。由点火线圈和微机控制装置将电源的低压电转变为高压电。微机控制点火系统已广泛应用于各种轿车上。微机控制点火系统可根据工作方式分为有分电器的点火系统和无分电器的点火系统。

(4) 磁电机点火系统。由磁电机产生低电压，通过内部的电磁线圈产生高压电，并送入气缸火花塞点燃可燃混合气，不需要另设低压电源。磁电机点火系统结构简单，主要用于小型汽油机上。

目前，汽车发动机的点火系统与汽车的其他电器设备一样，国内外汽车几乎都采用单线制和负极搭铁。

9.2 传统点火系统

9.2.1 传统点火系统的组成及工作原理

1. 传统点火系统的组成及功用

传统点火系统的组成如图9.1所示，主要包括电源、点火线圈、分电器、火花塞等。

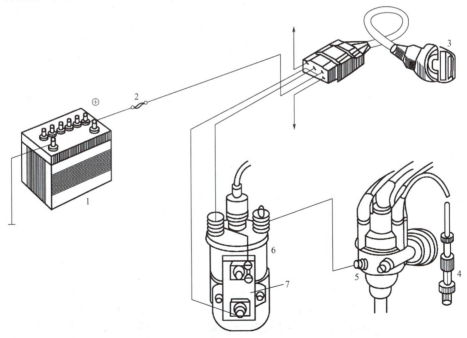

1—蓄电池；2—熔断器；3—点火开关；4—火花塞；5—分电器；6—点火线圈；7—点火线圈附加电阻

图9.1 传统点火系统的组成

（1）电源（electrical source）。点火系统的电源为蓄电池或发电机，其作用是给点火系统提供低压电源，其电压一般为 12V 或 24V。

（2）点火线圈（ignition coil）。其作用是将 12V 低压电变成 15~20kV 的高压电。其结构与自耦变压器相似。点火线圈的初级点火线圈匝数少、导线粗，次级点火线圈匝数多、导线细。

（3）分电器（distributor）。分电器包括断电器、配电器、电容器和点火提前装置等。断电器的作用是接通与切断初级电路；配电器的作用是将点火线圈产生的高压电，按照发动机的工作顺序送至各缸火花塞；电容器的作用是减少断电器触点火花，延长触点使用寿命和提高次级电压；点火提前装置的作用是随发动机转速、负荷和汽油辛烷值的变化改变点火提前角。

（4）火花塞（spark plug）。其作用是将高压电引入气缸并产生电火花点燃混合气。

（5）附加电阻（affixation resistance）。附加电阻用来改善点火性能和起动性能。

（6）点火开关（ignition switch）。点火开关不仅用来控制点火系统的初级电路，还用来控制仪表电路、起动继电器电路等。

2. 传统点火系统的工作原理

图 9.2 所示为传统点火系统的工作原理电路图。断电器的凸轮在凸轮轴的驱动下随之旋转，使断电器触点交替地闭合和打开。当点火开关接通后，如触点闭合，便接通蓄电池（或发电机）向初级点火线圈供电，其电路是：蓄电池正极—电流表—点火开关—点火线圈"开关＋"接线柱—附加电阻—点火线圈"开关"接线柱—点火线圈的初级点火线圈—点火线圈"－"接线柱—断电器触点—搭铁—蓄电池负极。初级电流 i_1 流经的电路，称为低压电路或初级电路。初级电流在初级点火线圈中逐渐增大至某一值，并建立较强的磁场。当凸轮将触点顶开时，初级电路被切断，初级电流及磁场迅速消失，在两个点火线圈的每一匝中都感应出电动势。由于次级点火线圈的匝数多，因此在次级点火线圈内感应出 15~20kV 的电动势。此时，随凸轮同轴旋转的分火头恰好对准某缸的旁电极，该高压电经配电器加于火花塞，使得它足以击穿火花塞的电极间隙并产生火花，点燃混合

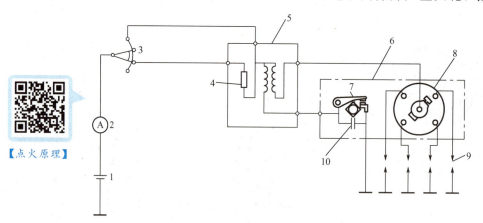

1—蓄电池；2—电流表；3—点火开关；4—附加电阻；5—点火线圈；
6—分电器总成；7—断电器；8—配电器；9—火花塞；10—电容

图 9.2 传统点火系统的工作原理电路图

气。高压电流 i_2 的回路（电感放电）是：次级点火线圈—附加电阻—点火线圈"开关+"接线柱—点火开关—电流表—蓄电池—搭铁—火花塞侧电极—中心电极—配电器（旁电极、分火头）—次级点火线圈。一般把从点火线圈到火花塞的电路称为高压电路或次级电路。

综上所述，断电器触点每打开一次，产生一次高压电，当分电器轴转动一圈时，由配电器按照点火顺序将高压电轮流引至各气缸点火一次。发动机工作时，该过程周而复始地进行，若要停止发动机工作，只要断开点火开关即可。

9.2.2 传统点火系统的主要部件

传统点火系统主要部件包括点火线圈、分电器和火花塞等。

1. 点火线圈

点火线圈按有无附加电阻，可分为带附加电阻型和不带附加电阻型；按铁芯形状，可分为开磁路式和闭磁路式；按功能，可分为普通型和高能型。这里只介绍开磁路点火线圈和闭磁路点火线圈。

（1）开磁路点火线圈。

传统点火系统的开磁路点火线圈的基本结构如图 9.3 所示，主要由铁芯、点火线圈（初级点火线圈和次级点火线圈）、钢套、附加电阻等组成。

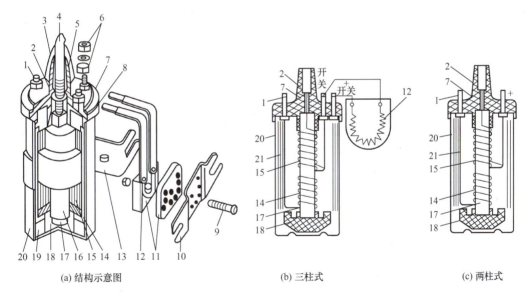

(a) 结构示意图　　(b) 三柱式　　(c) 两柱式

1—接线柱；2—初级点火线圈引出头及弹簧；3—橡胶罩；4—高压阻尼线；5—高压线插座；
6—螺母及垫圈；7—胶木盖；8—橡胶密封圈；9—螺钉及螺母；10—附加电阻盖；
11—附加电阻（瓷质绝缘体）；12—附加电阻及接线片；13—固定夹；
14—初级点火线圈；15—次级点火线圈；16—绝缘纸；17—铁芯；
18—绝缘座；19—填充物（沥青材料）；20—外壳；21—钢套

图 9.3　传统点火系统的开磁路点火线圈的基本结构

① 铁芯：由互相绝缘的条形硅钢叠制而成，各片间利用氧化油层或涂绝缘漆隔离，外层套有绝缘套管，其作用是增强磁通。

② 初级点火线圈：用导线直径为 0.5~1.0mm 的漆包线分层绕于初级点火线圈外层，以利于散热，初级点火线圈为 230~370 匝。外面包有数层绝缘纸，以增强绝缘。点火线圈绕好后在真空中浸以石蜡和松香混合物，进一步加强绝缘。初级点火线圈的作用是利用点火线圈内的电流变化实现电磁感应。

③ 次级点火线圈：用导线直径为 0.06~0.10mm 的漆包线绕于铁芯绝缘套管外部，次级点火线圈为 11000~26000 匝。为加强绝缘和免遭机械损伤，每层导线都用绝缘纸隔开，最外层的绝缘纸层数较多，或者套上纸板套管。次级点火线圈的作用是产生互感电动势。

④ 钢套：初级点火线圈与外壳之间装有导磁用钢套。它是用磁钢片卷成筒形，构成磁路的一部分，使铁芯形成半封闭式磁路，减少漏磁。

⑤ 附加电阻：三柱式点火线柱壳体外部装有附加电阻，附加电阻两端连于胶木盖上的"开关＋"和"开关"接线柱，其作用是改善点火性能。两柱式点火线圈无附加电阻，而在点火开关与点火线圈"＋"接线柱间连入一根附加电阻线。附加电阻的作用是改善点火性能。

⑥ 填充物：为加强绝缘和防止潮气侵入，在外壳内填充防潮的绝缘胶状物或变压器油。填充变压器油时，点火线圈散热较好、温升较低，而且变压器油绝缘性好。近年来也使用六氟化硫（SF_6）等气体绝缘或采用塑料造型绝缘。

在开磁路点火线圈中，次级点火线圈在铁芯中的磁通通过导磁的钢套构成回路，如图 9.4 所示，磁力线的上、下部分从空气中通过，磁路的磁阻大、泄漏的磁通量多，因此磁路损失大，转换效率低（约 60%）。

（2）闭磁路点火线圈。

传统点火系统的闭磁路点火线圈的铁芯是"曰"字形或"口"字形，铁芯内绕有初级点火线圈，在初级点火线圈外面有次级点火线圈，其铁芯构成闭合磁路，磁路中只设有一个微小的气隙，其磁路如图 9.5 所示。闭磁路点火线圈漏磁少、磁路磁阻小，能量损失小，因此能量转换效率高（约 75%）。此外，闭磁路点火线圈结构简单、体积小、质量轻，应用广泛。

2. 分电器

分电器由断电器、配电器、电容器和点火提前装置组成。FD632 型分电器如图 9.6 所示。

（1）断电器（breaker）。

断电器由底板、触点和凸轮等组成，其作用是接通和切断低压电路。凸轮的凸角数和发动机的气缸数相等。当发动机工作时，分电器轴带动凸轮转动。当凸轮凸角顶在触点臂上时，触点打开；当凸轮凸角离开触点臂时，触点闭合。凸轮每转一周，初级电路将接通和切断与气缸数相等的次数。

（2）配电器（distributor）。

配电器装于断电器上部，由配电器盖、分火头组成。其作用是将高压电按点火顺序分至各火花塞。

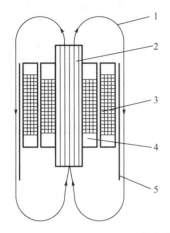

1—磁力线；2—铁芯；3—初级点火线圈；
4—次级点火线圈；5—钢套

图 9.4　开磁路点火线圈的磁路

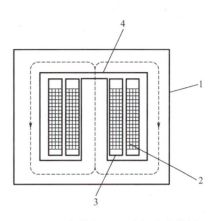

1—"曰"字铁芯；2—次级点火线圈；
3—初级点火线圈；4—空气隙

图 9.5　闭磁路点火线圈的磁路

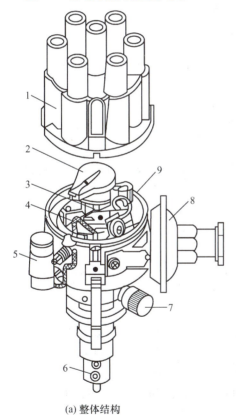

(a) 整体结构

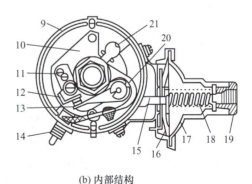

(b) 内部结构

1—分电器盖；2—分火头；3—凸轮；4—断电器触点及底板总成；5—电容器；6—联轴器；
7—油杯；8—真空调节器；9—分电器壳体；10—活动底板；11—偏心螺钉；
12—固定触点及支架；13—活动触点；14—接线柱；15—拉杆；16—膜片；
17—真空调节器外壳；18—弹簧；19—螺母；20—触点臂弹簧片；21—油毡

图 9.6　FD632 型分电器

① 配电器盖。配电器盖由胶木粉在钢模中热压而成,其耐压耐热性好。配电器盖装于分电器顶端,用两弹性夹卡固。其外面有管状高压线插孔,中心为中央高压线插孔,连接于点火线圈,高压线插孔内有压簧炭柱,压于分火头导电片上;周围均布有与气缸数相等的旁电极和分缸高压线插孔,插孔连火花塞(按点火顺序),旁电极对准分火头端部导电片,并有一间隙。

② 分火头。分火头的材料和制作与分电器盖相同,套装于分电器的顶端(凸轮体顶端圆柱面),用弹性片卡紧,由凸轮带动随分电器轴一起旋转。分火头顶面铆有导电片,其端部与旁电极有 0.2~0.8mm 的气隙,顶部压着中央高压线插孔中的炭柱。

(3) 电容器(capacitor)。

电容器用固定夹和螺钉安装于分电器壳体的外面,与断电器触点并联。如图 9.7 所示,电容器由两锡箔(或铝箔)带和两条石蜡纸带相互叠加,卷成圆柱形,装入铝制外壳内形成。石蜡纸带比锡箔带宽,以保证绝缘良好。一条锡箔带上接软导线,引出壳体,接于分电器外壳的低压接线柱上;另一条锡箔带通过接铁片接于壳体,直接搭铁。

1—石蜡纸带;2—锡箔带;3—软导线;4—外壳;5—引线

图 9.7 电容器的结构

(4) 点火提前装置。

点火时刻对发动机的工作和性能有很大的影响。混合气燃烧,即从火花塞间隙跳火到混合气燃烧完毕,气缸内的温度和压力上升到最大值,是需要一定时间的。虽然这段时间很短,不过千分之几秒,但是发动机的转速很高,在这样短的时间内曲轴却转过较大的角度。若恰好在活塞到达上止点时点火,混合气开始燃烧时,活塞已开始向下运动,使气缸容积增大、燃烧压力降低,发动机功率下降。因此,应提前点火,即在活塞进行压缩行程到达上止点之前火花塞间隙跳火,理想情况是使燃烧室内的气体压力在活塞到达压缩行程至上止点后 10°~15°时达到最大值。这样混合气燃烧时产生的热量,在做功行程中得到最有效的利用,可以提高发动机的热效率。

火花塞跳火到活塞压缩至上止点时所对应的曲轴转角,称为点火提前角。能使发动机获得最佳动力性、经济性和最佳排放时的点火提前角,称为最佳点火提前角。最佳点火提前角不是固定值,其影响因素主要有发动机转速和混合气的燃烧速度。

当节气门开度一定时,随着发动机转速的升高,单位时间内曲轴转过的角度增大,点火提前角应随发动机转速的升高而增大。

当发动机转速一定时,随着负荷的增加,节气门的开度增大,单位时间内吸入气缸内的可燃混合气数量增加,压缩行程终了时燃烧室内的温度和压力增高。同时残余废气在气缸内混合气中所占的比例减少,混合气燃烧速度加快,点火提前角应适当减小。

在汽车运行中,发动机的转速和负荷是经常变化的。为此一般设有两套自动调节点火提前角的装置:一套是离心点火提前装置,随发动机转速的变化自动地调节点火提前角;

另一套是真空点火提前装置，随发动机负荷的变化自动地调节点火提前角。

3. 火花塞

火花塞的作用是将高压电引进发动机燃烧室，在电极间形成火花，以点燃可燃混合气。火花塞安装在气缸盖的火花塞孔内，下端电极伸入燃烧室，上端连接分缸高压线。火花塞是点火系统中工作条件最恶劣、要求高和易损坏的部件。

如图 9.8 所示，火花塞主要由接触头 1、瓷绝缘体 2、中心电极 10、侧电极 9 和壳体 5 等组成。瓷绝缘体用氧化铝陶瓷经压铸成型后，表面涂白色瓷釉再烧结而成。中心电极和侧电极一般采用耐高温、耐腐蚀的镍锰合金钢制成，也有采用铂、铱、钇等稀有金属作为中心电极材料的，以提高耐热性能。中心电极与金属杆利用导电玻璃熔接为一体，与侧电极构成火花塞间隙。

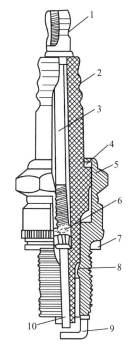

1—接触头；2—瓷绝缘体；3—金属杆；4—内密封垫圈；
5—壳体；6—导电玻璃；7—多层密封垫圈；
8—内密封垫圈；9—侧电极；10—中心电极

图 9.8　火花塞的结构

9.3　电子点火系统和微机控制点火系统

9.3.1　电子点火系统

传统点火系统存在如下缺点：断电器触点分开时，在触点之间产生火花，使触点逐渐氧化、烧蚀，因而断电器触点的使用寿命短；在火花塞积炭时，因火花塞漏电而不能可靠地点火；点火线圈产生的高压电随发动机转速的升高和气缸数的增多而下降，因此在高速时容易出现缺火等现象。近年来，汽车发动机向多缸、高速方向发展，同时人们力图通过改善混合气的燃烧状况来减少排气污染，以及燃用稀混合气以达到节约燃油的目的。这些都要求点火装置能够提供足够的次级电压、火花能量和最佳的点火时刻。传统点火装置已不能适应这一要求。

电子点火系统可以改善发动机的高速性能；在火花塞积炭时仍有较强的跳火能力；可以减小触点火花，延长触点的使用寿命，还可以取消触点进一步改善点火性能。因此，采用电子点火系统可以提高发动机的动力性、经济性，并减少排气污染。电子点火系统在汽车上已得到广泛应用。

目前使用的电子点火系统，分为触点式电子点火系统和无触点式电子点火系统两种。

1. 触点式电子点火系统

触点式电子点火装置利用晶体管的开关作用，代替断电器的触点，控制点火线圈初级电路的通、断，从而减小了触点电流，这样就可以减小触点火花，延长触点的使用寿命；配用高匝数比的点火线圈，还可以增大初级电流，提高次级电压，改善点火性能。

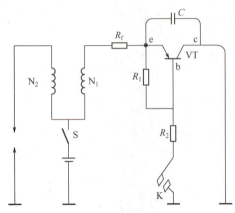

图 9.9 触点式电子点火系统的工作原理

图 9.9 所示为触点式电子点火系统的工作原理。其工作过程如下。

接通点火开关 S，当断电器触点闭合时，接通晶体管的基极电路，使晶体管饱和导通，并接通点火线圈的初级电路。其路径为晶体管的基极电流从蓄电池"正极"—点火开关 S—初级点火线圈 N_1—点火线圈的附加电阻 R_f—晶体管 VT 的发射极 e、基极 b—电阻 R_2—断电器触点 K—搭铁—蓄电池"负极"。

初级点火线圈的电流从蓄电池"正极"—点火开关 S—初级点火线圈 N_1—附加电阻 R_f—晶体管 VT 的发射极 e、集电极 c—搭铁—蓄电池"负极"，使点火线圈的铁芯中产生磁场。

当断电器触点分开时，晶体管的基极电路被切断，于是晶体管 VT 截止，从而切断点火线圈的初级电路，初级电流迅速下降到零，在点火线圈的次级点火线圈中产生高压电，在火花塞间隙中跳火，使混合气点燃。

图 9.9 中电阻 R_1、R_2 是晶体管的偏置电阻，用来控制晶体管的基极电流。电容器 C 的作用是使触点分开瞬间初级点火线圈中产生的自感电压旁路、防止晶体管 VT 在截止时被自感电压损坏。

2. 无触点式电子点火系统

无触点式电子点火系统简称无触点点火系统。它利用各种类型的传感器代替断电器的触点，产生点火信号，控制点火系统的工作。

无触点点火系统一般由传感器、点火控制器、点火线圈、配电器、火花塞等组成。国内外汽车上使用的无触点点火系统，按所使用的传感器，分为磁脉冲式、霍尔效应式、光电式等多种形式。

9.3.2 微机控制点火系统

上述电子点火装置，在提高次级电压和点火能量，以及延长触点使用寿命等方面都是卓有成效的。但是，它们对点火时间的调节与传统点火系统一样，仍靠离心提前和真空提前两套机械式点火提前调节装置来完成。由于机械的滞后、磨损及装置本身的局限性等许多因素的影响，它不能保证发动机的点火时刻总是最佳的，即不是偏早就是偏迟。同时，点火线圈初级电路的导通时间受凸轮形状的限制，发动机低速时，触点闭合时间长，初级电流大，点火线圈容易发热；发动机高速时，触点闭合时间缩短，初级电流减小，次级电压降低，点火不可靠。

微机控制点火系统取消了机械式点火提前装置，由微机来控制点火系统，并随发动机工况的变化自动地调节点火提前角,使发动机在任何工况下均在最佳的点火时刻点火。此外,它还能自动地调节初级电路的导通时间,使高速时初级电路的导通时间延长,增大初级电流,提高次级电压;使低速时初级电路的导通时间适当缩短,限制初级电流的幅度,以防止点火线圈发热。

微机控制点火系统一般由传感器、微机控制器和点火控制器、点火线圈等组成,如图 9.10 所示。虽然用于不同车型的微机控制点火系统各组成部分的结构不同,但是它们的工作原理是类似的。

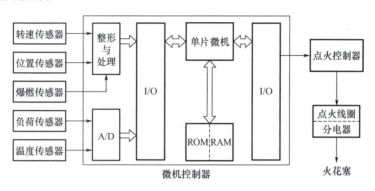

图 9.10　微机控制点火系统的组成原理图

9.4　起 动 系 统

发动机从静止状态转入工作状态,必须借助外力带动曲柄连杆机构运动,完成可燃混合气的压缩,才能开始点火燃烧或自燃。产生外力使发动机从静止状态进入工作状态的装置或系统称为发动机的起动系统。

发动机常采用人力、电力、辅助汽油机等多种方式起动。

人力起动:使用人力将发动机起动。该起动方式主要用于小型汽油机或作为紧急备用起动方式。

电力起动:起动机在点火开关和起动继电器的控制下,将蓄电池的电能转换为机械能,带动发动机飞轮齿圈使曲轴转动,完成发动机的起动。

辅助汽油机起动:大功率柴油机的起动系统可以采用小型汽油机。其起动过程即先起动汽油机,再带动柴油机运转。

综上所述,电力起动系统具有起动方便、迅速、可靠,结构简单的特点,是目前汽车上广泛使用的一种起动方式。

9.4.1　起动系统的组成及工作原理

起动系统由蓄电池、起动机、电磁开关、点火开关等组成,其结构如图 9.11 所示。

起动系统的工作过程:当点火开关置于起动挡时,起动机控制电路先接通(图 9.11 中虚线线路),然后起动机供电电路接通(图 9.11 中实线线路),蓄电池的电流经电磁开关,将起动机的驱动齿轮向外推出,使其与发动机飞轮齿圈相啮合;同时电流流入起动机,并使其转动起来,通过驱动齿轮拖转发动机。待发动机能自行运转后,飞轮会反过来带动起动机驱动齿轮运转,此时起动机上的单向离合器使驱动齿轮相对于起动机电枢轴空转(以保护起动机)。当驾驶员及时将点火开关转到点火挡时,起动机控制电路被切断,在回位弹簧的作用下,驱动齿轮回位脱离与飞轮齿圈的啮合,同时起动机因起动电路被切断而停止转动。

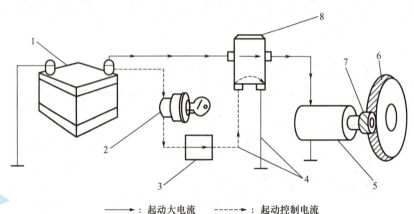

1—蓄电池;2—点火开关;3—起动安全开关;4—控制电流;5—起动机;
6—飞轮齿圈;7—驱动齿轮;8—电磁开关(起动继电器或起动线圈)

图 9.11 起动系统的结构

【起动系统的组成及工作原理】

9.4.2 起动机

起动机是起动系统的主要组成部分,一般由直流电动机、传动机构(单向离合器)、控制装置(如电磁开关)等组成。图 9.12 所示为东风 EQ1090E 型汽车采用的 QD124 型起动机的结构图。QD124 型起动机额定功率为 1.84kW,额定电压为 12V。

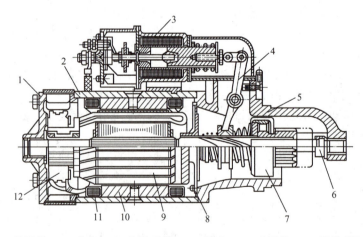

1—前端盖;2—外壳;3—电磁开关;4—拨叉;5—后端盖;6—限位螺钉;
7—单向离合器;8—中间支承板;9—电枢;10—磁极;11—磁场绕组;12—电刷

图 9.12 东风 EQ1090E 型汽车采用的 QD124 型起动机的结构图

(1) 直流电动机。直流电动机的作用是产生起动转矩。它由磁场、电枢、电刷装置 3 部分组成。由于电动机工作电流大、转矩大、工作时间短（一般为 5s 左右），因此要求零件的机械强度高、电路电阻小。

(2) 传动机构（单向离合器）。单向离合器的作用是在起动发动机时，将电动机的转矩传给发动机曲轴起动发动机，而当发动机起动后，能自动滑转，防止电枢轴被发动机拖动超速旋转。

单向离合器主要有 3 种形式：滚柱式单向离合器、摩擦片式单向离合器和弹簧式单向离合器，目前国产汽车大多采用滚柱式单向离合器。

滚柱式单向离合器的结构如图 9.13 所示。

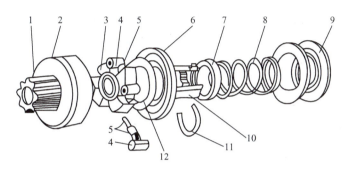

1—驱动齿轮；2—外壳；3—十字块；4—滚柱；5—压帽与弹簧；6—护盖；7—弹簧座；
8—缓冲弹簧；9—移动衬套；10—花键套筒；11—卡簧；12—垫圈

图 9.13　滚柱式单向离合器的结构

驱动齿轮与外壳制成一体，外壳内装有十字块和四套滚柱、压帽与弹簧。十字块与花键套筒固连，护盖与外壳相互扣合密封。在外壳与十字块之间，形成四个宽窄不等的楔形槽，槽内分别装有一套滚柱、压帽及弹簧。滚柱的直径略大于楔形槽的窄端，略小于楔形槽的宽端，因此，当十字块为主动件时，滚柱滚入楔形槽的窄端，将十字块与外壳卡紧形成摩擦力，能传递转矩。当外壳为主动件时，滚柱滚入楔形槽的宽端，则放松滑转，不能传递转矩。

(3) 控制装置。起动机的控制装置的作用是控制驱动齿轮与飞轮齿圈的啮合与分离；控制电动机电路的接通与切断。控制装置主要采用电磁式。电磁式起动机控制装置如图 9.14 所示。它由吸拉线圈 6、保持线圈 5、挡铁 12、活动铁芯 4、回位弹簧 2、主触点 14 和 15、接触盘 13 组成。吸拉线圈 6 与保持线圈 5 匝数相同、绕向也相同。由于主触点的通过电流极大（几百安），因此动、静触点一般都是铜制品。

发动机起动时，如图 9.14 所示，接通总开关 9，按下起动按钮 8，电流由蓄电池 17 正极，经主触点 14、电流表 16、总开关 9、起动按钮 8、接线柱 7，分别流向吸拉线圈 6 和保持线圈 5。保持线圈 5 的一路，直接搭铁。吸拉线圈 6 的一路电流经电动机的励磁绕组和电枢绕组后搭铁。两路电流都回到蓄电池 17 负极。这时，两个线圈产生同方向的电磁力，并产生很强的吸引力，吸引活动铁芯 4 右移，并通过电枢中的电流使电枢轴缓慢运转。活动铁芯 4 的运动使与其连接的传动拨叉 3 克服回位弹簧 2 的阻力，使驱动齿轮 1 与飞轮齿圈直至完全啮合。同时，活动铁芯运动正好通过挡铁 12 中的推杆使接触盘 13 和主触点 14、15 闭合。此时，吸拉线圈的两端被主触点短路，蓄电池输出大电流直接进入电

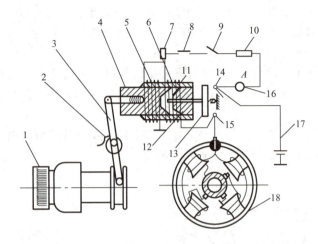

1—驱动齿轮；2—回位弹簧；3—传动拨叉；4—活动铁芯；5—保持线圈；6—吸拉线圈；
7—接线柱；8—起动按钮；9—总开关；10—熔断器；11—铜套筒；12—挡铁；
13—接触盘；14、15—主触点；16—电流表；17—蓄电池；18—电动机

图9.14　电磁式起动机控制装置

动机而发出较大的转矩，经飞轮使发动机起动。吸引线圈6被短路后，靠保持线圈5中的电流来维持活动铁芯的吸合状态。

发动机起动后，断开起动按钮8，由起动按钮供给保持线圈5的电流被切断，但此瞬时主触点14、15仍闭合，电流从主触点流向吸拉线圈6，再经保持线圈5搭铁，而这时吸拉线圈电流改变了方向，两个线圈产生的磁通方向相反而抵消。在回位弹簧的作用下，活动铁芯（带动拨叉和驱动齿轮）返回原位。接触盘13在其右端小弹簧的作用下离开主触点，主触点断开，起动机因断电而停止转动。

9.5　汽车供电装置

9.5.1　蓄电池

蓄电池是一种可逆的低压直流电源，既能将化学能转换为电能，又能将电能转换为化学能，属于可逆的直流电源。用于汽车上的蓄电池，必须满足起动发动机的需要，即在5~10s的短时间内，为汽车起动机提供足够大的电流。

由于使用的电解液不同，蓄电池分为酸性蓄电池和碱性蓄电池。汽车上一般用铅酸蓄电池。铅酸蓄电池结构简单，价格低廉，易于满足大量生产的汽车的需要；同时其内阻小，起动性能好，能在短时间内提供起动机所需要的大电流。

蓄电池按性能可分为干式荷电蓄电池和免维护蓄电池两类。干式荷电蓄电池指极板在干燥状态下，能在较长时间（一般为2年）内保存制造过程中所得电量的蓄电池。免维护蓄电池指蓄电池在有效使用期（一般为4年）内无须进行添加蒸馏水等维护工作的蓄电池，也称无须维护蓄电池。

蓄电池按极板结构可分为形成式蓄电池、涂膏式蓄电池和管式蓄电池。

蓄电池按蓄电池盖和结构可分成开口式蓄电池、排气式蓄电池、防酸隔爆式蓄电池和密封阀控式蓄电池。

未来汽车电气系统的形式是把蓄电池的功能，即起动过程提供高功率和向汽车电气供电两种功能分开，以避免起动过程中汽车电气系统电压骤降，并且保证即使供电蓄电池在低的充电状态下也可安全地冷起动。因此可将蓄电池分为起动型蓄电池和供电型蓄电池两种。

蓄电池的基本结构如图9.15所示。其主要由极板、隔板、电解液、壳体等组成。

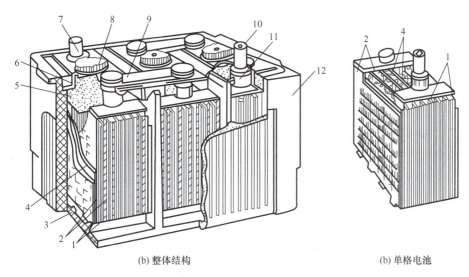

(b) 整体结构　　　　　　　　(b) 单格电池

1—正极板；2—负极板；3—肋条；4—隔板；5—护板；6—封料；
7—负极柱；8—加液孔盖；9—连条；10—正极柱；11—极柱衬套；12—蓄电池容器

图9.15　蓄电池的基本结构

1．极板

正极板上的活性物质是二氧化铅（PbO_2），负极板上的活性物质是纯铅（Pb），将一片正极板和一片负极板浸入电解液中，可得到2V左右的电压。

2．隔板

隔板的功用是将正、负极板隔开，防止相邻正、负极板接触而短路。隔板材料有木质、微孔橡胶和微孔塑料等。微孔橡胶隔板和微孔塑料隔板耐酸、耐高温性能好，使用寿命长，而且成本低，因此目前广泛使用。

3．电解液

电解液的作用是使极板上的活性物质发生溶解和电离，产生电化学反应。电解液由纯净的硫酸与蒸馏水按一定的比例配制而成，其相对密度一般为1.24～1.30。

4．壳体

壳体用于盛放电解液和极板组，蓄电池壳体由电池槽和电池盖两部分组成。

9.5.2 交流发电机

汽车用普通交流发电机的结构大同小异,基本结构都是由转子、定子、整流器和端盖四部分组成,整体式交流发电机的不同点是在基本结构的基础上增加了电压调节器,且都采用集成电路调节器。整体式交流发电机基本零部件组成和整体结构如图 9.16 所示。

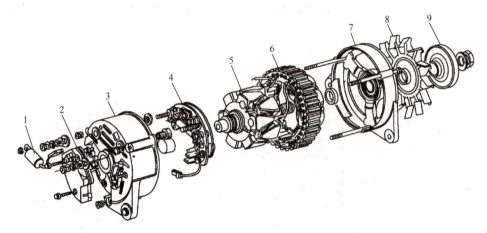

1—抗干扰电容器;2—集成电路调节器与电刷组件总成;3—后端盖;4—整流器总成;
5—转子总成;6—定子总成;7—前端盖;8—风扇;9—驱动带轮

图 9.16　整体式交流发电机基本零部件组成和整体结构

1. 转子

汽车交流发电机的转子是发电机的磁极部分,其功用是产生磁场(在励磁绕组上加入励磁电流)。转子由集电环、转子轴、爪极、铁芯和磁场绕组组成,其结构如图 9.17 所示。

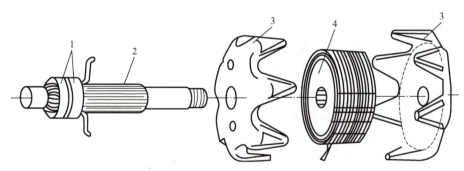

1—集电环;2—转子轴;3—爪极;4—铁芯和磁场绕组

图 9.17　转子的结构

2. 定子

交流发电机的定子是发电机的电枢部分,其功用是产生交流电(导线切割磁力线)。定子由定子铁芯与对称的三相电枢定子绕组组成。

3. 整流器

交流发电机整流器的作用是将三相定子绕组产生的交流电转换为直流电。整流器一般由六个整流二极管和二极管的散热板组成。交流发电机整流器总成的结构如图 9.18 所示。

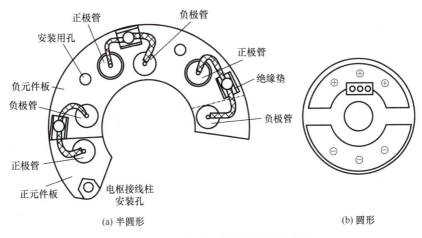

(a) 半圆形　　　　　　　　　　(b) 圆形

图 9.18　交流发电机整流器总成的结构

4. 端盖

交流发电机的前、后端盖作为发电机的前后支撑均用铝合金压铸而成。在后端盖内装有电刷组件，电刷组件由电刷、电刷架和电刷弹簧组成。电刷安装在电刷架的孔内，借弹簧张力使电刷与转子轴上的集电环保持良好接触。每个交流发电机有两只电刷，每只电刷都有一根引线直接引到发电机后端盖的接线端子上或后端盖上。发电机的前端还带有带轮和风扇，用来驱动发电机旋转和强制通风散热。

1. 画出传统点火系统的工作原理电路图，说明点火系统的工作过程。
2. 分电器由哪几部分组成？
3. 试分析无触点式电子点火系统的优点。
4. 微机控制点火系统主要有哪些优点？
5. 起动机由哪三大部分组成？
6. 蓄电池由哪些部分组成？
7. 交流发电机由哪几部分组成？

第 10 章 新能源汽车简介

新能源汽车是相对传统燃料汽车而言的，它既是解决环境和能源问题的重要途径，又是提升汽车企业核心竞争力的技术制高点。本章介绍了新能源汽车的定义及纯电动汽车、混合动力电动汽车、燃料电池电动汽车等内容。

要求学生掌握新能源汽车的定义及分类、纯电动汽车的组成及主要部件、混合动力电动汽车的含义及分类、增程式电动汽车的含义、插电式混合动力电动汽车的含义、燃料电池电动汽车的特点，理解燃料电池的工作原理。

10.1 新能源汽车的定义

由于中国新能源汽车发展较晚，因此关于新能源汽车的定义在不断变化。

根据"十五"及"863计划"电动汽车重大专项中的主要政策，我国在2001年有了电动汽车名词，包括混合动力汽车、纯电动汽车和燃料电池汽车。

2006年，中国开始实施"十一五"及"863计划"节能与新能源汽车重大专项，第一次提出节能与新能源汽车的概念，包括纯电动汽车、混合动力汽车和燃料电池汽车三种，但没有明确说明新能源汽车具体指哪几类汽车。

2009年6月17日，工业和信息化部发布了《新能源汽车生产企业及产品准入管理规则》。该规则对新能源汽车给出了明确的定义：新能源汽车是指采用非常规的车用燃料作为动力来源（或使用常规的车用燃料、采用新型车载动力装置），综合车辆的动力控制和驱动方面的先进技术，形成的技术原理先进，具有新技术、新结构的汽车。非常规的车用燃料是指除汽油、柴油、天然气、液化石油气、乙醇汽油、甲醇、二甲醚之外的燃料。按照这个定义,以甲醇、天然气、乙醇汽油等为燃料的汽车都被排除在新能源汽车之外。

2012 年,国务院办公厅发布了《节能与新能源汽车产业发展规划(2012—2020 年)》。在该规划中明确指出新能源汽车是指采用新型动力系统,完全或主要依靠新型能源驱动的汽车,主要包括纯电动汽车、插电式混合动力汽车及燃料电池汽车。而节能汽车是指以内燃机为主要动力系统,综合工况燃料消耗量优于下一阶段目标值的汽车。

从中国新能源汽车的定义演变过程来看,中国新能源汽车的定义和类型越来越清晰,也越来越规范。因此,本书所定义的新能源汽车包括纯电动汽车、混合动力电动汽车(包括插电式)、燃料电池电动汽车等。

10.2 纯电动汽车

10.2.1 纯电动汽车的组成及原理

顾名思义,纯电动汽车(battery electric vehicle,BEV)是指仅采用电能作为能源的汽车。纯电动汽车一般由电动机驱动,电动机的驱动能源来源于动力蓄电池,因此其结构和燃油汽车明显不同。如图 10.1 所示,纯电动汽车主要由电力驱动系统、电源系统和辅助系统三部分组成。

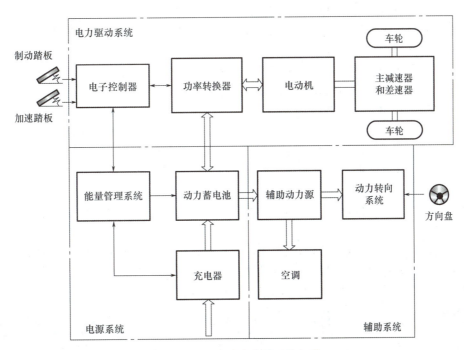

图 10.1 纯电动汽车的系统组成

1. 电力驱动系统

纯电动汽车的电力驱动系统主要包括电子控制器、功率转换器、电动机、机械传动装置（主减速器和差速器）和车轮等。该系统的主要作用是将动力蓄电池中储存的电能转换为驱动汽车行驶的动能，并能够在汽车制动时回收部分制动能量给动力蓄电池组充电。

2. 电源系统

纯电动汽车的电源系统主要包括动力蓄电池、能量管理系统和充电器等。该系统的主要作用是向电动机提供动力源，监测动力蓄电池的工作状态，并控制充电器向蓄电池充电。

3. 辅助系统

纯电动汽车的辅助系统主要包括辅助动力源、空调和动力转向系统等。

汽车行驶时，动力蓄电池通过控制系统向电动机供电，电动机将电能转换为机械能，机械动力通过传动系统传递给驱动轮。由驾驶员操纵的制动踏板和加速踏板上都装有传感器。加速踏板位置传感器（或节气门位置传感器）将加速踏板的位置变成电信号送入电子控制器，从而控制汽车的行驶速度；当汽车制动时，制动踏板位置传感器将制动踏板的位置变成电信号送入电子控制器，从而回收汽车的制动能量。

10.2.2 纯电动汽车的主要特点

纯电动汽车是其他类型新能源汽车的基础。纯电动汽车与传统的燃油汽车在结构上的主要区别是纯电动汽车由电动机取代了传统的燃油汽车的内燃机，另外在能源、储能装置、传动系统等方面也有所不同，用电动机代替内燃机及其附属装置（即润滑系统、冷却系统、进排气系统等），使其结构简单；在动力传动装置上，取消了燃料箱和燃料控制系统，代之以电源系统、电子控制系统等。相对传统的燃油汽车，纯电动汽车具有如下优点。

(1) 几乎无污染，噪声低。

电动汽车使用的是电能，工作时不会产生废气，对环境无污染。而且纯电动汽车行驶时噪声比较低，相比传统的燃油汽车内燃机要小得多。

(2) 能源多样化，效率高。

纯电动汽车使用的电能来源广泛，可由煤炭、水力、风力、太阳能、核能、潮汐能等转化而来，减少了对石油资源的依赖。电动汽车电能的利用效率比传统的燃油汽车热能的利用效率要高，而且在制动过程中纯电动汽车可以回收部分制动能量。

(3) 结构简单，维修方便。

纯电动汽车比传统的燃油汽车的结构要简单，传动部件少，维修保养方便，而且易于操纵。

虽然纯电动汽车与传统的燃油汽车相比具有很多优点，但其发展目前仍存在一定的困难，发展瓶颈体现在电池技术方面，一是电池能量密度低，二是充电时间长。另外，纯电动汽车系统的可靠性和高成本也是影响电动汽车普及的主要原因。

10.2.3 纯电动汽车动力蓄电池与驱动电动机

1. 动力蓄电池

动力蓄电池是纯电动汽车能量的储存装置，也是目前制约纯电动汽车发展的关键因素。动力蓄电池是纯电动汽车的动力源泉,也是纯电动汽车发展的技术瓶颈。纯电动汽车对动力电池的要求是比能量高、比功率大、充放电效率高、相对稳定性好、使用成本低、使用寿命长和安全性好等。迄今为止,在纯电动汽车上普遍使用的动力蓄电池有铅酸电池、镍氢电池和锂离子电池等。

(1) 铅酸电池。

铅酸电池是二次电池的鼻祖,也是技术最成熟、成本最低的动力电池。铅酸电池按是否需要补充水分为注水式铅酸电池(water injection lead-acid battery)和阀控式铅酸电池(valve regulated lead-acid battery)。

注水式铅酸电池电解液的消耗量非常小,在其使用寿命内基本上不需要补充水(蒸馏水)。阀控式铅酸电池(图10.2)在使用期间不需加酸加水,电池为密封结构,盖子上有安全阀,安全阀自动调节密封电池体内充电和工作时产生的多余气体,因此可以免维护,符合纯电动汽车对动力电池的要求。

(2) 镍氢电池。

镍氢电池(图10.3)是20世纪90年代发展起来的一种碱性动力电池,具有比能量高、功率高、可循环充

图 10.2 阀控式铅酸电池

放电、安全可靠等优点,由于不存在重金属污染问题,因此被称为"绿色电池"。

近年来,随着混合动力电动汽车的产业化和燃料电池电动汽车的研制开发,镍氢电池受到了非常普遍的关注。随着镍氢电池技术的不断发展,其能量密度、功率密度、循环寿命和快速充电能力还会有所提高,成本也将进一步降低。丰田汽车公司坚持镍氢电池路线,在全球非插电式混合动力结构的技术和销量方面位于前列。

(3) 锂离子电池。

锂离子电池(图10.4)是1990年由日本Sony公司首先推向市场的高能电池,是目前所有可充电电池中综合性能最优的一种电池。

图 10.3 镍氢电池

图 10.4 锂离子电池

与其他动力蓄电池相比,锂离子电池应用于纯电动汽车,在容量、功率方面均具有较大优势,具有电压高、比能量高、充放电寿命长、无记忆效应、无污染、可快速充电、自放电率低、安全可靠等优点,已成为纯电动汽车较为理想的动力电源。

当前锂离子电池存在的主要问题是快速放电性能差、成本高及过充放电保护差等。在过充电或滥用的情况下,锂离子电池可能发生火灾或爆炸。为了安全及保障电池使用寿

命,锂离子电池往往采用较小的电流充电,这样带来的问题是充电时间长,不利于在纯电动汽车上的推广。为确保锂离子电池的安全性,必须使用电池管理系统,这样就会增加电池的成本和体积。

(4) 电池管理系统。

电池管理系统(battery management system,BMS)是一套对动力电池组进行能量管理及安全监控的装置,已成为纯电动汽车必不可少的核心部件之一。

电池管理系统可以对动力电池组充放电进行有效控制,为驾驶员提供和显示动力电池组的动态参数变化,实现增加续驶里程、延长使用寿命、降低运行成本的目标,并保证动力电池组的安全性和可靠性。

2. 驱动电动机

驱动电动机是纯电动汽车驱动系统的核心,其性能直接影响纯电动汽车驱动系统的性能,特别是影响纯电动汽车的最高车速、加速性能及爬坡性能等。纯电动汽车驱动电动机应具有调速范围宽、转速高、起动转矩高、效率高、体积小、质量轻等优点。

电动机的种类很多,按结构及工作原理主要分为直流电动机、无刷直流电动机、异步电动机、永磁同步电动机、开关磁阻电动机、轮毂电动机等。纯电动汽车最早采用的是直流电动机。随着电子技术和自动控制技术的发展,以及对纯电动汽车技术要求的不断提高,比直流电动机性能更为优越的无刷直流电动机、异步电动机、永磁同步电动机、开关磁阻电动机和轮毂电动机在纯电动汽车上的应用越来越广泛。

图 10.5　直流电动机

(1) 直流电动机。

直流电动机(DC motor)可以直接将直流电能转换为机械能,具有结构简单、技术成熟、控制容易等优点。直流电动机(图 10.5)主要由定子和转子两大部分组成。定子由主磁极、机座、换向极和电刷装置等组成,转子由电枢铁芯、电枢绕组和换向器等组成。直流电动机按励磁方式可分为串励式、并励式、复励式等。以永磁材料作为磁极的直流电动机,称为永磁直流电动机。

直流电动机的缺点是有机械换向器,当在高速大负载工况下运行时,换向器表面会产生火花,所以电动机的转速不能太高。又由于直流电动机运行时电刷与换向器表面一直处于摩擦状态,总会产生磨损,因此需要定期对直流电动机进行维护。

(2) 无刷直流电动机。

无刷直流电动机(brushless DC motor)利用电子换向装置代替有刷直流电动机的机械换向装置,保留了无刷直流电动机宽阔而平滑的优良调速性能,克服了有刷直流电动机机械换向带来的一系列缺点,具有体积小、质量轻、效率高、转矩高、精度高、能实现数字化控制等优点。

无刷直流电动机的工作原理与有刷直流电动机的工作原理基本相同。在电动机工作时,通过调节电枢电流实现转矩控制,同时通过调节电源电压实现调速控制。

(3) 异步电动机。

异步电动机(asynchronous motor)又称交流感应电动机,由旋转磁场与转子绕组感应电流相互作用而产生电磁转矩。异步电动机的种类很多，根据转子结构可分为绕线型异步电动机和笼型异步电动机。绕线型异步电动机的转子槽中放的是绕组线圈，通常转子三相绕组呈星形。笼型异步电动机的转子绕组形状像个笼子，通常该笼子由铸铝或铜条组成，转子非常坚固，适合于高速旋转，所以笼型异步电动机适合于纯电动汽车。

异步电动机的转子绕组不需与其他电源相连，定子电流直接取自交流电源。与其他电动机相比，异步电动机具有结构简单、使用维护方便、运行可靠、质量轻、成本低等优点，但其调速性能较差，在要求有较宽平滑调速范围的使用场合不如直流电动机经济方便。因此，在大功率、低转速场合使用同步电动机更合理。

（4）永磁同步电动机。

永磁同步电动机（permanent magnetic synchronous motor）具有效率高、控制精度高、转矩密度高、转矩平稳性好、振动噪声低等优点，在纯电动汽车上具有很高的应用价值，受到国内外电动汽车行业的高度重视。

永磁电动机的结构和传统电动机一样，主要由转子和定子两大部分组成。转子主要由永磁铁、转子铁芯和转轴组成，定子主要由电枢铁芯和电枢绕组构成。永磁电动机用永磁体取代绕线式同步电动机转子中的励磁绕组，从而省去了励磁绕组、集电环和电刷。定子电枢绕组中通入三相对称交流电后将产生旋转磁场，定子的旋转磁极在磁拉力的作用下拖着转子同步旋转。

（5）开关磁阻电动机。

开关磁阻电动机（switch resistance motor）具有可控参数多、调速性能好、结构简单、成本低、损耗小、运转效率高、起动转矩大、起动电流小等优点，是一种极具发展潜力的电动机。

开关磁阻电动机由双凸极的定子和转子组成，其定子和转子的凸极均由普通的硅钢片叠压而成。定子凸极上有集中绕组，转子凸极上既无绕组也无永磁体。转子带有位置传感器，以提供转子位置信号。开关磁阻电动机有多种不同的相数结构，如单相、二相、四相及多相等，且定子和转子的级数有多种不同的搭配，定子和转子的齿数满足自动错位条件。

开关磁阻电动机具有电磁噪声大、低转速转矩脉冲大两大技术难题，因此目前在纯电动汽车上应用较少。但由于开关磁阻电动机结构简单，调速控制比较容易，因此还是受到电动汽车行业一定的重视。

（6）轮毂电动机。

轮毂电动机（in-wheel motor）（图 10.6），又称车轮内装电动机。其最大的特点就是将动力、传动和制动装置都整合到轮毂内，这样纯电动汽车的机械部分将会大大简化。

在纯电动汽车上采用轮毂电动机，可让汽车结构更简单（省略离合器、变速器、传动轴、差速器等大量传动部件），可实现多种复杂的驱动方式（如前驱、后驱、四驱等），也便于采用多种新能源车技术（如驱动力控制、制动能量回收等）；但也带来簧下质量和轮毂转动惯量的增大（影响汽车的操控性能），制动能力有限（需要附加机械制动系统），布置、散热和防尘困难等诸多问题。

图 10.6　轮毂电动机

10.3 混合动力电动汽车

10.3.1 混合动力电动汽车的含义

根据国际电工技术委员会（International Electrotechnical Commission，IEC）的定义，混合动力电动汽车（hybrid electric vehicle，HEV）是能够根据特定的运行要求，从两种或两种以上能量源、能量储存器或转化器中获取驱动力的汽车，在运行中至少有一种能量储存器或转化器直接驱动汽车，并且至少有一种能量源、能量储存器或转化器能够提供电能。这样，混合动力电动汽车就是指装有两个以上动力源（包括有电动机驱动）的汽车，其动力源有多种，包括各种蓄电池、太阳能电池、燃料电池、燃料发动机等，也就是说这种汽车就是将电动机与辅助动力单元组合在一辆汽车上做驱动力。

混合动力电动汽车与传统的燃油汽车相比，其主要优点是采用了高功率的能量储存装置（飞轮、超级电容器或动力蓄电池）向汽车提供瞬时能量，故可以减小发动机尺寸、提高效率及降低排放等。

混合动力电动汽车与纯电动汽车相比，其主要优点是可以最大限度发挥传统的燃油汽车和纯电动汽车的双重优点；动力蓄电池的数量减少；续驶里程和动力性能可以达到传统的燃油汽车的水平；成为较低排放的节能汽车；必要时，成为零排放的纯电动汽车；可以采用多种燃料。

10.3.2 混合动力电动汽车的种类

混合动力电动汽车是在纯电动汽车和传统的燃油汽车的基础上发展起来的，按驱动方案分为三种基本类型：串联式、并联式和混联式。

1. 串联式混合动力电动汽车

串联式混合动力电动汽车（series hybrid electric vehicle）：由发动机带动发电机，发电机的电能向动力蓄电池充电，动力蓄电池输出的电能经过功率转换器输入电动机，电动机输出的转矩经机械传动系统驱动车轮。串联式混合动力电动汽车的结构如图10.7所示。

串联式混合动力电动汽车的发动机为辅助动力装置，能够控制在油耗和排放最低的最佳工况区相对稳定地运行，除带动空调压缩机等附件外，带动发电机时，它所发出的电可直接供电动机或动力蓄电池使用。当汽车在起步、加速、爬坡或高速行驶时，需要较大的功率而发电机无法满足时，动力蓄电池可提供额外的电能。当汽车低速行驶、滑行、减速或停车时，发电机发出的功率若超过汽车的动力需求，多余的电能将向动力蓄电池充电。

串联式混合动力电动汽车从总体结构上看，比较简单、容易控制，电力驱动是其唯一的驱动模式，其特点趋近于纯电动汽车。发动机、发电机、电动机三大总成在布置上虽然有较大的自由度，但各自的功率较大、体积较大、质量也较大，因此在中小型混合动力电动汽车上布置有一定的困难。另外，能量转换效率比传统的燃油汽车要低，故串联式混合动力驱动方案适合在大型客车上使用，如在城区行驶的公共汽车。

2. 并联式混合动力电动汽车

并联式混合动力电动汽车（parallel hybrid electric vehicle）：由两套动力驱动系统构

成。第一套是发动机的动力通过与离合器的接合传至传动系统，与传统的燃油汽车结构和原理完全一样；第二套是电驱动系统，动力蓄电池的电能通过控制器输入到电动机，电动机输出的转矩经离合器、传动轴和传动系统驱动车轮。并联式混合动力电动汽车的结构如图10.8所示。

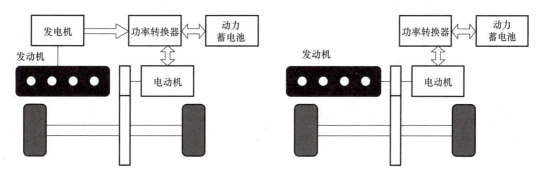

图10.7 串联式混合动力电动汽车的结构　　图10.8 并联式混合动力电动汽车的结构

并联式混合动力电动汽车的两套动力驱动系统以机械能叠加的方式驱动汽车，发动机通过变速装置和驱动桥直接相连，电机可用作电动机或发电机以平衡发动机所受的载荷，使发动机能在高效率区域工作。但由于发动机和驱动桥是机械连接，在城市工况时发动机并不能运行在最佳工况点，因此汽车的燃油经济性比串联式混合动力电动汽车的要差。

并联式混合动力电动汽车有三种驱动模式：纯内燃机驱动、纯电动机驱动和混合动力驱动，也就是说发动机与电机可以分别独立地向驱动轮提供动力，在汽车需要大功率时两者也可以共同提供动力。在一般路面行驶时，并联式混合动力电动汽车采用纯内燃机驱动，仅使用发动机作为动力；当汽车起步或在排放要求较高的区域行驶时，并联式混合动力电动汽车采用纯电机驱动，仅使用电机作为动力；当汽车加速或爬坡时，如果发动机的动力不足以满足汽车的要求，则电机也参与工作，即并联式混合动力电动汽车采用发动机和电机混合动力驱动模式。

与串联式混合动力电动汽车相比，并联式混合动力电动汽车具有质量小、效率高、能量转换效率高、可以采用小功率的发动机和电机等优点，所以并联式混合动力驱动方案比较适合于经常在郊区和高速公路上行驶的车辆采用。

3. 混联式混合动力电动汽车（只使用发动机作为动力）

混联式混合动力电动汽车（combined hybrid electric vehicle）：由发动机、发电机、电动机、变速器组成的一体化结构，同时兼具串联式和并联式混合动力电动汽车的特点。它通过实时的电子计算机控制工作过程，实现发动机与电动机的优化耦合，共同驱动汽车运行。混联式混合动力电动汽车的结构如图10.9所示。

发动机发出的功率一部分通过机械传

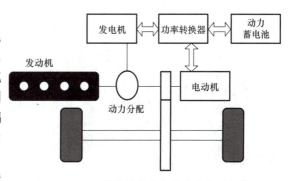

图10.9 混联式混合动力电动汽车的结构

动输送给驱动桥,另一部分驱动发电机发电。发电机发出的电能输送给电动机或蓄电池,电动机产生的驱动力矩通过动力耦合装置传送给驱动桥,该耦合装置可以为动力切换系统或动力分配系统。

动力切换系统用于在串联式或并联式两种驱动方案间切换。当汽车低负荷、低速行驶时,离合器分离,驱动系统主要以串联式工作;当汽车负荷较大、高速稳定行驶时,驱动系统则以并联式工作。

10.3.3 增程式电动汽车

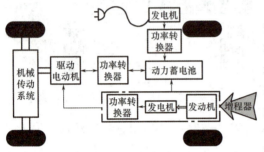

图 10.10 增程式电动汽车的结构

由于当前的动力电池能量密度低,纯电动汽车的续驶里程无法满足人们的心理需求。在这种情况下,在纯电动汽车的基础上增加增程器(range extender)可大大延长电动汽车的续驶能力,消除人们的里程焦虑,这就是增程式电动汽车(extended-range electric vehicle)的设计理念。增程式电动汽车的结构如图 10.10 所示。

根据美国通用汽车公司的定义,增程式电动汽车是指在纯电动模式下可以达到其所有的动力性能,而当车载可充电电池无法满足续驶里程要求时,打开车载辅助发电装置(增程器)为动力系统提供电能,以延长续驶里程。根据这个定义,增程式电动汽车在续驶里程要求较低的情况下可以使用纯电动模式行驶,其本质属于纯电动汽车;在续驶里程要求超过纯电动范围时才起动增程器,使用混合动力模式,其本质属于串联式混合动力电动汽车。

目前,增程式电动汽车采用动力电池作为主要能量源,而增程器一般采用小型汽油机或柴油机。相比纯电动汽车,增程式电动汽车可以采用较小容量的动力蓄电池,从而有利于降低使用成本;相比串联式混合动力电动汽车,增程式电动汽车的功率偏小、动力电池容量配置偏高。

10.3.4 插电式混合动力电动汽车

插电式混合动力电动汽车(plugin hybrid electric vehicle)本身就是一种混合动力汽车,区别在于插电式混合动力电动汽车的车载动力蓄电池可以利用外部电网进行充电,具有较长的纯电动续驶里程,必要时仍然可以在混合动力模式下工作。

与普通的混合动力电动汽车相比,插电式混合动力电动汽车具有较大容量的动力蓄电池、较大功率的电动机驱动系统及较小排量的发动机。为满足纯电动模式行驶的需要,插电式混合动力电动汽车的辅助系统采用电动化方式,如电动转向、电动空调等系统,另外额外增加车载充电机。跟普通的混合动力电动汽车一样,插电式混合动力电动汽车也具有串联式、并联式和混联式等结构形式。图 10.11 所示为典型的插电式混合动力电动汽车。

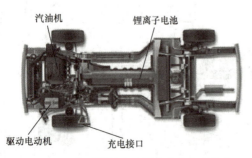

图 10.11 典型的插电式混合动力电动汽车

插电式混合动力电动汽车的工作原理如下:当动力蓄电池完成外部电网充电后,汽车优先以纯电动模式工作,直到动力蓄电池电量达到纯电动模式工作的下限时,发动机起动,汽车进入常规的混合动力驱动模式,动力蓄电池在满足混合动力行驶功率需求的前提下,维持在一个较低的电量状态,直到下一次通过外部电网充电。

10.4 燃料电池电动汽车

10.4.1 燃料电池电动汽车的含义与基本结构

燃料电池电动汽车(fuel cell electric vehicle,FCEV)是指采用燃料电池作为能源的电动汽车。燃料电池电动汽车与纯电动汽车除了动力源不同之外,其驱动电动机、传动系统等部件都完全相同。

与传统的燃油汽车相比,燃料电池电动汽车的优点有:能量转换效率高;能量应用效率高,排放污染低;低噪声,无振动;燃料补充容易;低负荷状态下的效率较高。

因此,燃料电池电动汽车可以说是世界上最环保、高效、低公害的汽车,代表着未来汽车工业的发展方向。

纯燃料电池电动汽车只有燃料电池一个动力源,汽车的所有功率负荷都由燃料电池承担,纯燃料电池电动汽车动力系统的结构如图 10.12 所示。燃料电池将氢气与氧气反应产生的电能传递给驱动电动机,驱动电动机将电能转换为机械能传递给传动系统,从而驱动车轮。

纯燃料电池电动汽车的主要缺点有:燃料电池的功率大、成本高昂;对燃料电池的动态性能和可靠性要求很高;不能进行制动能量回收。

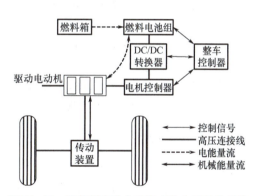

图 10.12 纯燃料电池电动汽车动力系统的结构

为了有效解决上述问题,目前的燃料电池电动汽车多采用混合驱动方式,即在燃料电池的基础上,增加一个蓄电池、飞轮电池或超级电容器作为另一个动力源,与燃料电池共同工作,共同驱动汽车。

图 10.13 所示为氢燃料电池电动汽车的结构。气态氢通常用高压储气罐来装载,为保证燃料电池电动汽车一次充气有足够的续驶里程,就需要多个高压氢气储气罐。氧气可从空气中直接获取或从氧气罐中获取。氧气若来源于空气,需要用空气压缩机提高压力,以增加燃料电池的反应速度。在空气供应系统中还需要用空气加湿装置对空气进行加湿处理,以保证空气有一定的湿度。燃料电池产生的是直流电,需要经过 DC/DC 转换器进行调压。在采用交流电动机的驱动系统中,还需要 DC/AC 逆变器将直流电转换为交流电。

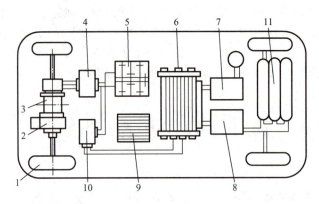

1—驱动轮；2—驱动系统；3—驱动电机；4—DC/AC 逆变器；
5—辅助电源（蓄电池、飞轮电池、超级电容器）；6—燃料电池发动机；7—空气压缩机和空气加湿装置；
8—氢气管理系统；9—主控制器；10—DC/DC 转换器；11—氢气储气罐

图 10.13 氢燃料电池电动汽车的结构

燃料电池电动汽车的辅助电源可以为蓄电池、飞轮电池或超级电容器等，与作为主电源的燃料电池共同组成双电源系统。在具有双电源系统的燃料电池电动汽车上，驱动电动机的电源可以出现以下工作模式。

① 汽车起步时，由辅助电源提供电能带动燃料电池发动机起动。

② 汽车正常行驶时，由燃料电池发动机提供驱动所需的全部电能，剩余的电能储存到辅助电源中，辅助电源向汽车各种电子、电器设备提供所需的电能。

③ 汽车加速或爬坡时，若燃料电池发动机提供的电能不足以满足汽车驱动功率要求，则由辅助电源提供额外的电能，形成双电源供电模式。

④ 汽车减速制动时，辅助电源储存制动回收能量。

10.4.2 燃料电池

目前的燃料电池主要以氢燃料电池为主。氢燃料电池是一种电化学发电装置，可以把化学能直接转换为电能，其基本原理是电解水的逆反应：把加注的氢气和空气中的氧气分别供给阴极和阳极，氢气通过阴极向外扩散和电解质发生反应后，分解为氢离子和电子，产生电流的同时氢离子通过外部负载到达阳极，与氧气结合生成水，如图 10.14 所示。为输出足够的电能来驱动汽车，需要将一定数量的燃料电池单体串联起来构成燃料电池组。

燃料电池的种类繁多，按燃料状态分为液体型和气体型；按工作温度分为低温型（低于 200℃）、中温型（200℃～750℃）和高温型（高于 750℃）；按电解质类型分为碱性燃料电池（alkaline fuel cell）、磷酸燃料电池（phosphoric acid fuel cell）、熔融碳酸盐燃料电池

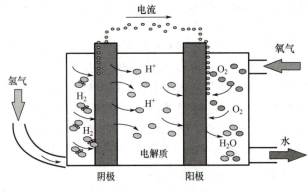

图 10.14 氢燃料电池的工作原理

（molten carbonate fuel cell）、固体氧化物燃料电池（solid oxide fuel cell）、质子交换膜燃料电池（proton exchange membrane fuel cell）等。

单独的燃料电池是不能发电并应用于汽车的，必须与燃料供给与循环系统、氧化剂供给系统、水/热管理系统及综合控制系统组成燃料电池发电系统，简称燃料电池系统（fuel cell system，FCS），才能对外输出功率。目前，最成熟的技术是以纯氢为燃料的燃料电池发动机，如图10.15所示。

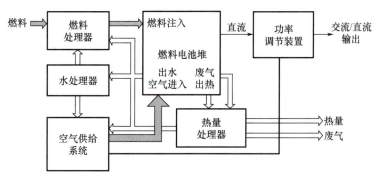

图 10.15　典型的氢燃料电池发动机

当前，世界上所有领先的汽车制造商都在积极开发燃料电池电动汽车，并且许多国家在燃料电池的研究方面取得了可喜的成绩，但从现有技术条件来看，离燃料电池电动汽车实现全面商业化还有一定的距离，这主要体现在燃料电池电动汽车的一些关键技术方面，如燃料电池发动机技术及燃料的制备、储存和运输等。

1．什么是新能源汽车？
2．新能源汽车主要有哪些类型？
3．纯电动汽车的组成与传统的燃油汽车有哪些异同？
4．纯电动汽车用动力电池主要有哪些类型？
5．纯电动汽车用驱动电动机主要有哪些类型？
6．什么是混合动力电动汽车？有哪几种类型？
7．什么是增程式电动汽车？有何特点？
8．什么是插电式混合动力电动汽车？它与普通混合动力电动汽车有何区别？
9．为什么说"燃料电池电动汽车是未来汽车的发展方向"？
10．试说明氢燃料电池的工作原理。

第 11 章
汽车底盘的基本知识

底盘是汽车的基体。底盘可分为四个部分：传动系统、行驶系统、转向系统与制动系统。本章主要介绍汽车底盘的组成、汽车布置形式和汽车的主要技术参数。

要求学生重点掌握汽车底盘的组成及传动系统的布置特点等。

11.1 汽车底盘的组成

汽车底盘的作用是支承、安装汽车发动机和汽车各部件、总成，构成汽车整体；将发动机传来的动力经减速增矩后传给驱动车轮，驱动汽车前进。底盘上设有转向控制、制动控制及减振缓冲等装置，以确保汽车正常行驶。汽车底盘由传动系统、行驶系统、转向系统和制动系统四部分组成，如图 11.1 所示。

汽车传动系统是汽车发动机与驱动轮之间动力传递装置的总称。它能根据需要将动力平稳接合并传递给驱动车轮，或者迅速彻底地分离动力；能满足汽车倒车和必要时左、右驱动车轮差速转动的要求；能保证在一定的行驶条件下提供必需的牵引力和达到相应的车速。传动系统包括离合器、变速器、万向传动装置、主减速器、差速器等。

汽车行驶系统接受发动机经传动系统传来的转矩，并通过驱动轮与路面间的附着作用，产生驱动力；缓和不平路面对车身造成的冲击和振动，保证汽车行驶的平顺性；消除对汽车转向的干涉，保证汽车的操纵稳定性。行驶系统包括车架、车桥、车轮和悬架等。

汽车转向系统是用来保持或改变汽车行驶方向的机构。汽车转向时，要保证各转向轮之间有协调的转角关系。驾驶人通过操纵转向系统，使汽车保持直线或转向的运动状态。

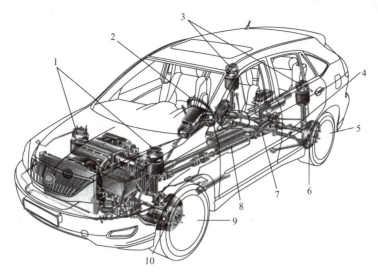

1—前悬架；2—转向盘；3—后悬架；4—半轴；5—后轮；6—后制动器；
7—主减速器与差速器；8—传动轴；9—前轮；10—前制动器

图 11.1 汽车底盘的组成

转向系统包括转向盘、转向轴、转向器、转向传动机构等。

汽车制动系统是汽车装设的全部制动减速和驻车装置的总称，其功能是使行驶中的汽车减速或停车，并能实现可靠驻车。制动系统包括前后制动器、控制装置、供能装置和传动装置等。

11.2 汽车布置形式

汽车发动机的动力是通过传动系统传给驱动车轮的。汽车布置形式反映发动机、驱动桥和车身的相互关系，对汽车的使用性能也有很重要的影响。

常见的汽车布置形式有发动机前置后轮驱动、发动机后置后轮驱动、发动机前置前轮驱动和全轮驱动等形式。

1. 发动机前置后轮驱动（FR 方式）

发动机前置后轮驱动是一种传统的布置形式（图 11.2）。它是将发动机、离合器、变速器等构成的整体置于汽车前部，驱动桥置于汽车后部。大多数货车、部分轿车和部分客车多采用这种布置形式。这种布置形式是前轮转向后轮驱动，发动机的输出动力通过离合器—变速器—传动轴输送到驱动桥，经减速增矩后传给左、右半轴，驱动后轮使汽车运行。

2. 发动机后置后轮驱动（RR 方式）

在大型客车上多采用发动机后置后轮驱动的布置形式，少量微型、轻型轿车也有采用这种形式的。其优点是发动机后置使前轴不易过载，能更充分地利用车厢面积，有效地降低车身地板的高度或充分利用汽车中部地板下的空间安置行李，还能减轻发动机的高温和噪声对驾驶人的影响。其缺点是发动机散热条件差，行驶中的某些故障不易被驾驶人察觉；因远距离操纵使操纵机构变得复杂、维修调整不便。由于这种布置形式的优点较为突出，因此在大型客车上的应用越来越多。

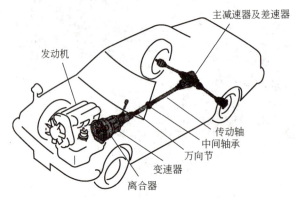

【发动机前置后轮驱动】

图11.2　发动机前置后轮驱动形式

3. 发动机前置前轮驱动（FF方式）

发动机前置前轮驱动布置形式（图11.3）是将发动机、离合器、变速器等构成的整体与驱动桥都置于汽车前部，简称为前置前驱。现在大多数轿车采取这种布置形式，其优点是发动机和动力传动系统布置紧凑；因去掉了贯穿前后的传动轴，车身地板低而平；前轴的负荷大，呈现不足转向特性，整车的操纵稳定性好；易于变型为客货两用车。其缺点是上坡时驱动轮的附着力减小、易打滑；前轮兼有驱动和转向功能，使得结构复杂；轮胎易磨损；当后座无乘客制动时，后轮易抱死。

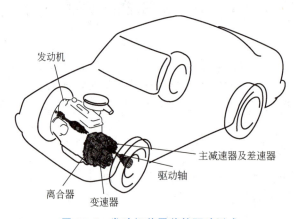

【发动机前置前轮驱动】

图11.3　发动机前置前轮驱动形式

4. 全轮驱动（nWD方式）

越野汽车一般为发动机前置，在变速器后面装有分动器将动力传递到全部车轮上，形成全轮驱动。目前，轻型越野汽车一般采用4×4驱动形式（图11.4），中型越野汽车采用4×4或6×6驱动形式，重型越野汽车一般采用6×6或8×8驱动形式。

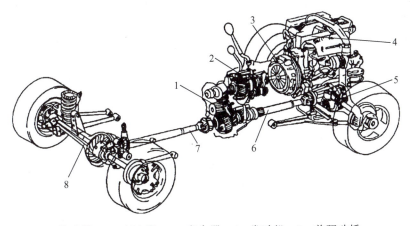

【四轮驱动】

1—分动器；2—变速器；3—离合器；4—发动机；5—前驱动桥；
6—前万向传动装置；7—后万向传动装置；8—后驱动桥

图 11.4　四轮驱动形式

11.3　汽车的主要技术参数

汽车的技术参数较多，主要技术参数如下。

1. 基本参数（图 11.5）

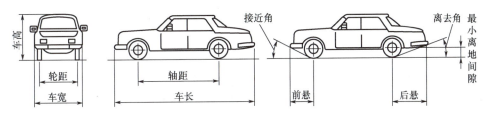

图 11.5　汽车的基本参数

① 整车整备质量（kg）：汽车完全装备好的质量。除了整车质量外，整车整备质量还包括燃料、润滑油、冷却液、随车工具、备胎等的质量，但不包括人员和货物的质量。

② 最大总质量（kg）：汽车满载时的总质量。

③ 最大装载质量（kg）：最大总质量和整车整备质量之差。

④ 最大轴载质量（kg）：汽车单轴所承载的最大总质量。

⑤ 车长（mm）：垂直于汽车纵向对称平面并分别抵靠在汽车前、后最外端突出部位的两垂直面间的距离。

⑥ 车宽（mm）：平行于汽车纵向对称平面并分别抵靠汽车两侧固定突出部位（除后视镜、侧面标志灯、方位灯、转向指示灯等）的两平行面之间的距离。

⑦ 车高（mm）：汽车支撑平面与汽车最高突出部位相抵靠的水平面之间的距离。

⑧ 轴距（mm）：汽车直线行驶时，同侧相邻两轴的车轮落地中心点到汽车纵向对称平面的两条垂线间的距离。

⑨ 轮距（mm）：在支撑平面上，同轴左右车轮两轨迹中心间的距离（轴两端为双轮时，为左右两条双轨迹的中线间的距离）。

⑩ 前悬（mm）：当汽车直线行驶时，汽车前端刚性固定件的最前点到通过两前轮轴线的垂面间的距离。

⑪ 后悬（mm）：汽车后端刚性固定件的最后点到通过最后车轮轴线的垂面间的距离。

⑫ 最小离地间隙（mm）：满载时，汽车支撑平面与汽车最低点之间的距离。

⑬ 接近角：汽车前端突出点向前轮引的切线与地面之间的夹角。

⑭ 离去角：汽车后端突出点向后轮引的切线与地面之间的夹角。

2. 使用数据

（1）转弯直径（mm）：外转向轮（转向盘转到极限位置）的中心平面在汽车支撑平面上的轨迹圆直径。

（2）最高车速（km/h）：汽车在平坦公路上行驶时能达到的最高速度。

（3）最大爬坡度（°或%）：汽车满载时的最大爬坡能力。

（4）平均燃料消耗量（L/100km）：汽车在公路上行驶时每百公里的平均燃料消耗量。

1. 底盘主要包括哪些系统？各系统的功用是什么？
2. 汽车布置形式有哪几种？各有什么特点？
3. 汽车的主要技术参数有哪些？

第12章 离合器

离合器是汽车底盘传动系统的重要部件。通过离合器的接合或分离，使发动机与传动系统、驱动车轮连接或断开。

要求学生掌握摩擦离合器的类型、组成、工作原理；了解离合器的操纵机构。

12.1 概 述

离合器（clutch）是接合或分离（切断）发动机动力传递的装置，是联系发动机和汽车传动系统的"纽带"，因而是汽车传动系统的重要部件。当离合器处于接合状态时，发动机的动力通过离合器传给传动系统的其他装置；当离合器处于分离状态时，便切断了发动机的动力传递。离合器的接合或分离，靠驾驶人控制离合器操纵机构来实现。

汽车离合器有摩擦式、液力式和电磁式等多种类型。由于摩擦离合器在机械式传动系统中应用广泛，因此本章只涉及摩擦离合器（friction clutch）的内容。

12.1.1 离合器的功用

离合器具有以下功用。

1. 保证汽车平稳起步

为了减轻发动机的起动阻力，使发动机不带负载易于起动，需要切断发动机与汽车传动系统的连接。汽车起步，使得汽车从完全静止状态变化到运动状态，需要提供足够的动

【离合器】　【K1 离合器的工作原理】

力来克服阻力，不然汽车无法起步。而发动机供给汽车传动系统的动力，需要以渐进增长的方式传递，以免造成发动机熄火或零部件损坏。因此，通过驾驶人控制，使离合器缓速逐渐接合，逐步将发动机的动力传给汽车传动系统。在离合器接合的过程中，同时逐渐踩下加速踏板，增加发动机动力，进而增大汽车的驱动力，使汽车平稳起步。

2. 保证变速器换挡时工作平顺

在汽车行驶过程中，通过变换挡位来适应不同的行驶条件。换挡时，将原挡位的齿轮副退出啮合或进入新挡位的齿轮副啮合，都需要操作离合器暂时切断发动机的动力；否则将难以脱开原挡位齿轮副或难以啮合新挡位的齿轮副，从而造成机件损坏，产生很大的冲击和噪声。

3. 限制超额转矩的传递，防止传动系统过载

当汽车紧急制动时，发动机若与传动系统刚性连接会导致转速急剧降低，其所有运动件将产生很大的惯性力矩，造成过载而使机件损坏。离合器可解除发动机与传动系统之间的运动联系。紧急制动时，可先踩下离合器踏板，使之分离；当来不及踩下离合器踏板时，离合器主、从动部分之间产生的相对滑转也可消除这一危险，起到一定的保护作用，从而防止传动系统过载。

12.1.2 离合器的基本组成及工作原理

离合器装置由两部分组成：离合器和离合器操纵机构。按功能要求划分，摩擦离合器由主动部分、从动部分、压紧机构和分离机构组成。图 12.1 所示为摩擦离合器的基本组成和工作原理。

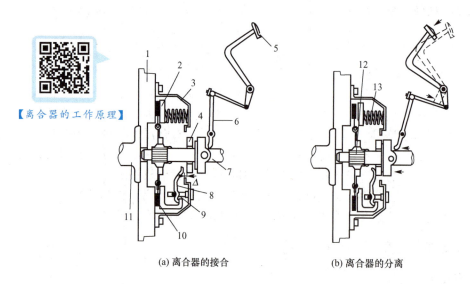

(a) 离合器的接合　　　(b) 离合器的分离

1—飞轮；2—压盘；3—离合器盖；4—分离轴承；5—踏板；6—分离拨叉；7—从动轴；
8—分离杠杆；9—支点；10—从动盘；11—曲轴；12—花键；13—压紧弹簧；Δ—自由间隙

图 12.1　摩擦离合器的基本组成和工作原理

在图 12.1 中，离合器的主动部分是发动机的飞轮 1、离合器中的压盘 2 和离合器盖 3，离合器盖 3 通过螺栓固定在飞轮 1 上，离合器盖 3 的动力通过传动片（图 12.1 中略）传

给压盘2；从动部分是从动盘10和与之通过花键12连接的从动轴7（也称变速器第一轴），从动盘10位于压盘2和飞轮1之间。压紧弹簧13装在离合器盖3内，周向分布，对压盘2产生压紧力。分离杠杆8的支点9在离合器盖3上，一端作用于压盘2，另一端被分离轴承4作用。当从动盘10被压盘2和飞轮1夹紧形成一个整体时，发动机的动力通过飞轮1、离合器盖3、压盘2传给从动盘10，由从动轴输出，这就是离合器的接合[图12.1(a)]；若要切断发动机动力输出，只需使压盘2离开从动盘10，使从动盘10处于自由状态即可，这就是离合器的分离[图12.1(b)]。

离合器的接合过程：放松离合器踏板5，则分离杠杆8内端作用力消失，压盘2在压紧弹簧13的作用下将从动盘10压紧在飞轮1上，直至离合器完全接合停止滑磨为止，发动机的动力经从动轴7输出。

离合器的分离过程：踩下离合器踏板5，通过离合器操纵机构使分离拨叉6拨动分离轴承4，分离轴承4作用在分离杠杆8的内端并左移，致使分离杠杆8的外端右移并带动压盘2离开从动盘10，同时使压紧弹簧13压缩，此时压盘2与从动盘10之间留出间隙，从动盘10不再被压盘2和飞轮1夹紧，动力输出中断。

12.1.3 离合器的基本要求与分类

1. 离合器的基本要求

摩擦离合器应能满足以下基本要求。

① 保证能传递发动机发出的最大转矩，并且有一定的传递转矩余力。
② 能做到分离彻底、接合柔和，并具有良好的散热能力。
③ 从动部分的转动惯量尽量小一些。这样，在分离离合器换挡时，与变速器输入轴相连部分的转速会变化较快，从而减轻齿轮间冲击。
④ 具有缓和转动方向冲击、衰减该方向振动的能力，且噪声小。
⑤ 压盘压力和摩擦片的摩擦系数变化小，工作稳定。
⑥ 操纵省力，维修与保养方便。

2. 离合器的分类

根据摩擦面的数目（或从动盘的数目）、压紧弹簧的形式与安装位置，以及操纵机构的形式，摩擦离合器可分为单盘式、双盘式、周布弹簧式、中央弹簧式、膜片弹簧式。

单盘式离合器：只有一个从动盘，前后两面都装有摩擦片，形成两个摩擦面。单盘式离合器可满足轿车和轻型货车传递发动机最大转矩的要求。

双盘式离合器：有两个从动盘，形成四个摩擦面。对于中、重型货车而言，要求离合器传递大的转矩，较为有效的措施就是增加摩擦面的数目。

周布弹簧式离合器：采用若干个螺旋弹簧作为压紧弹簧，并沿压盘圆周分布。

中央弹簧式离合器：仅有一个或两个螺旋弹簧作为压紧弹簧并安置在离合器中央。

膜片弹簧式离合器：以膜片弹簧作为压紧弹簧的离合器。

12.2 摩擦离合器

摩擦离合器按压紧弹簧的安装位置分为周布弹簧式离合器和中央弹簧式离合器;按压紧弹簧的形式分为螺旋弹簧式离合器和膜片弹簧式离合器。下面重点介绍膜片弹簧式离合器。

12.2.1 膜片弹簧式离合器

1. 膜片弹簧式离合器的结构及工作原理

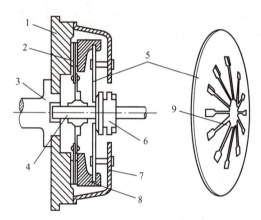

1—飞轮;2—从动盘;3—曲轴;
4—离合器从动轴;5—膜片弹簧;6—分离轴承;
7—离合器盖;8—压盘;9—分离指

图12.2 典型的膜片弹簧式离合器压盘总成

膜片弹簧式离合器所用的压紧弹簧是一个中心部位开有若干均布径向槽的圆锥形薄弹簧钢片。图12.2所示为典型的膜片弹簧式离合器压盘总成。其结构由四部分组成:主动部分、从动部分、压紧机构和分离机构。主动部分由发动机飞轮(flywheel)1和离合器盖(clutch cover)7及压盘(pressure plate)8组成;从动部分由从动盘(driven plate)2和离合器从动轴4组成;压紧机构由膜片弹簧5组成;分离机构由分离轴承(release bearing)6以及膜片弹簧组成。膜片弹簧兼有压紧弹簧和分离杠杆的作用。

图12.3所示为长安CS55轿车膜片弹簧式离合器的结构。其主动部分、从动部分与前述膜片弹簧式离合器类似,而压紧机构所用的压紧弹簧是一个用优质薄弹簧钢板制成的带有一定锥度的膜片弹簧,靠中心部位开有18条径向切槽(内端部分称为分离指),为防止应力集中,槽的末端接近外缘处加工成圆孔,形成18根弹性杠杆。膜片弹簧既是压紧弹簧又是分离杠杆,膜片弹簧槽的末端右侧抵靠在离合器盖上冲压出的一个环形凸台上,左侧以弹性挡环作为支承环,成为离合器分离杠杆的支点。

图12.4所示为双支承环形膜片弹簧式离合器的工作原理。当离合器盖2未固定到飞轮1上时,离合器盖2与飞轮1安装面有一距离L,此时膜片弹簧4不受力,离合器处于自由状态[图12.4(a)]。当离合器盖2安装螺栓紧固后,离合器盖左移消除L,膜片弹簧4以右钢丝支承圈5为支点发生弹性变形(锥角变小),膜片弹簧4的反弹力使其外端对压盘3和从动盘产生压紧力,此时离合器处于接合状态[图12.4(b)]。当分离离合器时,分离轴承7左移,膜片弹簧内端左移,并以左钢丝支承圈8为支点转动(膜片弹簧呈反锥形),于是膜片弹簧外端右移,并通过分离弹簧钩6拉动压盘使离合器分离[图12.4(c)]。

2. 膜片弹簧式离合器的特点

膜片弹簧式离合器的特点如下。

（1）具有理想的弹性特性。图 12.5 所示为螺旋弹簧与膜片弹簧两种弹簧的特性曲线。曲线 1 为螺旋弹簧的特性曲线，呈线性特性。曲线 2 为膜片弹簧的特性曲线，呈非线性特性。故膜片弹簧离合器操纵轻便，且当摩擦片磨损变薄时其压紧力相差不大。

（2）结构简单紧凑。膜片弹簧起压紧弹簧和分离杠杆的作用。与螺旋弹簧式离合器相比，膜片弹簧式离合器的零件数目少，结构简单，且轴向尺寸小。

（3）高速时平衡性好，压紧力稳定。膜片弹簧是圆形旋转对称零件，其中心位于旋转轴线上，平衡性好；在高速下不会因离心力产生弯曲而导致弹簧压紧力下降，即高速时压紧力稳定。

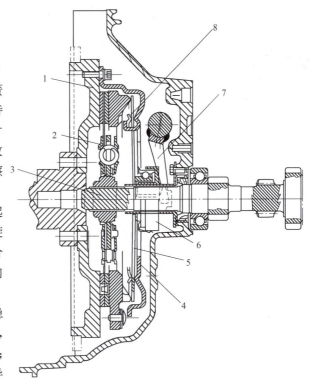

1—飞轮；2—从动盘；3—从动轴；4—离合器盖；
5—膜片弹簧；6—分离轴承；7—分离叉；8—弹性挡环

图 12.3 长安 CS55 轿车膜片弹簧式离合器的结构

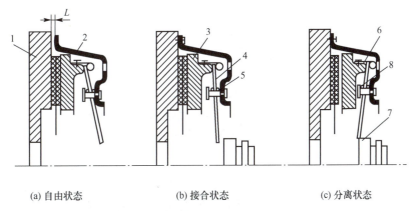

(a) 自由状态　　　(b) 接合状态　　　(c) 分离状态

1—飞轮；2—离合器盖；3—压盘；4—膜片弹簧；
5—右钢丝支承圈；6—分离弹簧钩；
7—分离轴承；8—左钢丝支承圈

图 12.4 双支承环形膜片弹簧式离合器的工作原理

（4）寿命长。膜片弹簧与压盘以整个圆周接触，故摩擦片上的压力分布均匀，磨损也均匀；由于膜片弹簧式离合器零件少，轴向尺寸小，可以采用较厚的、热容量大的压盘或在离合器盖上开较大的通风口等措施，来达到良好的通风散热效果。

膜片弹簧式离合器的制造工艺和尺寸精度要求也比较严格。由于膜片弹簧式离合器具有以上一系列的优点，因此在汽车（尤其轿车）上得到了广泛的应用。

12.2.2 从动盘和扭转减振器

从动盘是离合器的从动件，与变速器的输入轴以花键连接。从动盘夹在飞轮和压盘之间。它主要由从动盘本体、从动盘毂和两个摩擦片组成，如图12.6所示。

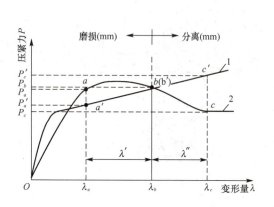

1—螺旋弹簧特性曲线；2—膜片弹簧特性曲线

图 12.5 螺旋弹簧与膜片弹簧两种弹簧的特性曲线

1—摩擦片；2—从动盘本体；3—波形弹簧钢片；
4—铆钉；5—从动盘毂；6—扭转减振器

图 12.6 离合器从动盘

为了减少从动盘的转动惯量，从动盘本体和减振器均采用弹簧钢薄板制成。为了使离合器接合柔和，并更好地散热，从动盘本体呈平面且直径较小，本体中部外缘铆有若干个单独制作的波形弹簧钢片；两个摩擦系数较大的摩擦片，分别与波形弹簧钢片的波峰和波谷部分铆接，因而从动盘在轴向具有一定的弹性。

为了避免共振，缓和传动系所受的冲击载荷，许多汽车传动系中装设了扭转减振器，该装置安装在离合器从动盘的中间部分（图12.6）。传动系中的扭转振动会使从动盘毂相对于从动盘本体和减振器盘做相对往复转动，借助夹在它们之间的摩擦阻尼片的摩擦来消耗扭转振动的能量，使扭转振动迅速衰减，从而减小传动系所受的交变应力。

12.3 离合器操纵机构

离合器操纵机构是由驾驶人操控，使离合器分离和接合的机构。驾驶人操控离合器踏板，通过离合器操纵机构，将作用力传递到离合器分离轴承上，保证离合器分离彻底，并且在离合器接合时，保证离合器接合柔和。

离合器操纵机构按传力方式分为机械式和助力式两种。

12.3.1 机械式操纵机构

机械式操纵机构以驾驶人的肌体作为唯一的操纵能源,有杆式传动和绳索式传动两种形式。

1. 杆式传动操纵机构

图 12.7 所示为离合器杆式传动操纵机构。杆式传动操纵机构结构简单,工作可靠。但杆式传动操纵机构中节点多,因而摩擦损失较大。此外车身和车架的变形会影响其正常工作,远距离操纵离合器时,布置比较困难,因而不能采用便于驾驶人操纵的吊挂式踏板。

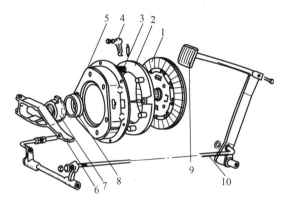

1—从动盘;2—压盘;3—压紧弹簧;4—分离杠杆;5—离合器盖;
6—分离叉;7—分离套筒;8—分离轴承;9—踏板;10—拉杆

图 12.7 离合器杆式传动操纵机构

2. 绳索式传动操纵机构

图 12.8 所示为离合器绳索式传动操纵机构。其结构特点是离合器踏板和分离叉之间用钢丝绳连接,结构简单,布置方便,不受车身和车架变形的影响,适合采用吊挂式踏板。但绳索式传动操纵机构的使用寿命短,传递的力小,只适用于轻型及微型汽车。

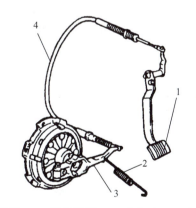

1—踏板;2—回位弹簧;3—分离叉;4—钢丝绳

图 12.8 离合器绳索式传动操纵机构

12.3.2 助力式操纵机构

离合器助力式操纵机构有弹簧助力式、气压助力式和液压助力式三种形式,下面主要介绍常见的液压助力式操纵机构。

图 12.9 所示为离合器液压助力式操纵机构,其主要由主缸、工作缸及管路系统等组成。液压助力式操纵机构具有摩擦阻力小、质量轻、布置方便、接合柔和、不受车架和车身变形的影响等优点,应用比较广泛。

踏下离合器踏板(图 12.9),主缸中的推杆推动主缸活塞左移,使主缸内的油压升高,流至工作缸,并通过推杆作用在分离叉外端,使分离叉绕着另一端的支点压动分离轴承,从而通过膜片弹簧，使离合器压盘离开从动盘，离合器处于分离状态。

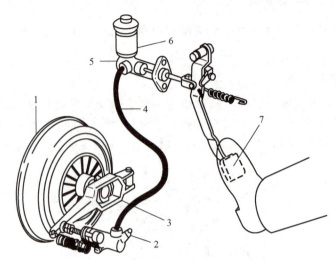

1—离合器；2—工作缸；3—分离叉；4—油管；5—主缸；6—储液室；7—踏板

图12.9　离合器液压助力式操纵机构

当放松离合器踏板时，主缸活塞回位，工作缸油液流回主缸，分离叉失去了推动力，分离轴承回位。膜片弹簧将压盘压紧在从动盘上，离合器处于接合状态。

1. 汽车传动系统为什么要安装离合器？
2. 简述离合器的基本组成和工作原理。
3. 简述离合器接合时，发动机到变速器的动力传递路线。
4. 离合器的操纵机构有哪几种？
5. 简述离合器液压助力式操纵机构的工作原理。

第 13 章 变速器与同步器

变速器是汽车底盘传动系统的重要部件。驾驶人通过拨动变速杆挂入不同的挡位，从而适应经常变化的行驶条件，使发动机在有利的工况下工作。

要求学生掌握变速器和同步器的类型及工作原理；了解变速操纵机构的类型和锁止装置。

13.1 概 述

变速器（transmission）是用来改变发动机输出转矩，进而根据使用要求改变行车速度的总成。

活塞式发动机的输出转矩和转速变化范围较小，而汽车的使用情况非常复杂，因此要求汽车的驱动力和车速能在较大范围内变化。在传动系统中设置变速器，通过变换挡位可以扩大输出转矩和转速变化范围，以满足汽车行驶需要。

13.1.1　变速器的功用

变速器具有以下功用。

① 改变传动比，扩大驱动轮转矩和转速的变化范围，以适应经常变化的行驶条件。

② 在汽车发动机旋转方向不变的前提下，利用倒挡实现汽车倒退行驶。

③ 在发动机不熄火的情况下，利用空挡中断动力传递，有利于发动机的起动、暖机、怠速，便于汽车换挡或滑行、暂时停车等使用工况。

④ 通过变速器将发动机的动力输出，驱动其他机构，如自卸车的油泵、某些汽车的绞盘等。

13.1.2 变速器的类型

1. 按传动比变化方式分类

变速器按其传动比变化方式分为有级式、无级式和综合式三种。

(1) 有级式变速器。它有多对齿轮传动副，形成几个可供选择的固定传动比。轿车和轻、中型货车变速器多采用 4～6 个前进挡和 1 个倒挡。重型汽车上的变速器挡位较多，有的还装有副变速器。

(2) 无级式变速器（continuously variable transmission，CVT）。它的传动比在一定数值范围内可连续无限多级变化，常见的有流体式和机械式两种。液力变矩器和借助液体压能变化或变换能量的液压传动都属于流体式无级变速器。而采用带轮传动（含胶带式、金属带式和链带式）的无级变速器属于机械式无级变速器。

(3) 综合式变速器。由液力变矩器和行星齿轮式变速器组成的液力机械式变速器属于综合式变速器，其传动比可在最大值和最小值之间的几个间断范围内做无级变化。

2. 按变速器操纵机构分类

变速器操纵机构主要有机械式（手动换挡变速器）和自动式（自动换挡变速器）。机械式操纵机构按操纵杆与变速器的相互位置不同，可分为直接操纵式和远距离操纵式。

(1) 手动换挡变速器。直接操纵式手动换挡变速器：变速器布置在驾驶人座位附近，操纵机构多集装于变速器上盖或侧面，结构简单、操纵方便。远距离操纵式手动换挡变速器：平头式汽车或发动机后置后轮驱动汽车的变速器，受总体布置限制，变速器离驾驶人座位较远，通常在变速杆与拨块之间增加若干个传动件，换挡作用力经过这些转换机构才能完成换挡。

(2) 自动换挡变速器。在某一传动范围内（一般是在前进挡），由变速器的自动控制系统根据发动机的负荷和车速的变化自动选定挡位并变换挡位，即自动地改变传动比。驾驶人只需要操纵加速踏板便可以控制车速。

本章只介绍手动换挡有级式变速器。

13.1.3 齿轮式变速器的工作原理

图 13.1 所示为齿轮传动机构的变速原理。Ⅰ 是主动轴（动力输入轴），Ⅱ 是从动轴（动力输出轴）。设主动齿轮 1 的齿数为 Z_1，转速为 n_1，转矩为 T_1，逆时针方向转动；从动齿轮 2 的齿数为 Z_2，转速为 n_2，转矩为 T_2。

齿轮传动机构的传动比（gear ratio）i 可以用主动齿轮的转速 n_1 与从动齿轮转速 n_2 之比表示，也可以用从动齿轮齿数 Z_2 与主动齿轮齿数 Z_1 之比表示，还可以用从动齿轮轴的转矩 T_2 与主动齿轮轴的转矩 T_1 之比表示，其关系式为

$$i=\frac{n_1}{n_2}=\frac{Z_2}{Z_1}=\frac{T_2}{T_1} \tag{13-1}$$

当动力由主动轴经过齿轮机构传递给从动轴时，由于 $Z_1<Z_2$，则 $n_2<n_1$，$T_2>T_1$，即当主动齿轮齿数小于被动齿轮齿数时，则减速增矩；反之，则增速降矩。

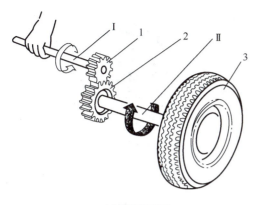
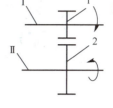

(a) 变速原理图　　　　　　　(b) 传动简图

Ⅰ—主动轴；Ⅱ—从动轴；1—主动齿轮；2—从动齿轮；3—车轮

图 13.1　齿轮传动机构的变速原理

【变速传动机构的变速原理】

【滑动齿轮换挡】

为了扩大变速器输出转速的变化范围，普通齿轮变速器通常采用多组大小不同的齿轮啮合传动，构成多个不同的挡位，其传动比为各级齿轮传动比的连乘积。挡位不同，传动比不同，则可得到多种不同的输出转速和转矩。图 13.2 所示为三轴式变速器各挡位构成原理。

图 13.2(a) 所示为 1 挡的动力传递途径，动力从输入轴 1 输入，经输入轴常啮合齿轮 7 和中间轴常啮合齿轮 2，传递给中间轴 4，再经过中间轴 1 挡齿轮 3、输出轴 1 挡齿轮 6，传给输出轴 5。动力经过两对齿轮传动，构成 1 挡，其传动比等于两对齿轮传动比的乘积，动力的旋转方向不变。1 挡的传动比为

$$i_1 = \frac{n_1}{n_5} = \frac{Z_2 Z_6}{Z_7 Z_3} \qquad (13-2)$$

图 13.2(b) 所示为 2 挡的动力传递途径，除输入轴常啮合齿轮 7 和中间轴常啮合齿轮 2 外，参与传动的齿轮副有中间轴 2 挡齿轮 8 和输出轴 2 挡齿轮 9 构成的传动比小于中间轴 1 挡齿轮 3 和输出轴 1 挡齿轮 6 的传动比。同理可构成其他前进挡。2 挡的传动比为

$$i_2 = \frac{n_1}{n_5} = \frac{Z_2 Z_9}{Z_7 Z_8} \qquad (13-3)$$

【接合套换挡】

图 13.2(c) 所示为直接挡的动力传递途径，通过结合套直接将输出轴 5 和输入轴 1 结合为一体，构成直接挡，传动比为 1。由于动力的传动未经过齿轮的传递，因此直接挡的传动效率比其他前进挡要高。

为获得倒挡，需再增加一对齿轮传动，倒挡的动力传递途径如图 13.2(d) 所示。倒挡的动力传递需经过输入常啮合齿轮 7 和中间轴常啮合齿轮 2，中间轴倒挡齿轮 10 和倒挡轴齿轮 12，倒挡轴齿轮 12 和输出轴倒挡齿轮 13 三对齿轮的传动，输出轴的旋转方向与输入轴相反，通常能获得比 1 挡更大的传动比。倒挡的传动比为

$$i_{倒} = \frac{n_1}{n_5} = \frac{Z_2 Z_{12} Z_{13}}{Z_7 Z_{10} Z_{12}} = \frac{Z_2 Z_{13}}{Z_7 Z_{10}} \qquad (13-4)$$

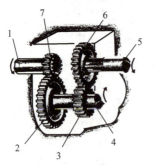
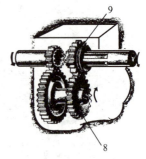

(a) 1挡的动力传递途径　　　　　　　　　　(b) 2挡的动力传递途径

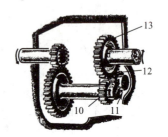

(c) 直接挡的动力传递途径　　　　　　　　　(d) 倒挡的动力传递途径

1—输入轴；2—中间轴常啮合齿轮；3—中间轴1挡齿轮；4—中间轴；5—输出轴；
6—输出轴1挡齿轮；7—输入轴常啮合齿轮；8—中间轴2挡齿轮；9—输出轴2挡齿轮；
10—中间轴倒挡齿轮；11—倒挡轴；12—倒挡轴齿轮；13—输出轴倒挡齿轮

图 13.2　三轴式变速器各挡位构成原理

13.2　变速器的变速传动机构

变速器由变速器壳体、变速传动机构、变速操纵机构等组成。变速器壳体是变速器其他部件的安装基础；变速传动机构用来改变传动比、转矩和旋转方向；变速操纵机构用来实现换挡。变速器按工作轴数量（不包括倒挡轴）的不同，可分为两轴式变速器和三轴式变速器。

13.2.1　两轴式变速器的变速传动机构

在发动机前置前轮驱动和发动机后置后轮驱动的中、轻型轿车上，由于总体结构布置的需求，常采用结构简单、紧凑的两轴式变速器。例如，奥迪100型、捷达、红旗、富康、桑塔纳及夏利等轿车均采用两轴式变速器。

前置发动机又有横向布置和纵向布置两种类型，与其配用的两轴式变速器结构形式也有差异。这种变速器通常与主减速器和差速器集合在一起，称为传动箱。下面介绍应用较多的横向布置两轴式五挡变速器。

图 13.3 所示为 BE4 两轴式五挡变速器。变速器的输入轴Ⅰ通过离合器与横向布置的发动机曲轴相连,两端通过圆锥滚子轴承支承在变速器壳体上。1 挡、倒挡、2 挡主动齿轮 4、5、9 分别与输入轴Ⅰ固连;3 挡、4 挡、5 挡主动齿轮 10、12、13 分别通过滚针轴承空套在输入轴Ⅰ上;变速器输出轴Ⅱ左端通过球轴承、右端通过圆柱滚子轴承支承在变速器壳体上。1 挡、2 挡从动齿轮 23、21 分别通过滚针轴承空套在输出轴Ⅱ上,3 挡、4 挡和 5 挡从动齿轮 20、19、17 与输出轴Ⅱ固连;在输入轴Ⅰ、输出轴Ⅱ一侧装有倒挡轴Ⅲ,倒挡轴Ⅲ固定在离合器壳体 2 上,轴上滑套着倒挡齿轮 8。3、4 挡同步器 11 及 5 挡同步器 14 分别通过花键与输入轴Ⅰ相连;1、2 挡同步器 22 通过花键与输出轴Ⅱ相连,其上有与倒挡齿轮 8 啮合的齿轮。同步器均为锁环式,各前进挡主、从动齿轮均处于常啮合状态。

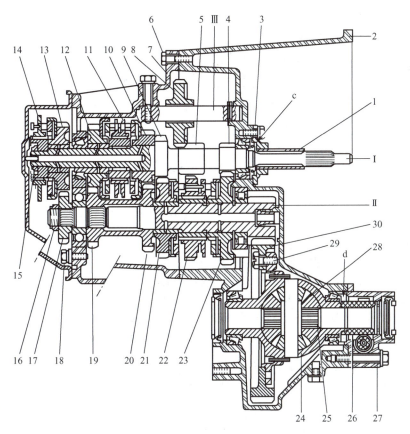

1—导向套;2—离合器壳体;3—导向块;4—1 挡主动齿轮;5—倒挡主动齿轮;6—离合器壳体螺栓;7—变速器壳体;8—倒挡齿轮;9—2 挡主动齿轮;10—3 挡主动齿轮;11—3、4 挡同步器;12—4 挡主动齿轮;13—5 挡主动齿轮;14—5 挡同步器;15—第一轴螺母;16—第二轴螺母;17—5 挡从动齿轮;18—卡环定位螺栓;19—4 挡从动齿轮;20—3 挡从动齿轮;21—2 挡从动齿轮;22—1、2 挡同步器和倒挡从动齿轮;23—1 挡从动齿轮;24—差速器壳体;25—半轴齿轮;26—里程表主动齿轮;27—里程表从动齿轮;28—行星齿轮;29—主减速器齿轮螺栓;30—主减速器主动齿轮;c、d—调节垫片;Ⅰ—输入轴;Ⅱ—输出轴;Ⅲ—倒挡轴

图 13.3　BE4 两轴式五挡变速器

图 13.4 所示为 BE4 两轴式五挡变速器的传动示意图。换挡时，只要拨动拨叉使接合套轴向移动即可脱挡和换挡。

当 1、2 挡同步器和倒挡从动齿轮 14 的接合套向右或向左移动到与相应的接合齿圈相接合时，便挂上了 1 挡或 2 挡；而向右或向左移动 3、4 挡同步器 6 的接合套时，则挂上了 3 挡或 4 挡；向右移动 5 挡同步器 9 的接合套时，则挂上了 5 挡。各挡传动比为

$$i_1=\frac{Z_{15}}{Z_1},\ i_2=\frac{Z_{13}}{Z_4},\ i_3=\frac{Z_{12}}{Z_5},\ i_4=\frac{Z_{11}}{Z_7},\ i_5=\frac{Z_{10}}{Z_8} \tag{13-5}$$

【两轴式五挡变速器】

【两轴式四挡变速器】

【捷达轿车 02KA 型变速器】

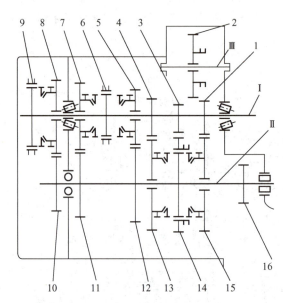

1—1 挡主动齿轮；2—倒挡齿轮；3—倒挡主动齿轮；4—2 挡主动齿轮；5—3 挡主动齿轮；
6—3、4 挡同步器；7—4 挡主动齿轮；8—5 挡主动齿轮；9—5 挡同步器；10—5 挡从动齿轮；
11—4 挡从动齿轮；12—3 挡从动齿轮；13—2 挡从动齿轮；14—1、2 挡同步器和倒挡从动齿轮；
15—1 挡从动齿轮；16—主减速器主动齿轮；Ⅰ—输入轴；Ⅱ—输出轴；Ⅲ—倒挡轴

图 13.4 BE4 两轴式五挡变速器的传动示意图

当移动倒挡齿轮 2，使之同时与倒挡主动齿轮 3 和倒挡从动齿轮 14 啮合时，即为倒挡传动，其传动比为

$$i_R=\frac{Z_2 Z_{14}}{Z_3 Z_2}=\frac{Z_{14}}{Z_3} \tag{13-6}$$

13.2.2 三轴式变速器的变速传动机构

图 13.5 所示为三轴式变速器。它有三根齿轮传动轴：第一轴（输入轴）1、中间轴 23 和第二轴（输出轴）13。

图 13.5 所示的变速器，除直接挡外，各前进挡均通过两对齿轮传动，变速器输出轴的转动方向与输入轴（发动机曲轴）的转动方向相同。三轴式齿轮传动主要应用于发动机前置后轮驱动的汽车变速器上，尤其是用于中、轻型货车上，因为通过两级齿轮传动可以得到较大的传动比。

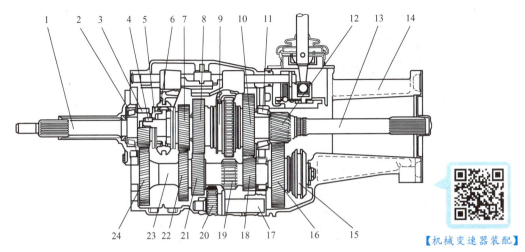

1—第一轴（输入轴）；2—第一轴轴承；3—第一轴常啮合齿轮；4—第二轴前轴承；5—3、4挡同步器锁环；
6—3、4挡同步器；7—第二轴3挡齿轮；8—第二轴2挡齿轮；9—1、2挡同步器和第二轴倒挡齿轮；
10—第二轴1挡齿轮；11—第二轴后轴承；12—第二轴5挡齿轮；13—第二轴（输出轴）；14—变速器壳体；
15—5挡同步器；16—中间轴5挡齿轮；17—倒挡轴；18—中间轴1挡齿轮；19—中间轴倒挡齿轮；
20—倒挡轴倒挡齿轮；21—中间轴2挡齿轮；22—中间轴3挡齿轮；
23—中间轴；24—中间轴常啮合传动齿轮

图 13.5 三轴式变速器

第一轴的前端用向心球轴承支承在飞轮的中心孔内，后端用圆锥滚子轴承支承在变速器前壳的轴承孔中；中间轴的前端用滚柱轴承、后端用向心球轴承支承于变速器壳体上；第二轴的前端用滚针轴承支承在第一轴常啮合齿轮3的内圆孔中，后端用圆锥滚子轴承支承在变速器壳体上。第一轴常啮合齿轮3与第一轴制成一体，与中间轴常啮合传动齿轮24构成常啮合传动齿轮副。中间轴1挡齿轮18、中间轴倒挡齿轮19及中间轴2挡齿轮21与中间轴制成一体，以提高轴的刚度和强度，中间轴常啮合传动齿轮24用键固定在中间轴上。中间轴5挡齿轮16通过滚针轴承空套在中间轴上。第二轴3挡齿轮7、第二轴2挡齿轮8和第二轴1挡齿轮10通过滚针轴承空套在第二轴上，各齿轮上制有外接合齿圈，以便与对应挡同步器上的接合套内齿圈相啮合。第二轴5挡齿轮12与第二轴制成一体。3、4挡同步器6及1、2挡同步器9的花键毂以其内花键与第二轴上的外花键相连接，5挡同步器15的花键毂以其内花键与中间轴上的外花键相连接。三轴式变速器动力传动路线如图13.6所示。

空挡［图13.6（a）］：挂空挡时，所有同步器的接合套处于花键毂中间位置，当离合器接合时，第一轴旋转，带动除5挡外的常啮合齿轮旋转，由于第二轴上的1～3挡从动齿轮均空套在第二轴上，因此无动力输出。

1挡［图13.6（b）］：挂1挡时，通过操纵机构使1、2挡同步器的接合套右移，与第二轴1挡齿轮上的齿圈结合，将第二轴1挡齿轮与第二轴固结，动力从第二轴输出。

2挡［图13.6（c）］：挂2挡时，通过操纵机构使1、2挡同步器的接合套左移，与第二轴2挡齿轮上的齿圈结合，将第二轴2挡齿轮与第二轴固结，动力通过第二轴输出。

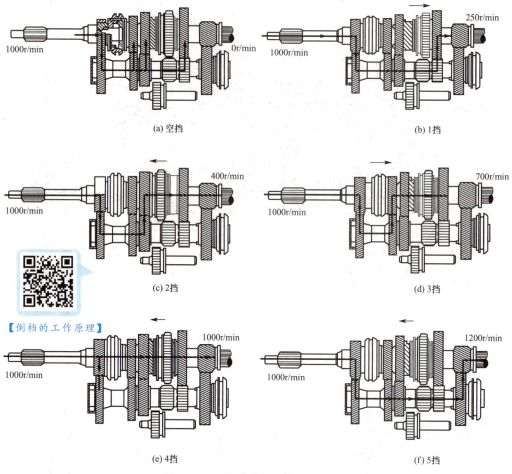

(a) 空挡 (b) 1挡 (c) 2挡 (d) 3挡 (e) 4挡 (f) 5挡

图 13.6　三轴式变速器动力传递路线

3挡[图13.6(d)]：挂3挡时，通过操纵机构使3、4挡同步器的接合套右移，与第二轴3挡齿轮上的齿圈结合，将第二轴3挡齿轮与第二轴固结，动力通过第二轴输出。

4挡[图13.6(e)]：挂4挡时，通过操纵机构使3、4挡同步器的接合套左移，与第二轴常啮合齿轮上的齿圈结合，将第一轴与第二轴连成一体。由于动力的传递未经过任何齿轮，故称为直接挡，传动效率在各挡中最高。

5挡[图13.6(f)]：挂5挡时，通过操纵机构使5挡同步器的接合套左移，将中间轴上的5挡齿轮与中间轴锁为一体，再经过5挡常啮合齿轮把动力传给第二轴。由于5挡的第二对齿轮传动是增速，且增速的传动比比第一对齿轮减速的传动比大，故获得一个小于1的速比，称为超速挡。具有超速挡的变速器用在发动机功率较充裕的汽车上，可以提高汽车的经济性。

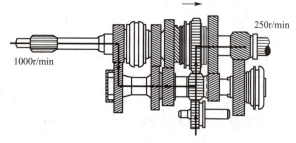

图 13.7　三轴式变速器倒挡动力传递路线

倒挡（图13.7）：挂倒挡时，通过操纵机构使倒挡轴上的倒挡齿轮右移,同时与中间轴倒挡齿轮和第二轴上带同步器倒挡齿轮啮合,动力经第一轴、中间轴倒挡齿轮、倒挡轴倒挡齿轮、第二轴倒挡齿轮由第二轴输出。为保证倒车的安全性,车速较低,倒挡的传动比一般较大,与1挡传动比大致相当。

13.3　同　步　器

由于变速器输入轴和输出轴以各自的速度转动,换挡时啮合齿轮存在一个"同步"问题。两个转速不一样的齿轮强行啮合时必然发生冲击碰撞,损坏齿轮。因此,无同步器变速器的换挡采用"两脚离合"的方式,升挡时要在空挡位置停留片刻,降挡时要在空挡位置"加空油",以减少啮合齿轮的转速差。但这种操作比较复杂,难以精确控制。同步器的出现有效地解决了这一问题,通过同步器将要啮合的齿轮可实现转速一致而顺利啮合。

13.3.1　无同步器的换挡过程

变速器的换挡装置分为直齿滑动齿轮换挡、接合套换挡和同步器换挡。

采用直齿滑动齿轮换挡或接合套换挡时,必须等到将要啮合的一对齿轮的轮齿(或接合套与接合齿圈上相应的内、外花键齿)的圆周速度相等(同步),才能顺利地进入啮合而挂上挡。若没有达到同步就强制换挡,将使两齿轮发出冲击和噪声,影响齿轮的使用寿命,严重时甚至会使轮齿折断。

图13.8所示为无同步器(采用接合套)五挡变速器的4、5挡齿轮结构简图。以此图分析这两个挡位的换挡过程。

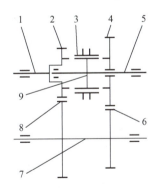

1—第一轴(输入轴);2—第一轴常啮合齿轮;3—接合套;4—第二轴4挡齿轮;
5—第二轴(输出轴);6—中间轴4挡齿轮;7—中间轴;
8—中间轴常啮合齿轮;9—花键毂

图13.8　无同步器(采用接合套)五挡变速器的4、5挡齿轮结构简图

1. 低挡换高挡(4挡换5挡)

变速器在4挡工作时,接合套3与第二轴4挡齿轮4的接合齿圈啮合,两者圆周速度相等$v_3=v_4$。欲从4挡换入5挡,驾驶人应踩下离合器踏板,断开发动机与变速器的联系,再通过变速操纵机构将接合套3左移,使变速器处于空挡位置。

在接合套 3 刚与第二轴 4 挡齿轮 4 脱离接合的瞬间,仍然是 $v_3=v_4$,而第二轴 4 挡齿轮 4 的转速低于第一轴常啮合齿轮 2 的转速,圆周速度 $v_4<v_2$,所以,此时有 $v_3<v_2$。为避免齿轮冲击,不应立即换入 5 挡,要在空挡停留片刻,等待 $v_3=v_2$ 的时刻。

空挡时,第一轴常啮合齿轮 2 只与中间轴 7 及其齿轮、第一轴和离合器从动盘相联系,惯性质量小,再加上中间轴齿轮有搅油阻力,所以 v_2 下降较快;接合套 3 则是通过花键毂 9、第二轴 5 与整个汽车联系在一起,惯性质量很大,所以 v_3 下降较慢。这样,在变速器推入空挡后的某个时刻,必然会有 $v_3=v_2$(同步点)的情况出现。此时将接合套 3 左移与第一轴常啮合齿轮 2 上的接合齿圈啮合就可以挂入 5 挡,不会产生冲击。

但是,自然减速出现同步的时刻太晚,使换挡过程延长。因此,实际换挡操作过程中,应在退出 4 挡后,立即抬起离合器踏板,利用发动机怠速迫使变速器的第一轴更快地减速,使 v_2 快速下降,尽快出现同步点,缩短换挡时间。

2. 高挡换低挡(5 挡换 4 挡)

同理,变速器在 5 挡工作及由 5 挡换入空挡的瞬间,接合套 3 与第一轴常啮合齿轮 2 接合齿圈圆周速度相等,即 $v_3=v_2$。因 $v_2>v_4$,则有 $v_3>v_4$,所以此时不能挂入 4 挡。但在空挡时 v_4 下降得比 v_3 快,不会出现 $v_3=v_4$(同步点)的情况。为此,应将 v_4 增速,使 v_4 能与 v_3 相等。其做法是,驾驶人在变速器由高速挡退入空挡时随即抬起离合器踏板,使离合器重新接合,同时踩一下加速踏板,使发动机连同离合器从动盘、第一轴及第二轴 4 挡齿轮 4 等加速达到 $v_4>v_3$,再踏下离合器踏板稍等片刻,当 $v_4=v_3$(同步点)时即可挂入低速挡。

由此可见,若想使无同步器变速器换挡时不产生齿轮冲击,需采取较复杂的操作,这样既会增加驾驶人的劳动强度,又会加速齿轮的损坏。因此,同步器换挡装置得到了广泛应用。

13.3.2 同步器的构造

同步器的功用是使接合套与待啮合的齿圈迅速同步,并阻止二者在同步前进入啮合,从而消除换挡时的冲击,缩短换挡时间,简化换挡过程,使换挡操作简单、快捷,并可延长变速器的使用寿命。

同步器有多种结构形式,目前汽车上广泛采用的是惯性式同步器。它是依靠摩擦作用实现同步的,其结构上除有接合套、花键毂、对应齿轮上的接合齿圈外,还增设了使接合套与对应齿圈的圆周速度迅速达到同步的摩擦机构,以及阻止两者在达到同步之前啮合(防止冲击)的锁止机构。惯性式同步器分为锁环式和锁销式。下面以应用较广泛的锁环式同步器为例,说明其结构原理。

图 13.9(a)为锁环式惯性同步器(inertial synchronizer with lock-ring)的结构分解图,图 13.9(b)为其装配图。锁环式惯性同步器主要由花键毂 4、接合套 5、锁环(同步环)1 和 6、滑块 2 及弹簧圈 3 等组成。

花键毂 4 的内孔和外圆柱面上都加工有花键,其内花键与第二轴 12 连接[图 13.9(b)],并用垫圈和卡环作轴向定位,外花键与接合套的内花键作滑动连接。接合套 5 的外圆柱面加工有与换挡拨叉配合的环槽,拨动换挡拨叉可使接合套沿花键毂做轴向移动。

花键毂 4 的两侧与第一轴齿轮 8 和 3 挡齿轮 11 之间各有一个锁环 1 和 6。锁环 1 和 6

有内锥面，接合齿圈 9、10 的端部有相同的外锥面，两者之间通过锥面相接触，组成锥面摩擦副。通过这对摩擦副的摩擦，可使转速不等的两个齿轮在啮合之前迅速达到同步。为了增强锥面之间的摩擦作用，一般在锁环的内锥面上制造出细密的螺纹槽，以使两锥面接触后破坏油膜，提高摩擦系数。锁环的外圆柱面上有短花键齿圈，花键齿的断面形状和尺寸与第一轴齿轮 8 和 3 挡齿轮 11 上的接合齿圈 9、10 的外花键齿均相同。两个齿圈和锁环上的花键齿，在对着接合套 5 的一端都制有倒角，并且与接合套 5 内花键齿齿端的倒角相同，称为锁止角。两个锁环的端部沿圆周方向均布有三个缺口 c。

三个滑块 2 分别装在花键毂 4 的三个轴向槽中，滑块可沿花键毂轴向槽 b 做轴向移动。滑块 2 的中部有凸起，在两个弹簧圈 3 的作用下，将滑块 2 压在接合套 5 的内表面上，使滑块中部凸起 a 正好嵌在接合套 5 中部的内环槽中，保证接合套 5 在空挡时处于正中位置。滑块 2 的两端伸入锁环的缺口中，滑块的宽度小于锁环缺口 c 的宽度，只有当滑块 2 位于锁环缺口 c 的中央时，接合套 5 才能与锁环接合。

锁环式惯性同步器结构紧凑，但径向尺寸小、锥面间摩擦力矩较小，以前多用于传递转矩不大的轿车和轻型货车的变速器上。通过采用摩擦系数更大的摩擦材料和增加摩擦面（如双锥面和多锥面锁环式同步器），锁环式惯性同步器在重型汽车上的使用日渐广泛。

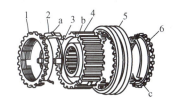

(a) 锁环式惯性同步器的结构分解图

【锁环式惯性同步器的工作原理】

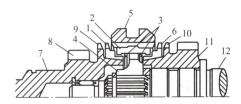

(b) 锁环式惯性同步器的装配图

【同步器换挡】

1、6—锁环（同步环）；2—滑块；3—弹簧圈；4—花键毂；5—接合套；7—第一轴（输入轴）；
8—第一轴齿轮；9、10—接合齿圈；11—3 挡齿轮；12—第二轴（输出轴）；
a—滑块中部凸起；b—花键毂轴向槽；c—锁环缺口

图 13.9　锁环式惯性同步器

13.4　变速器的操纵机构

13.4.1　操纵机构的功用与类型

变速器操纵机构的功用是进行挡位变换，即根据汽车行驶条件的需要改变变速器传动机构的传动比、变换传动方向或中断发动机的动力传递。

变速器操纵机构根据变速杆距离变速器的远近分为直接操纵式、半直接操纵式和远距离操纵式三种类型。

1. 直接操纵式

图 13.10 所示为直接操纵式变速器操纵机构，其变速杆及所有换挡操纵装置都设置在变速器盖上。变速器布置在驾驶人座位的近旁，变速杆从驾驶室底板处伸出，驾驶人可直接操纵变速杆来拨动换挡装置换挡。直接操纵式变速器操纵机构结构简单，变速操纵手感好，但易受发动机振动的影响，一般应用于发动机前置后轮驱动的汽车上。

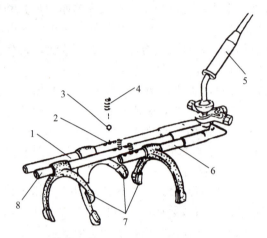

1—1、2挡拨叉轴；2—凹槽；3—钢球；4—弹簧；
5—变速杆；6—5挡、倒挡拨叉轴；
7—拨叉；8—3、4挡拨叉轴

图 13.10 直接操纵式变速器操纵机构

2. 半直接操纵式

在一些轿车上，为了使变速杆的位置靠近驾驶人，在拨叉轴的后部伸出端增设杆件与变速器连接，形成半直接操纵形式，如图 13.11 所示。

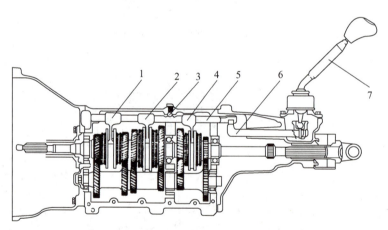

1—3、4挡拨叉；2—1、2挡拨叉；3—自锁装置；4—5挡、倒挡拨叉轴；5—拨叉轴；
6—变速连动杆；7—变速杆

图 13.11 半直接操纵式变速器操纵机构

3. 远距离操纵式

在一些汽车上，变速器的安装位置离驾驶人座位较远，需要在变速杆与拨叉之间加装一些辅助杠杆或一套传动机构，构成远距离操纵机构。

远距离操纵式变速器操纵机构分为变速杆布置在转向盘旁边（图 13.12）和变速杆布置在驾驶座椅旁边的地板上（图 13.13）两种类型。

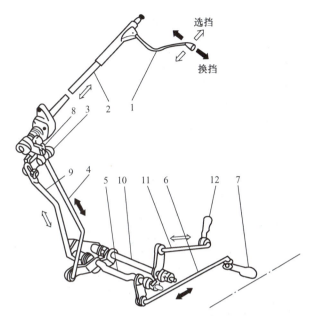

1—变速杆；2—控制轴；3—换挡摆杆；4—换挡连杆；5—换挡横轴；6—换挡连杆；
7—外换挡杆；8—选挡摆杆；9—选挡连杆；10—选挡横轴；11—选挡连杆；12—外选挡杆

图 13.12 变速杆布置在转向盘旁边的远距离操纵式变速器操纵机构

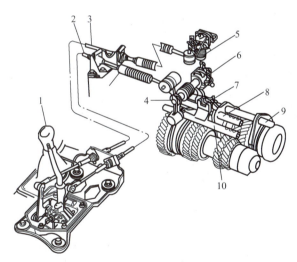

1—变速杆；2—换挡拉索；3—选挡拉索；4—换挡臂；5—选挡复位弹簧；6—倒挡锁装置；
7—换挡拨块；8—3、4挡拨叉轴；9—5挡、倒挡拨叉轴；10—1、2挡拨叉轴

图 13.13 变速杆布置在驾驶座椅旁边的地板上的远距离操纵式变速器操纵机构

远距离操纵式变速器操纵机构应具有足够的刚性，且各连接件间隙不能过大，否则换挡时手感不明显。

13.4.2 操纵机构的锁止装置

为了保证变速器能够准确、安全、可靠地工作，变速器操纵机构必须具有锁止装置，

即自锁、互锁和倒挡锁装置。

1. 自锁装置

自锁装置能够对各挡拨叉轴进行轴向定位锁止，防止其自动产生轴向移动而造成自动挂挡和自动脱挡，并保证各挡传动齿轮（接合齿圈）以全齿长啮合。

图 13.14 所示为五挡变速器的自锁装置，自锁装置由自锁钢球和自锁弹簧组成。自锁钢球被自锁弹簧压入拨叉轴的相应凹槽内，起到锁止挡位的作用，防止自动换挡或自动脱挡。

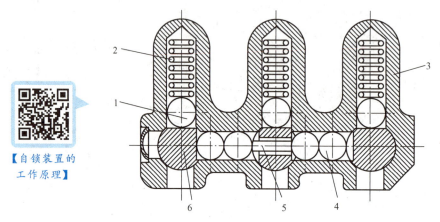

1—自锁钢球；2—自锁弹簧；3—变速器盖；4—互锁钢球；5—互锁销；6—拨叉轴

图 13.14　五挡变速器的自锁装置

换挡时驾驶人通过变速杆对拨叉轴施加一定的轴向力，该轴向力克服弹簧的压力而将自锁钢球从拨叉轴凹槽中挤出并推回孔中，拨叉轴滑过自锁钢球进行轴向移动，并带动拨叉及相应的接合套（或滑动齿轮）轴向移动，当拨叉轴移至其另一凹槽与自锁钢球对正时，自锁钢球被压入该凹槽中，此时拨叉所带动的接合套（或滑动齿轮）被拨入空挡或另一挡位。

2. 互锁装置

互锁装置的作用是阻止两个拨叉轴同时移动，即当拨动一根拨叉轴轴向移动时，其他拨叉轴被锁止，可防止同时挂入两个挡。

图 13.15 所示为锁球和锁销式互锁装置，它由互锁钢球和互锁销组成。当移动拨叉轴 3 时［图 13.15(a)］，其两侧的内钢球从一侧凹槽中被挤出，而两侧的外钢球（互锁钢球）2、4 分别嵌入拨叉轴 1、5 的侧面凹槽中，将拨叉轴 1、5 锁止在空挡位置。同样，欲移动拨叉轴 5，应先将拨叉轴 3 退回到空挡位置［图 13.15(b)］，拨叉轴 5 移动时互锁钢球 4 从凹槽中被挤出，通过互锁销 6 推动另一侧两个钢球移动，拨叉轴 1、3 则都被锁止在空挡位置上。当移动拨叉轴 1 时［图 13.15(c)］，拨叉轴 3、5 则都被锁止在空挡位置。

3. 倒挡锁装置

倒挡锁装置的作用是提醒驾驶人，防止误挂倒挡，提高安全性，即挂倒挡时，驾驶人必须进行与挂入前进挡不同的操纵方式或对变速杆施加较大的力，才能挂入倒挡。倒挡锁装置也有多种类型，常用的是弹簧锁销式。

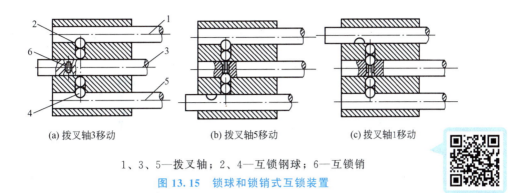

(a) 拨叉轴3移动　　　　(b) 拨叉轴5移动　　　　(c) 拨叉轴1移动

1、3、5—拨叉轴；2、4—互锁钢球；6—互锁销

图 13.15　锁球和锁销式互锁装置

【互锁装置的工作原理】

1. 变速器的功用和类型有哪些？
2. 简要说明齿轮式变速器的工作原理。
3. 三轴式变速器和两轴式变速器的区别是什么？
4. 为什么要装置同步器？同步器的类型有哪些？
5. 变速器操纵机构有哪些类型？变速器操纵机构的锁止装置有哪些？

第 14 章 自动变速器

自动变速器是指能够根据发动机工况及汽车运行速度自动选挡和换挡的变速装置。本章主要介绍现代汽车常用自动变速器的分类、组成、基本工作原理和结构特点。

要求学生掌握自动变速器的分类和组成、液力变矩器的工作原理、行星齿轮变速机构及其控制原理等；了解无级自动变速器、机械式自动变速器和双离合器自动变速器的基本结构和工作原理。

14.1 概　　述

自动变速器是指能够根据发动机工况及汽车运行速度自动选挡和换挡的变速装置。它能够克服机械变速器换挡过程动载荷大、零件易磨损及需频繁操纵离合器等缺点，可减轻驾驶人劳动强度，提高行车安全性。

14.1.1　自动变速器的类型

自动变速器可以按结构和控制方式、汽车驱动方式、前进挡的挡位数来分类。

1. 按结构和控制方式分类

自动变速器按结构和控制方式的不同可分为液力式自动变速器、机械式自动变速器、无级自动变速器和双离合器自动变速器。

（1）液力式自动变速器（hydraulic automatic transmission，HAT）是应用最广泛、技术最成熟的自动变速器。按照控制方式的不同，液力式自动变速器可分为液控液力自动变速器和电控液力自动变速器，目前轿车上广泛采用的是电控液力自动变速器。按照变速机构的不同，液力式自动变速器可分为行星齿轮自动变速器和非行星齿轮自动变速器。行星齿轮自动变速器应用较广泛，非行星齿轮自动变速器只在本田汽车等个别车系中应用。行星齿轮自动变速器又分为辛普森式变速器和拉威挪式变速器。

（2）机械式自动变速器（automated mechanical transmission，AMT）是在原有手动、有级、普通齿轮变速器的基础上增加了电子控制系统，自动控制离合器的接合与分离及变速器挡位的变换。因为机械式自动变速器原有的机械传动结构基本没有改变，所以传动效率高、机构紧凑、工作可靠等优点被继承下来，其在重型车应用上具有很好的发展前景。

（3）无级自动变速器（continuously variable automatic transmission，CVT）通过传动带和工作直径可变的主、从动轮相配合来传递动力，可以实现传动比的连续改变。无级自动变速器已经在一些轿车上使用，如国产奥迪 A6、南京菲亚特、奇瑞旗云等。

（4）双离合器自动变速器（dual clutch automatic transmission，DCT）的动力传递是通过两个离合器连接两根输入轴，相邻各挡的被动齿轮交错与两个输入轴上的齿轮啮合，配合两个离合器的控制，能够实现在不切断动力的情况下转换传动比，从而缩短换挡时间，如在大众车型上应用的直接换挡变速器（direct shift gearbox，DSG）即为双离合器自动变速器。

2. 按汽车的驱动方式分类

自动变速器按汽车驱动方式的不同可分为自动变速器和自动变速驱动桥。在发动机前置后轮驱动的布置形式上，自动变速器与主减速器、差速器是分开的。而在发动机前置前轮驱动的布置形式上，自动变速器与主减速器、差速器制成一个整体，便形成了自动变速驱动桥。

3. 按前进挡的挡位数分类

自动变速器按前进挡的挡位数的不同可分为四挡自动变速器、五挡自动变速器、六挡自动变速器等。目前比较常见的是四挡自动变速器和五挡自动变速器，某些高级轿车，如宝马 7 系、奥迪 A8 等采用六挡自动变速器。

14.1.2 液力自动变速器的组成及工作原理

液力自动变速器主要由液力变矩器、齿轮变速机构、供油系统、自动换挡控制系统等组成。图 14.1 所示为液力自动变速器的剖面图。

（1）液力变矩器。液力变矩器位于自动变速器的最前端，通过螺栓与发动机的飞轮相连，其作用与采用手动变速器汽车的离合器相似。利用液力传动的原理，液力变矩器将发动机的动力传递给自动变速器的输入轴。

（2）齿轮变速机构。齿轮变速机构主要包括齿轮变速机构和换挡执行机构两部

图 14.1 液力自动变速器的剖面图

分。图14.1所示的自动变速器的齿轮变速机构为行星齿轮式。换挡执行机构主要用来改变行星齿轮中的主动元件或限制某个元件的运动,以及改变动力传递的方向和速比。齿轮变速机构与液力变矩器配合,可获得由起步至最高车速整个范围内的自动变速。

(3) 供油系统。供油系统主要由油泵、油箱、滤清器、调压阀及管道组成。油泵通常安装在液力变矩器的后方,由液力变矩器壳后端的轴套驱动。在发动机运转时,无论汽车是否行驶,油泵都在运转,为自动变速器中的液力变矩器、换挡执行机构、自动换挡控制系统等提供一定的液压油。油压的调节由调压阀来实现。

(4) 自动换挡控制系统。自动换挡控制系统能根据发动机的负荷(节气门开度)和汽车的行驶速度,按照设定的换挡规律自动地接通或切断某些换挡离合器和制动器的供油油路,使换挡执行机构的离合器结合或分开、制动器制动或释放,以改变齿轮变速机构的传动比,从而实现自动换挡。

图14.2所示为液力自动变速器的工作原理。节气门位置传感器和车速传感器把节气门开度和车速转变为电信号,然后将电信号(还有冷却液温度、液压油温度、发动机转速等信号参数)输入到电控单元。在换挡点,电控单元向换挡电磁阀、油压电磁阀、锁止电磁阀发出电信号,电磁阀再将电信号转变为液力控制信号,液力控制信号控制液力阀体中各换挡阀使换挡执行机构换挡。

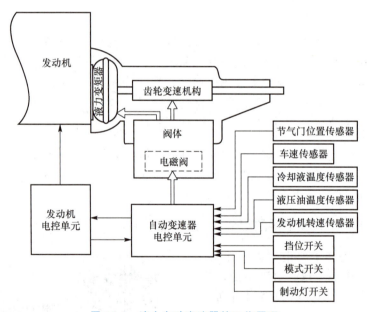

图14.2 液力自动变速器的工作原理

14.2 液力耦合器和液力变矩器

汽车上所采用的液力传动装置通常有液力耦合器和液力变矩器两种,二者均属于液力传动,即通过液体的循环流动,利用液体动能的变化来传递动力。

14.2.1 液力耦合器

图 14.3 所示为液力耦合器的结构，其主要零件如图 14.4 所示。

液力耦合器主要由壳体（housing）、泵轮（impeller）、涡轮（turbine）三个元件构成。在发动机曲轴 1 凸缘上固定着耦合器壳体 5；与壳体刚性连接并随曲轴一起旋转的叶轮为耦合器的主动元件，称为泵轮 2；与从动轴 4 相连的叶轮为耦合器的从动元件，称为涡轮 3；涡轮 3 装在密封的耦合器壳体 5 中，其端面与泵轮 2 端面相对，两者之间留有 3～4mm 间隙。泵轮 2 与涡轮 3 装合后，通过轴线的纵断面呈环形，称为循环圆。在环状壳体中储存着工作液。

液力耦合器壳体和泵轮在发动机曲轴的带动下旋转，叶片间的工作液在泵轮带动下一起旋转。随着发动机转速的提高，在离心力的作用下工作液从叶片内缘流向外缘。因此，叶片外缘处液压力较高，而内缘处液压力较低，叶片的内外缘压力差取决于工作轮半径和转速。

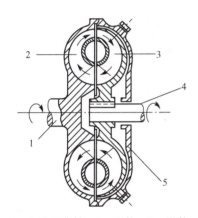 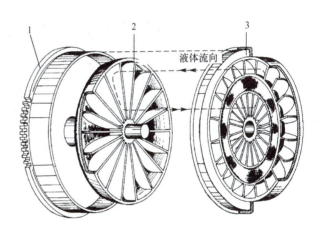

1—发动机曲轴；2—泵轮；3—涡轮；
4—从动轴；5—耦合器壳体
图 14.3　液力耦合器的结构

1—飞轮；2—涡轮；3—泵轮
图 14.4　液力耦合器的主要零件

由于泵轮和涡轮的半径是相等的，因此当泵轮的转速大于涡轮时，泵轮叶片外缘的液力大于涡轮叶片外缘的液力。于是，工作液不仅随着工作轮绕其轴线做圆周运动，还在上述压力差的作用下，沿循环圆依图 14.3 中箭头所示的方向做循环流动。

液力耦合器的传动过程是泵轮接受发动机传动来的机械能，并传给工作液，使其提高动能，然后由工作液将动能传给涡轮。液力耦合器实现传动的必要条件是工作液在泵轮和涡轮之间有循环流动。而循环流动的产生是由于两个工作轮的转速不相同，使两轮叶片的外缘产生液力差所致。液力耦合器在正常工作时，泵轮转速总是大于涡轮转速。如果二者转速相等，液力耦合器则不起传动作用。

由液力耦合器工作原理可知，液体在循环流动过程中，没有受到任何其他附加外力，故发动机作用于泵轮上的转矩与涡轮所接受并传给从动轴的转矩相等，即液力耦合器只起传递转矩的作用，而不起改变转矩大小的作用，故必须有变速机构与其配合使用。此外，由于液力耦合器不能使发动机与变速器彻底分离，因此在采用以移动齿轮或接合套方法换挡的普通齿轮变速器时，为了减小齿轮冲击，在液力耦合器与变速器之间还必须装一个离合器。而且由于液力耦合器存在液流损失，因此传动系统效率比单用离合器时低。目前，液力耦合器在汽车上的应用日益减少，逐步被液力变矩器代替。

14.2.2 液力变矩器

常用液力变矩器的形式有三元件液力变矩器、综合式液力变矩器等，其中综合式液力变矩器的应用较为广泛。

1. 三元件液力变矩器

三元件液力变矩器主要由泵轮1、涡轮2及固定不动的导轮3三个元件组成（图14.5）。涡轮端面与泵轮端面相对，泵轮和涡轮的构造与液力耦合器基本相同。导轮位于泵轮和涡轮之间，并与泵轮和涡轮保持一定的轴向间隙（图14.6），导轮通过固定套固定于变速器壳体上。

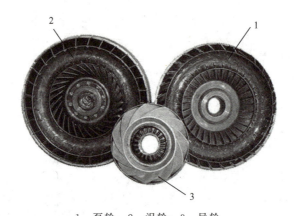

1—泵轮；2—涡轮；3—导轮
图14.5 液力变矩器的主要零件

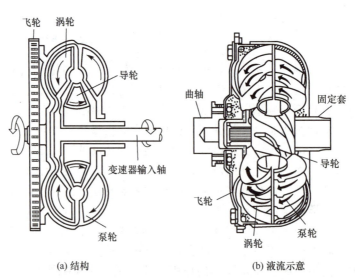

(a) 结构　　　　　(b) 液流示意
图14.6 液力变矩器的结构与原理

液力变矩器的泵轮与变矩器壳连成一体，用螺栓固定在发动机曲轴后端的凸缘上，为液力变矩器的主动元件；涡轮通过轴承安装在液力变矩器内，通过输出轴与汽车传动系统的其他部件相连，为液力变矩器的从动元件；导轮固定不动。与液力耦合器一样，液力变矩器正常工作时，储存于环形内腔中的工作液，除有绕液力变矩器轴的圆周运动以外，还有在循环圆中的循环流动［图 14.6(b)］，故能将转矩从泵轮传到涡轮上。

与液力耦合器不同的是，液力变矩器不仅能传递转矩，还能在泵轮转矩不变的情况下，随着涡轮的转速不同而改变涡轮输出转矩，即能实现无级变速。液力变矩器之所以能起到变矩的作用，是因为其结构上比液力耦合器多了导轮。在工作液循环流动的过程中，固定不动的导轮给涡轮一个反作用力矩，使涡轮输出的转矩不同于泵轮输入的转矩。

假设发动机转速及负荷不变，液力变矩器的基本工作情况如下：当汽车起步时，工作液在泵轮叶片带动下冲向涡轮叶片，此时涡轮得到泵轮的转矩；因为涡轮起初静止不动，所以工作液沿着叶片流出涡轮并冲向导轮；当工作液从固定不动的导轮叶片再流入泵轮时，涡轮又得到导轮的反向转矩。故在汽车起步时，由于涡轮输出的转矩是大于泵轮输入的转矩的，因此可以克服汽车起步时较大的阻力。汽车起步并开始加速时，涡轮转速也从零开始逐渐增加，此时冲向导轮叶片的液流方向发生变化，导致导轮施加给涡轮的反向转矩值逐渐减小。当涡轮转速增大到某一数值时，由涡轮流出的工作液与导轮叶片背面相切，即工作液流经导轮时方向不会发生改变，此时涡轮转矩与泵轮转矩相等。若涡轮转速继续增大，由涡轮流出的工作液冲向导轮叶片的背面，此时导轮反向转矩方向与泵轮转矩方向相反，涡轮转矩小于泵轮转矩。这就是涡轮输出转矩随其转速变化的规律，即液力变矩器的特性。

从液力变矩器特性可以看出，当汽车起步、上坡或遇到较大阻力时，若发动机的转速和负荷不变，则车速降低，即涡轮转速降低，因而使驱动轮获得较大的转矩，保证汽车能克服增大的阻力而继续行驶。此外，液力耦合器所具备的保证汽车平稳起步、衰减传动系统中的扭转振动、防止传动系统超载等功能，液力变矩器同样具备。

2. 综合式液力变矩器

目前汽车上装用的液力变矩器大多是综合式液力变矩器，其结构如图 14.7 所示。与三元件液力变矩器不同的是综合式液力变矩器的导轮不是完全固定不动的，而是装有单向离合器。

图 14.8 所示为综合式液力变矩器的单向离合器。该单向离合器由外座圈 2、内座圈 1、滚柱 5 及不锈钢叠片弹簧 6 组成。导轮 3 用铆钉 4 铆在外座圈 2 上（也可用花键连接）。内座圈 1 与固定套管（图中未画出）用花键连接，内座圈 1 固定不动。外座圈 2 的内表面有若干个偏心的圆弧面。滚柱 5 经常被叠片弹簧 6 压向内、外座圈之间滚道比较狭窄的一端，而将内、外座圈楔紧。

当涡轮转速较低，与泵轮转速差较大时，从涡轮流出的工作液冲击导轮叶片，力图使导轮 3 按图 14.8 中虚线箭头方向旋转，由于滚柱 5 楔紧在滚道的窄端，导轮便同自由轮外座圈 2 一起被卡紧在内座圈 1 上而固定不动，此时液力变矩器起增大转矩的作用。当涡轮转速升高到一定程度时，工作液对导轮的冲击力反向，改变了内、外座圈的楔紧状态，于是导轮 3 自由地相对于内座圈 1 按图 14.8 中实线箭头方向与涡轮同向转动。这时，液力变矩器就转入液力耦合器的工作状况。这种可以转入液力耦合器工况的液力变矩器称为综合式液力变矩器。采用综合式液力变矩器的目的是利用液力耦合器在高传动比时相对液力变矩器有较高效率的特点。

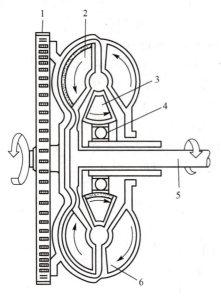

1—飞轮；2—涡轮；3—导轮；4—单向离合器；
5—变速器输入轴；6—泵轮

图 14.7 综合式液力变矩器的结构

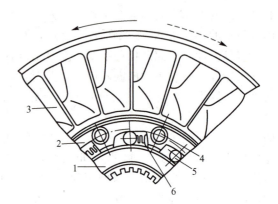

1—内座圈；2—外座圈；3—导轮；
4—铆钉；5—滚柱；6—叠片弹簧

图 14.8 综合式液力变矩器的单向离合器

14.3 行星齿轮变速器

液力变矩器虽然能传递和增大发动机转矩，但其变矩比不大，变速范围不宽，远不能满足汽车使用工况。为进一步增大转矩，扩大其变速范围，提高汽车的适应能力，在液力变矩器后面再装一个机械变速器——有级式齿轮变速器，且多采用行星齿轮结构的变速器。行星齿轮变速器由行星齿轮机构及离合器、制动器和单向离合器等执行元件组成。行星齿轮机构通常由多个行星排组成，行星排的多少与挡位数的多少有关。

14.3.1 单排行星齿轮机构的工作原理

单排行星齿轮机构的结构如图 14.9 所示，它由太阳轮、内齿圈、行星齿轮和行星架组成。其受力分析如图 14.10 所示。

单排行星齿轮机构一般运动规律的特性方程式为

$$n_1 + \alpha n_2 - (1+\alpha) n_3 = 0 \tag{14-1}$$

式中，n_1、n_2、n_3 分别为太阳轮、内齿圈和行星架的转速；α 为内齿圈与太阳轮的齿数比 Z_2/Z_1。

在太阳轮、内齿圈和行星架这三个元件中，可任选两个分别作为主动件和从动件，而使另一元件固定不动（即该元件转速为零），或使其运动受一定约束（即该元件的转速为某定值），则整个轮系即以一定的传动比传递动力。下面分别讨论各种情况。

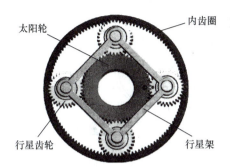

图 14.9 单排行星齿轮机构的结构

【行星齿轮变速器】

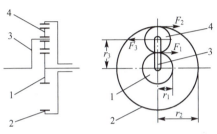

1—太阳轮；2—内齿圈；3—行星架；4—行星齿轮

图 14.10 单排行星齿轮机构的受力分析

（1）太阳轮 1 为主动件，行星架 3 为从动件，内齿圈 2 固定（$n_2=0$）。此时传动比为

$$i_{13}=\frac{n_1}{n_3}=1+\alpha=1+\frac{Z_2}{Z_1} \tag{14-2}$$

（2）内齿圈 2 为主动件，行星架 3 为从动件，太阳轮 1 固定（$n_1=0$）。此时传动比为

$$i_{23}=\frac{n_2}{n_3}=\frac{1+\alpha}{\alpha}=1+\frac{Z_1}{Z_2} \tag{14-3}$$

（3）太阳轮 1 为主动件，内齿圈 2 为从动件，行星架 3 固定（$n_3=0$）。此时传动比为

$$i_{12}=\frac{n_1}{n_2}=-\alpha=-\frac{Z_2}{Z_1} \tag{14-4}$$

在此情况下，若 n_1 与 n_2 符号相反，即表示主动轴与从动轴的旋转方向相反，则为倒挡传动情况。

（4）若使 $n_1=n_2$，则

$$n_3=\frac{n_1+\alpha n_2}{1+\alpha}=n_1=n_2 \tag{14-5}$$

在 $n_1=n_3$ 或 $n_2=n_3$ 时，同样可得 $n_1=n_2=n_3$。因此，若使三个元件中的任何两个元件连成一体转动，则第三个元件的转速必然与前二者转速相等，即行星齿轮系中所有元件（包括行星齿轮）之间都没有相对运动，从而形成直接挡传动，传动比为 1。

若所有元件都不受约束，即都可以自由转动，则行星齿轮机构完全失去传动作用，从而得到空挡。

14.3.2 行星齿轮变速器换挡执行元件

行星齿轮变速器的换挡执行元件包括换挡离合器、换挡制动器和单向离合器。前进挡的挡位数越多，行星齿轮变速器中的换挡离合器、换挡制动器及单向离合器数量也就越多。换挡离合器、换挡制动器及单向离合器的布置形式主要由行星齿轮变速器前进挡的挡位数及所采用的行星齿轮机构的类型决定。

换挡离合器的作用是连接行星齿轮变速器的输入轴和行星排的某个基本元件，或者把行星排的某两个基本元件连接起来，成为一个整体传递动力。换挡离合器的结构如图 14.11 所示。换挡离合器为湿式多盘离合器，由若干相间排列的从动盘（表面粘有摩擦材料的钢片）、主动盘和活塞（压盘）组成。每个主动盘的外缘上都有突出的键，卡在输入轴的内键槽内；从动盘的内缘上设有内花键，与输出轴上的花键毂互相啮合。当液力使活塞将主动盘和从动盘压紧时，输出轴和输入轴接合在一起，换挡离合器接合；当工作液从活塞缸排出时，回位弹簧使活塞后退，换挡离合器分离。

换挡制动器用于把行星排的太阳轮、内齿圈、行星架三个基本元件之一固定，使之不能转动，通常有两种形式：一种是湿式多片制动器，其结构与湿式多盘离合器基本相同，不同之处是制动器用于连接转动件和变速器壳体，使转动件不能转动；另一种是外束带式制动器（图 14.12）。外束带式制动器是将内侧粘有摩擦材料的制动带包在制动毂的外围，制动带的一端固定在自动变速器壳体上，另一端连有液力伺服缸。不制动时制动带与制动毂间有一定的间隙，制动时液力伺服缸活塞推动制动带另一端，把制动带束紧在制动毂上，使制动毂不能转动。

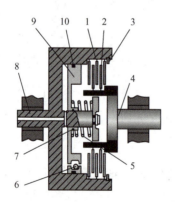

1—主动盘；2—从动盘；3—卡环；
4—输出轴；5—回位弹簧；6—出油阀；
7、10—油封；8—输入轴；9—活塞（压盘）

图 14.11　换挡离合器的结构

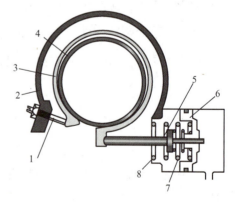

1—调整螺钉；2—壳体；
3—制动带；4—制动毂；5—推杆；
6—液力伺服缸活塞；7—内弹簧

图 14.12　外束带式制动器

行星齿轮变速器中的单向离合器也是换挡执行元件，其工作原理与液力变矩器中的单向离合器的工作原理相似，是依靠单向锁止原理，起到固定或连接几个行星排中的某些基本元件的作用，使行星齿轮变速器组成不同的传动比（挡位）；它的工作不需要控制机构对其进行控制，而完全由和它相连接的元件的受力方向来控制。单向离合器会随着行星齿轮变速器挡位的变换，在与它相连接的基本元件受力方向发生变化的瞬间产生接合进行锁止或分离，以保证换挡平顺无冲击，同时使液力控制系统得到简化。目前行星齿轮变速器中的单向离合器用得较多的有滚柱斜槽式和楔块式（图14.13）两种。

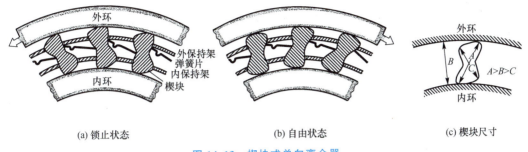

图 14.13　楔块式单向离合器

14.3.3　典型行星齿轮变速机构

在现代汽车行星齿轮变速器中，采用较多的是辛普森式行星齿轮机构和拉威挪式行星齿轮机构。

辛普森式行星齿轮机构（图14.14）主要由结构参数完全相同的两个单级行星排组合而成。其结构特点是前后两个行星排的太阳轮连为一个整体，即共用太阳轮，称为前后太阳轮组件；前行星排的行星架与后行星排的内齿圈相连作为自动变速器的输出轴；前行星排的内齿圈和前后太阳轮组件通常作为自动变速器的输入轴。辛普森式行星齿轮机构与不同数量的换挡执行元件组合，可构成三挡或四挡行星齿轮变速系统。

图4.15所示为拉威挪式行星齿轮机构，拉威挪式行星齿轮机构由一个单排单级行星齿轮机构和一个单排双级行星齿轮机构组合而成。其结构特点是：前排为单级行星齿轮机构，后排为双级行星齿轮机构。前后排共用行星架和内齿圈。前排太阳轮称为大太阳轮，与后排长行星齿轮啮合；后排太阳轮称为小太阳轮，与短行星齿轮啮合。长、短行星齿轮互相啮合，共用行星架。通常以大、小太阳轮作为输入轴，共用内齿圈作为输出轴。拉威挪式行星齿轮机构结构简单、尺寸小，与不同数量的换挡执行元件组合可构成三挡或四挡行星齿轮变速系统。

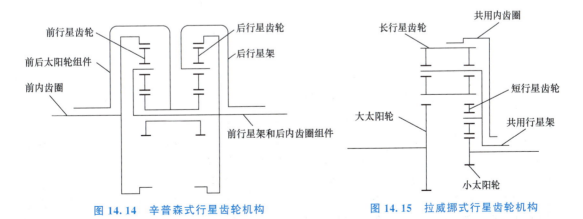

图 14.14　辛普森式行星齿轮机构　　　图 14.15　拉威挪式行星齿轮机构

14.3.4 自动换挡操纵系统

自动换挡操纵系统包括动力源、执行机构（离合器和制动器）和控制机构三部分。其中前两部分均为液力式，控制机构有液控液力式和电控液力式两种形式。电控液力式操纵系统包括液压操纵系统和电子控制系统。下面介绍电控液力式操纵系统的电子控制系统。

自动变速器电子控制系统（图14.16）由信号输入装置（传感器和信号开关装置）、电控单元和执行机构（电磁阀）三部分组成。传感器将信号传给电控单元，电控单元控制执行机构工作。

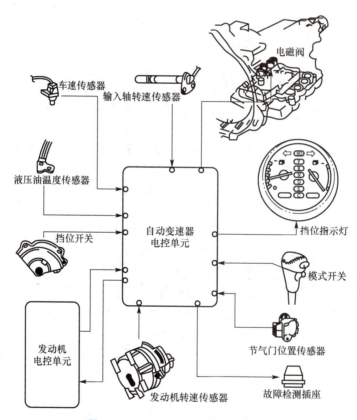

图14.16　自动变速器电子控制系统

1．信号输入装置

信号输入装置包括传感器和信号开关装置，负责将汽车行驶的有关状态信息转变为电信号，以便控制电路接收。传感器信号一般有模拟量、脉冲量、开关量三种形态。

以图14.17所示的车速传感器为例。它由永久磁铁、电磁感应线圈组成，安装在变速器输出轴附近的壳体上。输出轴上的停车锁止齿轮为感应转子，当输出轴转动时，停车锁止齿轮的轮齿不断靠近或离开车速传感器，使永久磁铁产生的磁通量发生变化，在电磁感应线圈内产生交流脉冲信号。交流脉冲信号的电压频率与车速成正比。电控单元根据交流脉冲信号的频率计算出车速，作为换挡参数。

信号开关装置包括空挡起动开关、降挡开关、制动灯开关、超速挡开关和模式开关。

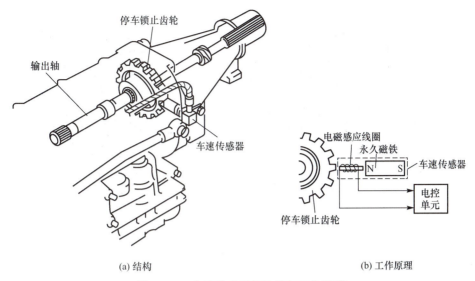

(a) 结构　　　　　　　　　　　　　(b) 工作原理

图 14.17　车速传感器的结构与工作原理

2．电控单元

电控单元是电子控制系统的核心，接收传感器检测到的汽车行驶状态信息和驾驶人给出的干预信息，并进行比较运算，再按照某种规律发出指令，自动控制传动系统工作。电控单元主要由输入通道、控制器和输出通道三部分组成。输入通道接收各种输入信号，控制器将这些信号与内存中的数据进行对比，根据对比结果做出是否换挡等决定，输出通道将控制信号处理或直接输送给电磁阀等执行机构。自动变速器电控单元具有换挡正时控制、自动模式选择控制、发动机转矩控制、故障自诊断、失效保护等功能。

3．执行机构

自动变速器电子控制系统的执行机构主要是电磁阀，根据用途不同，可分为开关式电磁阀和脉冲式电磁阀。开关式电磁阀主要用于换挡控制和锁止控制，脉冲式电磁阀主要用于油压控制和锁止控制。

（1）开关式电磁阀。

控制换挡用的是常闭式电磁阀，控制锁止用的是常开式电磁阀。开关式电磁阀的结构如图 14.18 所示，其主要由电磁线圈、衔铁、阀芯和球阀组成。

当电磁阀不通电时，在主油道压力的作用下球阀被推开，打开进油孔并关闭泄油孔，主油道变速器油进入控制油道；当电磁阀通电时，在电磁吸力的作用下阀芯下移，推动球阀关闭进油孔，打开泄油孔泄压，控制油道内的压力为零。

（2）脉冲式电磁阀。

脉冲式电磁阀的结构如图 14.19 所示，其主要由电磁线圈、衔铁、阀芯和滑阀组成。当电磁阀通电时，在电磁吸力的作用下阀芯或滑阀开启，变速器油经泄油孔排出，油路压力下降；当电磁阀断电时，在弹簧力的作用下阀芯或滑阀关闭泄油孔，油路压力升高。

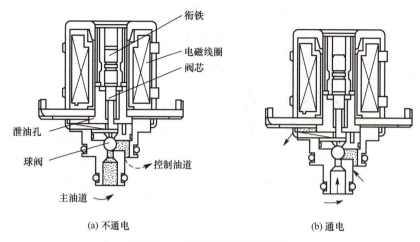

图 14.18　开关式电磁阀的结构

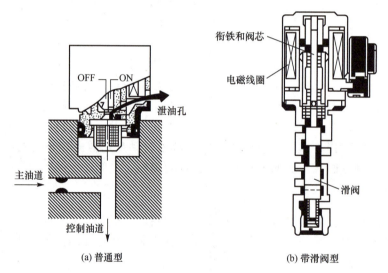

图 14.19　脉冲式电磁阀的结构

14.4　无级自动变速器

无级自动变速器即可以连续获得变速范围内任何传动比的变速器。

14.4.1　无级自动变速器的组成及工作原理

图 14.20 所示为无级自动变速器的组成和工作原理，由于其传动带采用金属带，因此也称金属带式无级自动变速器。该无级自动变速器是由金属带、工作轮（主、从动工作轮）、液压泵和控制系统等组成的。其动力传递路线是发动机发出的动力经飞轮、离合器、主动工作轮（图 14.20 中 4、4a）、金属带、从动工作轮（图 14.20 中 7、7a）后，传给中

间减速器，再经主减速器与差速器传给驱动车轮。该变速传动系统中的主、从动工作轮均是由固定部分和可动部分组成的。主、从动工作轮的固定部分和可动部分之间形成 V 形槽。金属带在 V 形槽内与工作轮相啮合。当主、从动工作轮的可动部分做轴向移动时，即可改变金属带与主、从动工作轮的啮合状况（改变传动比），通过液力控制系统进行连续地调节，实现无级变速传动。

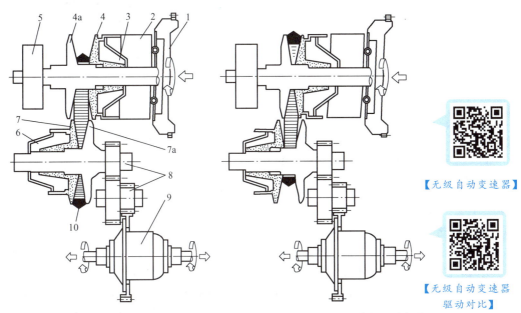

1—发动机飞轮；2—离合器；3—主动工作轮液压控制缸；4—主动工作轮可动部分；
4a—主动工作轮固定部分；5—液压泵；6—从动工作轮液压控制缸；7—从动工作轮可动部分；
7a—从动工作轮固定部分；8—中间减速器；9—主减速器与差速器；10—金属带

图 14.20 无级自动变速器的组成和工作原理

14.4.2　无级自动变速器的主要部件

1. 金属带

金属带由多个（280～400 片）金属片和两组金属环组成（图 14.21）。

金属片用厚为 1.5～1.7mm 的工具钢片制成，每组金属环是由数片（10～12 片）厚度约为 0.18mm 的带环叠合而成的。金属环对金属片起导向作用。金属带是在两侧工作轮挤压力的作用下实现动力传递的。

2. 工作轮

主、从动工作轮的构造和工作原理如图 14.22 所示。工作轮的工作表面一般为直母线锥面体。工作轮的可动部分在液力控制系统的作用下，依靠钢球-滑道结构做轴向移动，使主、从动工作轮可连续地改变传动带（金属带）的工作半径，以实现无级变速传动。

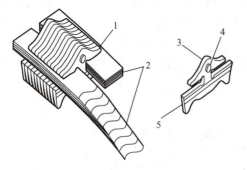

1—金属片；2—金属环；3—凹坑；4—凸起；5—V面

图 14.21 金属带的组成

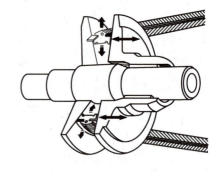

图 14.22 主、从动工作轮的构造和工作原理

3. 液压泵（油泵）

液压泵是液力控制系统的液力源，它和一般液力系统一样，常用的结构形式有齿轮泵和叶片泵，但近年来流量可控、效率较高的柱塞泵应用最多。

4. 控制系统

无级自动变速器的控制系统一般采用机械液力控制和电子液力控制两种。其中，电子液力控制系统由于结构简单、工作可靠而得到广泛的应用。

图 14.23 所示为无级自动变速器电子液力控制系统的工作原理。系统中包括电磁离合器的控制和主、从动工作轮的传动比控制。电磁离合器由电控单元根据发动机节气门开度和车速来控制。主、从动工作传动比控制由发动机节气门信号和主、从动工作轮转速决定。电控单元根据发动机的转速、车速、节气门开度和换挡控制（挡位选择）信号等，向液压控制单元发出指令，控制主、从动工作轮液压控制缸中的油液压力，使主、从动工作轮的可动部分轴向移动，从而改变金属带与工作轮间的工作半径，实现无级自动变速传动。

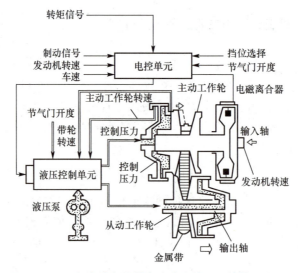

图 14.23 无级自动变速器电子液力控制系统的工作原理

14.5 机械式自动变速器

机械式自动变速器是在传统定轴式变速器和干式离合器总体传动结构不变的情况下，通过加装电控系统、传感器和相应执行机构，实现选换挡、离合器及发动机节气门等操纵的自动控制。

14.5.1 机械式自动变速器的组成

机械式自动变速器由被控对象、执行机构、传感器、电控系统四个主要部分组成。

（1）被控对象：机械式自动变速器控制的对象包括发动机、固定轴式变速器和干式离合器。

（2）执行机构：按驾驶人的意图实现汽车运行状况的改变。执行机构由选、换挡执行机构，离合器分离结合执行机构，节气门执行机构组成。动力源不同，采用的执行机构也不同。图14.24所示为装有电控操纵机构的变速器操纵机构三维CAD模型。该变速器有6个前进挡、1个倒挡和4根拨叉轴，选、换挡由两个正交布置的电动机驱动。

（3）传感器：传感器用于实时监测汽车运行状况、采集各种信息，同时将采集到的信号输送给电控单元处理。

（4）电控系统：电控系统分为硬件和软件两部分。电控系统硬件将传感器采集到的信号传给电控单元进行处理，并对相应的执行机构发出指令，实现驾驶人的意

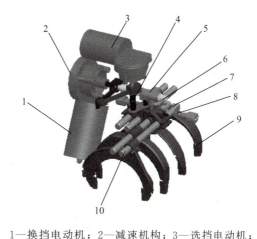

1—换挡电动机；2—减速机构；3—选挡电动机；
4—选挡轴；5—选换挡拨头；6—换挡轴；
7—自锁钢球；8—互锁销；9—拨叉；10—拨叉轴
图14.24 装有电控操纵机构的变速器
操纵机构三维CAD模型

图。电控单元是电控系统的核心，具有存储程序、接收信息、发出指令的功能。电控系统软件预先编写好程序并存储于电控单元中，包括起步换挡所用到的函数和数据表，挡位策略、起步、换挡、制动等控制程序，数据采集与处理程序等。电控系统对实现汽车的良好性能并保证汽车可靠运行有重要作用。

14.5.2 机械式自动变速器的工作原理

机械式自动变速器的工作原理如图14.25所示。驾驶人通过加速踏板和选择器（包括选挡范围、换挡规律、巡航控制等）向电控单元表达意图，发动机转速、输入轴转速、车速、挡位、节气门开度等传感器实时监测发动机工况和汽车的运行状况，并将相应的电信号输入电控单元，电控单元按存储在其中的设定程序模拟并熟悉驾驶人的驾驶规律（最佳换挡规律、离合器最佳接合规律、发动机节气门的自适应调节规律等），对节气门开度、离合器接合及换挡进行控制，以实现发动机、离合器和变速器的最佳匹配，从而获得优良

的行驶性、平稳的起步性和迅速换挡能力。

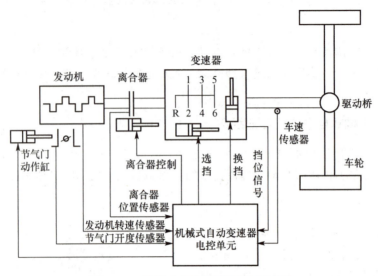

图 14.25　机械式自动变速器的工作原理

机械式自动变速器能实现变速器换挡的自动控制，选换挡操纵杆的动作和离合器的接合与分离由气动、液动或电动执行机构完成，使选换挡操作方便，减轻驾驶人的劳动强度。通过电控单元进行最优化的换挡控制，使汽车能在最理想的换挡点及时换挡，并可避免手动换挡操作不当造成的换挡冲击。因此，机械式自动变速器可使汽车的动力性和平顺性等有所提高。采用传统的齿轮变速器传动，传动效率优于液力变速器，机械传动机构的维修也较简单。机械式自动变速器在齿轮变速器基础上实现换挡操作自动化，具有生产继承性好、投入费用少、效率高、制造简单、操纵方便等优点，因此机械式自动变速器的研究和运用较广泛。但机械式自动变速器需要增设相关的传感器、电控单元及换挡执行机构，其成本较手动变速器高，结构较复杂，维修难度也比较大。

14.6　双离合器自动变速器

双离合器自动变速器的概念早在 1940 年就被提出了。德国达姆施塔特工业大学教授鲁道夫·弗兰克（Rudolph Franke）第一个申请了双离合器自动变速器专利，该变速器曾在载货汽车上试验过，但没有批量投入生产。1985 年，大众公司在 Audi Sport Quattro S1 赛车上采用双离合器变速器技术，并积累了很多经验。直到 20 世纪 90 年代末，随着电子技术的迅速发展，双离合器控制技术才逐渐成熟，大众公司和博格华纳首先携手合作生产，将它装置在量产主流车型——奥迪车上，并命名为直接换挡变速器（DSG），于 2002 年首次向世界展示这一技术创新。目前，双离合器自动变速器技术受到国外各大汽车公司的重视，如大众公司、ZF 公司、福特公司、戴姆勒-克莱斯勒公司（2022 年更名为梅赛德斯-奔驰集团股份公司）等对双离合器自动变速器的研究开发都已取得成功。图 14.26 所示为大众迈腾 1.8TSI 六挡 DSG。

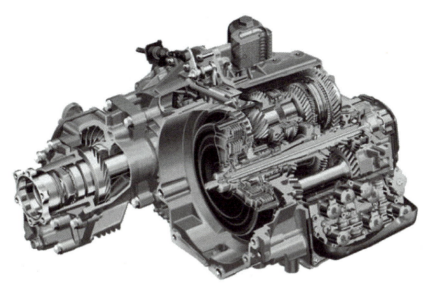

图 14.26　大众迈腾 1.8TSI 六挡 DSG

14.6.1　双离合器自动变速器的组成

双离合器式自动变速器主要由双离合器、按双离合器自动变速器工作原理配置的变速器及相应的控制系统组成。图 14.27 所示为典型双离合器自动变速器的传动结构。变速器有 6 个前进挡和 1 个倒挡，还有 2 个内外布置的离合器 3、4。

如图 14.27 所示，变速器内输入轴为一个实心轴，与离合器 C1 相连；变速器外输入轴是套在变速器内输入轴外面的一个空心轴，与离合器 C2 相连；两个输入轴是同心的。内输入轴上的齿轮分别与 1、3、5 挡齿轮相啮合；外输入轴上的齿轮分别与 2、4、6 挡齿轮相啮合；倒挡齿轮通过倒挡轴齿轮与内输入轴的齿轮啮合。即 1、3、5 挡及倒挡与离合器 C1 连接在一起，而 2、4、6 挡连接在离合器 C2 上。1、2、3、4 挡的动力由变速器内输出轴输出，5、6 挡和倒挡的动力由变速器外输出轴输出，变速器内、外输出轴左边的小圆柱齿轮与差速器壳上的主减速器从动齿轮相啮合，将动力传给差速器。另外，还有 4 个同步器，由液压换挡机构控制进行挡位的切换，所有挡位均为同步器挂挡。

双离合器自动变速器的控制系统分为电子控制系统和液压控制系统。电子控制系统采集汽车运行信息、驾驶人的操作指令，然后进行判断并控制双离合器自动变速器的运行。同时，电子控制系统还要负责与发动机电控单元及其他系统的电控单元协调工作。而液压控制系统则负责接收电子控制系统的控制指令，对变速器的换挡机构和离合器的工作进行操纵。液压控制系统包括液压泵、液压控制单元及油液冷却系统。

新开发的双离合器变速器控制系统集电控单元、传感器、液压电磁阀模块和阀体为一体，组成变速器机电模块。该模块通过自动校对达到符合设计要求的输出功能。该模块因取消了多级校正步骤和线束、连接器，成本大大降低。主板直接将电磁阀、电控单元和传感器组连接起来，更提高了模块的可靠性。

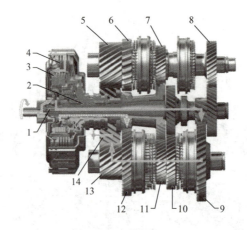

【双离合器自动变速器】

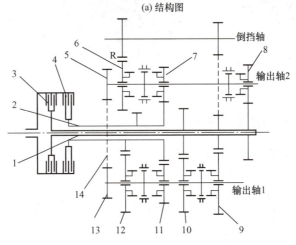
【双离合器自动变速器传动】

1—内输入轴；2—外输入轴；3—离合器C1；4—离合器C2；5、13—主减速器主动齿轮；
6—倒挡齿轮；7—6挡齿轮；8—5挡齿轮；9—1挡齿轮；10—3挡齿轮；
11—4挡齿轮；12—2挡齿轮；14—主减速器从动齿轮

图14.27　典型双离合器自动变速器的传动结构

14.6.2　双离合器自动变速器的工作原理

如图14.27(b)所示，当汽车处于停车状态时，离合器C1、C2都分离，不传递动力。当汽车起步时，自动换挡机构将挡位切换为1挡，然后离合器C1接合，汽车开始起步运行，控制过程与机械式自动变速器类似。此时离合器C2处于分离状态，不传递动力。当汽车加速接近2挡的换挡点时，由电控单元控制自动换挡机构将挡位提前换入2挡。当达到2挡换挡点时，离合器C1分离，同时离合器C2开始接合，两个离合器交替切换，直到离合器C1完全分离，离合器C2完全接合，整个换挡过程结束。汽车进入2挡运行后，电控单元可以根据相关传感器信号判断汽车当前的运行状况，进而确定汽车即将进入运行的挡位是升挡还是降挡，而1挡和3挡均连接在离合器C1上，因为该离合器处于分离状态，不传递动力，所以可以使自动换挡机构十分方便地预先换入即将进入工作的挡位，当汽车运行达到换挡点时，只需要将正在工作的离合器 C2 分离，同时接合离合器 C1，配合好两个离合器的切换时序，整个换挡动作全部完成。汽车继续运行时，其他挡位的切换过程也都类似。

双离合器自动变速器的动力传递通过两个离合器连接两个输入轴，相邻各挡的从动齿轮交错与两个输入轴齿轮啮合，配合两个离合器的控制，能够实现在不切断动力的情况下转换传动比，从而缩短换挡时间，有效提高换挡品质。双离合器自动变速器既继承了手动变速器的传动效率高、安装空间紧凑、质量轻、价格便宜等优点，又实现了换挡过程不中断动力，这不但对机械式自动变速器来说是一个巨大的进步，而且还保留了液力式自动变速器和无级自动变速器等换挡品质好的优点，因此是自动变速器的发展方向。

1. 简述自动变速器的类型。
2. 简述液力耦合器与液力变矩器的结构及工作原理。
3. 简述单排行星齿轮机构的工作原理。
4. 简述辛普森式行星齿轮机构和拉威挪式行星齿轮机构的结构特点。
5. 简述金属带式无级变速器的组成和工作原理。
6. 简述双离合器自动变速器的工作原理。

第 15 章 万向传动装置

万向传动装置在汽车上的应用很广泛。本章介绍万向节、传动轴和中间支承等内容。

要求学生理解万向传动装置在汽车上的应用、十字轴式刚性万向节传动的不等速性、双十字轴式万向节的等速条件；掌握主要等速万向节的结构与工作原理；了解传动轴和中间支承的基本结构。

15.1 概　述

由于汽车总成结构和布置等，两轴之间传递动力时会出现轴线相交且相对位置经常发生变化的情况，万向传动装置就是用于传递空间两相交轴（即两轴线交于一点）之间动力的装置。

汽车上的万向传动装置应满足以下要求。

（1）保证所连接的两轴夹角及相对位置在一定范围内变化时，能可靠且稳定地传递动力。

（2）保证所连接的两轴尽可能等速运转。

（3）因万向节夹角而产生的附加载荷、振动和噪声应在允许的范围内，在使用车速范围内不应产生共振。

（4）传动效率高，使用寿命长。

（5）结构简单，制造方便，维修保养容易等。

万向传动装置一般由万向节（universal joint）和传动轴（propeller shaft）组成（图15.1）。对于长轴距的汽车，有的还要加装中间支承。万向传动装置在汽车上的应用较多，如连接变速器与驱动桥、连接变速器与分动器、连接断开式驱动桥或转向驱动桥及连接转向操纵机构等。

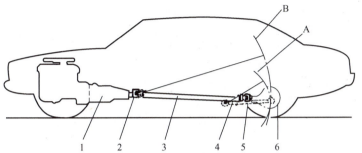

【万向传动装置】

1—变速器；2、5—万向节；3—传动轴；4—导向杆；6—驱动桥
B—驱动桥绕变速器后端跳动弧线；A—驱动桥绕导向杆支点跳动弧线

图 15.1 万向传动装置

15.2 万 向 节

万向节的作用是实现轴间夹角或相互位置有变化的两转轴之间的动力传递。

万向节分为刚性万向节和挠性万向节。汽车上应用较多的是刚性万向节。刚性万向节又分为不等速万向节（常用十字轴式）、准等速万向节（双联式、三销轴式等）和等速万向节（球叉式、球笼式等）。本章仅介绍常见的不等速万向节（十字轴式）和等速万向节的内容。

15.2.1 十字轴式万向节

十字轴式万向节（cardan universal joint）结构简单、传动可靠、效率高，故普遍应用于各类汽车的传动系统中。

1. 十字轴式万向节的结构

十字轴式万向节主要由两个万向节叉和中间的一个十字轴组成，其结构简图如图15.2所示。在十字轴的两个相互垂直的轴线上，每端各有一轴销，它们分别装在两个万向节叉的两个销孔内，万向节叉可绕十字轴的轴销自由摆动。两个万向节叉装在十字轴上后，其万向节叉平面相互垂直，两个万向节叉各自与其传动轴相连。

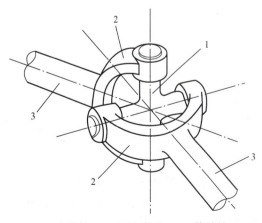

1—十字轴；2—万向节叉；3—传动轴
图 15.2 十字轴式万向节的结构简图

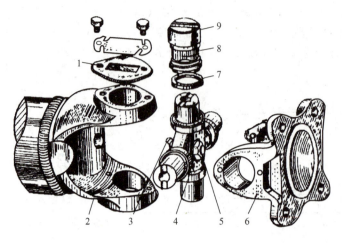

1—轴承盖；2、6—万向节叉；3—注油嘴；4—十字轴；
5—溢流阀；7—油封；8—滚针；9—套筒

图 15.3　十字轴式万向节的实际结构

十字轴式万向节的实际结构如图 15.3 所示。两个万向节叉 2 和 6 上的孔分别活套在十字轴 4 的两对轴颈上，两个万向节叉可通过焊接或用法兰等方式和轴管（传动轴）连接在一起。当主动轴转动时，从动轴既可随之转动，又可绕十字轴中心在任意方向摆动。为了减少摩擦损失，提高传动效率，在十字轴轴颈和万向节叉孔间装有由滚针 8 和套筒 9 组成的滚针轴承。

2. 十字轴式万向节的不等速性

在输入轴和输出轴之间有夹角的情况下，单个十字轴式万向节传动，其两轴的角速度是不相等的。

十字轴式万向节传动原理如图 15.4 所示。设主动叉轴 1 为垂直位置且其以 ω_1 等角速度旋转，从动叉轴 2 与主动叉轴 1 有一夹角 α，其角速度为 ω_2。十字轴旋转半径 OA 与 OB 相等，均为 r。下面分析单十字轴式万向节传动过程中的两个特殊位置的运动，来说明它传动的不等速性。

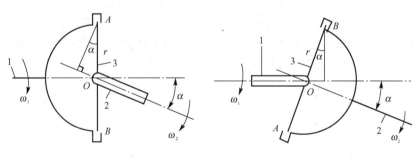

(a) 主动叉在垂直位置　　　(b) 主动叉在水平位置

1—主动叉轴；2—从动叉轴；3—十字轴

图 15.4　十字轴式万向节传动原理

(1) 主动叉在垂直位置 [图 15.4(a)]，并且十字轴平面与主动叉轴垂直的情况。主动叉轴与十字轴连接点 A 的线速度 v_A 在十字轴平面内，并且垂直于从动叉轴。

当十字轴随主动叉轴一起转动时，有
$$v_{A1} = r\omega_1$$

当十字轴随从动叉轴一起转动时，有
$$v_{A2} = r\omega_2 \cos\alpha$$

由于 $v_{A1} = v_{A2}$，因此

$$\omega_2 = \frac{\omega_1}{\cos\alpha}$$

故有
$$\omega_2 > \omega_1$$

由此可知，当主、从动叉轴转到所述位置时，从动叉轴的转速大于主动叉轴的转速。

(2) 主动叉在水平位置［图 15.4(b)］，并且十字轴平面与从动叉轴垂直时的情况。此时主动叉轴与十字轴连接点 B 的线速度 v_B 在十字轴平面内，并且垂直于主动叉轴。分析同上，可得 $\omega_2 < \omega_1$。即当主、从动叉轴转到所述位置时，从动叉轴的转速小于主动叉轴的转速。

由上述两个特殊情况的分析可以看出，十字轴式万向节在传动过程中，主、从动叉轴的转速是不相等的。这就是单个十字轴式万向节的速度特性——传动的不等速性。

3. 双十字轴式万向节传动的等速条件

单个十字轴万向节在有夹角时传动是不等速的，若采用传动轴将两个十字轴万向节连接起来传动，即双十字轴式万向节传动，第一个万向节的不等速效应被第二个万向节的不等速效应抵消，就可以实现两轴间的等速传动。

根据运动学分析得知，要达到这一目的，必须满足以下两个条件。

(1) 第一个万向节两轴间夹角 α_1 与第二个万向节两轴间夹角 α_2 相等。

(2) 第一个万向节的从动叉与第二个万向节的主动叉处于同一平面内。

双十字轴式万向节传动虽能近似地解决两轴间的等速传动问题，但允许的轴间夹角小。在要求轴间夹角大或布置上受轴向尺寸限制的情况，双十字轴式万向节的运用就不可取了。为解决这一问题，只用一个万向节就能实现等角速传动的等速万向节也就应运而生了。

15.2.2 等速万向节

在机械传动中，解决有轴间夹角的等速动力传递，典型的例子是锥齿轮传动。如图 15.5 所示，锥齿轮传动由一对大小相同的锥齿轮进行传动，两个齿轮的轴线夹角为 α，两个齿轮的啮合点 P 位于交角的平分面上，由 P 点到两个轴的垂直距离都等于 r。在 P 点处两个齿轮的圆周速度是相等的，因而两个齿轮旋转的角速度也相等。从这个原理出发，若万向节的传力点在其夹角变化时始终位于角平分面内，则可使两个万向节叉保持等角速传动的关系。

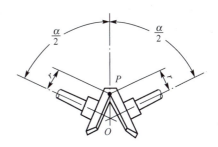

图 15.5 锥齿轮传动原理

等速万向节的基本原理是从结构上保证万向节在工作过程中其传力点始终位于两个轴夹角的平分面上。目前，汽车上应用较广泛的等速万向节有球叉式万向节和球笼式万向节等。

1. 球叉式万向节（weiss universal joint）

球叉式万向节的结构如图 15.6 所示。主动叉 5 与从动叉 1 分别与内、外半轴制成一体。在主、从动叉上，各有四个曲面凹槽，装合后形成两个相交的环形槽作为钢球滚道。四个传动钢球 4 放在环形槽中，中心钢球 6 放在两叉中心的凹槽内，以定中心。

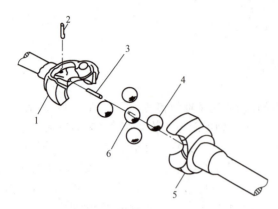

为顺利地将中心钢球装入槽内，在中心钢球上铣出一个凹面，凹面中央有一深孔。装合时，先将定位销装入从动叉内，放入中心钢球，然后在两个环形槽中陆续装入3个传动钢球，再将中心钢球的凹面对向未放钢球的凹槽，以便装入第4个传动钢球，然后将中心钢球的孔对准从动叉孔，提起从动叉轴使定位销插入球孔中，最后将锁止销插入从动叉上与定位销垂直的孔中，以限制定位销轴向移动，保证中心钢球的正确位置。

球叉式万向节结构简单，允许最大夹角为33°，一般应用于转向驱动桥中。

1—从动叉；2—锁止销；3—定位销；
4—传动钢球；5—主动叉；6—中心钢球
图15.6 球叉式万向节的结构

球叉式万向节工作时，只有两个钢球传力，反转时，则由另外两个钢球传力。因此，钢球与曲面凹槽之间的单位压力较大，磨损较快，影响使用寿命。近年来，有些球叉式万向节省去了定位销和锁止销，中心钢球上也没有凹面，靠压力装配。这样，其结构更为简单，但拆装不便。

2. 球笼式万向节（rzeppa universal joint）

球笼式万向节的结构如图15.7所示。星形套以内花键与主动轴相连，其外表面有6条凹槽，形成内滚道。球形壳的内表面有相应的6条凹槽，形成外滚道。6个钢球分别装在各凹槽中，并由保持架使之保持在一个平面内。动力由主动轴经钢球、球形壳输出。该结构形式的球笼式万向节在轴向上是不能移动的，称为固定型球笼式万向节（简称RF节）。

球笼式万向节不但传动夹角大（两轴最大夹角为47°），而且无论传动方向如何，6个钢球全部传力。与球叉式万向节相比，球笼式万向节承载能力强、结构紧凑、拆装方便，因此应用非常广泛，大多数转向驱动桥的转向节处均采用球笼式万向节。

【球笼式万向节】

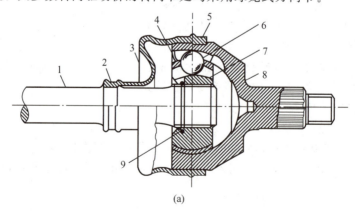

(a)

1—主动轴；2、5—钢带箍；3—外罩；4—保持架（球笼）；6—钢球；
7—星形套（内滚道）；8—球形壳（外滚道）；9—卡环
图15.7 球笼式万向节的结构

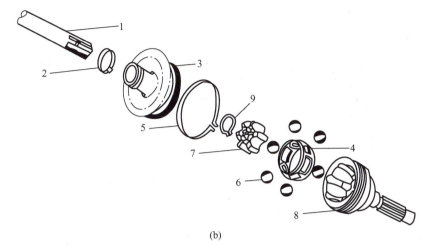

(b)

1—主动轴；2、5—钢带箍；3—外罩；4—保持架（球笼）；6—钢球；
7—星形套（内滚道）；8—球形壳（外滚道）；9—卡环

图15.7　球笼式万向节的结构（续）

15.3　传动轴和中间支承

传动轴是万向传动装置中主要的传力部件，也是高速转动件。

对于传动轴，若其长度较大，由于偏心质量因素等影响及受离心力作用，将会引起传动轴的弓形转动。当传动轴转速达到某一临界转速时，传动轴就会因弓形转动挠度过大而断裂。为使传动轴得到较高的强度和刚度，传动轴多做成空心的，一般用厚度为1.5～3.0mm的薄钢板卷焊而成。超重型货车的传动轴则直接采用无缝钢管。在转向驱动桥、断开式驱动桥或微型汽车的万向传动装置中，通常将传动轴制成实心轴。

传动轴的结构要考虑三方面的问题：①减少滑动接头处的摩擦；②减少桥壳处产生的经传动轴传递给车身的噪声；③减轻传动轴的质量和不平衡量。

典型的传动轴结构如图15.8所示，精轧低碳钢板卷制成管状，再电焊制成传动轴管。在轴管的两端，分别焊有固定万向节的叉头和能滑动的花键接头。汽车行驶过程中，变速器与驱动桥的相对位置经常变化，为避免运动干涉，传动轴中设有由滑动花键套和花键接头组成的滑动花键连接，以满足传动轴长度的变化。为减少磨损，还装有用以加注润滑脂的注油嘴、油封、油封盖和防尘套等。

传动轴若存在偏心质量，在高速旋转时，会因离心力作用产生剧烈振动。因此，当传动轴与万向节装配后，必须满足动平衡要求。

传动轴分段时需要加设中间支承。通常中间支承安装在车架横梁上，除支承传动轴外，还能补偿传动轴轴向和角度方向的安装误差及汽车行驶过程中由于发动机窜动或车架等变形所引起的位移。

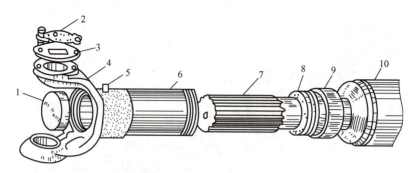

1—盖；2—盖板；3—轴承盖；4—万向节叉；5—注油嘴；6—滑动花键套；
7—花键接头；8—油封；9—油封盖；10—传动轴管

图 15.8　典型的传动轴结构

1. 万向传动装置在汽车上有哪些应用？举例说明。
2. 简要分析单十字轴式万向节传动的不等速性。
3. 试述双十字轴式万向节传动的等速条件。
4. 等速万向节主要有哪几种？
5. 为什么一般汽车的传动轴制成空心管状？
6. 中间支承在万向传动装置中起什么作用？

第 16 章 驱 动 桥

本章主要介绍常见驱动桥的类型，重点介绍主减速器、差速器的类型及结构特点。

要求学生了解驱动桥的功用、类型，以及发动机动力的驱动路线；重点了解主减速器、差速器等的结构及工作原理；掌握常见类型驱动桥的结构特点。

16.1 概 述

驱动桥是汽车传动系统最后一个总成，是汽车底盘中非常重要的组成之一。

16.1.1 驱动桥的功用

驱动桥（driving axle）位于汽车传动系统的末端，其基本功能：①将万向传动装置传来的发动机转矩通过主减速器、差速器、半轴等传到驱动车轮，实现降低转速、增大转矩的目的；②对于发动机纵置的汽车，通过锥齿轮副主减速器改变转矩的传递方向；③通过差速器实现左右驱动轮的差速作用，保证内、外侧车轮以不同的转速转弯。

16.1.2 驱动桥的组成与分类

1．驱动桥的组成

驱动桥由主减速器（final drive）、差速器（differential）、半轴（axle shaft）和驱动桥壳（drive axle housing）等组成，如图 16.1 所示。

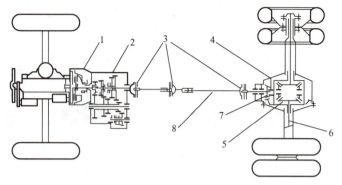

【驱动桥的分类】

1—离合器；2—变速器；3—万向节；4—驱动桥；
5—差速器；6—半轴；7—主减速器；8—传动轴

图 16.1　驱动桥的组成

主减速器是汽车传动系统中降低转速、增大转矩的主要部件。当变速器未设置超速挡时，主减速器的传动比即为传动系统的最小传动比，也称主传动比。差速器解决汽车转向时两侧的驱动车轮转动速度不等和多轴驱动桥转动速度不等的问题。半轴用来可靠地传递驱动力。驱动桥壳是传动系统和行驶系统主要部件的安装基础件。

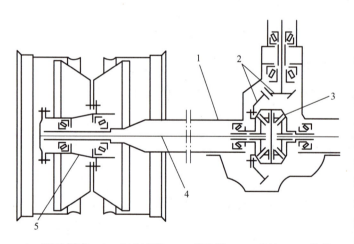

1—驱动桥壳；2—主减速器；3—差速器；4—半轴；5—轮毂

图 16.2　非断开式驱动桥的结构

2. 驱动桥的分类

驱动桥可分为断开式驱动桥和非断开式驱动桥两种。

图 16.2 所示为非断开式驱动桥的结构。由于半轴套管与主减速器壳刚性连成一体，两侧的半轴和驱动轮不可能在横向平面内做相对运动，因此称这种驱动桥为非断开式驱动桥，也称整体式驱动桥。它由驱动桥壳、主减速器、差速器、半轴和轮毂组成。整个驱动桥通过弹性悬架与车架连接。

为了提高汽车行驶的平顺性和通过性，有些轿车和越野车全部或部分驱动轮采用独立悬架，即将两侧的驱动轮分别用弹性悬架与车架相联系，则两侧驱动轮可彼此独立地相对于车架上下跳动。与此对应，主减速器壳固定在车架上。驱动桥壳制成分段的形式并通过铰链连接，这种驱动桥称为断开式驱动桥，其结构如图 16.3 所示。主减速器固定在车架或车身上，两侧车轮分别通过各自的弹性元件、减振器和摆臂组成的弹性悬架与车架相连。为满足车轮绕摆臂轴上下跳动的需要，差速器与轮毂之间的半轴两端用万向节连接。

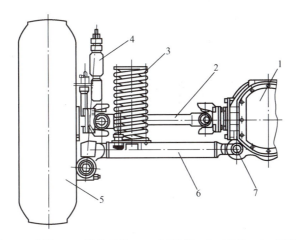

1—主减速器；2—半轴；3—弹性元件；4—减振器；5—车轮；6—摆臂；7—摆臂轴

图 16.3　断开式驱动桥的结构

16.2　主　减　速　器

16.2.1　主减速器的功用与分类

主减速器的功用是将输入的转矩增大并相应降低转速，当发动机纵置时还具有改变转矩旋转方向的作用。

为满足不同的使用要求，主减速器的结构形式也是不同的，具体分类如下。

按参加减速传动的齿轮副数目，可将主减速器分为单级主减速器（single reduction final drive）和双级主减速器（double reduction final drive）。在双级主减速器中，若第二级减速器齿轮置于两侧车轮附近（实际上成为独立部件），则称为轮边减速器。

按主减速器传动比挡数，可将主减速器分为单速主减速器和双速主减速器。前者的传动比是固定的，后者有两个传动比供驾驶人选择，以适应不同行驶条件的需要。

按齿轮副结构形式，可将主减速器分为圆柱齿轮式主减速器、锥齿轮式主减速器和准双曲面齿轮式主减速器。圆柱齿轮式主减速器又可分为轴线固定式主减速器和轴线旋转式（即行星齿轮式）主减速器。

下面对单级主减速器做详细的介绍。

16.2.2　单级主减速器

单级主减速器具有结构简单、体积小、质量轻和传动效率高等优点。一般应用在轿车和轻、中型货车上。图 16.4 所示为单级主减速器与差速器的结构。

1. 主减速器的结构特点

主减速器由主动锥齿轮和从动锥齿轮组成，且主动锥齿轮和从动锥齿轮之间必须有正确的相对位置，才能使两个锥齿轮啮合传动时冲击噪声较小，而且轮齿沿其长度方向磨损较均匀。因此，在结构上，一方面要使主动锥齿轮和从动锥齿轮有足够的支承刚度，使其

【主减速器传动原理】

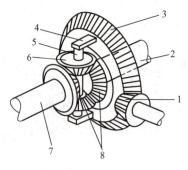

1—主减速器主动锥齿轮；2、7—半轴；
3—主减速器从动锥齿轮；4—差速器壳；
5—行星齿轮轴；6—行星齿轮；8—半轴齿轮

图 16.4　单级主减速器与差速器的结构

在传动过程中不至于发生较大变形而影响正常啮合；另一方面应有必要的啮合调整装置。

为保证主动锥齿轮有足够的支承刚度，主动锥齿轮18（图 16.5）与轴制成一体，前端支承在互相贴近而小端相向的两个圆锥滚子轴承13、17上，后端支承在圆柱滚子轴承19上，形成跨置式支承。

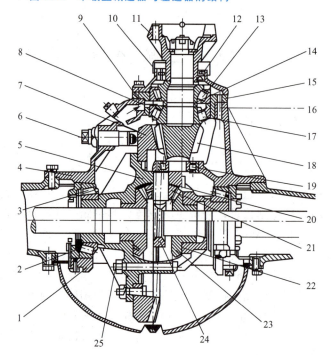

1—差速器轴承盖；2—轴承调整螺母；3、13、17—圆锥滚子轴承；4—主减速器壳；
5—差速器壳；6—支承螺栓 7—从动锥齿轮；8—进油道；9、14—调整垫片；
10—防尘罩；11—叉形凸缘；12—油封；15—轴承座；16—回油道；
18—主动锥齿轮；19—圆柱滚子轴承；20—行星齿轮垫片；21—行星齿轮；
22—半轴齿轮推力垫片；23—半轴齿轮；24—行星齿轮轴（十字轴）；25—螺栓

图 16.5　东风 EQ1090E 型汽车主减速器和差速器

2. 准双曲面齿轮的特点

准双曲面齿轮（hypoid gear）与螺旋锥齿轮相比，不但齿轮的工作平稳性好、轮齿的弯曲强度和接触强度高，而且主动齿轮的轴线可相对从动齿轮轴线偏移（图 16.6）。当准双曲面齿轮的主动锥齿轴线向下偏移时［图 16.6(b)］，在保证一定离地间隙的情况下，可降低主动锥齿轮和传动轴的位置，因而使车身和整个重心降低，这有利于提高汽车行驶稳定性。因此，准双曲面齿轮的应用较广泛。例如，东风 EQ1090E 型汽车主减速器采用了准双曲面齿轮，其偏移距为 38mm。

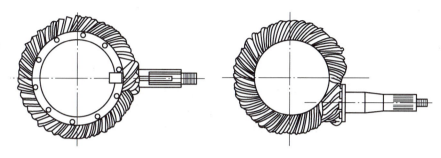

(a) 螺旋锥齿轮传动，锥齿轴线相交　　　　(b) 准双曲面齿轮传动，锥齿轴线偏移

图 16.6　主动和从动锥齿轮轴线位置

准双曲面齿轮工作时，齿面间有较大的相对滑动；且齿面间压力很大，齿面油膜易被破坏。为减少摩擦，提高效率，必须用含防刮伤添加剂的双曲面齿轮油，坚决不允许用普通齿轮油代替，否则将使齿面迅速擦伤和磨损，大大降低使用寿命。

16.3　差　速　器

在汽车行驶过程中，车轮对路面的相对运动有两种状态——滚动和滑动，其中滑动又分为滑转和滑移两种。设车轮中心在车轮平面内相对路面的移动速度为 U，车轮旋转角速度为 ω，车轮纯滚动半径为 r_r。若 $U=r_r\omega$，则车轮对路面的运动为纯滚动；若 $\omega \neq 0$，当 $U=0$ 时，车轮的运动为纯滑转；若 $U \neq 0$，当 $\omega=0$ 时，车轮的运动为纯滑移。

当汽车转弯行驶时，内外两侧车轮中心在同一时间内移过的曲线距离显然不同，即外侧车轮移过的距离大于内侧车轮。若两侧车轮都固定在同一刚性转轴上，且两侧车轮的角速度相等，则此时外轮必然是边滚动边滑移，内轮必然是边滚动边滑转。同样，汽车在不平路面上直线行驶时，两侧车轮实际移过的曲线距离也不相等。即使路面非常平直，但由于轮胎制造尺寸误差、其磨损程度不同、承受的载荷不同或充气压力不同等，各个轮胎的滚动半径实际上不可能相等。因此，只要各车轮角速度相等，车轮对路面的滑动就必然存在。车轮对路面的滑动不但会加速轮胎磨损，增加汽车的动力消耗，而且可能导致转向和制动性能的恶化。所以，在正常行驶条件下，应使车轮尽可能不发生滑动。为此，在汽车结构上，必须保证各个车轮（尤其是驱动车轮）有可能以不同角速度旋转。

若主减速器从动齿轮通过一根整体轴同时带动两侧驱动轮，则两侧车轮的角速度只能是相等的。为使两侧驱动轮必要时能以不同角速度旋转，保证车轮纯滚动状态，必须将驱动两侧车轮的整体轴断开（即为半轴）。能使同一驱动桥两侧车轮以不同角速度转动的装置，称为差速器，这种差速器又称轮间差速器。

多轴驱动汽车的各驱动桥间由传动轴相连。若各驱动桥的驱动轮均以相同的角速度旋转，同样会发生上述轮间无差速器时的类似现象。为使各驱动桥有可能具有不同的输入角速度，以消除各驱动桥驱动轮的滑动现象，可以在各驱动桥之间装设轴间差速器。

当遇到左、右或前、后驱动轮与路面之间的附着条件相差较大时，简单的齿轮式差速器将不能保证汽车得到足够的牵引力。附着条件较差的驱动轮将高速滑转，而汽车却不能前进。故对于经常遇到此种情况的汽车应当采用防（限）滑差速器。

16.3.1 对称式锥齿轮差速器

汽车上广泛应用的是对称式锥齿轮差速器（symmetrical bevel gear differential），图16.7所示的长城迪尔差速器即为对称式锥齿轮差速器。对称式锥齿轮差速器由圆锥行星齿轮、行星齿轮轴、圆锥半轴齿轮和差速器壳等组成（图16.8）。主减速器的从动齿轮用铆钉或螺栓固定在差速器壳的凸缘上。装合时，行星齿轮轴的轴颈嵌在差速器壳的孔内，每个轴颈上浮套着一个直齿圆锥行星齿轮，它们均与两个直齿圆锥半轴齿轮啮合。而圆锥半轴齿轮的轴颈分别支承在差速器壳相应的左右座孔中，并借花键与半轴相连。动力自主减速器从动齿轮依次经差速器壳、行星齿轮轴、圆锥行星齿轮、圆锥半轴齿轮及半轴输出给驱动车轮。当两侧车轮以相同的转速转动时，圆锥行星齿轮绕半轴轴线转动，即公转。若两侧车轮阻力不同，则圆锥行星齿轮在做上述公转运动的同时还绕自身轴线转动（称自转），此时两侧圆锥半轴齿轮带动两侧车轮以不同转速转动。

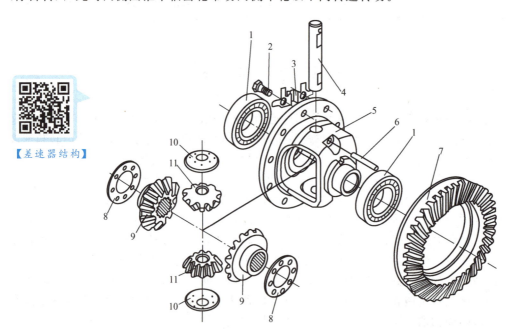

1—圆锥滚子轴承；2—螺栓-紧固从动锥齿轮与差速器；3—锁片-从动锥齿轮螺栓；
4—行星齿轮轴；5—差速器壳；6—定位销；7—从动锥齿轮；8—圆锥半轴齿轮止推垫片；
9—圆锥半轴齿轮；10—圆锥行星齿轮止推垫片；11—圆锥行星齿轮

图 16.7 长城迪尔差速器

1. 差速原理

差速器差速原理如图 16.9 所示。对称式锥齿轮差速器是一种行星齿轮机构。差速器壳3与主减速器从动锥齿轮6固连在一起，称为主动件，设其角速角为 ω_0；行星齿轮轴5与差速器壳3固连成一体，形成行星架；圆锥半轴齿轮1和2为从动件，其角速度分别为

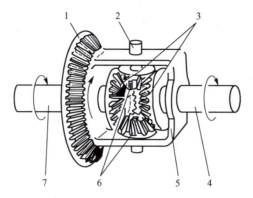

1—主减速器从动锥齿轮；2—行星齿轮轴；3—圆锥半轴齿轮；
4、7—半轴；5—差速器壳；6—圆锥行星齿轮

图 16.8 对称式锥齿差速器

ω_1 和 ω_2。A、B 两点分别为圆锥行星齿轮 4 与圆锥半轴齿轮 1 和 2 的啮合点。圆锥行星齿轮的中心点为 C，A、B、C 三点到差速器旋转轴线的距离均为 r。当圆锥行星齿轮只是随同行星架绕差速器旋转轴线公转时，处在同一半径上的 A、B、C 三点的圆周速度都相等[图 16.9(b)]，其值为 $\omega_0 r$。于是 $\omega_0 = \omega_1 = \omega_2$，即差速器不起差速作用，而半轴角速度等于差速器壳的角速度。

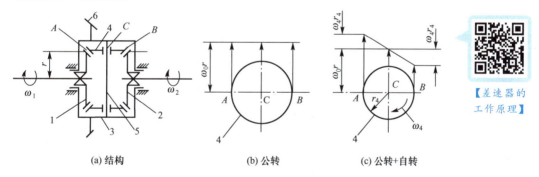

(a) 结构　　　　　　(b) 公转　　　　　　(c) 公转+自转

1、2—圆锥半轴齿轮；3—差速器壳；4—圆锥行星齿轮；
5—行星齿轮轴；6—主减速器从动锥齿轮

图 16.9 差速器差速原理

当圆锥行星齿轮除公转外，还绕其本身轴以角速度 ω_4 自转时[16.9(c)]，啮合点 A 的圆周速度为

$$\omega_1 r = \omega_0 r + \omega_4 r_4$$

啮合点 B 的圆周速度为

$$\omega_2 r = \omega_0 r - \omega_4 r_4 \tag{16-1}$$

则

$$\omega_1 r + \omega_2 r = (\omega_0 r + \omega_4 r_4) + (\omega_0 r - \omega_4 r_4) \tag{16-2}$$

等价于

$$\omega_1 + \omega_2 = 2\omega_0 \tag{16-3}$$

若角速度以每分钟转数 n 表示，则

$$n_1 + n_2 = 2n_0 \tag{16-4}$$

式(16-4)即为两侧圆锥半轴齿轮直径相等的对称式锥齿轮差速器的运动特性方程式。它表明左、右两侧圆锥半轴齿轮的转速之和为差速器壳转速的两倍，而与圆锥行星齿轮转速无关。因此在汽车转弯行驶或在其他行驶情况下，都可以借助圆锥行星齿轮以相应转速自转，使两侧驱动轮以不同转速在地面上滚动而无滑动。

由运动特性方程式还可知：①当任何一侧圆锥半轴齿轮的转速为零时，另一侧圆锥半轴齿轮的转速为差速器壳转速的两倍；②当差速器壳转速为零时（如用中央制动器制动传动轴时），若一侧半轴齿轮受其他外来力矩而转动，则另一侧半轴齿轮以相同转速反向转动。

2. 对称式锥齿轮差速器中的转矩分配

由主减速器传来的转矩 T_0，经差速器壳、行星齿轮轴和圆锥行星齿轮传给圆锥半轴齿轮。圆锥行星齿轮相当于一个等臂杠杆，而两侧圆锥半轴齿轮的半径也是相等的。因此，当圆锥行星齿轮没有自转时，总是将转矩 T_0 平均分配给左、右两侧圆锥半轴齿轮，即 $T_1 = T_2 = \frac{1}{2}T_0$。

当两侧圆锥半轴齿轮以不同转速朝相同方向转动时，虽然此时行星齿轮孔与行星齿轮轴轴颈间及齿轮背部与差速器壳之间都产生摩擦力矩，但内摩擦力矩很小可忽略。可以认为无论左、右驱动轮转速是否相等，转矩基本上是平均分配的。这样的分配比例对于汽车在好路面上直线或转弯行驶，都是满足要求的。

而汽车在坏路面上行驶时，却严重影响了其通过能力。例如，当汽车的一个驱动轮接触到泥泞或冰雪路面时，此时在泥泞路面上的车轮原地滑转，而在好路面上的车轮静止不动。这是因为在泥泞路面上车轮与路面之间的附着力很小，路面只能对半轴作用很小的反作用转矩，虽然另一个车轮与好路面间的附着力较大，但因为对称式锥齿轮差速器具有转矩平均分配的特性，使这一个车轮分配到的转矩只能与传到滑转的驱动轮上的很小的转矩相等，致使总的牵引力不足以克服行驶阻力，汽车便不能前进。只有使用防滑差速器才能解决这一问题。

16.3.2 防滑差速器

为了提高汽车在坏路上的通过能力，可采用各种形式的防滑差速器。其共同出发点都是在一个驱动轮滑转时，设法使大部分转矩甚至全部转矩传给不滑转的驱动轮，以充分利用这一侧驱动轮的附着力而产生足够的牵引力，使汽车能继续行驶。为实现上述要求，最简单的办法是在对称式锥齿轮差速器上设置差速锁，当一侧驱动轮滑转时，可利用差速锁使差速器不起差速作用。

1. 强制锁止式差速器（forced locking differential）

图 16.10 所示为陕汽德龙 X3000 型汽车的强制锁止式差速器，其采用电控气动方式操纵差速锁。当汽车的一侧车轮处于附着力较小的路面上时，可按下仪表板上的按钮，使电磁阀接通压缩空气管路，压缩空气从气路管接头 3 进入工作缸 4，推动活塞 1 克服压力弹簧 7 带动外接合器 9 右移，使之与内接合器 10 接合。最终，左半轴 6 与差速器壳 11 成为刚性连接，差速器不起差速作用，即左右两半轴被联锁成一体一同旋转。这样，当一侧驱动轮滑转而无牵引力时，从主减器传来的转矩全部分配到另一侧驱动轮上，使汽车正常行驶。

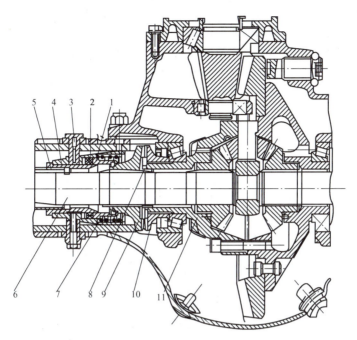

1—活塞；2—活塞皮碗；3—气路管接头；4—工作缸；5—套管；6—左半轴；
7—压力弹簧；8—锁圈；9—外接合器；10—内接合器；11—差速器壳

图 16.10 陕汽德龙 X3000 型汽车的强制锁止式差速器

当汽车通过坏路段驶上好路段时，驾驶人按下仪表板上的按钮，使电磁阀切断高压气路，并使工作缸与外界大气相通，缸内压缩空气经电磁阀排出。于是压力弹簧 7 复位，推动活塞使外接合器 9 左移回到分离位置。

强制锁止式差速锁结构简单，易于制造，但操纵不便，一般要在停车时进行，而且如果过早接上或过晚摘下差速锁，即在好路段上左、右车轮仍刚性连接，则将会产生前面已介绍的在无差速器情况下出现的一系列问题。因此，有些越野汽车采用了在行驶过程中，能根据路面情况自动改变驱动轮间转矩分配的高摩擦自锁式差速器。

2. 高摩擦自锁式差速器（high friction self-locking differential）

图 16.11 所示为高摩擦自锁式差速器。该差速器是在对称式锥齿轮差速器基础上发展而来的。为增加差速器的内摩擦力矩，在半轴齿轮和差速器壳之间安装了摩擦片，十字轴由两根相互垂直的行星齿轮轴组成，轴的端部均切有凸 V 形斜面，相应地，在差速器壳孔上也开有相应 V 形斜面的内孔，两根行星齿轮轴的 V 形面呈反向安装。每个圆锥半轴齿轮的背面有推力压盘和主、从动摩擦片。推力压盘以内花键与半轴相连，在其轴颈处用外花键与从动摩擦片相连。主动摩擦片用花键与差速器壳相连。推力压盘和主、从动摩擦片均可沿轴向做微小的滑移。当汽车直线行驶时，两个半轴无转速差，转矩平均分配给两个半轴，由于差速器壳通过斜面作用在行星齿轮轴两端，斜面上产生的轴向力迫使两根行星齿轮轴分别从左、右向外移动，通过圆锥行星齿轮使推力压盘压紧摩擦片。此时转矩经两条路径传给半轴：一路沿行星齿轮轴、圆锥行星齿轮和圆锥半轴齿轮，将大部分转矩传给半轴；另一路则由差速器壳经主、从动摩擦片、推力压盘传给半轴。

当一侧车轮在路面上滑转或汽车转弯时,圆锥行星齿轮自转,左、右圆锥半轴齿轮产生转速差,这种转速差的存在和轴向力的作用,使主、从动摩擦片间产生摩擦力矩,其数值大小与差速器传递的转矩和摩擦片数值成正比。而摩擦力矩的方向与转速较高的半轴旋向相反,与转速较低的半轴旋向相同。高摩擦力矩作用的结果是使低转速半轴传递的转矩大大增加。这种差速器结构简单、工作平稳、锁紧系数可达 5 或更高,常用于轿车和轻型载货汽车上。

【摩擦自锁式差速器】

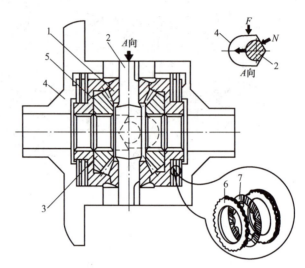

1—圆锥行星齿轮;2—行星齿轮轴;3—圆锥半轴齿轮;4—差速器壳;
5—推力压盘;6—主动摩擦片;7—从动摩擦片

图 16.11　高摩擦自锁式差速器

3. 托森差速器(Torsen differential)

托森差速器是一种新型的差速器,它利用蜗轮蜗杆传动的不可逆性和齿面高摩擦条件,使差速器能根据其内部差动转矩(即差速器的内摩擦转矩)自动在"差速"和"锁死"之间转换,即当差速器内差动转矩较小时起差速作用,而当差速器内差动转矩过大时,差速器将自动锁死,这样可以有效地提高汽车的通过能力,因而托森差速器在现代四轮驱动轿车上得到了广泛应用。

如图 16.12 所示,托森差速器由空心轴 2、差速器壳 3、后蜗杆轴 9、前蜗杆轴 10、蜗轮轴 6 和蜗轮 5 等组成。空心轴 2 靠花键与差速器壳 3 相连一同转动,可作为差速器的输入。蜗轮 5 通过蜗轮轴 6 固定在差速器壳 3 上,三对蜗轮分别与前蜗杆轴 10 和后蜗杆轴 9 相啮合,每个蜗轮上固定两个直齿圆柱齿轮 4,与前后蜗杆轴相啮合的蜗轮彼此通过直齿圆柱齿轮相啮合。当该差速器作为轴间差速器使用时,可以将前蜗杆轴和驱动前桥的差速器齿轮轴联为一体,后蜗杆轴和驱动后桥的驱动轴凸缘盘为一整体。汽车驱动时,来自发动机的驱动力通过空心轴 2 传至差速器壳 3。然后,通过蜗轮轴 6 传到蜗轮 5,并传向蜗杆轴 9 和 10,前蜗杆轴 10 通过差速器齿轮轴 1 将驱动力传至前驱动桥,后蜗杆轴 9 通过后驱动轴 8 将驱动力传至后驱动桥,从而实现前、后驱动桥的驱动牵引作用。而当该差速器作为轮间差速器使用时,也可以将前蜗杆轴 10 和后蜗杆轴 9 分别与左、右驱动轮半轴相连接。当汽车转向时,左、右驱动轮出现转速差,通过啮合的直齿圆柱齿轮相对转动，使一轴转速升高，而另一轴转速降低，从而实现差速作用。

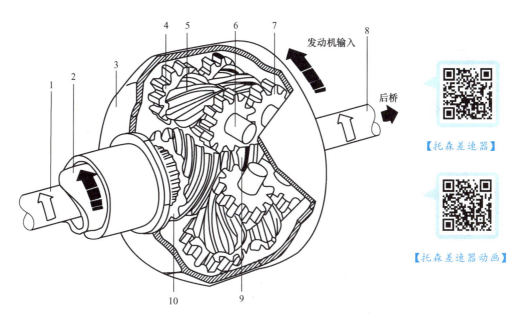

1—差速器齿轮轴；2—空心轴；3—差速器壳；4、7—直齿圆柱齿轮；
5—蜗轮；6—蜗轮轴；8—后驱动轴；9—后蜗杆轴；10—前蜗杆轴

图 16.12　托森差速器

由于结构和性能上的诸多优点，托森差速器被广泛用作全轮驱动轿车的轴间差速器和后驱动桥的轮间差速器（图 16.13）。但是由于在转速差较大时该差速器具有自动锁止功能，因此一般不用作转向驱动桥的轮间差速器。

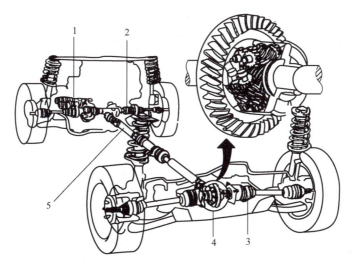

1—变速器与差速器总成；2—前桥；3—后桥；4—后桥主减速器与托森差速器；5—传动轴

图 16.13　安装在轿车后驱动桥上的托森差速器

16.4　半轴与驱动桥壳

16.4.1　半轴

半轴是差速器与驱动轮之间传递动力的实心轴,其内端与差速器的半轴齿轮相连,外端与驱动轮轮毂相接。半轴与驱动轮的轮毂在桥壳上的支承形式决定了半轴的受力状态。目前,汽车半轴的支承形式(图 16.14)有两种,即全浮式支承半轴(full-floating axle shaft)和半浮式支承半轴(semi-floating axle shaft)。

全浮式支承半轴对地面反力 N 和 F 及由 F 形成的弯矩均通过桥壳传至车身,故半轴只承受转矩,不承受任何反力和弯矩作用,受力状态简单,广泛用于各种载货汽车上。

在结构上,半轴外端锻出的凸缘借助螺栓与轮毂相连。轮毂通过两个跨距较大的圆锥滚子轴承支承在半轴套管上。半轴套管与空心梁压配在一起形成桥壳。半轴内端通过花键与差速器的半轴齿轮相连。这样的连接方式使得半轴易于拆卸,即只需拧下凸缘上的螺栓,便可将半轴抽出,而车轮与桥壳仍能支承住汽车。

半浮式支承半轴将作用在车轮上的各种反力通过半轴传递给驱动桥壳,故半轴内端免受弯矩,而外端却需承受全部弯矩。

在结构上,半轴与桥壳间的支承只靠一个轴承,为使半轴和车轮不致被向外的侧向力拉出,该轴承必须能够承受向外的轴向力。半浮式支承半轴结构简单,被广泛应用于反力弯矩较小的轿车上。

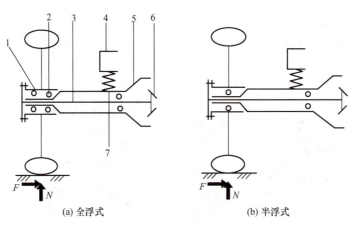

(a) 全浮式　　　　　　　　　(b) 半浮式

1—轮毂;2—轮毂轴承;3—半轴;4—车架;
5—驱动桥壳;6—半轴齿轮;7—弹簧

图 16.14　汽车半轴的支承形式

16.4.2　驱动桥壳

驱动桥壳的功用是支承并保护主减速器、差速器和半轴等,使左右驱动车轮的轴向相对位置固定;与从动桥一起支承车架及其上的各总成质量;在汽车行驶时,承受由车轮传来的路面反作用力和力矩,并经悬架传给车架。

驱动桥壳应有足够的强度和刚度，且质量要小，并便于主减速器的拆装和调整。由于驱动桥壳的尺寸和质量一般都比较大，制造较困难，故其结构形式在满足使用要求的前提下，要尽可能便于制造。

驱动桥壳从结构上可分为整体式桥壳和分段式桥壳两种。

（1）整体式桥壳（banjo housing）。整体式桥壳具有较大的强度和刚度，并且便于主减速器的装配、调整和维修，因此普遍应用于各类汽车上。

整体式桥壳因制造方法不同又分为多种形式，常见的有整体铸造、钢板冲压焊接、中段铸造两端压入钢管、钢管扩张成形等形式。为增加桥壳的强度和刚度，整体铸造的桥壳（图16.15）两端压入无缝钢管制成的半轴套管。桥壳上有通气塞，保证高温下的通气，保持润滑油的品质和使用周期。这种整体铸造桥壳刚度大、强度高、易

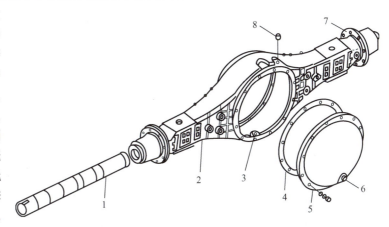

1—半轴套管；2—后桥壳；3—放油孔；4—后桥壳垫片；
5—后盖；6—油面孔；7—凸缘盘；8—通气塞

图 16.15　整体铸造的桥壳

铸成等强度梁形状，但因其质量大，铸造品质不易保证，适用于中、重型汽车，更多地用于重型汽车上。钢板冲压焊接的桥壳具有质量小、制造工艺简单、材料利用率高、抗冲击性能好、成本低等优点，并适合大量生产。在轻型货车和轿车上得到广泛采用。中段铸造两端压入钢管的桥壳，质量较小，工艺简单且便于变型，但刚度较差，适于批量生产。钢管扩张成形的桥壳广泛应用于轿车和微、轻型汽车，其优点是材料利用率高、质量小、强度和刚度高、制造成本低，适于大量生产。

（2）分段式桥壳（segmented axle housing）。分段式桥壳一般分为两段，由螺栓将两段连成一体。分段式桥壳比整体式桥壳易于铸造、加工简便，但维修不便。当拆检主减速器时，必须把整个驱动桥从汽车上拆卸下来。

1. 汽车驱动桥的功用是什么？每个功用主要由驱动桥的哪部分来实现和承担？
2. 主减速器有哪些类型？
3. 准双曲面齿轮的特点是什么？
4. 差速器的工作原理是什么？常见的差速器有哪几种？
5. 半轴有哪几种形式？
6. 驱动桥壳有哪两种类型？

第 17 章
车架、车桥和车轮

车架是汽车装配的基础，车桥是传递车架与车轮之间各向作用力及其所产生的弯矩和转矩的装置，车桥的两端安装车轮，而车轮由轮胎直接与地面接触在道路上行驶。本章介绍车架和车桥的类型、组成与工作原理，重点介绍转向桥的功用、组成与工作原理及转向轮定位。

要求学生掌握转向桥的功用、组成与工作原理及转向轮定位；了解车架、车轮的基本构造与工作原理，以及转向驱动桥的结构、功用与工作原理。

17.1 概　　述

汽车作为一种地面交通运输工具，其行驶系统的主要功用：①支承汽车的总质量；②接受由发动机经传动系统传来的转矩，并通过驱动轮与地面之间的附着作用，产生驱动力，以保证汽车正常行驶；③传递并支承路面作用于车轮上的各种反作用力及其所形成的力矩；④尽可能地缓和不平路面对车身造成的冲击，保证汽车平顺行驶。

汽车（轮式汽车）行驶系统一般由车架、车桥、车轮和悬架等部分组成（图17.1）。后轮4和前轮5分别支承着驱动桥3和从动桥6，车桥又通过弹性后悬架2和前悬架7与车架1相连接。车架是整个汽车的基体，它将汽车的各相关总成连接成一个整体，构成汽车的装配基础。

汽车行驶系统的基本类型主要有轮式、履带式、半履带式（车轮-履带式）等几种形式。汽车行驶在比较坚实的道路上，其行驶系统中直接与路面接触的部分是车轮，这种行驶系统称为轮式行驶系统，这种汽车称为轮式汽车。行驶系统中直接与路面接触的部分是履带的汽车称为履带式汽车。行驶系统中直接与路面接触的部分既有车轮又有履带的汽车称为半履带式汽车或车轮-履带式汽车。应用较多的是轮式行驶系统。

水陆两用汽车除具有一般轮式汽车的行驶系统外，还备有一套在水中航行时使用的行驶机构。

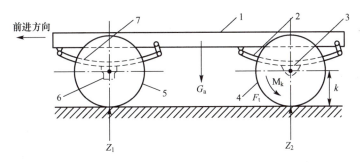

1—车架；2—后悬架；3—驱动桥；4—后轮；5—前轮；6—从动桥；7—前悬架

图 17.1　行驶系统的组成

17.2　车　　架

汽车车架（frame）俗称大梁，其上装有发动机、变速器、传动轴、前后桥、车身等总成和部件。车架的功用是支承、连接汽车的各总成，使各总成保持相对正确的位置，并承受汽车内外的各种载荷。车架通过悬架装置坐落在车轮上。有的客车和轿车为了减轻汽车的质量，取消了车架，制成了能够承受各种载荷的承载式车身，即无梁式车身。由于车架是整个汽车的基础，要承受汽车内外的各种载荷，因此要求车架具有足够的强度、合适的刚度；具有结构简单、质量轻等特点；同时，还应尽可能地降低汽车的重心和获得较大的前轮转向角，以保证汽车行驶时的稳定性和转向灵活性。

目前，汽车车架的结构形式主要有边梁式车架和承载式车身两种。

17.2.1　边梁式车架

边梁式车架是由两根位于两边的纵梁和若干根横梁，通过铆接或焊接而连成的坚固的刚性构架。由于边梁式车架便于安装车身和布置总成，有利于改装变型车和发展多品种车型的需要，因此被广泛采用。

边梁式车架的横梁不仅用来保证车架的扭转刚度和承受纵向载荷，还用来支承汽车上的主要部件。通常载货汽车有 5～8 根横梁，分别布置在安装散热器、发动机、驾驶室、传动轴中间支承、备胎架和钢板弹簧的前后支点处。

边梁式汽车车架由两根纵梁和八根横梁铆接而成，又称梯形车架，其结构如图 17.2 所示。由于纵梁 6 中部所受弯矩最大，为了使应力分布均匀，同时减轻质量，纵梁 6 制成中部断面最高的不等高槽形截面梁。每根纵梁上都开有上百个安装其他机件的孔。前横梁

3 上装有冷却液散热器，发动机前悬置横梁 4 作为发动机的前悬支座。为降低发动机高度，改善驾驶人的视野，发动机前悬置横梁 4 和发动机后悬置横梁 5 均制成下凹形。在驾驶室后悬置横梁 7 的上面装置驾驶室的后悬置，在其下面装置传动轴中间支承。由于传动轴安装位置的需要，驾驶室后悬置横梁 7 制成拱形，其余横梁都做成简单的直槽形。后横梁 12 的中部装有拖带挂车用的拖钩部件 13，因后横梁 12 要承受拖钩传来的很大的作用力，故采用角撑横梁组件 11 来加强。

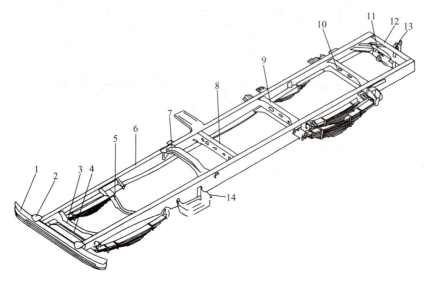

1—保险杠；2—挂钩；3—前横梁；4—发动机前悬置横梁；5—发动机后悬置横梁；6—纵梁；7—驾驶室后悬置横梁；8—第四横梁；9—后钢板弹簧前支架横梁；10—后钢板弹簧后支架横梁；11—角撑横梁组件；12—后横梁；13—拖钩部件；14—蓄电池拖架

图 17.2　边梁式汽车车架的结构

对于短而宽的汽车车架，为降低车架重心高度和提高车架的扭转刚度，通常制成前窄后宽而后部向上弯曲的车架结构，且两根横梁制成 X 形（X 形车架），如图 17.3 所示。X 形车架一般只用于轿车上。

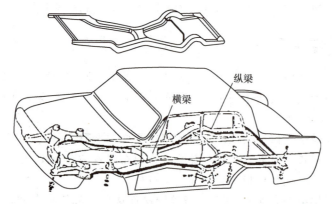

图 17.3　轿车（X 形）车架的结构

17.2.2 承载式车身

部分轿车和大型客车取消了车架，而以车身兼代车架的作用，即将所有部件固定在车身上，所有的力也由车身来承受，这种车架称为承载式车身，也称无梁式车架（图 17.4）。如东风本田思域、一汽奥迪A4、采用承载式车身。公共汽车及长途大客车，多数采用全金属承载式车身，其中部分是有骨架承载式车身，而无骨架承载式车身在部分大客车上有采用。

图 17.4 承载式车身（无梁式车架）

17.3 车　桥

车桥也称车轴，通过悬架与车架（或承载式车身）相连接，两端安装车轮。车架所受的垂直载荷通过车桥传到车轮，车轮上的滚动阻力、驱动力、制动力和侧向力及其弯矩、转矩又通过车桥传递给悬架和车架，故车桥的作用是传递车架与车轮之间的各向作用力及其所产生的弯矩和转矩。

按照悬架的结构形式，可将车桥分为断开式和整体式两种。断开式车桥为活动关节式结构，它与独立悬架配合使用；整体式车桥的中部是一个整体的刚性实心或空心梁（轴），它多与非独立悬架配合使用。目前，大部分轿车左右车轮之间实际上没有车桥，而是通过各自的悬架与车架相连接，然而习惯上仍将它们称为断开式车桥。

按照车桥上车轮的运动方式和作用的不同，可将车桥分为转向桥、驱动桥、转向驱动桥和支持桥四种类型。其中转向桥和支持桥都属于从动桥。一般汽车的前桥多为转向桥，后桥或中、后两桥多为驱动桥。越野汽车和一些轿车的前桥既是转向桥又是驱动桥，故称为转向驱动桥。某些单桥驱动的三轴汽车（6×2汽车）的中桥或后桥为支持桥。挂车上的车桥都是支持桥。

驱动桥已在第16章汽车传动系统中介绍，支持桥除不能转向外，其他功能和结构与转向桥相同，本节主要介绍整体式的转向桥和转向驱动桥。

17.3.1 转向桥

转向桥是利用转向节使车轮偏转一定的角度以实现汽车转向的，同时承受和传递车轮与车架之间的垂直载荷、纵向力和侧向力及这些力形成的力矩。转向桥通常位于汽车的前部，因此常称其为前桥。

各种类型汽车的转向桥的结构基本相同，主要由前轴（梁）、转向节、主销和轮毂（图中未画出）四部分组成（图 17.5）。

1. 前轴（front axle）

前轴是转向桥的主体，其断面形状采用工字形和管形两种。前轴 4（图 17.5）断面是工字形，为提高抗扭强度，在接近两端各有一个拳形加粗部分，其中有通孔，主销 7 即插

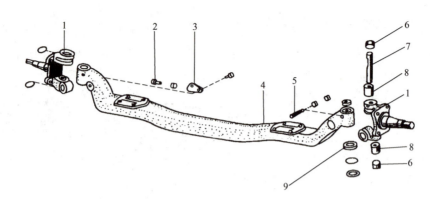

1—转向节；2—转向节固定螺栓；3—转向节固定器；4—前轴；
5—主销固定螺栓；6—螺塞；7—主销；8—衬套；9—轴承

图 17.5　转向桥

入此孔内。中部向下弯曲成凹形，其目的是降低发动机位置，从而降低汽车质心，扩展驾驶人视野，减小传动轴与变速器输出轴之间的夹角。

2. 转向节（steering knuckle）

转向节 1（图 17.5）是车轮转向的铰链，它是一个叉形件。上下两叉有安装主销的两个同轴孔，转向节轴颈用来安装车轮。转向节上销孔的两耳通过主销与前轴两端的拳形部分相连，使前轮可以绕主销偏转一定角度而使汽车转向。为了减小磨损，转向节销孔内压入青铜衬套 8，衬套的润滑用装在转向节上的油嘴注入润滑脂润滑。为使转向灵活，在转向节下耳与前轴拳形部分之间装有轴承 9。在转向节上耳与拳形部分之间还装有调整垫片，以调整其间的间隙。

3. 主销（king pin）

主销的作用是铰接前轴及转向节，使转向节绕着主销摆动以实现车轮的转向。主销 7（图 17.5）的中部切有凹槽，安装时用主销固定螺栓 5 与它上面的凹槽配合，将主销固定在前轴的拳形孔中。主销与转向节上的销孔是动配合，以便实现转向。

4. 轮毂（wheel hub）

车轮轮毂通过两个圆锥滚子轴承支承在转向节 1（图 17.5）外端的轴颈上。轴承的松紧度可用调整螺母（装于轴承外端）加以调整。轮毂外端用冲压的金属罩盖住，内端装有油封。制动底板与防尘罩一起都固定在转向节上。

17.3.2　转向轮定位

为了保持汽车直线行驶的稳定性、转向的轻便性和减小轮胎的磨损，转向轮、转向节和前轴三者之间与车架必须保持一定的相对位置，这种具有一定相对位置的安装称为转向轮定位，也称前轮定位。正确的转向轮定位应做到可使汽车直线行驶稳定而不摆动，转向时转向盘上的作用力不大，转向后转向盘具有自动回正作用，轮胎与地面间不打滑以减少油耗，延长轮胎使用寿命。转向轮定位包括主销后倾、主销内倾、前轮外倾及前轮前束。

1. 主销后倾（kingpin caster）

主销安装在前轴上后，在纵向平面内，其上端略向后倾斜，这种现象称为主销后倾（图 17.6）。在纵向垂直平面内，主销轴线与垂线之间的夹角 γ 称为主销后倾角。

主销后倾后，它的轴线与路面的交点位于车轮与路面接触点 b 之前，这样 b 点到 a 点之间就有一段垂直距离 l。若汽车转向（图 17.6 中所示为向右转向），则汽车产生的离心力将引起路面对车轮的侧向反作用力 F，F 通过 b 点作用于轮胎上，形成了绕主销的稳定力矩 $M=Fl$，其作用方向正好与车轮偏转方向相反，使车轮有恢复到原来中间位置的趋势。即使在汽车直线行驶偶尔遇到阻力使车轮偏转时，也有此种作用。由此可见，主销后倾的作用是保持汽车直线行驶的稳定性，并力图使转向后的前轮自动回正。

2. 主销内倾（kingpin inclination）

主销安装在前轴上后，在横向平面内，其上端略向内倾斜，这种现象称为主销内倾（图 17.7）。在横向垂直平面内，主销轴线与垂线之间的夹角 β 称为主销内倾角。

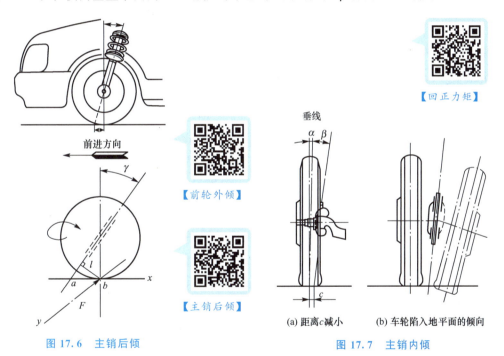

图 17.6　主销后倾

图 17.7　主销内倾

(a) 距离 c 减小　　(b) 车轮陷入地平面的倾向

主销内倾后，主销轴线的延长线与地面交点到车轮中心平面与地面交线的距离 c 减小 [图 17.7(a)]，从而可减小转向时驾驶人加在转向盘上的力，使转向操纵轻便，也可减少从转向轮传到转向盘上的冲击力；与此同时，当车轮转向或偏转时，车轮有向下陷入地平面的倾向 [图 17.7(b)]，但事实上这是不可能的，而只能使转向轮连同整个汽车前部向上抬起一个相应的高度，这样在汽车本身重力的作用下，迫使车轮自动回到原来的中间位置。由此可见，主销内倾的作用是使前轮自动回正，转向轻便。

主销后倾和主销内倾都有使汽车转向自动回正，保持直线行驶的作用。但主销后倾的回正作用与车速有关，而主销内倾的回正作用几乎与车速无关。因此，汽车在高速行驶时主销后倾的回正作用起主导地位，而汽车在低速行驶时则主要靠主销内倾起回正作用。此外，汽车在直行时前轮偶尔遇到冲击而偏转时，也主要依靠主销内倾起回正作用。

3. 前轮外倾（front wheel camber）

前轮安装在前车轴上，其旋转平面上方略向外倾斜，这种现象称为前轮外倾。前轮旋转平面与纵向垂直平面之间的夹角 α 称为前轮外倾角［图 17.7(a)］。

前轮外倾的作用是提高前轮工作的安全性和操纵轻便性。由于主销与衬套之间、轮毂与轴承等处都存在间隙，若空车时车轮垂直地面，则满载后，车桥将因承载变形，可能会出现车轮内倾，这样将会加速汽车轮胎的磨损。另外，路面对车轮的垂直反作用力分解在轮毂的轴向分力使轮毂压向轮毂外端的小轴承，加重了外端小轴承及轮毂紧固螺母的负荷，严重时会使车轮脱出。因此，为了使车胎磨损均匀和减轻轮毂外轴承的负荷，安装车轮时要预先使车轮有一定的外倾角，以防止车轮出现内倾。虽然前轮外倾角大对安全和操纵有利，但是过大的前轮外倾角会使轮胎横向偏磨增加，油耗增多，一般前轮外倾角为 1°左右。

4. 前轮前束（toe in of front wheel）

汽车两个前轮安装后，在通过车轮轴线而与地面平行的平面内，两个前轮前端略向内束，这种现象称为前轮前束（图 17.8）。两个前轮间后方距离 A 与前方距离 B 之差（$A-B$）称为前轮前束值。

前轮前束的作用是消除汽车在行驶过程中因前轮外倾而使两个前轮前端向外张开的不利影响。由于前轮外倾，当车轮在地面纯滚动时，车轮将向外侧方向运动。如果两个前轮具有前束，则两个前轮在向前滚动时会

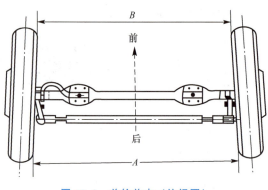

图 17.8　前轮前束（俯视图）

产生向内侧的滑动。这样，由于前轮外倾和前轮前束使两个前轮产生的滑动方向相反，可以互相抵消，从而使两个前轮基本上是纯滚动而无滑动地向前运动。此外，前轮前束还可以抵消滚动阻力造成的两个前轮前部向外张开，使两个前轮基本上是平行地向前滚动。

通过改变横拉杆的长度可以调整前轮前束值。前轮前束值大小根据各厂家的规定确定。

17.3.3　转向驱动桥

能实现车轮转向和驱动的车桥称为转向驱动桥，其结构如图 17.9 所示。在结构上，转向驱动桥既具有一般驱动桥所具有的主减速器 1、差速器 3 及内外半轴 4 和 8，又具有一般转向桥所具有的转向节壳体 11、主销 12 和轮毂 9 等。与单独的驱动桥、转向桥相比，由于转向的需要，转向驱动桥的半轴被分为两段，分别称为内半轴 4（与差速器相连接）和外半轴 8（与轮毂连接），二者通过等角速万向节 6 连接。同时，主销 12 也因此被分成上下两段，分别固定在万向节的球形支座 14 上。转向节轴颈 7 做成空心的，以便外半轴从中穿过。转向节的连接叉是球状的转向节壳体 11，这样既满足了转向的需要，又适应了转向节的传力。转向驱动桥广泛地应用于全轮驱动的越野汽车上。

目前，轿车大多采用前轮驱动，所以前轮既是转向轮，又是驱动轮。图 17.10 所示为轿车的转向驱动桥总成（图中未画出中间主减速器、差速器）。动力经中间主减速器和差

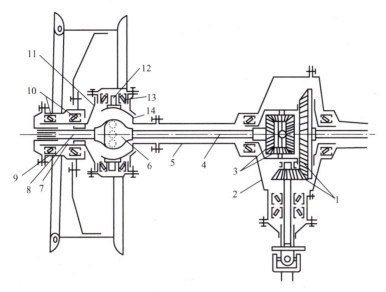

1—主减速器；2—主减速器壳；3—差速器；4—内半轴；5—半轴套管；6—等角速万向节；
7—转向节轴颈；8—外半轴；9—轮毂；10—轮毂轴承；11—转向节壳体；
12—主销；13—主销轴承；14—球形支座

图 17.9 转向驱动桥的结构

速器传至传动轴 2 和内等角速万向节（伸缩型球笼式万向节），经内等角速万向节和外等角速万向节（球笼式万向节）传到车轮和轮胎上，驱动车轮旋转。

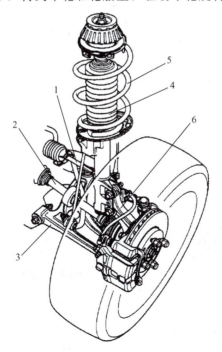

1—可调转向横拉杆；2—传动轴；3—悬架摆臂；4—减振支柱；5—减振弹簧；6—转向节

图 17.10 轿车的转向驱动桥总成

17.4 车轮与轮胎

车轮与轮胎是汽车行驶系统中的主要部件,汽车通过车轮和轮胎直接与地面接触,从而可以在道路上行驶。车轮和轮胎的主要功用:①支承汽车总质量;②吸收和缓和汽车行驶时所受到的路面冲击和振动;③保证轮胎与路面的良好附着性能,以提高汽车的动力性、制动性和通过性;④产生平衡汽车转向行驶时离心力的侧向力,在保证汽车正常转向行驶的同时,通过轮胎产生的自动回正力矩,使汽车保持直线行驶。

17.4.1 车轮

车轮是介于轮胎和车桥之间承受负荷的旋转组件,一般由轮毂、轮辋和轮辐(轮盘)组成。轮毂通过圆锥滚柱轴承套装在车桥或转向节轴颈上。轮辋也称钢圈,用以安装轮胎,与轮胎共同承受作用在车轮上的负荷,并散发高速行驶时轮胎上产生的热量及保证车轮具有合适的断面宽度和横向刚度。轮辐将轮辋与轮毂连接起来。轮辋与轮辐可以是不可拆式的(整体的),也可以是可拆式的。这里不对轮辐做单独介绍。

1. 车轮的类型

车轮按轮辐的构造可分为辐板式和辐条式两种。目前,普通级轿车和轻、中型载货汽车多采用辐板式车轮,而高级轿车、竞赛汽车及重型载货汽车多采用辐条式车轮。

(1) 辐板式车轮(disc wheel)。图17.11所示为轿车车轮的结构。车轮的轮辋1与轮辐2可以用铆钉连接,也可以制成一体。轮辐2中心有一中心孔,用来将轮辐2安装在轮毂3上,螺栓内端呈锥形,与轮辐孔的锥面相适应。轮辐2靠近中心孔部分略向外鼓起,使得轮辐2有些弹性而有助于螺栓的紧固防松。

图17.12所示为载货汽车辐板式车轮的结构。将轮辐2压成深凹形,以便与轮毂轴承位置相适应,保持车轮平面的适当位置。需要安装双轮胎时,可把两个相同的轮辐2并列安装在一个轮毂7上。

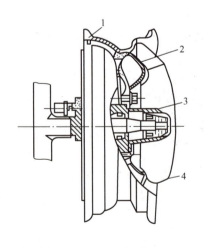

1—轮辋;2—轮辐;3—轮毂;4—轮毂罩

图17.11 轿车车轮的结构

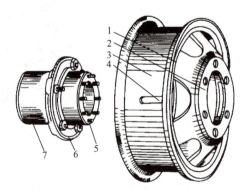

1—挡圈;2—轮辐;3—轮辋;4—气门嘴伸出孔;
5—螺栓;6—凸缘;7—轮毂

图17.12 载货汽车辐板式车轮的结构

载货汽车后桥负荷较前桥大得多，为使后轮轮胎不致超载，一般后桥装用双式车轮（图17.13），即把两个相同的车轮并排安装在同一个轮毂上，用特殊的螺栓、螺母套固定。这种用特殊的螺栓和螺母套固定的方法，保证了车轮的正确位置，同时在拆卸外车轮时，不致引起内车轮的松脱。

（2）辐条式车轮（wire wheel）。用于重型载货汽车的辐条式车轮多采用铸造辐条，其结构如图17.14所示。辐条式车轮的特点是辐条4与轮毂5铸成一体，与轮辋1用衬块2及螺栓3固定在一起，配合锥面6用来保证轮辋1与辐条4对中。也有采用类似于自行车用的钢丝作辐条的车轮，这种车轮质量小，但价格高，维修安装不便，故常在某些高级轿车及竞赛汽车上使用。

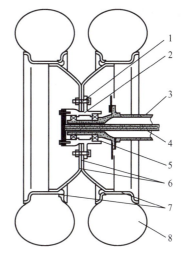

1—螺栓；2—轮毂；3—车桥壳；4—半轴；5—轴承；6—轮辐；7—轮辋；8—轮胎

图17.13　载货汽车双式车轮的结构

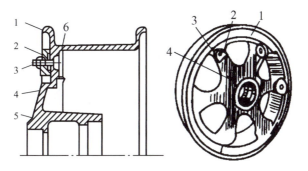

1—轮辋；2—衬块；3—螺栓；4—辐条；5—轮毂；6—配合锥面

图17.14　辐条式车轮的结构

2．轮辋的类型

轮辋按结构可分为深槽轮辋、平底轮辋和对开式（可拆式）轮辋三种。

（1）深槽轮辋。深槽轮辋［图17.15（a）］是一种整体轮辋，其结构特点是断面中部有一深凹槽，可方便轮胎拆装，两侧有带肩的凸缘，用来固定轮胎，并与胎圈接触。这种轮辋结构简单、刚度大、质量小，对于尺寸小而弹性大的轮胎最适宜，故适用于轿车或轻型、微型汽车的车轮。

（2）平底轮辋。平底轮辋［图17.15（b）］的结构特点是轮辋断面中部为平直的，一侧有凸缘，另一侧以可拆的挡圈2做凸缘，开口的锁圈3用来将挡圈2固定在轮辋4上。安装轮胎时，先将轮胎套在轮辋4上，再套上挡圈2，并将它向内推，直至越过轮辋4上的环形槽，然后将开口的弹性锁圈嵌入环形槽中。由于载货汽车多采用较大较硬的外胎，为使其拆装方便，多采用平底轮辋。

（3）对开式轮辋。对开式轮辋［图17.15（c）］的结构特点是轮辋由内、外两部分组成，用螺栓6将内、外两部分连成一体，在内、外两部分中，须有一部分（多为内轮辋）与轮辐固定连接。这种轮辋在拆装轮胎时，只需拆下螺栓6即可。

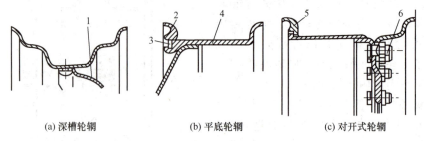

(a) 深槽轮辋　　(b) 平底轮辋　　(c) 对开式轮辋

1—轮辐；2、5—挡圈；3—锁圈；4—轮辋；6—螺栓

图17.15　轮辋断面形式

轮辋是轮胎的装配基础，原则上每种轮胎只配用一种标准轮辋，必要时也可用与标准轮辋相接近的容许轮辋。如果轮辋与轮胎配合不当，会造成轮胎过早损坏，特别是使用在过窄的轮辋上的轮胎。

3. 轮毂

轮毂是连接制动毂、轮辐和半轴凸缘的重要零件，一般由圆锥滚子轴承套装在轴管或转向节轴颈上。轮毂按轮辐的构造，可分为辐板式车轮轮毂和辐条式车轮轮毂两种。辐板式车轮轮毂拆装方便，一般用于轻型和中型汽车车轮；辐条式车轮轮毂常常将辐条与轮毂铸造成一体，多用于重型汽车车轮。

轮毂内装有轮毂轴承，为使其润滑，可在轮毂内加少量润滑脂。

17.4.2　轮胎

1. 轮胎的作用

轮胎安装在轮辋上，直接与路面接触。其作用是支承汽车的总质量；与汽车悬架共同吸收、缓和汽车行驶时所受到的冲击和振动，以保证汽车具有良好的乘坐舒适性和行驶平顺性；保证车轮与路面有良好附着，使汽车平稳行驶。

2. 轮胎的类型

汽车轮胎按用途可分为轿车轮胎和载货汽车轮胎。轿车轮胎主要用于轿车的充气轮胎；载货汽车轮胎主要用于载货汽车、客车及挂车上的充气轮胎。

汽车轮胎按胎体结构可分为充气轮胎（pneumatic tire）和实心轮胎（solid tire）。目前，汽车绝大多数采用充气轮胎；而实心轮胎仅应用于在沥青、混凝土路面的干线道路上行驶的低速汽车或重型挂车上。

就充气轮胎而言，按组成结构的不同，可分为有内胎轮胎（tube tire）和无内胎轮胎（tubeless tire）；按胎内工作压力的不同，可分为高压胎、低压胎和超低压胎；按胎体中帘线排列方向的不同，可以分为普通斜交轮胎、带束斜交轮胎和子午线轮胎；按胎面花纹的不同，可以分为普通花纹轮胎、混合花纹轮胎和越野花纹轮胎。

（1）有内胎轮胎。

有内胎轮胎由外胎1、内胎2和垫带3组成，其结构如图17.16所示。外胎是用耐磨橡胶制成强度较高而又有弹性的外壳，它直接与地面接触，保护内胎使其不受损伤。外胎由胎圈1、帘布层2、缓冲层3和橡胶层4等组成，其结构如图17.17所示。

胎冠5、胎肩6和胎侧7（图17.7）三部分组成了外胎的外表面，即胎面。胎冠5也称行驶面，它与路面直接接触，承受路面的冲击和磨损，并保护胎体不受机械损伤。为了增加轮胎与路面之间的附着力，防止汽车纵横向滑移，在胎冠5上制有各种形式的花纹，如图17.18所示。胎肩6（图17.17）是较厚的胎冠5和较薄的胎侧7间的过渡部分，一般也有各种花纹起防滑和散热的作用。胎侧7是贴在帘布层2侧壁的薄橡胶层4，其作用是保护胎侧部分的帘布层2免受机械损伤及水分侵蚀。胎侧7不与地面接触，一般不会磨损，但此处要承受较大的挠曲变形。

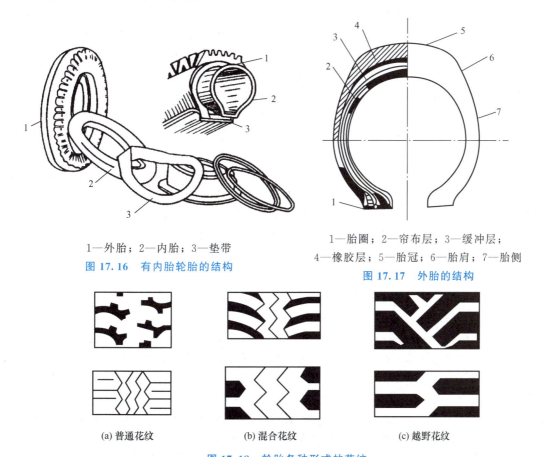

1—外胎；2—内胎；3—垫带

图17.16 有内胎轮胎的结构

1—胎圈；2—帘布层；3—缓冲层；
4—橡胶层；5—胎冠；6—胎肩；7—胎侧

图17.17 外胎的结构

(a) 普通花纹　　(b) 混合花纹　　(c) 越野花纹

图17.18 轮胎各种形式的花纹

帘布层2（图17.17）是外胎的骨架，也称胎体，其主要作用是承受负荷（汽车重力、路面冲击力和内部气压），保持轮胎外缘尺寸和形状。帘布层2通常由多层胶化的棉线或其他纤维编织物叠成，并按一定的角度交叉排列。一般在外胎表面上标有帘布层数。缓冲层3位于胎面和帘布层2之间，质软而弹性大，其作用是加强胎面与帘布层2的结合，以缓和汽车在行驶时所受到的不平路面的冲击，以及防止汽车在紧急制动时胎面与帘布层脱离。胎圈1是帘布层2的根基,使帘布层2固装在轮辋上。胎圈1由钢丝圈、帘布层包边和胎圈包布组成。

内胎是一个环形的橡胶管,上面装有气门嘴,以便充入或排出空气。内胎里充满了一定压力的压缩空气。一般气压在0.5~0.7MPa的轮胎称为高压胎,气压在0.15~0.45MPa的轮胎称为低压胎,气压在0.15MPa以下的轮胎称为超低压胎。目前,轿车、货车几乎全都采用低压胎,因为低压胎弹性好、断面宽、与道路接触面大、壁薄而且散热性好,提高了汽车的行驶平顺性、转向操纵的稳定性。垫带是一个环形的橡胶带,它垫在内胎与轮辋之间,保护内胎不被轮辋和胎圈磨坏,并防止尘土及水汽侵入胎内。

(2) 无内胎轮胎。

无内胎轮胎(图17.19)在外观和结构上与有内胎轮胎相似,不同的是它没有内胎和垫带,空气直接压入外胎中,其密封性是由外胎和轮辋来保证的。无内胎轮胎的内壁上附加了一层厚度为2~3mm专门用来封气的橡胶密封层1,有的还在该层下面贴一层特殊混合物制成的自黏层。当轮胎穿孔时,自黏层能自行将刺穿的孔黏合,故这种轮胎也称有自黏层的无内胎轮胎。在胎圈外侧也有一层胎圈橡胶密封层2,用以增加胎圈与轮辋间的气密性。无内胎轮胎的轮辋底部是倾斜的,并涂有均匀的漆层。气门嘴3直接固定在轮辋6的一侧,其间垫以密封用的橡胶密封垫4,并用螺母旋紧密封。

无内胎轮胎的优点是只在轮胎爆破时才会失效,而穿孔时漏气缓慢,胎内气压不会急剧下降,汽车仍能继续行驶;同时因无内胎,所以摩擦生热少、散热快,适于高速行驶;此外,它的结构简单、质量较轻。无内胎轮胎的缺点是密封层和自黏层易漏气,途中修理较困难。此外,自黏层只有在穿孔尺寸不大时才能黏合,天气炎热时自黏层可能软化而向下流动从而破坏车轮平衡,因此,一般多采用无自黏层的无内胎轮胎。这种轮胎的外胎内壁只有一层密封层,当轮胎穿孔后,由于其本身处于压缩状态而紧裹着穿刺物,因此能长期不漏气,即使将穿刺物拔出,也能暂时保持胎内气压。无内胎轮胎一般配用深槽轮辋,目前在轿车上应用较多。

(3) 子午线轮胎。

目前,子午线轮胎得到了越来越广泛的应用。子午线轮胎(图17.20)的帘布层2的帘线与轮胎子午断面接近一致(即与胎面中心线夹角为90°或接近90°)排列,并以带束层3箍紧胎体。子午线轮胎的特点是它的帘线的这种排列方式能使帘线强度被充分利用,故它的帘布层数比普通轮胎可减少近一半,最少的只有一层,所以其胎体柔软,同时帘线在圆周方向上只靠橡胶来联系。为了承受汽车在行驶时产生的较大切向力,子午线轮胎具有若干层帘线与子午断面呈大角度(交角70°~75°)、高强度、不易拉伸的周向环形的类似缓冲层的带束层。同时带束层采用强度高、伸缩率小的帘线材料制成,所以带束层像一条刚性环带似的箍在胎体上,极大地提高了胎面的刚度和强度。

子午线轮胎与普通斜交胎相比,具有耐磨性好、弹性大、行驶里程长(长50%以上)、滚动阻力小(可减小25%~30%)、节约燃料(油耗降低8%左右)、承载能力大、减振性能和附着性能好、胎面耐刺穿和自重轻等优点。但其具有胎侧易裂口、胎圈易损坏、侧向稳定性差、成本高等缺点。

子午线轮胎使用的轮辋与普通轮胎相同,在使用过程中,子午线轮胎与普通轮胎不能并装,也不可同轴混装。当给轮胎充气时,一般载货汽车子午线轮胎的内压应比相应的普通轮胎高0.2MPa左右。国内外轿车及一些中型载货汽车广泛装用子午线轮胎。

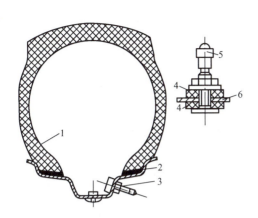
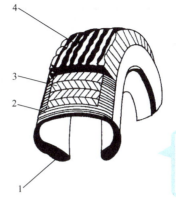

1—橡胶密封层；2—胎圈橡胶密封层；3—气门嘴；
4—橡胶密封垫；5—气门嘴帽；6—轮辋

图 17.19　无内胎轮胎

1—胎圈；2—帘布层；
3—带束层；4—胎冠

图 17.20　子午线轮胎

【子午线轮胎】

3. 轮胎的规格

轮胎作为标准化、系列化的产品，为便于识别和选用，要求具有明确的规格。各国对轮胎规格的表示方法都有自己的标准，但基本上大同小异，其规格应反映出轮胎的类型、结构、主要尺寸及基本性能参数等，一般都含有轮胎断面宽度 B、轮辋直径 d（图 17.21）等信息。

轮胎规格的表示方法有公制和英制两大系统，目前大多数国家采用英制表示法，但也有英制和公制混合表示的，我国这两种表示方法都在使用。总体来说，我国轿车轮胎规格参照欧洲标准（ETRTO），载货汽车轮胎规格参照美国标准（TRA）。我国现执行的轮胎标准有

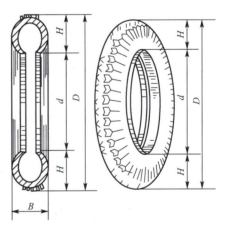

D—外直径；d—内直径（即轮辋直径）；
B—断面宽度；H—断面高度

图 17.21　充气轮胎的尺寸标注

GB 9743—2015《轿车轮胎》、GB/T 2978—2014《轿车轮胎规格、尺寸、气压与负荷》、GB 9744—2015《载重汽车轮胎》、GB/T 2977—2016《载重汽车轮胎规格、尺寸、气压与负荷》。

在我国标准中，轿车轮胎规格的常见表示方法如下示例所示。

205/55　R16　91W

其中，"205"表示轮胎的断面宽度（单位 mm），"55"表示轮胎的扁平率（即轮胎断面高宽比 $H/B=55\%$），"R"表示轮胎为子午线轮胎（无字母"R"则为斜交胎），"16"表示轮胎的轮辋直径（单位 in），"91"表示轮胎负荷指数（即轮胎承载能力，根据国家标准 GB/T 2978—2014 查表可得具体承载数值），"W"表示轮胎速度级别（即该轮胎允许的最高车速），不同字母表示不同的允许最高车速，见表 17-1。

表 17-1 轮胎部分速度级别代号

轮胎速度级别代号	J	K	L	M	N	P	Q	R	S	T	U	H	V	W	Y
允许最高车速/(km/h)	100	110	120	130	140	150	160	170	180	190	200	210	240	270	300

根据我国标准，载货汽车轮胎的规格有 11 种，以下仅举几例说明。

(1) 4.50-12 ULT。该示例为微型载货汽车普通断面斜交轮胎的规格，其中，"4.50"表示轮胎断面宽度（单位 in），"12"表示轮辋直径（单位 in），"ULT"表示微型载货汽车轮胎。

(2) 6.0R16 LT。该示例为轻型载货汽车普通断面子午线轮胎的规格，其中，"6.0"表示轮胎断面宽度（单位 in），"R"表示轮胎为子午线轮胎，"16"表示轮辋直径（单位 in），"LT"表示轻型载货汽车轮胎。

(3) 9.00R20。该示例为中、重型载货汽车普通断面子午线轮胎的规格，其中，"9.00"表示轮胎断面宽度（单位 in），"R"表示轮胎为子午线轮胎，"20"表示轮辋直径（单位 in）。

(4) 315/75 R22.5 154/149 L。该示例为中型载货汽车子午线无内胎公制系列轮胎的规格，其中，"315"表示轮胎断面宽度（单位 mm），"75"表示轮胎的扁平率为 75%，"R"表示轮胎为子午线轮胎，"22.5"表示轮辋直径（单位 in），"154/149"表示轮胎负荷指数（单胎/双胎），"L"表示轮胎速度级别。

1. 汽车行驶系统由哪几部分组成？功用是什么？
2. 车架有哪几种类型？
3. 车桥有哪几种类型？
4. 转向轮定位参数有哪些？各有什么作用？前束值是否可以调整？
5. 转向驱动桥在结构上有什么特点？
6. 车轮有哪几种类型？
7. 轮胎有哪几种类型？
8. 子午线轮胎和普通斜交胎相比，有什么特点？
9. 我国轿车轮胎的规格如何表示？

第18章 悬架

悬架是车架（或承载式车身）与车桥（或车轮）之间的一切传力连接装置的总称。车架与车桥通过悬架弹性地连接在一起。本章重点介绍悬架的组成、作用与分类；介绍独立悬架和非独立悬架的类型、组成和工作原理；简单介绍电子控制悬架系统。

要求学生掌握悬架的组成、作用和工作原理，弹性元件、减振器的结构、功用和工作原理；了解独立悬架和非独立悬架的类型、组成和工作原理，以及电子控制悬架系统的类型及工作原理。

18.1 概　述

18.1.1 汽车对悬架的要求

为保证汽车安全、舒适的工作，汽车对悬架提出如下要求。
① 保证汽车具有良好的行驶平顺性。
② 具有合适的衰减振动能力。
③ 保证汽车具有良好的操纵稳定性。
④ 汽车制动或加速时要保证车身稳定，减少车身纵倾；转向时车身侧倾角要合适。
⑤ 具有良好的隔声能力。
⑥ 结构紧凑、占用空间尺寸要小。

⑦ 可靠地传递车身与车轮之间的各种力和力矩，在满足零部件质量要小的同时，还要保证有足够的强度和寿命。

18.1.2 悬架的组成与分类

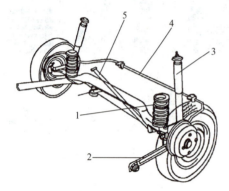

1—弹性元件；2、5—导向装置；
3—减振器；4—横向稳定器

图 18.1 悬架的结构

悬架的结构如图 18.1 所示，其主要由弹性元件 1、导向装置 2 与 5 和减振器 3 组成。

悬架的主要作用是把路面作用于车轮的垂直反力（支承力）、纵向反力（驱动力和制动力）和侧向反力，以及这些反力所形成的力矩传递到车架（或承载式车身）上，以保证汽车的正常行驶。

弹性元件使车架与车桥之间弹性联系，承受和传递垂直载荷，缓和及抑制不平路面所引起的冲击；导向装置是用来传递纵向力、侧向力及其力矩，并保证车轮相对于车架或车身有一定的运动规律；减振器用以加快振动的衰减，限制车身和车轮的振动。由此可见，上述三个组成部分分别起缓冲、导向和减振作用，三者联合起到共同传力的作用。为防止车身在不平路面行驶或转向时发生过大的横向倾斜，部分汽车还装有辅助弹性元件即横向稳定器（lateral stabilizer）和平衡杆（stabilizer bar）。

需要指出的是任何悬架只要具备上述功用，在结构上并非需要有以上全套装置，例如，一般汽车广泛采用的多片钢板弹簧悬架，它既有缓冲、减振的功能，又能担负起传力和导向的任务，因此，不需要再安装导向机构，甚至不需要减振器（如后悬架）。在悬架系统中弹性元件与减振器是并联安装的。

根据汽车两侧车轮运动是否相互关联，汽车悬架可分为非独立悬架（dependent suspension）和独立悬架（independent suspension）两种形式，如图 18.2 所示。

非独立悬架［图 18.2(a)］的结构特点是汽车两侧车轮分别安装在一根整体式的车轴两端，车轴则通过弹性元件与车架相连接。这样当一侧车轮因道路不平而跳动时，将会影响另一侧车轮的工作，因此这种悬架称为非独立悬架或相关悬架。独立悬架［图 18.2(b)］的结构特点是两侧车轮分别安装在断开式的车轴两端，每段车轴和车轮单独通过弹性元件与车架相连。这样当一侧车轮跳动时，对另一侧车轮不会产生影响，因此称为独立悬架。

【非独立悬架】

【独立悬架】

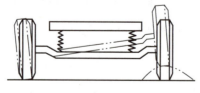

(a) 非独立悬架

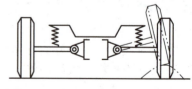

(b) 独立悬架

图 18.2 非独立悬架与独立悬架示意图

独立悬架的前轮可调整定位，故独立悬架广泛应用于轿车上；而非独立悬架结构简单、制造和维修方便，故广泛应用于中、重型汽车上。

18.2 弹 性 元 件

汽车悬架所用的弹性元件可分为钢板弹簧、螺旋弹簧、扭杆弹簧、气体弹簧等。一般载货汽车的非独立悬架采用钢板弹簧;大多数轿车的独立悬架采用螺旋弹簧和扭杆弹簧;而在重型载货汽车上多采用气体弹簧。

18.2.1 钢板弹簧

钢板弹簧(图 18.3)是汽车悬架中应用广泛的一种弹性元件。它由若干片长度不等、曲率半径不同、厚度相等或不等的弹簧钢片叠合在一起,组成一根近似等强度的弹性梁。

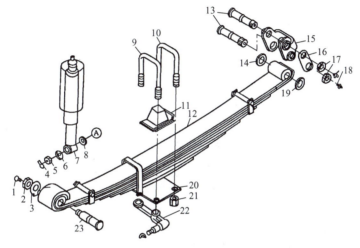

1、18—润滑油嘴;2、17、21—锁紧螺母;3—防松垫圈;4—开口销;5—带槽口螺母;
6、8—减振器垫圈;7—减振器总成;9、10—U形螺栓;11—钢板弹簧减振垫;
12—前钢板弹簧总成;13、23—钢板弹簧销;14、19—衬垫;
15—钢板弹簧吊耳;16—锁紧片;20—底板;22—减振器支架

图 18.3 钢板弹簧

钢板弹簧的中部一般由 U 形螺栓 9、10 与车桥刚性固定,其两端用钢板弹簧销 13、23 铰接在车架的支架上。

为加强钢板弹簧第一片的卷耳,通常将第二片末端也弯成卷耳,并包住第一片卷耳。钢板弹簧受压变形时,考虑到卷耳之间有相对滑动,在第一片卷耳与第二片卷耳之间留有较大的空隙。

在车架加载弹簧变形时,钢板弹簧各片之间产生相对滑动进而产生摩擦,此时钢板弹簧本身具有一定的减振作用。当钢板弹簧各片之间干摩擦时,轮胎所受到的冲击直接传给车架,并直接使钢板弹簧各片磨损,故安装钢板弹簧时,应在各片之间涂上适量的石墨润滑剂。

18.2.2　螺旋弹簧

螺旋弹簧广泛应用于前独立悬架。螺旋弹簧（图18.4）与钢板弹簧相比，具有无须润滑、不忌泥污、所占纵向空间小、弹簧质量小等优点。

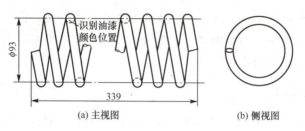

图18.4　长安CS55轿车的前悬架螺旋弹簧

螺旋弹簧本身没有减振作用，因此在螺旋弹簧悬架中必须另装减振器。此外，螺旋弹簧只能承受垂直载荷，故必须装设导向机构以传递垂直力以外的各种力和力矩。螺旋弹簧常用弹簧钢棒料卷制而成，可做成等螺距或变螺距的，等螺距弹簧的刚度是不可变的，变螺距弹簧的刚度是可变的。

18.2.3　扭杆弹簧

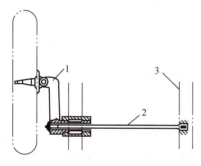

1—摆臂；2—金属杆件；3—车架

图18.5　扭杆弹簧

扭杆弹簧（图18.5）是一根具有扭转弹性的直线金属杆件2。其断面一般为圆形，少数为矩形或管形。它的两端可以做成花键、方形、六角形或带平面的圆柱形等，以便将一端固定在车架3上，另一端通过摆臂1固定在车轮上。当车轮跳动时，摆臂1便绕着扭杆轴线而摆动，使扭杆产生扭转弹性变形，借以保证车轮与车架的弹性联系。有的扭杆由一些矩形断面的薄扭片组合而成，这样弹簧会更柔软。

虽然扭杆本身的扭转刚度是常数，但采用扭杆的悬架刚度却是可变的。若将扭杆的固定端转过一个角度，则摆臂的初始位置将改变，借以可调节车架与车轮间的距离，即调节车身高度。扭杆弹簧与钢板弹簧相比，具有质量小、不需润滑的优点。

18.2.4　气体弹簧

气体弹簧是在一个密封的容器中充入压缩气体，利用气体的可压缩性实现其弹簧作用的。这种弹簧的刚度是可变的，当作用在弹簧上的载荷增加时，容器内的定量气体气压升高，弹簧的刚度增大；反之，当作用在弹簧上的载荷减小时，容器内的定量气体气压下降，弹簧的刚度减小，故它具有较理想的弹性特性。

气体弹簧有空气弹簧（air spring）和油气弹簧（hydro-pneumatic spring）两种。其中空气弹簧运用较多，故这里只对它进行详细介绍。

空气弹簧是利用空气的可压缩性制成的弹簧，根据压缩空气所用容器的不同，分为囊式和膜式两种（图18.6）。囊式空气弹簧［图18.6(a)］由夹有帘线的橡胶气囊和密闭在其中的压缩空气所组成。气囊的内层用气密性好的橡胶制成，而外层则用耐油橡胶制成。气囊一般做成两节，节与节之间围有钢质的腰环，使中间部分不致有径向扩张，并防止两节之间相互摩擦。气囊的上下盖板将气囊密封。膜式空气弹簧[图18.6(b)]的密闭气囊由橡胶膜片和金属压制件组成。

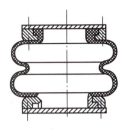 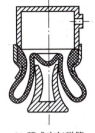

(a) 囊式空气弹簧　　　　(b) 膜式空气弹簧

图 18.6　空气弹簧

18.3　液力减振器

减振器的作用是吸收弹性元件起落时汽车的振动，使汽车迅速恢复平稳的状态，以改善汽车行驶的平稳性。

汽车悬架系统中广泛采用的减振器是液力减振器。其作用原理是利用液体流动的阻力来消耗振动的能量。当车架与车桥相对运动时，活塞在缸筒内上下移动，减振器壳体内的油液便反复地从一个内腔通过一些窄小的孔隙流入另一个内腔。此时，孔壁与油液间的摩擦及液体分子间的摩擦形成对振动的阻尼，使车身和车架的振动能量转换为热能而被油液和减振器壳体吸收，最后散布到大气中。减振器的阻尼力随车架与车桥的相对运动速度的增减而增减，并且与油液的黏度有关。这种阻尼力可利用孔道的数目、通道的面积、阀门弹簧的软硬及油液的稀稠等加以控制。

能在压缩行程（车桥与车架相互靠近）和伸张行程（车桥与车架相互远离）两个行程均起减振作用的减振器称为双向作用式减振器；只能在伸张行程内起减振作用的减振器称为单向作用式减振器。双向作用式减振器根据其构造可分为筒式和摆臂式两种。目前汽车上广泛采用双向作用筒式减振器，故这里只对它进行详细介绍。

18.3.1　双向作用筒式减振器的结构

图 18.7 所示为常见的双向作用筒式减振器的结构。该减振器有三个同心钢筒：防尘罩 7、工作缸筒 11 和储油缸筒 2。防尘罩 7 与活塞杆 9 和用于连接车架的上吊环 6 焊接在一起。工作缸筒 11 装于储油缸筒 2 内，并用储油缸筒螺母利用油封 5 和导向座 8 压紧。储油缸筒 2 的下端与连接车桥的下吊环 13 焊接在一起。在减振器工作时，这工作缸筒和储油缸筒作为一个整体一起随车桥运动。

18.3.2　双向作用筒式减振器的工作原理

双向作用筒式减振器的工作原理如下：当双向作用筒式减振器被压缩（车轮靠近车架压缩悬架）时，活塞 3 下移，使其下腔室容积减小，油压升高，油液经流通阀 10 流到活塞上腔室。由于活塞杆 9 占去上腔室一部分容积，故上腔室增加的容积小于下腔室减小的容积，致使下腔室油液不能全部流入上腔室，而多余的油液则压开压缩阀 1 进入储油缸筒 2。这些阀对油液的节流作用构成对悬架压缩运动的阻尼力，由于流通阀 10

【减振器】

【减振器工作原理】

【双向作用筒式减振器工作原理】

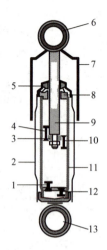

1—压缩阀；2—储油缸筒；3—活塞；4—伸张阀；5—油封；
6—上吊环［与车架（身）相连］；7—防尘罩；8—导向座；9—活塞杆；
10—流通阀；11—工作缸筒；12—补偿阀；13—下吊环（与车桥相连）

图 18.7　双向作用筒式减振器的结构

和压缩阀 1 的特殊结构（弹簧较软，通道较小），能使油液流动的阻尼力不致过大，因此在压缩行程时能使弹性元件充分发挥它的缓冲作用。当悬架处在伸张行程（车桥离开车架、减振器被拉长）时，活塞上移使其上腔室容积减小、油压升高，流通阀 10 关闭。上腔室内的油液便推开伸张阀 4 流入下腔室。同样由于活塞杆 9 的存在，自上腔室流来的油液不足以充满下腔室所增加的容积，下腔室内产生一定的真空度，这时储油缸筒 2 内的油液在真空度的作用下推开补偿阀 12 流入下腔室进行补充。这些阀的节流作用构成对悬架伸张运动的阻尼力。由于伸张阀 4 弹簧的刚度和预紧力比压缩阀 1 的大，且伸张行程时油液通道截面比压缩行程小，因此减振器在伸张行程内产生的最大阻尼力远远超过压缩行程内的最大阻尼力。此时，减振器充分发挥减振作用，从而保护弹性元件不被拉坏。

18.4　非独立悬架

一般载货汽车采用钢板弹簧作为弹性元件的非独立悬架，因为钢板弹簧既有缓冲、减振的功能，又起传力和导向的作用，使得悬架结构大为简化。而采用螺旋弹簧或气体弹簧则需要有较复杂的导向机构。

18.4.1　纵置板簧式非独立悬架

图 18.8 所示为日本日野 K2 型汽车的后悬架。该后悬架采用的是纵置板簧式非独立悬架结构。

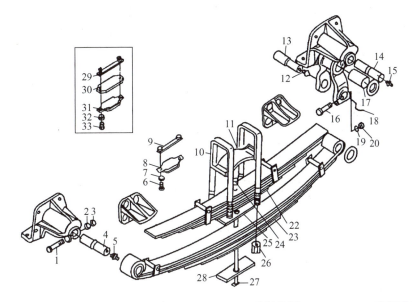

1、6、16—螺栓；2、19、26、33—螺母；3、7、20—防松垫圈；4、13、14—钢板弹簧销；
5、12、15—黄油嘴；8、31—橡胶限制件；9、29—底座固定件；10—U形螺栓；
11、32—钢板弹簧减振垫；17—衬垫；18—钢板弹簧吊耳总成；21、28、30—衬垫；
22—后副钢板弹簧总成；23—后主钢板弹簧总成；24、27—中心螺栓；25—后钢板弹簧座

图 18.8　日本日野 K2 型汽车的后悬架

在板簧式非独立悬架中，钢板弹簧一般是纵向安置的，它与车桥的连接绝大多数是用两个 U 形螺栓 10，将钢板弹簧的中部刚性地固定在车桥上部。钢板弹簧两端通过钢板弹簧销 4、13 与车架支座活动铰接，以起传力和导向作用。

由于载货汽车后悬架载质量变化较大，为了保持悬架的振动频率不变或变化不大，在后悬架中多采用后副钢板弹簧总成 22。副钢板弹簧总成一般装在主钢板弹簧总成上方，当后悬架负荷较小时，仅由主钢板弹簧起作用。当后悬架负荷增加到一定程度时，副钢板弹簧总成与车架上的支架接触，开始起作用。此时，主、副钢板弹簧一起工作，一起承受载荷而使悬架刚度增大，保证车身振动频率不致因载荷增加而变化过大。

钢板弹簧变形时，为保证车架两端与钢板弹簧连接的卷耳间的距离有伸缩的余地，钢板弹簧后端与车架的连接通常采用的结构形式有吊耳支架式和滑板支承式。

18.4.2　螺旋弹簧非独立悬架

螺旋弹簧非独立悬架一般只用作轿车的后悬架。图 18.9(a) 所示为一汽奥迪 A4 轿车的后悬架在汽车上的位置。图 18.9(b) 所示为后悬架的放大图。减振器 8 下端是吊耳，通过螺栓 6、自锁螺母 16 和后桥相连。减振器外面装有防尘罩 11，防尘罩下端装有弹簧下座 9，防尘罩上端装有限位块。减振环（图中未画出）、弹簧上座 14 和螺旋弹簧 10 固定在弹簧上座 14 和弹簧下座 9 之间。弹簧上座橡胶支承 13 就装在弹簧上座上端的座圈孔中。减振器 8 的活塞杆由弹簧上座 14 和弹簧上座橡胶支承 13 中间的通孔穿出，然后将自锁螺母 15 拧入减振器活塞杆上的螺纹，将活塞杆上部固定在弹簧上座 14 上。弹簧上座法兰上有四个螺栓孔，以便通过螺栓、自锁螺母 15 固定在和车身相连的连接件 12 上。后悬架

中，导向元件横向推力杆 5，下连后桥，上连车身，用来传递车桥和车身之间的横向作用力及其力矩。加强杆 4 也是下连车桥，上连车身，此杆的作用是加强横向推力杆 5 的安装强度，并可减轻车重和使车身受力均匀。

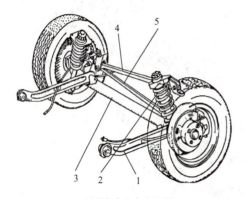 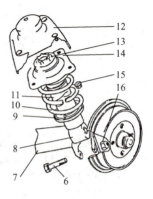

(a) 后悬架在汽车上的位置　　　　　(b) 后悬架的放大图

1—纵摆臂；2—后悬架；3、7—后桥；4—加强杆；5—横向推力杆；6—螺栓；
8—减振器；9—弹簧下座；10—螺旋弹簧；11—防尘罩；12—连接件；
13—弹簧上座橡胶支承；14—弹簧上座；15、16—自锁螺母

图 18.9　一汽奥迪 A4 型轿车的后悬架

18.4.3　空气弹簧非独立悬架

图 18.10 为空气弹簧非独立悬架示意图。囊式的空气弹簧 5 的上、下端分别固定在车架和车桥上。从压气机 1 产生的压缩空气经油水分离器 10 和压力调节器 9 进入储气筒 8。压力调节器 9 可使储气筒中的压缩空气保持一定的压力。储气筒 6 通过管路与两个空气弹簧 5 相通。储气筒和空气弹簧中的空气压力由车身高度控制阀 3 控制。空气弹簧和螺旋弹簧一样只能传递垂直力，其纵向力和横向力及其力矩也是由纵向推力杆和横向推力杆（图中未画图）来传递的。采用空气弹簧悬架时，可以通过车身高度控制阀 3 来改变空气弹簧内的空气压力，从而自动调节车身高度，以保证车身高度不因载荷变化而变化。

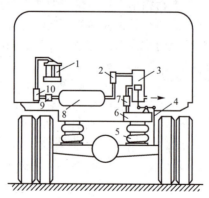

1—压气机；2、7—空气滤清器；3—车身高度控制阀；4—控制杆；5—空气弹簧；
6、8—储气筒；9—压力调节器；10—油水分离器

图 18.10　空气弹簧非独立悬架示意图

18.5 独立悬架

独立悬架［图 18.2(b)］的结构特点是两侧的车轮各自独立地与车架或车身弹性连接。与非独立悬架相反，独立悬架很少用钢板弹簧作为弹性元件，而多采用螺旋弹簧和扭杆弹簧作为弹性元件，因而具有导向机构。独立悬架具有以下优点：①两侧车轮可以单独运动而互不影响，有利于消除行驶时的振动；②减轻汽车非弹簧承载部分的质量（非簧载质量）；③可降低发动机的位置和使汽车重心下降；④有利于车轮与路面有良好的接触，增大驱动力。此外，使用独立悬架还可以增大越野汽车的离地间隙，提高汽车的通过性能。

独立悬架按车轮的运动形式可分为横臂式独立悬架（车轮在汽车横向平面内摆动的悬架）、纵臂式独立悬架（车轮在汽车纵向平面内摆动的悬架）、烛式独立悬架和麦弗逊式独立悬架（车轮沿主销移动的悬架）四种类型（图 18.11）。

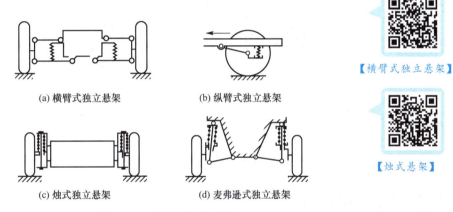

(a) 横臂式独立悬架　　(b) 纵臂式独立悬架

(c) 烛式独立悬架　　(d) 麦弗逊式独立悬架

图 18.11　独立悬架的类型

【横臂式独立悬架】

【烛式悬架】

18.5.1　横臂式独立悬架

横臂式独立悬架分为单横臂式独立悬架和双横臂式独立悬架两种。常见的为双横臂式独立悬架，故这里仅介绍双横臂式独立悬架。

图 18.12 为双横臂式独立悬架示意图。双横臂式独立悬架的两个横臂可以等长，也可以不等长。等臂长的双横臂式独立悬架在车轮上下跳动时，虽然车轮平面不会发生倾斜，却会使轮距发生较大的变化［图 18.12(a)］。这将使车轮产生横向滑移。不等臂长的双横臂式独立悬架若两臂长度选择合适，则可以使主销角度与轮距的变化均不会过大［图 18.12(b)］。因此不等臂长的双横臂式独立悬架在轿车的前轮上应用较为广泛。

图 18.13 所示为东风本田思域轿车的前悬架。此悬架是一种典型的不等臂长的双横臂式独立悬架。上横臂 1 和下横臂 5 不等长。螺旋弹簧 3 与减振器位于上、下横臂之间。

【两臂不等长悬架】

【两臂等长悬架】

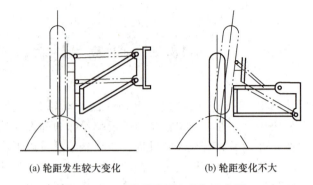

(a) 轮距发生较大变化　　(b) 轮距变化不大

图 18.12　双横臂式独立悬架示意图

【两臂不等长独立悬架】

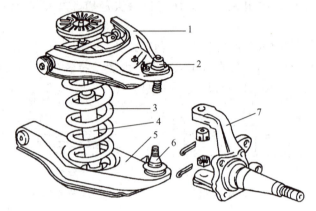

1—上横臂；2—上球头销；3—螺旋弹簧；4—筒式减振器；
5—下横臂；6—下球头销；7—转向节

图 18.13　东风本田思域轿车的前悬架

18.5.2　纵臂式独立悬架

纵臂式独立悬架分为单纵臂式独立悬架和双纵臂式独立悬架两种。

(1) 单纵臂式独立悬架。单纵臂式独立悬架在车轮上下运动时，主销后倾角会产生很大变化，一般不用在前悬架中。

图 18.14 所示为单纵臂式扭杆弹簧后独立悬架的结构。

悬架的纵臂 4 是一个箱形构件，一端用花键与车轮的心轴 5 连接，另一端与套管 1 固装成一体。扭杆弹簧 2 装在套管内，其外端用花键固定在套管内的花键套中，扭杆的另一端借花键与车架另一侧的纵梁连接。套管 1 的两端用宽橡胶衬套 3 支承在车架梁上的套筒中，并以此为活动铰链。当车轮上下跳动时，纵臂以套管和扭杆的轴线为中心摆动，使扭杆弹簧产生扭转变形，以缓和不平路面产生的冲击。

(2) 双纵臂式独立悬架。这种悬架的两个纵臂一般做成等长的，形成平行四连杆机构。这样可使车轮在上下运动时，主销后倾角不变，因而这种形式的悬架适用于转向轮。

图 18.15 所示为双纵臂式扭杆弹簧前独立悬架。两根纵臂 1 的后端与转向节铰接，前端则通过各自的摆臂轴 2 支承在车架横梁 5 内部的衬套 3 中。摆臂轴 2 与纵臂 1 刚性地连接，扭杆弹簧 4 由若干片矩形断面的薄弹簧钢片叠加而成。扭杆弹簧 4 外端插入摆臂轴 2

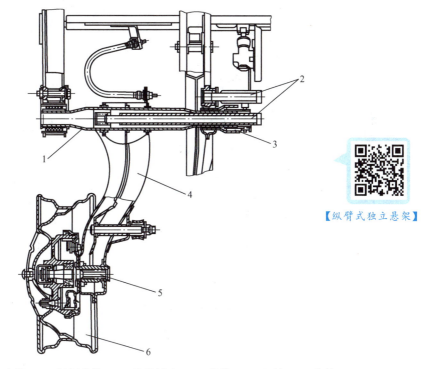

1—套管；2—扭杆弹簧；3—橡胶衬套；4—纵臂；5—心轴；6—车轮
图 18.14　单纵臂式扭杆弹簧后独立悬架的结构

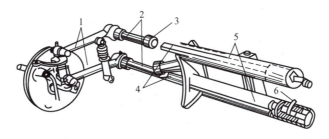

1—纵臂；2—摆臂轴；3—衬套；4—扭杆弹簧；5—横梁；6—螺钉
图 18.15　双纵臂式扭杆弹簧前独立悬架

的矩形孔内，中部用螺钉 6 使之与管形横梁 5 相固定。在这种悬架中两侧车轮共用两根扭杆弹簧。

18.5.3　车轮沿主销移动的悬架

车轮沿主销移动的悬架包括两种形式：一种是车轮沿固定不动的主销轴线移动的烛式独立悬架；另一种是车轮沿摆动的主销轴线移动的麦弗逊式独立悬架。

（1）烛式独立悬架（图 18.16）的车轮沿固定不动的主销轴线移动，主销 1 刚性地固定在车架上，转向轮、转向节则装在套筒 3 上。这种悬架的主销定位角不会发生变化，使得汽车转向操纵性及行驶稳定性较好，但侧向力全部由套在主销 1 上的套筒 3 和主销承受，使得套筒与主销之间的摩擦阻力增大，磨损严重。

(2) 麦弗逊式独立悬架是车轮沿摆动的主销轴线移动（图18.17），横摆臂 1 以球铰链与转向节 3 相连接。外面套有螺旋弹簧 6 的减振器 4 上端通过螺栓与橡胶垫圈与车身 5 相连接，下端固定在转向节 3 上。主销的轴线为上下铰链中心的连线。当车轮上下跳动时，因减振器的下支点随横摆臂摆动，故主销轴线的角度是变化的，显然车轮沿着摆动的主销轴线运动。因此，这种悬架变形时，主销的定位角和轮距都有些变化。合理地调整杆系的布置，可使车轮的这些定位参数变化极小。这种悬架的突出优点是两个前轮内侧空间较大，便于布置发动机等机件。一汽奥迪 A4、上海桑塔纳轿车均采用麦弗逊式独立悬架。

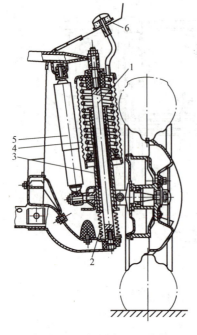

1—主销；2—防尘罩；3—套筒；
4—防尘罩；5—减振器；6—通气管

图 18.16　烛式独立悬架的结构

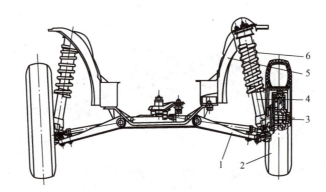

1—横摆臂；2—车轮；3—转向节；4—减振器；5—车身；6—螺旋弹簧

图 18.17　麦弗逊式独立悬架

18.6　电子控制悬架系统

18.6.1　电子控制悬架系统的功用、组成及工作原理

1. 电子控制悬架系统的功用

电子控制悬架系统（electronic controlled suspension system，ECSS）又称电子调节悬架系统。

对于传统的悬架系统，当其结构确定后，就具有固定的悬架刚度和阻尼系数，在汽车行驶过程中无法对其进行调节，即在汽车行驶过程中不能人为地对其加以控制，因此悬架减振性能的进一步提高受到限制。这种在汽车行驶过程中悬架刚度和阻尼系数不能改变的悬架称为被动悬架。显然，被动悬架在汽车行驶过程中不能兼顾平顺性和操纵稳定性。为了满足汽车悬架系统平顺性和操纵稳定性两项性能要求，即克服被动悬架的刚度和阻尼系数不能调节的弱点，出现了汽车主动悬架的概念。主动悬架能够根据汽车的运动状态和路面状况主动做出反应，抑制车体的运动，使悬架始终处于最优的减振状态。汽车在行驶过程中悬架刚度和阻尼系数可人为地加以控制，并不断变化的悬架称为主动悬架。所以主动悬架的特点是能够根据外界输入或汽车本身状态的变化进行动态自适应调节。随着电子技术的发展，在汽车悬架系统中应用了电子控制技术，形成了电子控制悬架系统，简称电控悬架。显然，电控悬架系统是主动悬架系统。

因此，汽车电控悬架系统的功用是根据汽车行驶路面的状况、行驶速度和载荷变化，通过控制单元来控制相应的执行元件，自动调节车身高度、悬架刚度和阻尼系数，改善汽车的平顺性和操纵稳定性。

在装备电控悬架的汽车上，当汽车转弯、加速和制动时，悬架较为坚硬，而在正常行驶时悬架比较柔软；电控悬架系统还能平衡地面反力，使其对车身的影响减小到最低程度。

2. 电子控制悬架系统的组成及工作原理

各种车型的电控悬架虽然有一定的区别，但其基本结构和工作原理都是一样的，主要由前、后车身高度传感器，转向盘转向和转角传感器，节气门位置传感器，车速传感器，控制开关，电控悬架控制单元和执行器等组成。车身高度传感器采集前后车身的高度信号，转向盘转向和转角传感器采集汽车行驶方向信号，节气门位置传感器采集驾驶人加、减速信号，车速传感器采集汽车行驶速度信号。传感器和控制开关向电控悬架控制单元输入车身及汽车行驶的状态信息，电控悬架控制单元接收传感器和控制开关输入的电信号，并向执行元件发出控制命令，执行元件产生一定的机械动作，从而改变车身高度、弹簧刚度和减振器的阻尼力。

图18.18所示为丰田汽车电控悬架（Toyota electronic modulated suspension, TEMS）系统的结构。

3. 电子控制悬架系统的类型

电控悬架系统有车身高度调整、弹簧刚度调整和阻尼力调整三个基本调整功能。根据基本功能的不同，电控悬架系统主要有以下三种类型：①电子控制变高度悬架系统；②电子控制变刚度悬架系统；③电子控制变阻尼悬架系统，实际应用中往往采用两种或三种组合的形式，这里介绍电子控制变高度悬架系统和电子控制变高度变刚度变阻尼悬架系统。

18.6.2 电子控制变高度悬架系统

1. 电子控制变高度悬架系统的组成

电子控制变高度悬架系统的主要功用是当车内乘员或载荷变化时，自动调节车身高度，使汽车行驶姿态稳定，从而提高乘坐舒适性。

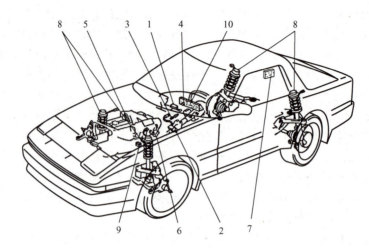

1—选择器开关；2—转向传感器；3—停车灯开关；4—车速传感器；5—节气门位置传感器；
6—空挡启动开关；7—电控悬架控制单元；8—执行器；9—减振器；10—电控悬架控制单元指示灯

图 18.18　丰田汽车电控悬架系统的结构

汽车采用的电子控制变高度悬架系统由四个高度传感器（安装在每个减振器下面）、控制开关、电控悬架控制单元、高度调节执行器（包括四个气压缸、两只高度控制电磁阀、空气压缩机、干燥器和空气管路，如图 18.19 所示）等组成。

2．电子控制变高度悬架系统的控制过程

电子控制变高度悬架系统在汽车乘员或载荷变化时，能够自动调节车身高度，即当乘员或载荷增加时，系统将自动调高车身高度；反之，当乘员或载荷减小时，系统将自动调低车身高度。电子控制变高度悬架系统的控制过程如图 18.20 所示。

（1）车身高度不变时悬架系统的控制过程。当车身高度传感器输入电控悬架控制单元的信号表示车身高度在设定的高度范围内时，电控悬架控制单元将发出指令使空气压缩机停止转动，空气减振器内空气量保持不变，车身高度保持在正常位置。

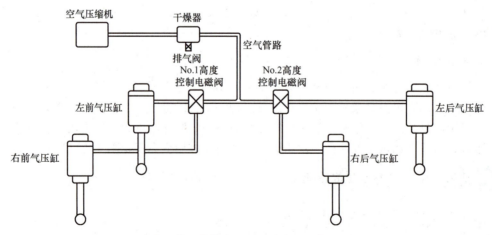

图 18.19　电子控制变高度悬架系统高度调节执行器的组成

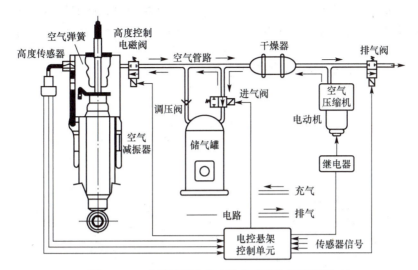

图 18.20　电子控制变高度悬架系统的控制过程

（2）车身高度降低时悬架系统的控制过程。当汽车乘员或载荷增加使车身高度"偏低"或"过低"时，高度传感器将向电控悬架控制单元输入车身"偏低"或"过低"的信号。电控悬架控制单元接收到车身高度降低的信号时，立即向空气压缩机、继电器、高度控制电磁阀发出电路接通指令，在接通电路使空气压缩机运转的同时，接通高度控制电磁阀线圈电路使电磁阀打开，压缩空气进入空气弹簧的气压腔（气室），气压腔空气量增加，从而使车身高度上升。

（3）车身高度升高时悬架系统的控制过程。当汽车乘员或载荷减少使车身高度"偏高"或"过高"时，高度传感器将向电控悬架控制单元输入车身"偏高"或"过高"的信号。电控悬架控制单元接收到车身高度升高的信号时，立即向空气压缩机、继电器发出电路切断指令，并向排气阀和高度控制电磁阀发出电路接通指令，空气压缩机继电器触点迅速断开使电动机电路切断而停止运转，排气阀和高度控制电磁阀线圈电路接通使电磁阀打开，空气从空气减振器气压腔，经高度控制电磁阀、空气管路、干燥器、排气阀排出，气压腔空气量减少，从而使车身高度降低。

18.6.3　电子控制变高度变刚度变阻尼悬架系统

1. 电子控制变高度变刚度变阻尼悬架系统的组成

汽车电控悬架系统有高度可变、刚度可变和阻尼力可变三种悬架系统。在实际使用中，往往采用两种或三种的组合电控悬架系统，如电子控制变高度变刚度变阻尼悬架系统。在汽车电控悬架系统中，往往同时使用空气弹簧和变阻尼减振器。减振器的弹性元件用于支承汽车的质量，减振器控制系统用于调节减振器的阻尼，空气弹簧用于调节车身高度和刚度。

图 18.21 所示为电子控制变高度变刚度变阻尼悬架系统的结构。电控悬架控制单元从各种传感器和控制开关接收信息，包括转向盘转角与转向传感器、横向加速度传感器（侧向惯性力传感器）、节气门位置传感器、车速传感器、车身高度传感器、空气供给系统的压力传感器和压力开关、控制模式选择开关、制动灯开关、车高选择开关、门控灯开关、

倒车灯开关、前照灯开关等。依据这些信息，电控悬架控制单元能够知道驾驶人所选择或希望的车身高度、刚度、减振器的阻尼、汽车的转向方向及角度、转向时侧向惯性力的大小、汽车是否在加速、驾驶人是否在踩制动踏板、实际车身高度、车门是否打开、汽车是否倒车行驶、前照灯是否接通等信息，并控制执行元件执行相应的动作，从而达到自动控制车身高度、刚度和减振器阻尼的目的。

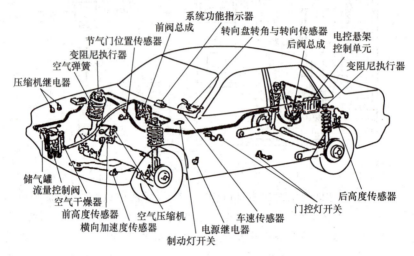

图 18.21　电子控制变高度变刚度变阻尼悬架系统的结构

2. 电子控制变高度变刚度变阻尼悬架系统的控制过程

在电子控制变高度变刚度变阻尼悬架系统的汽车上，驾驶人能够选择的车身高度工作模式有"自动"和"高位"两种状态，能够选择的减振器阻尼工作模式有"运动""自动"和"柔软"三种模式。

当驾驶人选择车身高度为"自动"状态时，电控悬架控制单元能根据道路状况决定空气弹簧高度。按一下仪表板上的高度选择按钮，就可将悬架设置在"高位"状态，并给空气弹簧充气，使车身高度升高。当汽车在坏路面上行驶时，为了防止车身底部碰撞路面，应当选择"高位"工作模式。

当减振器阻尼工作模式为"运动"时，电控悬架控制单元将使减振器阻尼在任何情况下都很"坚硬"。当工作模式为"自动"时，电控悬架控制单元根据传感器和开关信号，可将减振器阻尼调节为"坚硬""中等硬度"或"柔软"状态。当工作模式为"自动"时，若再按"自动"按钮，系统将以"中等硬度"状态工作。当工作模式为"柔软"时，电控悬架控制单元能改变减振器阻尼硬度，使之在"坚硬""中等硬度"和"柔软"之间变换。"柔软"模式时减振器阻尼硬度要比"自动"模式稍微低一些。

1. 汽车上为什么设置悬架？一般它是由哪几部分组成的？各部分的作用是什么？
2. 汽车悬架中的弹性元件有哪些种类？

3. 简述双向作用筒式减振器的工作原理？在伸张行程内产生的最大阻尼力与压缩行程内的最大阻尼力，哪一个大？
4. 汽车上常用的非独立悬架有哪几种？
5. 汽车上常用的独立悬架有哪几种？
6. 电控悬架系统的功用是什么？电控悬架系统主要有哪几种类型？

第 19 章 汽车转向系统

汽车转向系统是改变汽车行驶方向的系统，对汽车的行驶安全至关重要，因此汽车转向系统的零件都称为保安件。本章主要介绍机械转向系统、液压动力转向系统和电子控制动力转向系统的组成及工作原理等。

要求学生掌握汽车转向的基本特性，转向系统的类型、组成及工作原理，液压动力转向系统的组成与类型；了解电子控制动力转向系统和四轮转向系统的基本知识。

19.1 概　　述

当汽车在道路上行驶时，驾驶人可根据道路情况和交通状况转动转向盘，使转向车轮偏转，改变汽车的行驶方向。用来改变或保持汽车行驶方向的机构称为汽车转向系统（steering system）。汽车转向系统的功能是按照驾驶人的意愿控制汽车的行驶方向。汽车转向系统对汽车的行驶安全至关重要，因此汽车转向系统的零件都称为保安件。

若想使汽车能顺利并轻便地转向，需要解决两个基本问题，一是汽车转向时，所有车轮需要绕着一个转向中心转动；二是必须通过某种方式增大驾驶人操纵转向盘的手力，从而有足够的作用力使转向车轮偏转一定的角度，实现汽车转向。

19.1.1　汽车转向基本特性

为满足汽车转向的基本特性，运用阿克曼转向原理（Ackerman principle），转向机构的几何关系呈梯形［图19.1］。梯形转向机构由转向节臂和横拉杆组成。梯形转向机构使两侧转向车轮偏转时形成一个转向中心,即汽车的四个车轮均绕着一个中心点转动。此时内、外侧转向车轮偏转角度不相等,内侧车轮偏转角 α 比外侧车轮偏转角 β 大(图 19.2)。假设车轮为刚体,则内、外侧转向车轮偏转角的理想关系式为

$$\cot\beta = \cot\alpha + \frac{B}{L} \quad (19-1)$$

式中,B 为两侧主销轴线与地面交点之间的距离,称为轮距。L 为汽车轴距。

由转向中心 O 到外转向轮与地面接触的距离 R 称为汽车的转弯半径(turning radius)。转弯半径越小,则汽车转向所需场地越小,其机动性越好。由图 19.3 可知,当前外转向轮偏转角达到最大值 β_{max} 时,转弯半径 R 有最小值。在理想情况下,最小转弯半径 R_{min} 与 β_{max} 的关系为

$$R_{min} = \frac{L}{\sin\beta_{max}} \quad (19-2)$$

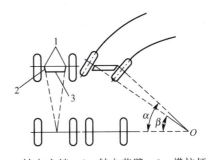

1—转向主销;2—转向节臂;3—横拉杆
图 19.1 梯形转向机构及前轮的运动轨迹

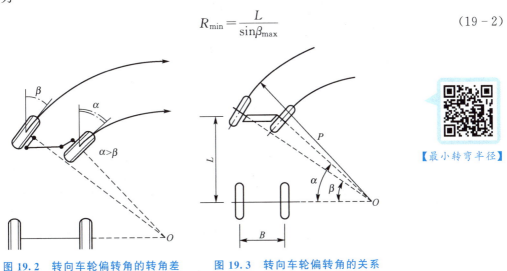

【最小转弯半径】

图 19.2 转向车轮偏转角的转角差   图 19.3 转向车轮偏转角的关系

19.1.2 转向系统的类型、组成及工作原理

汽车转向系统分为机械转向系统和动力转向系统两大类。完全靠驾驶人手力操纵的转向系统称为机械转向系统。借助动力来操纵的转向系统称为动力转向系统。动力转向系统又可分为液压动力转向系统和电子控制动力转向系统。

1. 机械转向系统(manual steering system)

机械转向系统主要由转向操纵机构、转向器和转向传动机构三部分组成。

转向操纵机构是驾驶人操纵转向器工作的机构,包括从转向盘到转向器输入端的所有零部件。当操纵汽车转向时,驾驶人对转向盘的操纵力是有限的,需要借助增力装置使转向车轮偏转。转向器就是将转向盘传来的转矩按一定传动比放大并输出的增力装置。转向传动机构是将转向器的运动传给转向车轮的机构,包括从摇臂到转向车轮的所有零部件。

图 19.4 所示为机械转向系统的组成和布置。需要转向时,驾驶人对转向盘 1 施加转

向力矩，该力矩通过转向轴 2 输入机械转向器 3。经转向器中的减速传动副将转向力矩放大并将转动减速后由转向摇臂 4 传到转向直拉杆 5，再传给固定于转向节上的转向节臂，使转向节和它所支承的转向车轮偏转，同时经梯形转向机构带动另一侧的转向车轮同时偏转，从而改变汽车的行驶方向。

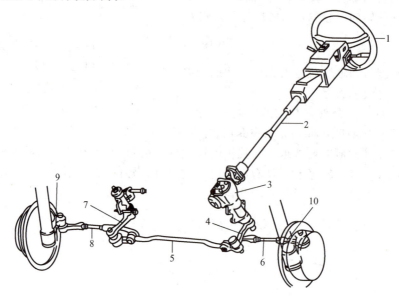

1—转向盘；2—转向轴；3—转向器；4—转向摇臂；5—转向直拉杆；
6—左转向横拉杆；7—摇杆；8—右转向横拉杆；9、10—梯形臂

图 19.4　机械转向系统的组成和布置

当转向盘直径一定时，驾驶人操纵转向盘手力的大小取决于转向系统角传动比的大小。转向系统角传动比 i_ω 用转向盘转角增量与同侧转向节相应转角增量之比来表示，其数值是转向器角传动比 $i_{\omega 1}$ 和转向传动机构角传动比 $i_{\omega 2}$ 的乘积。转向器角传动比是转向盘转角增量与同侧摇臂轴相应转角增量之比。转向传动机构角传动比是摇臂轴转角增量与同侧转向节相应转角增量之比。

对于一般汽车而言，$i_{\omega 2}$ 约为 1。由此可见，转向系统角传动比主要取决于转向器角传动比。转向系统角传动比越大，转向时加在转向盘上的力矩就越小，转向越轻便。但转向系统角传动比过大会导致转向操纵不灵敏。所以，转向系统角传动比的大小要协调好"转向轻便"与"转向灵敏"之间的矛盾。

2. 动力转向系统（power steering system）

使用机械转向装置可以实现汽车转向，当转向轴负荷较大时，仅靠驾驶人的体力作为转向能源则难以实现顺利转向。动力转向系统就是在机械转向系统的基础上加设一套转向加力装置而形成的。转向加力装置减轻了驾驶人操纵转向盘的作用力。转向能源来自驾驶人的作用力和发动机（或电动机），其中发动机（或电动机）占主要部分，由转向加力装置提供。正常情况下，驾驶人能轻松地控制转向。但在转向加力装置失效时，就回到机械转向系统状态，一般还能由驾驶人独立承担汽车转向任务。

（1）液压式动力转向系统。图 19.5 所示为一种液压动力转向系统。其中属于转向加力装置的部件是转向液压泵 7、转向油管 8、转向油罐 6 及位于整体式转向器 4 内部的转

汽车转向系统 第19章

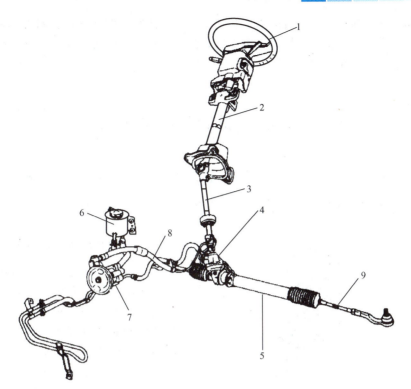

1—转向盘；2—转向轴及转向管柱；3—万向传动装置；4—整体式转向器；
5—转向动力缸 6—转向油罐；7—转向液压泵；8—转向油管；9—转向横拉杆

图 19.5　液压式动力转向系统

向控制阀及转向动力缸 5 等。当驾驶人转动转向盘 1 时，通过机械转向器使转向横拉杆 9 移动，并带动转向节臂，使转向轮偏转，从而改变汽车的行驶方向。与此同时，转向器输入轴还带动转向器内部的转向控制阀转动，使转向动力缸产生液压作用力，帮助驾驶人实现转向操作。由于有转向加力装置的作用，驾驶人只需使用比采用机械转向系统时小得多的转向力矩，就能使转向轮偏转。

（2）电子控制动力转向系统。电子控制动力转向系统在机械转向机构的基础上，增加了信号传感器、电控单元和转向助力机构。图 19.6 所示为电子控制动力转向系统示意图。

电子控制动力转向系统是利用电动机作为助力源，根据车速和转向参数等因素，由电控单元完成助力控制，其原理可概括如下。

当操纵转向盘时，装在转向盘轴上的转矩传感器不断地检测转向轴上的转矩信号，该信号与车速信号同时输入电控单元。电控单元根据这些输入信号，确定助力转

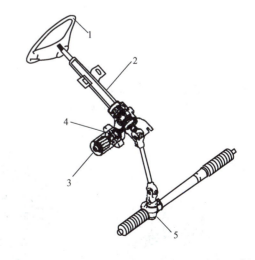

1—转向盘；2—转向轴及转向管柱；3—助力电动机；
4—减速机构；5—机械转向器

图 19.6　电子控制动力转向系统

279

矩的大小和方向，即选定电动机的电流和转动方向，调整转向辅助动力的大小。电动机的转矩由电磁离合器通过减速机构减速增矩后，加在汽车的转向机构上，使之得到一个与汽车工况相适应的转向作用力。

19.2 机械转向系统

机械转向系统主要由转向操纵机构、转向器和转向传动机构三部分组成。

19.2.1 转向操纵机构

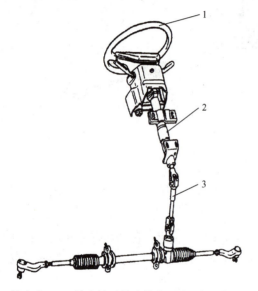

1. 转向操纵机构的功用与组成

转向操纵机构的功用是将驾驶人转动转向盘的操纵力矩传给转向器。它主要由转向盘1、转向轴及转向管柱2和万向传动装置3等组成（图19.7）。转向轴上部与转向盘固定连接，下部装有转向器。转向轴与转向器的连接方式有两种：一种是与转向器的输入轴直接相连接，另一种是通过万向传动装置间接与转向器的输入轴相连接。

2. 转向盘

转向盘（steering wheel）主要由轮圈1、轮辐2和轮毂3组成，其结构如图19.8所示。轮辐的形式有两根辐条式[图19.9(a)]、三根辐条式[图19.9(b)]和四根辐条式[图19.9(c)]。轮辐和轮圈

1—转向盘；2—转向轴及转向管柱；3—万向传动装置

图 19.7 转向操纵机构

的心部有钢或铝合金等金属制骨架，外层以合成树脂或合成橡胶包覆，下侧制成波浪状以利于驾驶人把持。转向盘与转向轴通常通过带锥度的细花键连接，端部使用螺母轴向压紧固定。

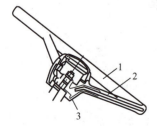

1—轮圈；2—轮辐；3—轮毂

图 19.8 转向盘的结构

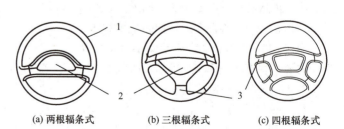

(a) 两根辐条式　　(b) 三根辐条式　　(c) 四根辐条式

1—轮圈；2—轮毂；3—轮辐

图 19.9 转向盘轮辐的形式

部分汽车的喇叭开关按钮安装在转向盘上，方便驾驶人操作。

因为在整个转向系统中，各传动件之间存在装配间隙，这些间隙反映到转向盘上就变成转动转向盘的空转角度。在空转角度阶段，驾驶人操纵转向盘，对各转向轮的偏转是不起作用的。转向轮在直线行驶位置时，转向盘的空转角度称为转向盘自由行程。转向盘自由行程对于缓和路面冲击及避免驾驶人过度紧张是有利的。在转向轮处于直线行驶位置时，转向盘向左或向右的自由行程不超过 10°～15°的范围。

3. 转向轴和转向管柱

转向轴（steering shaft）用来连接转向盘和转向器，并将转向盘的转向转矩传给转向器。转向轴分为普通式和能量吸收式。现代汽车更多地采用能量吸收式转向轴。

转向管柱（steering column）安装在车身上，支承转向轴及转向盘。转向轴从转向管柱内穿过，靠转向管柱内的轴承和衬套支承。为方便不同体型驾驶人操纵转向盘，转向管柱上装有能改变转向盘位置的装置。转向盘的安装角度和高度可以在一定范围内调整，如图 19.10 所示，以适应驾驶人的体形和驾驶习惯。

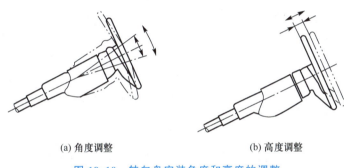

(a) 角度调整　　　　(b) 高度调整

图 19.10　转向盘安装角度和高度的调整

19.2.2　转向器

转向器是汽车上重要的安全部件，是将转向盘的转动变为转向摇臂的摆动，并按一定传动比放大转矩的机构。

目前，汽车上广泛采用的是齿轮齿条式转向器（rack and pinion steering gear）和循环球式转向器（recirculating ball steering gear）。

1. 齿轮齿条式转向器

齿轮齿条式转向器的结构如图 19.11 所示，其由转向齿轮、转向齿条、壳体和预紧力调整装置等组成。转向齿轮通过轴承支承在壳体内，转向齿轮的一端与转向轴连接，接受驾驶人的转向操纵力，另一端与转向齿条直接啮合，形成一对传动副，并通过转向齿条传动，带动横拉杆，使转向节转动。为保证转向齿轮与转向齿条无间隙啮合，补偿弹簧产生的压紧力通过压板将转向齿轮和转向齿条压靠在一起。弹簧的预紧力可以通过调整螺柱进行调整。

由于齿轮齿条式转向器属于可逆式转向器，因此其正效率与逆效率都很高，且自动回正能力强。除此之外，齿轮齿条式转向器结构简单、加工方便、工作可靠、使用寿命长，不需要调整齿轮齿条的间隙，因而得到了广泛的应用。

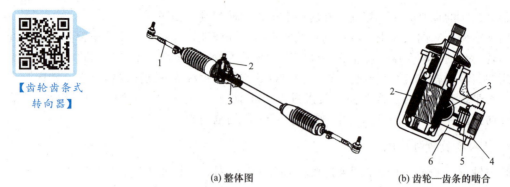

(a) 整体图　　　　　　　　　　(b) 齿轮—齿条的啮合

1—转向横拉杆；2—转向齿轮；3—转向齿条；4—调整螺柱；5—补偿弹簧；6—压板

图 19.11　齿轮齿条式转向器的结构

2. 循环球式转向器

循环球式转向器由两级传动副、壳体、钢球和间隙调整装置等组成。

图 19.12 为一种循环球式转向器的结构示意图。它一般有两级传动副，第一级是螺杆—螺母传动副，转向螺杆与转向轴连接；第二级是齿条—齿扇传动副，在转向螺母下平面上加工成齿条，齿扇与齿扇轴形成一体。转向螺母既是第一级传动副的从动件，又是第二级传动副的主动件。为了减少转向螺杆与转向螺母之间的摩擦与磨损，二者的螺纹不直接接触，而是做成内外滚道，滚道中间装有许多钢球，以实现滚动摩擦。转向螺母上装有两个钢球导管，钢球导管内装满了钢球，钢球导管与滚道连通，形成两条独立的供钢球循环滚动的封闭通道。

循环球式转向器的正效率很高（可达 90%～95%），而且操纵轻便、使用寿命长、工作平稳可靠，但其逆效率也很高。逆效率高容易传递道路不平引起的振动，不过对经常在良好道路上行驶的汽车而言，并没有大的影响。循环球式转向器是目前应用较广泛的转向器之一。

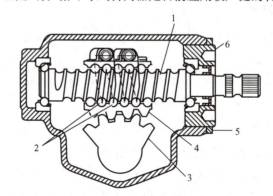

1—转向螺杆；2—钢球；3—齿扇；4—转向螺母；5—上盖；6—锁紧螺母

图 19.12　循环球式转向器的结构示意图

19.2.3　转向传动机构

转向传动机构是将转向器输出的力和运动传给转向桥两侧的转向节，且使两侧转向轮按一定关系偏转的机构。

转向传动机构的组成与布置形式由转向器的位置和转向桥悬架的类型决定。

1. 与非独立悬架配用的转向传动机构

图 19.13 所示为与非独立悬架配用的转向传动机构，其包括由转向摇臂 2、转向直拉杆 3、转向节臂 4、转向横拉杆 6 和两个梯形臂 5 组成。转向横拉杆、梯形臂与前桥构成转向梯形结构。

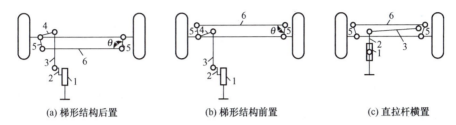

(a) 梯形结构后置　　　　(b) 梯形结构前置　　　　(c) 直拉杆横置

1—转向器；2—转向摇臂；3—转向直拉杆；4—转向节臂；5—梯形臂；6—转向横拉杆

图 19.13　与非独立悬架配用的转向传动机构示意图

这种转向传动机构的布置形式有三种：一是转向梯形结构后置［图 19.13(a)］，适合于前桥仅为转向桥的情况，国内中型载重汽车上大多采用这种结构；二是转向梯形结构前置［图 19.13(b)］，适合于前桥为转向驱动桥的情况，避免布置转向传动机构时的运动干涉；三是转向梯形结构前置且转向直拉杆横置［图 19.13(c)］，有的越野汽车上采用这种结构。

2. 与独立悬架配用的转向传动机构

与独立悬架相配的转向桥是断开式转向桥，因而转向传动机构中的转向梯形也必须是断开式的（图 19.14）。图 19.14(a) 所示为循环球式转向器配用的转向传动机构。图 19.14(b) 所示为齿轮齿条式转向器配用的转向传动机构。

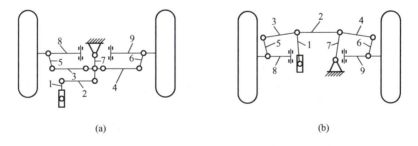

(a)　　　　　　　　　　(b)

1—转向摇臂；2—转向直拉杆；3—左转向横拉杆；4—右转向横拉杆；
5—左梯形臂；6—右梯形臂；7—摇杆；8—悬架左摆臂；9—悬架右摆臂

图 19.14　与独立悬架配用的转向传动机构示意图

19.3　液压动力转向系统

当汽车前轴负荷增加到一定程度时，完全依靠驾驶人手力操纵的机械转向系统已经不能满足转向要求，必须借助动力来操纵转向系统。在正常情况下，汽车转向时驾驶人提供小部分能量,而发动机(或电动机)提供大部分能量。这样一方面可减轻转向操纵力,另一方面采用较小的转向器角传动比,就能满足转向灵敏的要求。所以,动力转向系统兼顾了操纵省力和灵敏两方面的要求。

液压动力转向系统的工作压力可超过 10MPa,且其部件尺寸不大。液压动力转向系统工作时无噪声,工作滞后时间短,而且能吸收来自不平路面的冲击。因此,液压动力转向系统已在各类汽车上获得广泛应用。

19.3.1 液压动力转向系统的组成与类型

液压动力转向系统由机械转向装置和液压转向加力装置组成。液压转向加力装置包括转向液压泵、转向动力缸、转向控制阀、转向油罐和油管等。

根据机械式转向器、转向动力缸和转向控制阀三者在转向装置中的布置和连接关系的不同,液压动力转向装置分为整体式、半整体式和分离式三种结构形式。

转向控制阀、转向动力缸和机械式转向器三者组合成的整体机构称为整体式动力转向装置。这种转向装置结构紧凑,输油管路简单,在汽车上布置容易,但其拆卸、修理较困难。转向控制阀和机械式转向器组合成的整体机构称为半整体式动力转向装置。转向动力缸、转向控制阀与机械式转向器都是单独设置的称为分离式动力转向装置。分离式动力转向装置应用范围很小,仅在结构紧凑、安装位置狭窄的轻型载货汽车和轿车上采用。

液压动力转向系统的转向器可分为常压式和常流式。常压式液压动力转向器是转向控制阀在中间位置时常闭,液压油一直处于高压状态的动力转向器。常流式液压动力转向器是转向控制阀在中间位置时常开,液压油一直处于高流状态的动力转向器。常流式液压动力转向器由于具有结构简单、泄漏较少、消耗功率较少等优点,广泛应用于各种汽车上。

转向控制阀又分为转阀式和滑阀式。转阀式转向控制阀是转阀相对于阀体转动的转向控制阀。滑阀式转向控制阀是滑阀相对于阀体做直线运动的转向控制阀。

19.3.2 液压动力转向系统的工作原理

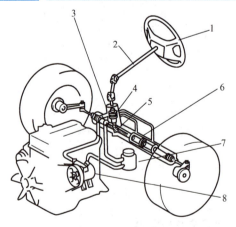

1—转向盘;2—转向轴;3—齿轮齿条式整体动力转向器;
4—转向控制阀;5—齿轮齿条式转向器;
6—转向动力缸;7—转向油罐;8—转向液压泵

图 19.15 液压动力转向系统

液压动力转向系统是在机械式转向系统的基础上加装一套液压转向加力装置而成的。以齿轮齿条式转向器为基础的液压动力转向系统(图 19.15)为例,来说明其工作原理。该系统由转向盘 1、转向轴 2、齿轮齿条式整体动力转向器 3、转向液压泵 8 和转向油罐 7 等组成。齿轮齿条式整体动力转向器 3 又由转向控制阀 4、齿轮齿条式转向器 5、转向动力缸 6 构成。转向油罐 7 储存液压油,有进、出油管接头,通过油管分别与转向液压泵 8 和转向控制阀 4 连接。转向液压泵 8 安装在发动机上,由曲轴通过传动带驱动,将液压油从转向油罐 7 处吸入并供给转向控制阀 4。

转向控制阀 4 通过改变液压油路来改变动力传递路线。转向动力缸 6 内由活塞分隔成左右两个工作腔，工作腔通过油道分别与转向控制阀 4 连接。

汽车直线行驶时，转向控制阀 4 处于中立位置并将转向动力缸 6 的左右两个工作腔导通，将转向液压泵 8 与转向油罐 7 的油路也导通，从转向液压泵 8 泵出的液压油可直接流回转向油罐 7，此时转向液压泵 8 处于卸荷状态，动力转向器不起助力作用。汽车需要右转弯时，驾驶人向右转动转向盘 1，转向控制阀 4 将转向液压泵 8 泵出的液压油与转向动

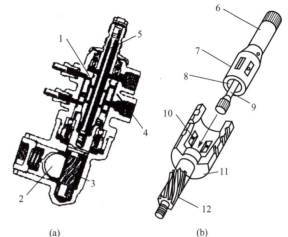

1、4、11—阀体；2—转向齿条；3、12—转向齿轮；
5、9—扭杆；6—转向齿轮轴；7—阀芯；
8—与转向油罐相通；10—阀门孔

图 19.16　转向控制阀组件

力缸 6 的右腔接通，将左腔与转向油罐 7 接通，在油压的作用下，转向动力缸 6 中的活塞向左移动，通过转向传动机构使左、右轮向右偏转，从而实现向右转向；而左转弯时，情况与上述相反。

液压动力转向系统的核心是转向控制阀。转向控制阀组件（steering control valve group）如图 19.16 所示，其主要由阀体 11、阀芯 7 及扭杆 9 组成。阀体 11 呈圆筒形，其表面上制有三道较宽且深的油环槽和四道较窄浅的密封环槽。

当汽车直线行驶时（图 19.17），转阀处于中间位置，来自转向液压泵的液压油从转向器壳体的进油口 C 流到阀体 3 的中间油环槽中，经过其槽底的三个通孔进入阀体 3 和阀芯 4 之间，此时因阀芯 4 处于中间位置，进入的液压油分别通过阀体和阀芯纵槽形成的两边相等的间隙，再通过阀芯 4 的纵槽和阀体的纵槽及阀体的径向孔流向阀体 3 外的上、下油环槽，然后通过壳体中的两条油道分别流到动力缸的左腔（A 动力缸工作腔）、右腔（B 动力缸工作腔）中。同时，通过阀芯纵槽的径向油孔流到阀芯内腔与扭杆组件之间的空隙（回油道 2）中，经油管回到转向油罐中，形成了常流式液压油循环。此时，左腔、右腔油压相等且很小，齿条—活塞既没有受到转向齿轮的轴向推力，又没有受到左腔、右腔因压力差造成的轴向推力。所以齿条—活塞处于中间位置，不产生助力作用。

当汽车右转弯时（图 19.18），转动转向盘使转向轴顺时针转动，并带动阀芯同步转动。受转向节臂传来的路面转向阻力的作用，动力缸活塞和转向齿条暂时不能运动，所以转向齿轮暂时不能随转向轴向右转动。这样扭杆受转矩作用，前、后端产生扭转变形，转向阀芯和阀体之间转过一个角度。动力缸的左腔进入高压油，右腔泄压，动力缸产生向右转向助力。

齿条在油压作用下向右运动的同时，转向齿轮本身也开始与转向轴同向转动。只要转向盘继续转动，扭杆的扭转变形便一直保持不变，转向控制阀所处的右转向位置也不变。

当转向盘停止转动时，动力缸暂时还在继续工作，导致转向轮继续转动，使扭杆的扭转变形减少，转向助力减少。当转向助力刚好与车轮的回正力矩相平衡时，齿条齿轮停止运动。此时，转阀停驻在某一位置不动，转向轮转角保持不变。

【动力转向器工作过程】

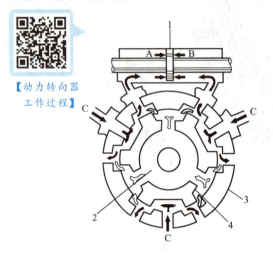

1—活塞；2—回油道；3—阀体；4—阀芯；
A、B—动力缸工作腔；
C—来自转向液压泵的液压油

图 19.17　转阀式转向控制阀工作原理
（汽车直线行驶时）

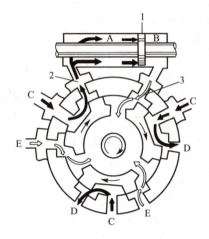

1—活塞；2、D—进入动力缸 A 腔的液压油；
3、E—从动力缸 B 腔流出的液压油；
A、B—动力缸工作腔；C—来自转向液压泵的液压油

图 19.18　转阀式转向控制阀工作原理
（汽车右转弯时）

19.4　电子控制动力转向系统

由于动力转向系统具有使转向操纵灵活、轻便，在设计汽车时对转向器结构形式的选择灵活性大，能吸收路面对前轮产生的冲击等优点，因此它在中型载货汽车尤其在重型载货汽车上得到了广泛的应用。但传统的动力转向系统所具有的固定放大倍率不能随汽车的不同工况予以调整，会导致其助力作用不协调。电子控制动力转向系统在低速行驶时可使转向轻便、灵活；在中高速区域转向时，能保证提供最优的动力放大倍率和稳定的转向手感，提高了高速行驶的操纵稳定性。发动机前置前轮驱动的轿车，因为其前轴负荷的增加影响了其转向轻便性，所以电子控制动力转向系统逐步被轿车采用，这样不仅能很好地解决汽车转向轻便与转向灵活的矛盾，还能提高汽车行驶安全性和乘坐舒适性。

19.4.1　电子控制动力转向系统的组成与原理、特点

1. 电子控制动力转向系统的组成与原理

电子控制动力转向系统在机械转向机构的基础上增加了电动式助力机构和转向助力控制系统。图 19.19 所示为电子控制动力转向系统简图。

电子控制动力转向系统是利用电动机作为助力源，电控单元根据转向操纵力、车速等

参数，计算得到最佳的转向助力转矩，并向电动式助力机构输出控制信号，实现最佳的转向助力控制。

电子控制动力转向系统的工作原理：当操纵转向盘1时，装在转向轴2上的转向力矩传感器11不断地检测转向轴上的转矩信号，该信号与车速信号同时输入电控单元3。电控单元根据这些输入信号，确定助力转矩的大小和方向，即选定电动机的电流大小和方向，调整转向辅助动力的大小。电动机的转矩由电磁离合器5通过减速机构减速增矩后，加在汽车的转向机构上，使之得到一个与汽车工况相适应的转向作用力。

2. 电子控制动力转向系统的特点

电子控制动力转向系统的优点如下。

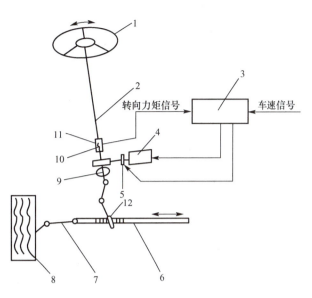

1—转向盘；2—转向轴；3—电控单元；4—电动机；
5—电磁离合器；6—转向齿条；7—横拉杆；
8—转向轮；9—输出轴；10—扭力杆；
11—转向力矩传感器；12—转向齿轮

图 19.19　电子控制动力转向系统简图

（1）能耗降低。电子控制动力转向系统只有转向时系统才工作，消耗的能量较小。

（2）轻量化显著。电子控制动力转向系统不必具有动力缸、液压油泵、转阀、液压管道等部件，因此其结构紧凑、质量轻、无油渗漏问题，系统易于布置。

（3）优化助力控制特性。由于采用电子控制，电子控制动力转向系统的转向性能得到优化，随动性增强。

（4）系统安全可靠。当电子控制动力转向系统出现故障时，可立即切断电动机与助力齿轮机构的动力传送，迅速转入人工-机械转向状态。

19.4.2　电子控制动力转向系统的类型

根据转向助力机构的安装位置的不同，电子控制动力转向系统可分为三类：转向轴助力式、转向器小齿轮助力式和齿条助力式。

（1）转向轴助力式：转向助力机构安装在转向轴上（图19.19）。电动机的动力经离合器、电机齿轮传给转向轴的齿轮，然后经万向节及中间轴传给转向器。

（2）转向器小齿轮助力式：转向助力机构安装在转向器小齿轮处（图19.20）。与转向轴助力式相比，转向器小齿轮助力式可以提供较大的转向力，适用于中型车。这种助力形式的助力在控制特性方面比较复杂。

（3）齿条助力式：转向助力机构安装在转向齿条处（图19.21）。电动机通过减速传动机构直接驱动转向齿条。与转向器小齿轮助力式相比，齿条助力式可以提供更大的转向力，适用于大型车。这种助力形式对原有的转向传动机构有较大改变。

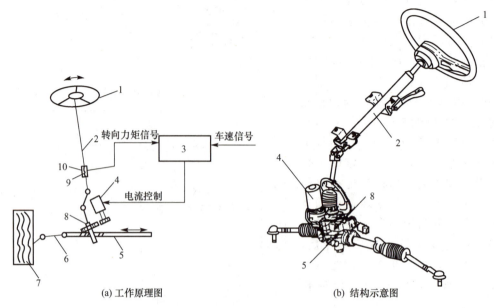

(a) 工作原理图　　　　　　　　　(b) 结构示意图

1—转向盘；2—转向轴；3—电控单元；4—电动机；5—齿条；6—拉杆；
7—车轮；8—小齿轮；9—扭力杆；10—转向力矩传感器

图 19.20　小齿轮助力式转向系统

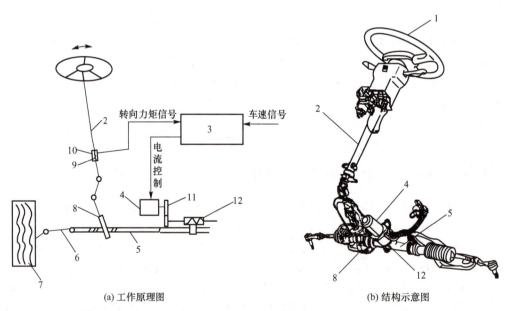

(a) 工作原理图　　　　　　　　　(b) 结构示意图

1—转向盘；2—转向轴；3—电控单元；4—电动机；5—齿条；6—拉杆；7—车轮；
8—小齿轮；9—扭力杆；10—转向力矩传感器；11—斜齿轮；12—螺杆螺母

图 19.21　齿条助力式转向系统

图 19.22 所示为丰田 PRIUS 混合动力轿车的电子控制动力转向系统。其助力电动机总成如图 19.23 所示。

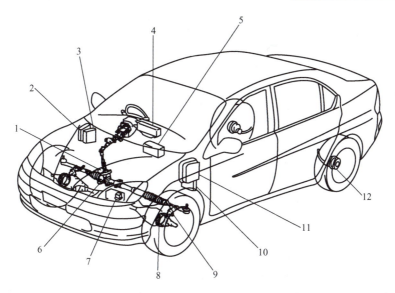

1—转矩传感器；2—自动控制单元；3—转向控制单元；4—组合仪表；5—中心显示器；
6—转向器；7—继电器；8—转子（前轮）；9—车轮速度传感器（前轮）；
10—混合动力控制单元；11—发动机控制单元；12—车轮速度传感器与转子（后轮）

图 19.22　丰田 PRIUS 混合动力轿车的电子控制动力转向系统

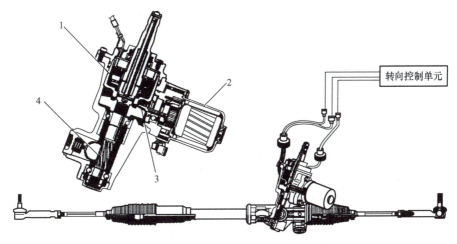

1—转矩传感器；2—直流电动机；3—准双曲面齿轮减速器；4—齿条与小齿轮

图 19.23　丰田 PRIUS 混合动力轿车转向系统的助力电动机总成

19.5　四轮转向系统与线控转向系统

在汽车前轮设置转向装置的基础上，后轮也设有转向装置，称为四轮转向（four wheel steering，4WS）系统。后轮转向装置对汽车转向是有利的，可改善汽车的转向性能。四轮转向系统与只在汽车前轮设置转向装置的转向系统相比，缩短了转向动作过程，提高了转向时的稳定性，提高了转向操作随动性和正确性，易于变换车道和缩短最小转弯半径。

19.5.1 概述

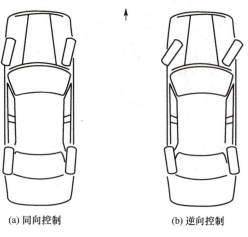

图 19.24 四轮转向系统的前后轮转向控制
(a) 同向控制   (b) 逆向控制

设置了四轮转向系统的汽车根据前轮的转向角和车速决定后轮的转向角，其工作方式有机械式、液压式和电动式。四轮转向系统的前后轮转向控制有同向控制[图 19.24(a)]和逆向控制[图 19.24(b)]两种。

若四轮转向系统中后轮的转向与前轮的转向相同，则称为同向控制模式，其转弯半径比两轮转向的转弯半径大。汽车在 40km/h 以上行驶时，后轮同向偏转角为 2.5°。其优点是由于汽车在转向时车身与行驶方向的偏转角较小，因此减少了汽车调整行驶转向时的旋转和侧滑，从而提高了操纵稳定性，且能保证汽车在潮湿路面上稳定地转向。

若四轮转向系统中后轮的转向与前轮的转向相反，则称为逆向控制模式，其转弯半径比两轮转向的转弯半径小。低速行驶时后轮逆向偏转角最大为 5°，适用于汽车驶入车库和在狭窄的拐角处转弯。随着车速的升高，后轮转向角变小，在车速达到 40km/h 时，转向角变成 0°，这就提高了汽车停车或在狭小空间转向的机动性。

19.5.2 四轮转向系统

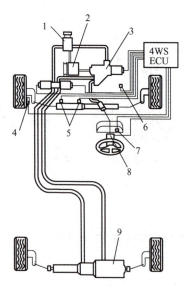

1—储油罐；2—油泵；3—电磁阀；4—转速传感器；
5—油压传感器；6—车速传感器；7—故障警示灯；
8—转向传感器；9—动力缸

图 19.25 液压式四轮转向系统

1. 液压式四轮转向系统

图 19.25 所示为液压式四轮转向系统。它主要由储油罐 1、油泵 2、电磁阀 3、转速传感器 4、油压传感器 5、车速传感器 6、故障警示灯 7、转向传感器 8 和动力缸 9 等组成。液压油自油泵 2 输入电磁阀 3 和后轮控制阀，然后根据四轮转向系统的电控单元（4WS ECU）的指令，进入能控制后轮偏转角的动力缸 9。电控单元对后轮偏转角的控制分成两部分：基本控制和修正控制。基本控制包含稳定性控制和回正控制。

当汽车高速行驶时，慢速转动转向盘，后轮与前轮同向偏转，进行稳定性控制；当汽车低、中速行驶时，在转动转向盘的最初阶段，后轮与前轮逆向偏转，然后逐渐回正，即进行回正控制。修正控制则是根据道路交通状况和驾驶人的操作情况对后轮的同向偏转量或逆向偏转量进行修正，使后轮达到期望的偏转角度。由于该四轮转向系统的后轮最大偏转角较小，因此汽车最小转弯半径的减小有限。

2. 电动式四轮转向系统

电动式四轮转向系统前后轮转向器均为电动助力式，两个转向器之间无任何机械连接装置及液压管道等部件。两个转向器直接对前后轮的转向进行控制，因此电动式四轮转向系统具有前后轮转向角关系控制精确、控制自由度高、机构简单等优点。

电动式四轮转向系统由电控单元、前后轮转向执行器、主副前轮转向传感器，主副后轮转向传感器、后轮转速传感器、车速传感器等组成。

后轮转向执行器包括一个通过循环球螺杆机械驱动转向齿条的电动机。执行器内的复位弹簧在点火开关关闭时或四轮转向系统失效时将后轮推到直线行驶位置。一个主后轮转角传感器和一个副后轮转角传感器安装在后轮转向执行器的顶端。

发动机工作时，如果转动转向盘，四轮转向系统的电控单元接收所有传感器的信息并对其进行分析，通过内部预设的控制模式，确定后轮的偏转角；然后控制后轮偏转机构中的电动机驱动球形滚道螺母转动，推动球形滚道螺杆移动，使后轮发生偏转；电控单元再根据后轮偏转机构中的主、副偏转角传感器反馈信号，对后轮的偏转角进行修正。

上述的电动式四轮转向系统属于车速、前轮偏转角及偏转角速度响应型四轮转向系统，将该系统应用于汽车上既可以改善汽车高速行驶转向时的稳定性，又可以提高汽车高速转向时的转向响应，还可以减小汽车低速行驶转向时的转弯半径。

19.5.3 线控转向系统

线控转向（steer by wire，SBW）系统（图19.26）是在电动助力转向系统的基础上发展而来的，两者都是用电动机作为执行器。在线控转向系统中，转向盘和转向车轮之间没有任何机械连接。

线控转向系统又称电子转向系统，其主要由转向盘总成、转向执行总成、电控单元和容错控制单元（RECU）组成。

线控转向系统工作时，装在转向拉杆上的拉压力传感器和线位移传感器实时地反映路面状况，即可得出路感信息，再将这些信息转换为电信号传给电控单元，电控单元依据车速传感器传来的电信号及路感电动机反馈的电流信号来控制路感电动机的转动方向和输出转矩大小，从而完成对路感电动机的实时控制。当转向盘转动时，装在转向轴上的转矩传感器开始工作，将在转向轴上产生的转矩信号和转向信号转换为电信号传给电控单元；电控单元再依据车速传感器传来的电信号、转向拉杆上两个传感器的路感信号及转向电动机反馈的电流信号来决定转向电动机的转动方向和输出转矩大小，从而完成对转向电动机的实时控制。在对转向电动机和路感电动机控制的同时，容错控制单元又对电控单元进行实时监控，在电控单元发生故障时对系统进行弥补控制。

与电动助力转向系统相比，线控转向系统提高了汽车的安全性能，改善了汽车的驾驶特性和驾驶人的路感性，增强了汽车的操纵性和舒适性，减轻了整车质量，降低了燃油消耗，使汽车更加智能化，是未来汽车转向系统的发展方向。目前，制约线控转向系统发展的是传感器技术、总线技术、动力电源技术和容错控制技术。

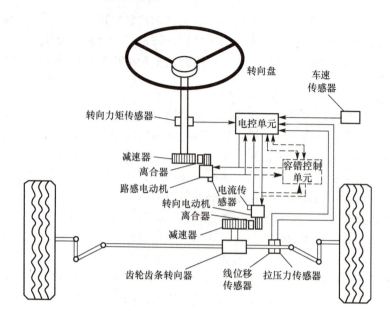

图 19.26　线控转向系统

1. 汽车转向系统的功用是什么？汽车转向系统由哪几部分组成？
2. 简述汽车转向系统的基本工作原理。
3. 汽车转向系统分为哪几种类型？
4. 动力转向系统分为哪几种类型？
5. 机械转向系统由哪几部分组成？
6. 简述齿轮齿条式转向器的基本结构和工作原理。
7. 简述循环球式转向器的基本结构和工作原理。
8. 简述电子控制动力转向系统的工作原理。
9. 电子控制动力转向系统有哪些优点？
10. 四轮转向系统有哪些优越性？
11. 简述线控转向系统的工作原理。

第20章 汽车制动系统

制动系统是汽车重要的系统之一。汽车行驶的安全性，在很大程度上取决于汽车制动系统工作的可靠性。本章主要介绍制动器、制动传动装置和制动防抱死系统、电子稳定性控制系统等内容。

要求学生掌握汽车制动的实质，制动系统类型、组成及工作原理，鼓式制动器和盘式制动器的结构及工作原理，制动传动装置（机械、液压）的组成及工作原理；了解制动防抱死系统和电子稳定性控制系统的基本知识。

20.1 概　　述

汽车以一定的车速行驶时具有一定的动能。随着汽车行驶速度的不断提高，要使行驶中的汽车减速或停车，就必须强制地对汽车施加一个与汽车行驶方向相反的力，这个力称为制动力。汽车制动系统（braking system）就是产生制动力的装置。

20.1.1　制动系统的组成及工作原理

汽车制动系统一般采用摩擦制动，如车轮制动器利用摩擦制动车轮，轮胎与路面间的摩擦力使汽车减速或停车。由此可见，制动的实质就是将汽车的动能强制地转换为其他形式的能量（通常是热能），扩散到大气环境中。

汽车的制动系统（图20.1）主要由以下四个基本组成部分。

（1）供能装置：供给、调节制动所需能量及改善传能介质状态的部件，其中产生制动能量的部分称为制动能源。人的肌体可作为制动能源。

（2）控制装置：产生制动动作和控制制动效果的部件，如图20.1中的制动踏板，它是最简单的一种控制装置。

（3）传动装置：将制动能量传输到制动器的各个部件，如图20.1中的制动主缸和制动轮缸。

（4）制动器：产生阻碍汽车运动或运动趋势的力（制动力）的部件，制动器也包括辅助制动系统中的缓速装置。

较完善的制动系统还应具有制动力调节装置、报警装置、压力保护装置等附加装置。

各种类型的制动系统的工作原理类似，故可用一种简单的液压制动系统来说明一般制动系统的工作原理，如图20.1所示，该制动系统由鼓式制动器和液压传动机构组成。

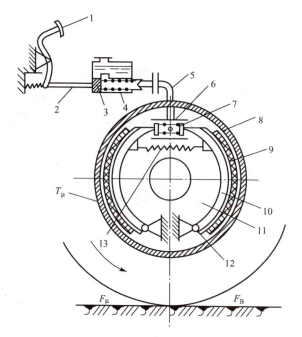

1—制动踏板；2—推杆；3—制动主缸活塞；4—制动主缸；
5—油管；6—制动轮缸；7—轮缸活塞；8—制动鼓；
9—摩擦片；10—制动蹄；11—制动底板；
12—支承销；13—制动蹄回位弹簧

图 20.1　汽车的制动系统

鼓式制动器主要由旋转部分、固定部分和张开机构组成。旋转部分是一个以内圆面为工作表面的制动鼓8，它固定在车轮轮毂上，并随车轮一同旋转。固定部分为制动底板11。制动底板用螺栓与转向节凸缘（前轮）或桥壳凸缘（后轮）固定在一起。张开机构包括轮缸活塞7和制动蹄10。在两个弧形制动蹄10的下端分别由制动底板上的两个支承销12支承，制动蹄的上端用制动蹄回位弹簧13拉紧压靠在轮缸活塞上。制动蹄的外圆面上铆有摩擦片9。

液压传动机构主要由制动踏板1、推杆2、制动主缸4、制动轮缸6和油管5等组成。制动踏板1安装在驾驶室内，制动踏板1下端与推杆2铰接，推杆2的另一端支承在制动主缸活塞3上。制动轮缸6安装在制动底板11上，用油管5与安装在车架上的制动主缸4相连。

当汽车不制动时，制动鼓8的内圆面和制动蹄10摩擦片之间留有一定的间隙（简称制动器间隙），制动鼓可以随车轮自由旋转。

当汽车制动时，驾驶人踏下制动踏板1，带动推杆2推动制动主缸活塞3移动，使制动主缸4内的制动液以一定的压力经过油管5流入制动轮缸6，推动轮缸活塞7移动，驱动两制动蹄10的上端绕着支承销12向外张开，从而使制动蹄10上的摩擦片9压紧在制动鼓8的内圆面上。此时，不旋转的制动蹄10就会对旋转的制动鼓8产生一个摩擦力矩T_μ，其方向与车轮旋转方向相反。制动鼓8将该力矩传到车轮后，由于车轮与路面间有附着作用，车轮即对路面作用一个向前的周缘力F_μ。与此同时，路面会给车轮一个向后的反作用力F_B，即车轮的制动力。各车轮上制动力的总和就是汽车受到的总制动力。制动力由车轮经车桥和悬架传给车架及车身，迫使整个汽车产生一定的减速度。制动力越大，减速度也越大。

放松制动踏板 1 时，制动蹄 10 在回位弹簧 13 的作用下向中央收拢，回到原位，从而恢复制动鼓 8 和制动蹄 10 之间的制动间隙，制动力矩和制动力消失，制动作用解除。

20.1.2 制动系统的分类

汽车制动系统的分类方法见表 20-1。其中行车制动系统和驻车制动系统是各种汽车必须具备的基本制动装置。

表 20-1 汽车制动系统的分类方法

分类方法	类　型	特　点
按功用分类	行车制动系统	使行驶中的汽车减速甚至停车
	驻车制动系统	使已停驶的汽车原地可靠停车
	应急制动系统	在行车制动系统失效后实现汽车减速甚至停车
	辅助制动系统	为适应山区行驶及特殊用途汽车需要而增设的制动装置，独立于行车制动系统之外
按制动能源分类	人力制动系统	以驾驶人的肌体作为唯一的制动能源
	动力制动系统	以发动机的动力转换为液压或气压形式的势能进行制动
	伺服制动系统	兼用人力和发动机的动力进行制动
按制动能量的传输方式分类	机械式制动系统	以机械机构传输制动能量
	液压式制动系统	以液压机构传输制动能量
	气压式制动系统	以气压机构传输制动能量
	电磁式制动系统	以电磁机构传输制动能量
	组合式制动系统	以多种方式传输制动能量
按制动回路数目分类	单回路制动系统	全车制动采用一个气压或液压回路
	双回路制动系统	全车制动采用两个彼此隔绝的气压或液压回路

20.2 制　动　器

制动器是制动系统中用以产生阻碍汽车运动或运动趋势的力的部件。汽车制动器除各种缓速装置以外，基本是利用固定元件与旋转元件工作表面的摩擦产生制动力矩的摩擦制动器。

目前，各类汽车广泛采用的摩擦制动器根据旋转元件的不同可分为鼓式制动器和盘式制动器两大类。它们之间的区别是鼓式制动器摩擦副中的旋转元件为制动鼓（brake drum），以其圆柱面为工作表面；盘式制动器摩擦副中的旋转元件为圆盘状的制动盘（brake disc），以其端面为工作表面。

制动器按安装位置可分为车轮制动器和中央制动器。旋转元件固定在车轮或半轴上的制动器称为车轮制动器；旋转元件固定在传动系统传动轴上的制动器称为中央制动器。车轮制动器一般用于行车制动，也有兼用于应急制动和驻车制动；中央制动器一般只用于驻车制动和缓速制动。

20.2.1　鼓式制动器

鼓式制动器是利用制动蹄片挤压制动鼓而获得制动力的，可分为内张式和外束式两种。内张鼓式制动器是以制动鼓的内圆柱面为工作表面，在汽车上广泛使用；外束鼓式制动器则是以制动鼓的外圆柱面为工作表面，目前只用作极少数汽车的驻车制动器。

鼓式制动器按制动蹄张开装置（也称促动装置）形式的不同，可分为轮缸式制动器［图20.2(a)］和凸轮式制动器［图20.2(b)］。轮缸式制动器以液压制动轮缸作为制动蹄张开装置，多为液压制动系统所采用；凸轮式制动器以凸轮作为张开装置，多为气压制动系统所采用。

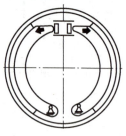
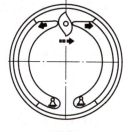

(a) 轮缸式制动器　　(b) 凸轮式制动器

图 20.2　制动器制动蹄张开装置的形式

【鼓式制动器】

1. 轮缸式制动器（wheel cylinder brake）

轮缸式制动器按制动蹄的受力情况不同，可分为领从蹄式、双领蹄式（单向作用、双向作用）、双从蹄式、自增力式（单向作用、双向作用）等类型，如图20.3所示。下面以领从蹄式制动器为例进行介绍。

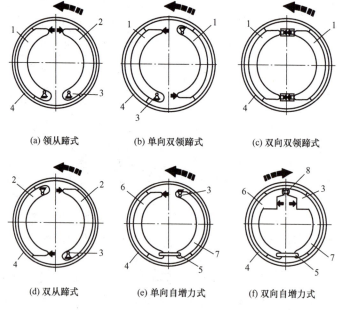

1—领蹄；2—从蹄；3—固定支承销；4—制动鼓；5—传力杆；
6—第一制动蹄；7—第二制动蹄；8—双向支承销

图 20.3　各种轮缸式制动器的类型

如图 20.4 所示，领从蹄式制动器（leading trailing shoe brake）的制动底板 5 固定在后桥壳或前桥转向节的凸缘上，在制动底板 5 的下部装有两个偏心调整螺钉 1，两个制动蹄 11、12 的下端有孔，套装在偏心调整螺钉 1 上，并用锁止螺母 3 锁止。制动底板 5 的中部装有两个制动蹄托架 4，以限制制动蹄 11、12 的轴向位置。制动蹄 11、12 的上端用回位弹簧 10 拉靠在制动轮缸 9 的顶块上。制动蹄的外圆面上用埋头螺钉铆接着用石棉和铜丝压制成的摩擦片 8。作为制动蹄张开装置的制动轮缸 9 也用螺钉固装在制动底板上 5。制动鼓固装在车轮轮毂的凸缘上，随车轮一起转动。

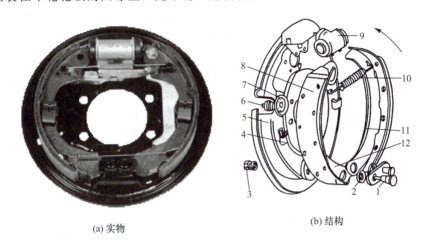

(a) 实物　　　　　　　　　(b) 结构

1—偏心调整螺钉；2—垫圈；3—锁止螺母；4—制动蹄托架；5—制动底板；
6—偏心轮调整螺钉；7—偏心轮；8—摩擦片；9—制动轮缸；
10—回位弹簧；11、12—制动蹄

图 20.4　领从蹄式制动器

图 20.5 所示为领从蹄式制动器制动蹄的受力情况，制动轮缸 7 中两个直径相等的活塞可在轮缸内轴向移动，当汽车制动时两个轮缸活塞对两个制动蹄端所施加的作用力 F（称为促动力）总是相等的。

设汽车前进时制动鼓的旋转方向如图 20.5 中箭头所示，此时制动鼓称为正向旋转。制动时，前制动蹄 1 和后制动蹄 2 在相等的促动力 F 的作用下，分别绕各自的支承点 3 和 4 张开直到紧压在制动鼓 6 上。此时，旋转着的制动鼓分别对两个制动蹄作用法向反力 N_1 和 N_2，以及相应的切向反力（即摩擦力）M_1 和 M_2。假定这些力的作用点和方向如图 20.5 所示，且两制动蹄上这些力分别与各自支承点 3 和 4 的支反力 S_1 和 S_2 相平衡。由图可见，前制动蹄上的力 M_1 与 F 绕其支承点所产生的力矩是同向的。所以力 M_1 作用的结果是使前制动蹄在制动鼓 6 上压得更紧，这表明前制动蹄具有"增势"作用，

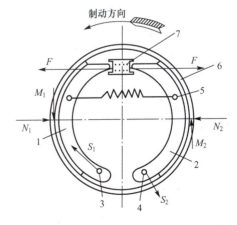

1—前制动蹄；2—后制动蹄；3、4—支承点；
5—回位弹簧；6—制动鼓；7—制动轮缸

图 20.5　领从蹄式制动器制动蹄的受力情况

这种张开时的转动方向与制动鼓 6 旋转方向相同的制动蹄称为"领蹄"或"助势蹄"。与之相反，力 M_2 作用的结果是使后制动蹄有放松制动鼓的趋势，故其具有"减势"作用，这种张开时的转动方向与制动鼓旋转方向相反的制动蹄称为"从蹄"或"减势蹄"。显然，当汽车倒行，即制动鼓反向旋转时，前制动蹄变为从蹄，后制动蹄变为领蹄。这种在制动鼓正、反向旋转时，都有一个领蹄和一个从蹄的制动器即为领从蹄式制动器。

由上可知，虽然领蹄和从蹄所受促动力相等，但受到的法向力 N_1 和 N_2 却不相等，即 $N_1 > N_2$，相应地 $M_1 > M_2$，故两个制动蹄对制动鼓所施加的制动力矩也不相等。一般制动领蹄的制动力矩为从蹄的 2～2.5 倍。显然，在两个制动蹄摩擦片工作面积相同的情况下，领蹄摩擦片上的单位压力较大，因而磨损较为严重。这种制动鼓所受两个制动蹄法向力不能互相平衡的制动器属于非平衡式制动器。

领从蹄式制动器的制动效能比较稳定，结构简单可靠，便于安装，广泛用作货车的前、后轮制动器和轿车的后轮制动器。

如图 20.3(b) 和图 20.3(c) 所示的单向双领蹄式制动器和双向双领蹄式制动器，单向双领蹄式制动器是在汽车前进即制动鼓正向旋转时，两个制动蹄均为领蹄的制动器；双向双领蹄制动器是不论汽车前进或倒退即制动鼓正向旋转或反向旋转，两个制动蹄总是领蹄，制动效能不变，一般用作中、轻型货车及部分轿车的前、后制动器。

自增力式制动器的增力原理是利用可调顶杆体浮动铰接的制动蹄来代替固定的偏心销式制动蹄，利用前蹄的助势推动后蹄，使总的摩擦力矩得以增大，起到自动增力的作用。单向自增力制动器［图 20.3(e)］只在汽车前进时起自增力作用，使用单活塞制动轮缸；双向自增力制动器［图 20.3(f)］在汽车前进或倒车制动时都能起自增力作用，使用双活塞制动轮缸。

2. 凸轮式制动器（cam brake）

目前，很多汽车的气压制动系统都采用由凸轮促动的车轮制动器，而且绝大多数设计成领从蹄式。凸轮促动的双向自增力式制动器只宜用作中央制动器。

图 20.6 所示为凸轮制动器的结构。工作表面对称的制动凸轮与制动凸轮轴 4 制成一体。制动蹄 2 在不制动时由回位弹簧 3 拉靠在制动凸轮上。制动凸轮轴通过制动凸轮支座 10 固定在制动底板 7 上，其尾部花键轴插入制动调整臂 5 的花键孔中。

在汽车制动时，制动调整臂 5 在弹簧制动气室 6 的推动下，带动制动凸轮轴 4 转动，推动两个制动蹄 2 压靠在制动鼓 8 上。由于凸轮轮廓的中心对称性，凸轮只能绕固定的轴线转动而不能移动，另外两个制动蹄 2 的结构和安装还具有轴对称性，因此当凸轮转过一定角度时，两个制动蹄 2 的位移是相等的。

20.2.2 盘式制动器

盘式制动器摩擦副中的旋转元件是以端面工作的金属圆盘，称为制动盘。摩擦元件从两侧夹紧制动盘而产生制动，如图 20.7 所示。而固定元件则有多种结构形式，根据固定元件结构形式的不同，大体上可将盘式制动器分为钳盘式和全盘式两类。

1. 钳盘式制动器（caliper disc brake）

在钳盘式制动器中，由工作面积不大的摩擦块与其金属背板组成制动块，每个制动器中一般有 2～4 块。这些制动块及其张开装置都安装在横跨制动盘两侧的夹钳形支架中，

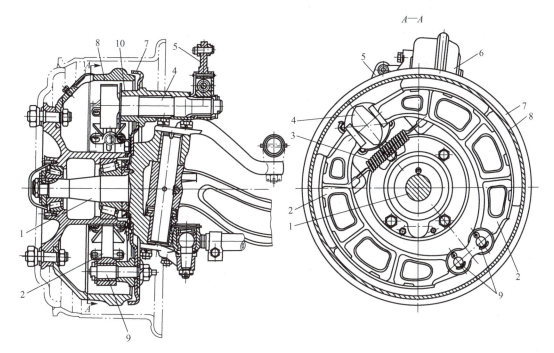

1—转向节轴颈；2—制动蹄；3—回位弹簧；4—制动凸轮轴；5—制动调整臂；
6—弹簧制动气室；7—制动底板；8—制动鼓；9—支承销；10—制动凸轮轴支座

图 20.6 凸轮制动器的结构

称为制动钳。钳盘式制动器散热能力强，热稳定性好，故广泛应用于轿车和轻型货车上。

钳盘式制动器按制动钳的结构形式的不同可分为定钳盘式和浮钳盘式两种。

（1）定钳盘式制动器（disc brake with fixed caliper）。图 20.8 所示为定钳盘式制动器

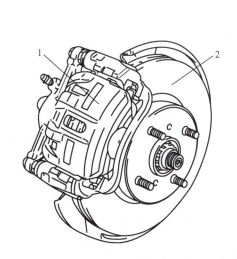

1—制动钳；2—制动盘

图 20.7 盘式制动器

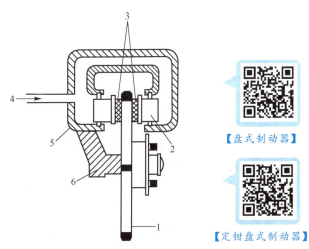

1—制动盘；2—制动轮缸活塞；3—制动块；
4—进油口；5—制动钳；6—车桥

图 20.8 定钳盘式制动器的结构示意图

的结构示意图。制动盘1固定在轮毂上，制动钳5固定在车桥6上，制动钳5既不能旋转也不能沿制动盘1轴向移动。制动钳5内装有两个制动轮缸活塞2，分别压住制动盘1两侧的制动块3。当驾驶人踩下制动踏板使汽车制动时，来自制动主缸的制动液被压入制动轮缸，制动轮缸的液压上升，两个制动轮缸活塞2在液压作用下移向制动盘1，将制动块3压靠到制动盘1上，制动块3夹紧制动盘1，产生阻止车轮转动的摩擦力矩，从而实现制动。

(2) 浮钳盘式制动器（disc brake with floating caliper）。顾名思义，浮钳盘式制动器的制动钳是浮动的，可以相对于制动盘轴向移动。图20.9所示为浮钳盘式制动器的结构示意图。制动钳1一般设计成可以相对于制动盘4轴向移动。在制动盘4的内侧设有液压油缸9，外侧的固定制动块5附装在钳体上。当汽车制动时，制动液被压入制动轮缸中，在液压作用下制动轮缸活塞8向左移动，推动活动制动块6向左移动并压靠到制动盘4上。同时，作用在制动钳体上的向右的反向液压力推动制动钳体整体连同固定制动块5沿导向销2向右移动，直到左侧的固定制动块5

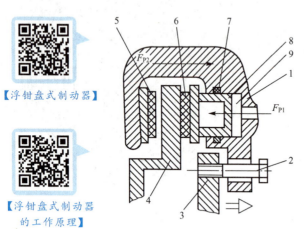

1—制动钳；2—导向销；3—制动钳支架；
4—制动盘；5—固定制动块；6—活动制动块；
7—活塞密封圈；8—制动轮缸活塞；9—制动轮缸

图20.9　浮钳盘式制动器的结构示意图

也压到制动盘4上。这时两侧制动块都压在制动盘4上，制动块夹紧制动盘4，产生阻止车轮转动的摩擦力矩，从而实现制动。

2. 全盘式制动器（complete disc brake）

图20.10所示为全盘式制动器的结构。在重型载货汽车上，要求有更大的制动力，为此采用全盘式制动器。全盘式制动器摩擦副的固定元件和旋转元件都是圆盘形的，分别称为固定盘和旋转盘。制动盘的全部工作面可同时与摩擦片接触，其结构原理与摩擦离合器相似。

3. 盘式制动器的特点

鼓式制动器单面传热，内外两面温差较大，容易导致制动鼓变形，同时长时间制动后，制动鼓因高温而膨胀，导致制动踏板行程增大，制动效能减弱。与之相比，盘式制动器的工作表面为平面且两面传热，圆盘旋转容易冷却，不易发生较大变形，制动效能较为稳定，浸水后制动效能下降较小。另外，盘式制动器结构简单，维修方便，易实现制动间隙的自动调整。

盘式制动器的不足之处是摩擦片直接作用在圆盘上，无自动摩擦增力作用，制动效能较低，所以用于液压制动系统时，若所需制动促动管路压力较高，须另行装设动力辅助装置；兼用于驻车制动时，加装的驻车制动传动装置比鼓式制动器要复杂，因而在后轮上的应用受到限制。

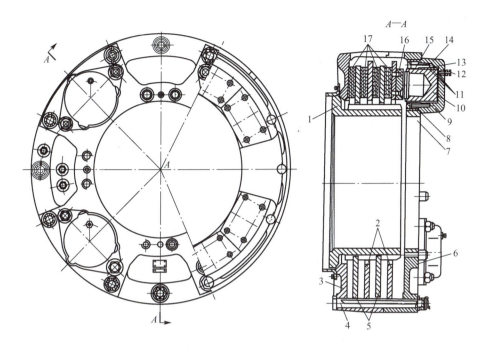

1—旋转花键毂；2—固定盘；3—外侧壳体；4—带键螺栓；5—旋转盘；6—内侧壳体；7—调整螺圈；8—活塞套筒回位弹簧；9—活塞套筒；10—活塞；11—活塞密封圈；12—放气阀；13—套筒密封圈；14—液压缸体；15—固定弹簧盘；16—垫块；17—摩擦片

图 20.10　全盘式制动器的结构

20.3　液压制动系统

液压制动系统利用制动液，将制动踏板力转换为液压力并通过管路将其传到车轮制动器，再将液压力转变为使制动蹄张开的机械推力。液压制动系统常用于轿车和轻型载货汽车上，可分为单回路、双回路等类型，其中单回路液压制动系统（single-circuit braking system）已淘汰，目前应用较多的是双回路液压制动系统（dual-circuit braking system），该制动系统在汽车上的布置如图 20.11 所示。

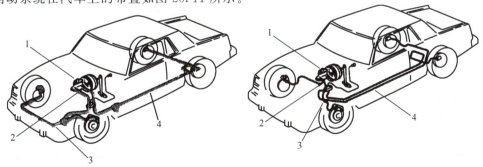

(a) 前后分开式　　　　　　　　　　　　(b) 对角线分开式

1—制动主缸；2、3、4—制动管路

图 20.11　双回路液压制动系统在汽车上的布置

双回路液压制动系统利用相互独立的双腔制动主缸，通过两套独立管路，分别控制两桥或三桥的车轮制动器，其特点是若其中一套管路发生故障而失效时，另一套管路仍能继续起制动作用，从而提高了汽车制动的可靠性和行驶安全性。

20.3.1　液压制动系统的组成及工作原理

双回路液压制动系统由制动主缸（制动总泵）、液压管路、后轮鼓式制动器中的制动轮缸（制动分泵）、前轮钳盘式制动器中的液压缸等组成，如图20.12所示。制动主缸2的前后腔分别与前后轮制动轮缸9之间通过油管8连接。真空助力器3以发动机进气支管或独立安装的真空泵的真空吸力为动力源，产生与制动踏板4同向的推动力协助人力进行制动。制动调节阀7调节进入前后制动轮缸的液压大小，力图使前后车轮同时被制动抱死。

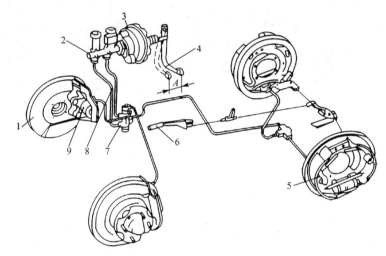

1—前轮制动器（钳盘式）；2—制动主缸；3—真空助力器；4—制动踏板；5—后轮制动器（鼓式）；
6—驻车制动操纵手柄；7—制动调节阀；8—油管；9—制动轮缸

图20.12　双回路液压制动系统的基本组成

踩下制动踏板4（图20.12），制动主缸2利用主缸活塞的移动将制动液压入制动轮缸9，从而使制动轮缸活塞移动，并将前轮制动器1的制动块推向制动盘、后轮制动器5的制动蹄推向制动鼓。当制动器间隙消失并开始产生制动力矩时，液压与踏板力方能继续增长直至完全制动。在此过程中，由于液压的作用，油管8弹性膨胀变形和摩擦元件弹性压缩变形，制动踏板和制动轮缸活塞都可以继续移动一段距离。解除踏板力后，制动块会回位，制动蹄和制动轮缸活塞在回位弹簧的作用下回位，制动液流回制动主缸2，制动作用结束。

双回路液压制动系统在各类汽车上的布置方案各不相同，主要有五种布置方案，如图20.13所示。

20.3.2　制动主缸

制动主缸（brake master cylinder）属于单向作用活塞式液压缸，它的作用是将踏板机构输入的机械能转换为液压能。制动主缸分单腔式和双腔式两种，分别用于单回路和双回路液压制动系统。

图20.14所示为串联式双腔制动主缸的结构。该类制动主缸用在双回路液压制动系统

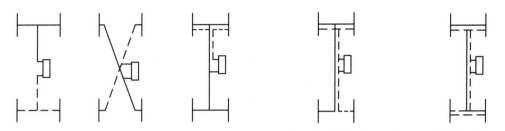

(a) 一轴对一轴(II)型　(b) 交叉(X)型　(c) 一轴半对半轴(HI)型　(d) 半轴一轮对半轴一轮(LL)型　(e) 双半轴对双半轴(HH)型

图 20.13　双回路液压制动系统的布置方案

中，相当于两个单腔制动主缸串联在一起而构成。当制动主缸不工作时，前后腔内的活塞头部与皮碗正好位于各自的旁通孔和补偿孔之间。前缸活塞回位弹簧的弹力大于后缸活塞回位弹簧的弹力，以保证两个活塞不工作时都处于正确的位置。

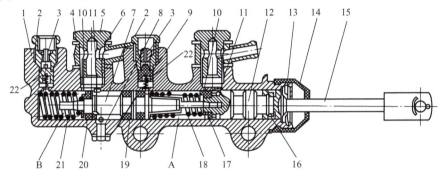

1—制动主缸缸体；2—出油阀座；3—出油阀；4—进油管接头；5—空心螺栓；6—密封垫；7—前缸活塞；8—定位螺钉；9—密封垫；10—旁通孔；11—补偿孔；12—后缸活塞；13—挡圈；14—护罩；15—推杆；16—后缸密封圈；17—后活塞皮碗；18—后缸弹簧；19—前缸密封圈；20—前活塞皮碗；21—前缸弹簧；22—回油阀；A—后腔；B—前腔

图 20.14　串联式双腔制动主缸的结构

当汽车制动时，驾驶人踩下制动踏板，踏板力通过传动机构传给推杆，并推动后缸活塞向前移动，后活塞皮碗盖住旁通孔后，后腔压力升高。在后腔液压和后缸弹簧力的作用下，前缸活塞向前移动，前腔压力也随之提高。当继续向下踩制动踏板时，前后腔的液压继续提高，使前后制动器产生制动。

当汽车解除制动时，驾驶人松开制动踏板，在前后缸活塞回位弹簧的作用下，制动主缸中的前后缸活塞和推杆回到初始位置，管路中的制动液推开回油阀流回制动主缸，制动作用消失。

20.3.3　真空助力器

真空助力器（vacuum booster）安装在制动踏板和制动主缸之间，利用真空度对制动踏板进行助力，其控制装置是利用制动踏板机构直接操纵的。图 20.15 为一汽奥迪 A4 轿车的真空助力式液压制动系统示意图，该系统采用的是交叉型或对角线布置的双回路液压制动系统。

真空助力器主要由真空伺服气室和控制阀组成，其结构如图 20.16 所示。真空伺服气室由伺服气室前、后壳体 1 和 19 组成，两者之间夹装有伺服气室膜片 20，将伺服气室分成前、后两腔。前腔经真空阀 9 通向发动机进气支管（即真空源），外界空气经过滤环 11

和毛毡过滤环 14 滤清后进入伺服气室后腔。膜片座 8 的毂筒中装有控制阀 6。控制阀 6 由空气阀 10 和真空阀 9 组成，空气阀与控制阀推杆 12 固装在一起，控制阀推杆 12 借调整叉 13 与制动踏板机构连接。膜片座 8 上有两个通道，一个通道用于连通伺服气室前腔和控制阀 6，另一个通道用于连通伺服气室后腔和控制阀 6。真空伺服气室工作时产生的推力连同踏板力一起，直接作用在制动主缸推杆 2 上。

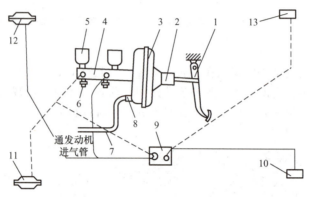

1—制动踏板机构；2—控制阀；3—伺服气室；4—制动主缸；5—储液罐；
6—制动信号灯液压开关；7—真空供能管路；8—单向阀；9—感载比例阀；
10—左后轮缸；11—左前轮缸；12—右前轮缸；13—右后轮缸

图 20.15　一汽奥迪 A4 轿车的真空助力式液压制动系统示意图

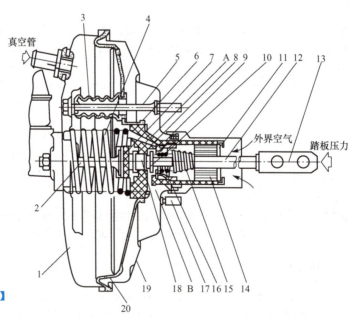

【真空助力制动系统】

1—伺服气室前壳体；2—制动主缸推杆；3—导向螺栓密封套；4—膜片回位弹簧；5—导向螺栓；
6—控制阀；7—橡胶反作用盘；8—膜片座；9—真空阀；10—空气阀；11—过滤环；
12—控制阀推杆；13—调整叉；14—毛毡过滤环；15—控制阀推杆弹簧；16—阀门弹簧；
17—螺栓；18—控制阀柱塞；19—伺服气室后壳体；20—伺服气室膜片；A、B—通道

图 20.16　真空助力器的结构

当真空助力器不工作时，空气阀 10 和控制阀推杆 12 在控制阀推杆弹簧 15 的作用下，离开橡胶反作用盘 7，处于右端极限位置，并使真空阀 9 离开膜片座 8 上的阀座，即真空阀处于开启状态。而真空阀 9 又被阀门弹簧 16 压紧在空气阀 10 上，即空气阀 10 处于关闭状态。此时伺服气室的前后两腔相互连通，并与大气隔绝。当发动机工作时，前后两腔内都能产生一定的真空度。

当汽车制动时，踩下制动踏板，来自踏板机构的控制力推动控制阀推杆 12 和控制阀柱塞 18 向前移动，真空阀 9 也随之向前移动，直到压靠在伺服气室膜片座的阀座上，从而使两个通道隔绝，即伺服气室的前腔和后腔隔绝，进而空气阀 10 离开真空阀而开启，空气充入伺服气室后腔。伺服气室膜片 20 的两侧出现压力差而产生推力，使制动主缸输出的压力成倍增长。

20.3.4　制动轮缸

制动轮缸（brake wheel cylinder）的作用是将从制动主缸输入的液压能换为机械能，以使制动器进入工作状态。制动轮缸有单活塞式和双活塞式两种，其中双活塞式制动轮缸应用较广。

图 20.17 所示为双活塞式制动轮缸的结构。一汽奥迪 A4 及上海桑塔纳等汽车的后轮缸采用的就是双活塞式制动轮缸。缸体 1 用螺栓固定在制动底板上。缸内有两个活塞 2，两个活塞之间的内腔由两个皮碗 3 密封。在汽车制动时，制动液自油管接头和进油孔 7 进入，活塞在液压作用下外移，通过顶块 5 推动制动蹄张开。弹簧 4 保证皮碗 3、活塞 2 及制动蹄的紧密接触，并保持两个活塞之间的进油间隙。

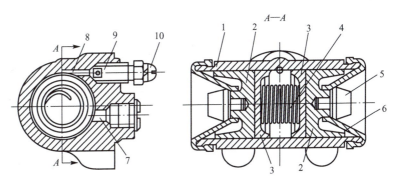

1—缸体；2—活塞；3—皮碗；4—弹簧；5—顶块；6—防护罩；
7—进油孔；8—放气孔；9—放气阀；10—放气阀防护螺钉

图 20.17　双活塞式制动轮缸的结构

20.4　驻车制动系统

驻车制动系统的作用是汽车停驶后使汽车可靠停车，防止汽车滑溜；汽车在坡道起步时，协同离合器、加速踏板等使汽车顺利起步；在行车制动失效后，临时使用或配合行车制动器进行紧急制动。为实现这些功能，驻车制动系统多采用机械传动装置。对于轻型和中型汽车，多采用人力机械式驻车制动装置；对于重型汽车，多采用助力式驻车制动装置。目前，采用电子驻车制动（electrical parking braking，EPB）系统的汽车越来越多。

20.4.1　驻车制动系统的组成及工作原理

如图 20.18 所示，人力机械式驻车制动系统一般由驻车制动操纵杆 1、调节齿板 2、拉索 4、平衡杠杆 3、制动器 7 等组成，其中制动器一般为驻车制动系统和行车制动系统共用的后轮制动器。

图 20.19 为大众 Polo 轿车的制动系统示意图，其驻车制动系统是人力机械式的，与行车制动系统共用后轮制动器。在驻车制动时，驾驶人将驻车制动操纵杆 7 向上扳起，通过一系列杆件将驻车制动操纵缆绳 9 拉紧，从而对两个后轮制动器进行驻车制动。此时由于驻车制动操纵杆上棘爪的单向作用，使棘爪与棘爪齿板啮合，操纵杆不能反转，整个机械驻车制动杆系被可靠地锁止在制动位置。若要解除驻车制动，须先将驻车制动操纵杆 7 扳起少许，再压下操纵杆端头的压杆按钮，通过棘爪压杆使棘爪离开棘爪齿板，然后放松操纵杆端按钮，使棘爪得以将整个机械驻车制动杆系锁止在解除制动的位置。

【驻车制动】

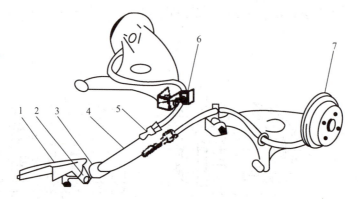

1—驻车制动操纵杆；2—调节齿板；3—平衡杠杆；
4—拉索；5—拉索调整接头；6—拉索支架；7—制动器

图 20.18　人力机械式驻车制动系统的组成

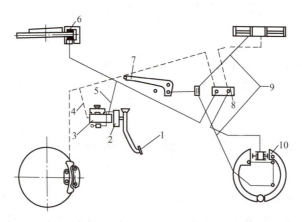

1—制动踏板；2—真空助力器；3—制动主缸；4、5—制动管路；6—盘式制动器；
7—驻车制动操纵杆；8—感载比例阀；9—驻车制动操纵缆绳；10—鼓式制动器

图 20.19　大众 Polo 轿车的制动系统示意图

20.4.2 驻车制动器

驻车制动器一般俗称为手制动器或手刹，按其安装位置的不同可分为中央制动式和车轮制动式两种。中央制动式驻车制动器安装在变速器或分动器之后，对传动轴制动，一般货车上运用较多；车轮制动式驻车制动器与行车制动系统共用一套制动器总成，各自的传动机构相互独立（如一汽奥迪A4和上海桑塔纳等轿车）。

驻车制动器主要有鼓式和盘式两种，其中鼓式驻车制动器的基本结构与行车制动系统中的鼓式制动器相同，常用的有凸轮张开式和自动增力式两种。

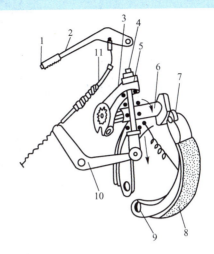

1—按钮；2—操纵杆；3、10—摇臂；4—拉杆；
5—调整螺母；6—凸轮轴；7—滚轮；
8—制动蹄；9—偏心支承销；11—拉丝软轴

图 20.20　凸轮张开式驻车制动器的结构

图 20.20所示为凸轮张开式驻车制动器的结构。制动鼓通过螺栓与变速器输出轴的凸缘盘紧固在一起，制动底板固定在变速器后端壳体上。当驻车制动时，向上拉动操纵杆2，通过拉丝软轴11使摇臂10绕支承销顺时针转动，拉杆4通过摇臂3带动凸轮轴6转动，使两个制动蹄8张开而产生制动，用棘爪和齿扇锁住操纵杆，保持制动状态。当解除制动时，按下棘爪按钮，将操纵杆推向前面的极限位置，两个制动蹄在回位弹簧的作用下回位，解除制动。

20.5　制动防抱死系统

制动防抱死系统（anti-lock braking system，ABS）是汽车上的一种主动安全装置，其作用是在汽车制动时防止车轮抱死拖滑，以提高汽车制动时的方向稳定性，缩短汽车的制动距离，使汽车制动更为安全有效。制动防抱死系统防止汽车制动时车轮抱死，并把车轮的滑移率保持在10%～30%，以保证车轮与路面有良好的纵向、侧向附着力，有效防止制动时汽车侧滑、甩尾、失去转向等现象发生，从而提高汽车制动时的方向稳定性。当汽车制动时，制动防抱死系统将制动力保持在最佳的范围内，不仅能缩短制动距离，还能减弱轮胎与地面之间的剧烈摩擦，减轻轮胎的磨损。

20.5.1　制动防抱死系统的组成及工作原理

制动防抱死系统由轮速传感器、电控单元、制动压力调节装置等部分组成，如图 20.21所示。

【制动防抱死系统】

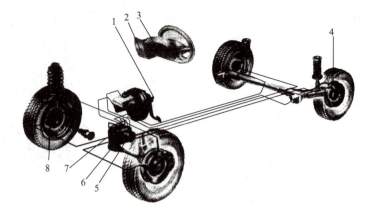

1—制动灯开关；2—ABS指示灯；3—制动警告灯；4—左后轮速传感器；
5—液压泵电动机；6—液压调节器；7—电控单元；8—右前轮速传感器

图 20.21　制动防抱死系统的组成

转速传感器（speed sensor）的功用是检测车轮的速度，并将速度信号输入电控单元。电控单元具有运算功能，接收轮速传感器的交流信号，计算出车轮速度、滑移率和车轮的加、减速度，并将这些信号加以分析，对制动压力发出控制指令。电控单元能控制压力调节器，对其他部件还具有监控功能。当这些部件发生异常时，由指示灯或蜂鸣器给驾驶人报警，使整个系统停止工作，恢复到常规制动方式。如图 20.22 所示，电控单元由以下几个基本电路构成：①轮速传感器的输入放大电路；②运算电路；③电磁阀控制电路；④稳压电源、电源监控电路、故障反馈电路和继电器驱动电路。

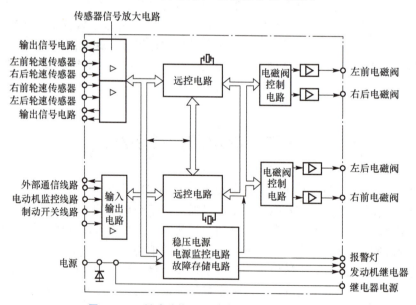

图 20.22　制动防抱死系统电控单元的基本组成

制动压力调节装置主要由供能装置（液压泵、蓄能器）、电磁阀和调压缸等组成。液压泵是一个高压泵，它可在短时间内将制动液加压（在蓄能器中）到 15～18MPa，并给整个液压系统提供高压制动液。液压泵能在汽车起动 1min 内完成上述工作。液压泵的工作独立于电控单元,即使电控单元出现故障或接线有问题,液压泵仍能正常工作。蓄能器的结构形式有多种,使用较多的为活塞-弹簧式蓄能器,该蓄能器位于电磁阀与回油泵之间,由制动轮缸来的制动液进入储能器,进而压缩弹簧使蓄能器液压腔容积变大,以暂时存储制动液。电磁阀是制动压力液压调节装置的重要部件,由它完成对制动防抱死系统的控制。制动防抱死系统中都有一个或两个电磁阀体,电磁阀体中又有若干电磁阀,分别控制前、后轮的制动。常用的电磁阀有三位三通阀和二位二通阀等。

制动防抱死系统按其制动压力调节方式的不同,可分为循环调压式和变容积式两种。下面以循环调压式制动防抱死系统为例,说明其工作原理。

循环调压式制动防抱死系统的制动压力调节装置串联在制动主缸与制动轮缸之间,通过电磁阀直接调节制动轮缸的制动压力,其工作过程分为常规制动、减压过程、保压过程和增压过程等。

1. 常规制动

循环调压式制动防抱死系统常规制动过程如图 10.23 所示。在常规制动过程中,制动防抱死系统不工作。电磁阀线圈 5 中无电流通过,柱塞 10 处于图 20.23 所示的位置。此时制动主缸 6 与制动轮缸 2 直通,由制动主缸 6 来的制动液直接进入制动轮缸,制动轮缸压力随制动主缸压力的增减而增减。此时液压泵 8 不需要工作。

2. 减压过程

【制动防抱死系统工作过程】

循环调压式制动防抱死系统减压制动过程如图 10.24 所示。当轮速传感器 3 检测到车轮 4 有抱死信号时,电控单元即向电磁阀线圈 5 通入一个较大的电流,柱塞 10 移到上端,如图 20.24 所示。此时制动主缸与制动轮缸的通路被切断,电磁阀将制动轮缸与回油通道和储液器 9 接通,制动轮缸中的制动液经电磁阀流入储液器,制动轮缸压力下降。与此同时,电动机起动,带动液压泵 8 工作,把流回储液器的制动液加压后输送到制动主缸,为下一个制动周期做准备。

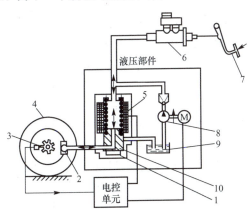

1—电磁阀;2—制动轮缸;3—轮速传感器;
4—车轮;5—电磁阀线圈;6—制动主缸;
7—制动踏板;8—液压泵;9—储液器;10—柱塞

图 20.23 循环调压式制动防抱死系统常规制动过程

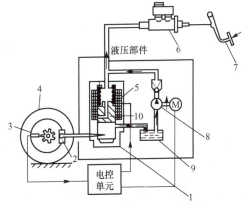

1—电磁阀;2—制动轮缸;3—轮速传感器;
4—车轮;5—电磁阀线圈;6—制动主缸;
7—制动踏板;8—液压泵;9—储液器;10—柱塞

图 20.24 循环调压式制动防抱死系统减压制动过程

3. 保压过程

循环调压式制动防抱死系统保压制动过程如图 10.25 所示。当轮速传感器发出的抱死信号较弱时，电控单元向电磁阀线圈 5 通入一个较小的保持电流（约为最大电流的 1/2），柱塞 10 就会移到图 20.25 所示的位置。此时制动主缸 6、制动轮缸 2 和回油孔便会相互隔离密封，故制动轮缸中的制动压力保持一定。

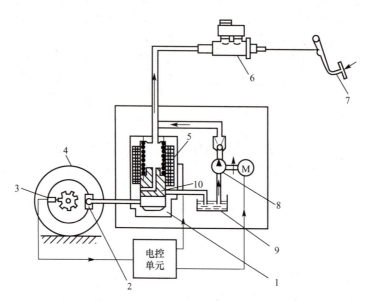

1—电磁阀；2—制动轮缸；3—轮速传感器；4—车轮；5—电磁阀线圈；
6—制动主缸；7—制动踏板；8—液压泵；9—储液器；10—柱塞

图 20.25　循环调压式制动防抱死系统保压制动过程

4. 增压过程

当压力下降后车轮加速太快时，柱塞 10 又回到初始位置，如图 20.23 所示。此时，电控单元便切断通往电磁阀 1 的电流，制动主缸 6 和制动轮缸 2 再次相通，制动主缸 6 中的高压制动液再次进入制动轮缸 2，使制动压力增加。车轮又趋于接近抱死状态。

在上述制动防抱死系统起作用的几个过程中，压力调节都是脉冲式的，其频率为 4~10Hz。

在汽车制动过程中，制动防抱死系统只在车速超过一定值时才起作用，而且只有当被控制车轮趋于抱死时，制动防抱死系统才会对趋于抱死车轮的制动压力进行防抱死调节；在被控制车轮还没有趋于抱死时，制动过程与常规制动系统的制动过程完全相同。制动防抱死系统具有自诊断功能，并能确保制动防抱死系统出现故障时，常规制动系统仍能正常工作。

20.5.2　制动防抱死系统的分类

目前制动防抱死产品很多，其中德国博世公司、戴维斯公司，美国德科公司和奔德士公司生产的制动防抱死系统在轿车上的应用较广泛。制动防抱死系统的主要分类见表 20-2。

表 20-2 制动防抱死系统的主要分类

分类方法	类型	特点	应用
按压力调节介质分	机械式	以机械力控制	已趋于淘汰
	真空式	以真空产生作用力控制	真空液压制动汽车
	空气式	以高压空气控制	气压或气顶液压制动汽车
	液压式	以制动液控制	液压制动汽车，应用广泛
按控制方法分	轮控式	对每个车轮单独控制	成本高、效果好
	轴控式	对同一车轴上的所有车轮一起控制	结构简单、效果差
	混合式	前轮轮控，后轮轴控	介于以上两者之间
按控制通道分	单通道	后轮轴控	早期应用
	双通道	前后轮轴控	早期应用
	三通道	前轮轮控，后轮轴控	应用广泛
	四通道	所有车轮轮控	实际应用不多

制动防抱死系统的控制通道分为单通道、双通道、三通道和四通道四种。所谓控制通道，是指在制动防抱死系统中能够独立进行制动压力调节的制动管路。对车轮制动压力采用轴控时，有高选和低选两种方式。所谓高选是指以不容易抱死的车轮为控制对象；所谓低选是指以容易抱死的车轮为控制对象。三通道 ABS 在轿车上普遍采用。

三通道制动防抱死系统一般是对两个前轮进行独立轮控，而对两个后轮按低选原则进行轴控，如图 20.26 所示。对两个前轮进行独立轮控主要是考虑轿车，尤其是前轮驱动的轿车，前轮的制动力在汽车总制动力中所占的比例较大（可达 70% 左右），可充分利用两个前轮的附着力；对两个后轮按低选原则进行轴控，可以保证汽车在各种条件下两个后轮的制动力相等。因此，三通道制动防抱死系统广泛应用在轿车上，如上海桑塔纳 2000GSi、一汽捷达都市先锋等。

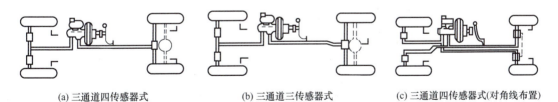

(a) 三通道四传感器式　　(b) 三通道三传感器式　　(c) 三通道四传感器式(对角线布置)

图 20.26　三通道制动防抱死系统

20.6　电子稳定性控制系统

在行驶过程中，汽车会不断受到横向和纵向的作用力，当横向力（侧向力）超过车轮的侧向抓地力时，汽车的操纵能力将大大降低，甚至失控，从而影响行车安全。在制动防抱死系统和驱动防滑系统（acceleration slip regulation，ASR）基础上研制的电子稳定性控制系统（electronic stability program，ESP），可以实现对汽车纵向和横向滑移的控制，从而大大提高汽车的行驶稳定性和安全性。

电子稳定性控制系统是由德国博世公司与梅赛德斯-奔驰公司联合开发的。1998年2月，梅赛德斯-奔驰公司首次批量在其A级微型轿车上安装电子稳定性控制系统。之后，世界各大汽车公司也纷纷开发类似系统，如丰田公司的车身稳定控制（vehicle stability control，VSC）系统、宝马公司的动态稳定控制（dynamics stability control，DSC）系统、沃尔沃公司的动态稳定和牵引控制（dynamic stability and traction control，DSTC）系统等，虽然各系统名称不同，但基本原理均相同。

20.6.1 电子稳定性控制系统的组成

电子稳定性控制系统集成了制动防抱死系统、驱动防滑系统和制动辅助系统（braking assistant system，BAS）的基本功能，其主要由转向角传感器、轮速传感器、横向加速度传感器（图中未标出）、侧滑传感器、发动机管理系统电控单元及电子稳定性控制系统液压调节器等组成，电子稳定性控制系统的组成如图20.27所示。

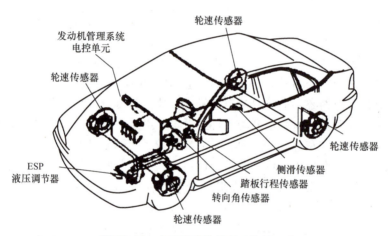

图 20.27 电子稳定性控制系统的组成

20.6.2 电子稳定性控制系统的工作原理

电子稳定性控制系统通过传感器向车载计算机传递有关信息，车载计算机通过分析、计算这些信息，辨别驾驶人的行驶意图，一旦发现车身出现摆动趋势，系统将瞬间采取修正措施，使汽车达到最佳的行驶状态和操纵性能，实现或接近驾驶人的理想行车轨迹。当汽车发生转向不足时［图20.28(a)］，前轮偏向轨迹外侧，电子稳定性控制系统通过对轨迹内侧的后轮制动来产生一个补偿力矩将车轮带回期望的行驶轨迹；而当汽车发生转向过多时［图20.28(b)］，汽车尾部横向摆动，此时电子稳定性控制系统则通过对轨迹外侧的前轮制动来产生一个补偿力矩将车轮带回期望的行驶轨迹。

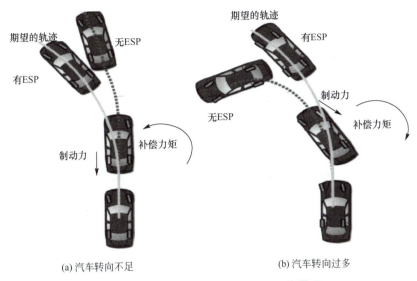

(a) 汽车转向不足　　　　　　(b) 汽车转向过多

图 20.28　电子稳定性控制系统的工作原理

1. 制动系统的功能有哪些？
2. 简述一般制动系统的工作原理。
3. 鼓式制动器有哪几种形式？
4. 盘式制动器有哪几种形式？
5. 盘式制动器与鼓式制动器相比，具有哪些优缺点？
6. 液压制动系统由哪些部分组成？简述液压制动系统的工作原理。
7. 制动防抱死系统有何作用？它主要由哪些装置组成？简述其工作原理。
8. 简述电子稳定性控制系统的工作原理。

第 21 章
智能网联汽车简介

教学提示

智能网联汽车被公认为能有效解决安全、环保、节能、舒适等相关问题,成为未来汽车的发展方向之一。本章介绍了智能网联汽车的定义及特点、汽车智能化技术、汽车网联化技术等内容。

教学目标

要求学生掌握智能网联汽车的定义、智能网联汽车的分级、智能汽车的含义、ADAS典型功能、无人驾驶汽车的原理、车联网的含义、互联网汽车的功能。

21.1 智能网联汽车的定义

随着汽车保有量的持续增长,由汽车引起的道路安全、交通拥堵、能源短缺及环境污染等一系列问题日益严峻。2021 年,我国汽车的产销量双双超过 2600 万辆,连续 13 年蝉联全球第一。与此同时,我国因交通事故死亡人数连续多年位居世界前列,每年交通事故造成的直接经济损失多达 10 亿元。为此,未来我国汽车产业需着眼于优先发展安全、节能、环保的新型车辆技术和提供多层次、高效率的交通出行方式。

当前,新一轮科技革命如火如荼,由此引发全球制造业向"智能制造"全面转型升级的趋势日益明显。这一深刻的科技革命投射到汽车产业领域,体现为智能化和网联化相关技术正逐渐成为研究的热点。

2015 年,中国汽车工业协会对智能网联汽车(intelligent connected vehicle,ICV)定义为:搭载先进的车载传感器、控制器、执行器等装置,并融合现代通信与网络技术,实现车与 X(人、车、路、后台等)智能信息交换共享,具备复杂的环境感知、智能决策、协同控制和执行等功能，可实现安全、舒适、节能、高效行驶，并最终可替代人来操作的新一代汽车。

智能网联汽车在技术层面包括智能化和网联化两方面，分别对应着智能汽车和互联网汽车。汽车智能化是提高汽车安全性、经济性及舒适性的主要技术手段之一，汽车网联化则是提供车载在线信息娱乐服务及汽车全面接入网联环境进行车、路、人、云等信息交互甚至协同决策与控制的主要实现方式。两者并非各自孤立的存在，而是一个相互促进并互为依托的整体，全面网联化是未来高度智能化的有力支撑，而高度智能化则将使汽车在网联化后得到更大的正面收益。因此，智能网联汽车可以说是车联网与智能汽车的交集。车联网与智能汽车、智能交通的关系如图21.1所示。

智能网联汽车可以提供更安全、更舒适、更节能、更环保的驾驶方式和交通出行综合解决方案，是城市智能交通系统的重要环节，是构建绿色汽车社会的核心要素，其意义不仅在于对产品结构的改变或产品技术的升级，而且将带来汽车及相关产业态和价值链体系的重塑。

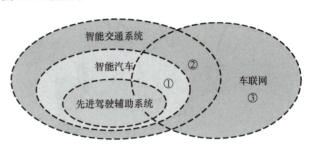

①—协同式智能汽车控制（智能网联汽车）；②—协同式智能交通管理与信息服务；③—汽车智能制造；

图 21.1　车联网与智能汽车、智能交通的关系

智能网联汽车拥有自身相互依存的技术体系和产业链。其技术体系主要包括传感、决策、控制、通信、定位及数据平台等关键技术。产业链主要包括先进的传感器供应商、汽车电子系统供应商、整车企业及车联网相关供应商等。

21.2　智能网联汽车技术

21.2.1　智能网联汽车的组成

智能网联汽车是以新能源汽车为主体，利用环境感知技术实现多辆车有序通行，并通过无线通信网络手段为用户提供多样化信息服务，如图21.2所示。

智能网联汽车由环境感知层、智能决策层及控制和执行层组成。

环境感知层主要是通过车载环境感知技术、卫星定位技术、4G/5G 及 V2X 无线通信技术等，实现对汽车自身属性和汽车外在属性（如道路、车辆和行人等）静、动态信息的提取和收集，并向智能决策层输送信息。

智能决策层主要是接收环境感知层的信息并进行融合，对道路、车辆、行人、交通标志和交通信号等进行识别，决策分析和判断汽车驾驶模式和将要执行的操作，并向控制和执行层输送指令。

控制和执行层主要是按照智能决策层的指令，对汽车进行操作和协同控制，并为网联汽车提供道路交通信息、安全信息、娱乐信息、救援信息及商务办公、网上消费等，保障

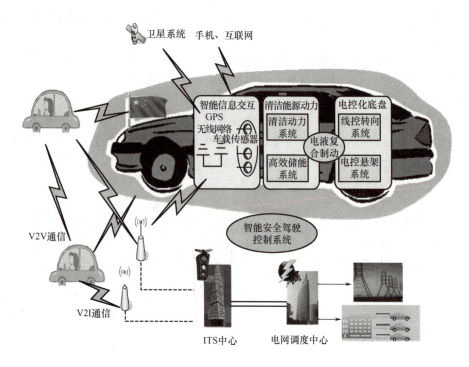

图 21.2 智能网联汽车的组成

汽车安全行驶和舒适驾驶。

从功能角度讲，智能网联汽车与一般汽车相比，主要增加了环境感知与定位系统、无线通信系统、车载自组织网络系统和先进驾驶辅助系统等。

21.2.2 智能网联汽车的技术架构

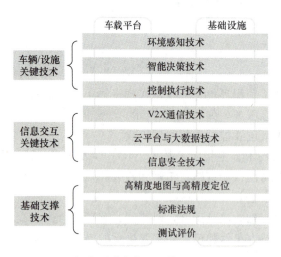

图 21.3 智能网联汽车"三横两纵"技术架构

智能网联汽车涉及汽车、通信、交通等多种技术的交叉融合，其整体技术架构可被描述为"三横两纵"，如图 21.3 所示。"三横"是指智能网联汽车主要涉及的车辆/设施关键技术、信息交互关键技术和基础支撑技术，"两纵"是指支撑智能网联汽车发展的车载平台和基础设施。

图 21.3 中的横向技术可细分为三层体系，第一层为车辆/设施关键技术、信息交互关键技术和基础支撑技术三部分，各部分再细分为第二层技术、第三层技术，从而构成完整的智能网联汽车技术体系。

图 21.3 中的基础设施是指除车载平台外,支撑智能网联汽车发展的所有外部环境,如道路、交通、通信网络等。智能网联汽车需要车路协同、车路一体化。在智能网联汽车的推动下,道路等基础设施将逐渐向电子化、信息化、智能化方向发展。

智能网联汽车将以高精度定位等技术为基础,在保证信息安全的前提下,运用 V2X 通信、云平台与大数据等信息交互技术,丰富汽车的感知、决策、控制与执行能力,实现网联汽车的智能驾驶。智能网联汽车的核心是实现能够支撑汽车感知、决策、控制与执行的物理架构,以及实现能够支撑智能汽车行驶及车路信息交互的道路基础设施。

21.2.3 智能网联汽车的分级

智能网联汽车包括智能化与网联化两个技术层面,其分级也可对应按照智能化与网联化两个层面区分。

1. 智能化分级

汽车的智能化实现驾驶的自动化。《汽车驾驶自动化分级》(GB/T 40429—2021)把智能网联汽车自动化分为 0 级(应急辅助)、1 级(部分驾驶辅助)、2 级(组合驾驶辅助)、3 级(有条件自动驾驶)、4 级(高度自动驾驶)和 5 级(完全自动驾驶)。智能网联汽车的智能化等级与划分要素见表 21-1。

表 21-1 智能网联汽车的智能化等级与划分要素

分级	名称	持续的车辆横向和纵向运动控制	目标和事件探测与响应	动态驾驶任务后援	设计运行范围
0 级	应急辅助	驾驶员	驾驶员及系统	驾驶员	有限制
1 级	部分驾驶辅助	驾驶员和系统	驾驶员及系统	驾驶员	有限制
2 级	组合驾驶辅助	系统	驾驶员及系统	驾驶员	有限制
3 级	有条件自动驾驶	系统	系统	接管后为驾驶员	有限制
4 级	高度自动驾驶	系统	系统	系统	有限制
5 级	完全自动驾驶	系统	系统	系统	无限制

2. 网联化分级

按照网联通信内容的不同,智能网联汽车的网联化程度可分为 3 个等级:网联辅助信息交互、网联协同感知及网联协同决策与控制。网联辅助信息交互指其控制和监视的主体为人,而传递的典型信息为地图、交通流量等确定型辅助信息,对传输实时性与可靠性要求较低。网联协同感知指控制与监视的主体为人与系统,而传递的典型信息为行人、车辆等不确定型感知信息,对传输实时性、可靠性要求较高。网联协同决策与控制指控制与监视的主体为人与系统,而传递的典型信息为车-车/车-路间决策与控制等不确定型信息,对传输实时性、可靠性要求很高。智能网联汽车的网联化等级见表 21-2。

表 21-2　智能网联汽车的网联化等级

网联化等级	等级名称	等级定义	控制	典型信息	传输需求
1	网联辅助信息交互	基于车-路、车-后台通信，实现导航等辅助信息的获取及汽车行驶与驾驶人操作等数据的上传	人	系统	传输实时性、可靠性要求较低
2	网联协同感知	基于车-车、车-路、车-人、车-后台通信，实现获取汽车周边交通环境信息，与车载传感器的感知信息融合，作为自车决策与控制系统的输入	人与系统	系统	传输实时性、可靠性要求较高
3	网联协同决策与控制	基于车-车、车-路、车-人、车-后台通信，实现并可靠获取汽车周边交通环境信息及汽车决策信息，车-车、车-路等各交通参与者之间信息进行交互融合，形成车-车、车-路等各交通参与者之间的协同决策与控制	人与系统	系统	传输实时性、可靠性要求很高

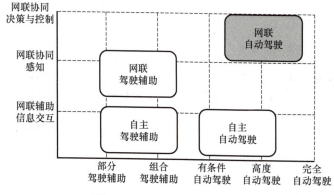

图 21.4　智能网联汽车的分级

3. 智能网联汽车的分级

在以智能网联汽车的 5 个智能化分级为横坐标，3 个网联化分级为纵坐标所形成的平面中，大致将智能网联汽车分为 4 个等级：自主驾驶辅助、网联驾驶辅助、自主自动驾驶和网联自动驾驶，智能网联汽车的分级如图 21.4 所示。

由此可推断智能网联汽车的 3 种发展趋势：①在无网联通信条件下，随着智能化等级的提高，智能网联汽车将由自主驾驶辅助发展至自主自动驾驶；②在低智能化等级下，随着网联化等级的提高，智能网联汽车将由自主驾驶辅助发展至网联驾驶辅助；③最高级的汽车智能化与网联化，可有机结合为智能网联汽车的最高形态，即网联自动驾驶汽车。

21.3　汽车智能化技术

21.3.1　智能汽车的含义

智能汽车（图 21.5）是在普通汽车的基础上增加了先进的传感器（雷达、摄像头等）、控制器、执行器等装置，通过车载传感系统和信息终端实现车与 X（人、车、路、云等）的智能信息交换，使汽车具备智能的环境感知能力，能够自动地分析汽车行驶的安全及危险状态，使汽车按照人的意愿到达目的地，最终达到替代人来操作的目的。

图 21.5　智能汽车的含义

由表 21-1 可知，自动驾驶（automatic driving）或无人驾驶是智能汽车发展的最终阶段。但是从有人驾驶到无人驾驶，之间还有很长一段时间的过渡期，而在这一过渡期内不断发展、为将来无人驾驶汽车彻底普及铺路的为高级驾驶辅助系统（advanced driving assistance system，ADAS）。

21.3.2　高级驾驶辅助系统

高级驾驶辅助系统是利用安装在车上的各式各样传感器，在汽车行驶过程中随时来感应周围的环境，收集数据，进行静态、动态物体的辨识、侦测与追踪，并结合导航仪地图数据，进行系统的运算与分析，从而预先让驾驶者察觉到可能发生的危险，有效增加汽车驾驶的舒适性和安全性。因此也被视为实现自动驾驶汽车的前提。高级驾驶辅助汽车与无人驾驶汽车的区别见表 21-3。

表 21-3　高级驾驶辅助汽车与无人驾驶汽车的区别

项　目	高级驾驶辅助汽车	无人驾驶汽车
车与人的关系	辅助人	替代人
智能化等级	1～3 级	3～5 级
技术开发方式	渐进式	革命式
驾驶人	一定需要	不需要

高级驾驶辅助系统能够实现第 3 级自动驾驶，但是从第 3 级发展到第 4 级，需要汽车上配有更多的自动驾驶技术，需要具备更加完善的道路基础设施建设（道路上的摄像头、清晰的车道线等），需要汽车互联技术。

比较典型的高级驾驶辅助功能有驾驶人疲劳探测、智能前照灯控制、自适应巡航控制、车道偏离警告、车道保持辅助、车道变道辅助、紧急制动等。

(1) 驾驶人疲劳探测。

驾驶人疲劳探测（driver fatigue monitor，DFM）功能可以识别到驾驶人的疲劳状态。其基本工作原理是：单调的行驶方式（如高速公路行驶）容易使人疲劳，并很快导致驾驶人注意力下降。驾驶人疲劳探测以转向角度信息为基础，持续分析驾驶人的转向动作，若探测到其短时间内未转向然后却突然修正方向的动作，这常常是注意力下降并出现疲劳的一个标志。该功能将这种反应模式的频率和强度与其他数据，如车速、时间或转向信号灯的操作组合在一起，由此计算出疲劳指数。如果这个指数超过一个预定义的值，就会给驾驶人发送一个声音和（或）视觉信号，提醒驾驶人已经疲劳或有打瞌睡的危险。

(2) 智能前照灯控制。

智能前照灯控制（adaptive forward light，AFL）功能可以确保最佳道路照明。其基本工作原理是：借助一个摄像头测量环境亮度，并识别到前方行驶汽车或迎面来车及其距离。这些数据被用来实现各种灯光功能。近光灯激活功能可以根据当前的光线情况自行打开或关闭汽车的近光灯。远光灯激活功能可以让驾驶人尽可能频繁地使用远光灯，而无须手动打开或关闭。如果该功能未识别到其他车辆，就会激活远光灯。如果该功能探测到其他车辆，则会关闭远光灯。根据摄像头采集到的视频数据还可以自动调节近光灯或远光灯的照明范围。该功能可以将近光灯的水平高度与车道轮廓持续匹配。尤其是在上坡或崎岖的路面上行驶时，该功用总是能够保持良好的车道照明，而不会让其他驾驶人眩目。

(3) 自适应巡航控制。

自适应巡航控制（adaptive cruise control，ACC）功能可以帮助驾驶人调整车速，并与前方车辆保持安全距离。其基本工作原理是：在行驶过程中，该功能可以保持由驾驶人预先设定的车速，通过自行调整节气门、制动或加速而与变化的交通状况相适应。ACC的另一版本"停走型（stop & go）ACC"还能将汽车自行制动直到停止，并在驾驶人确认后自动重新起动车辆。

(4) 车道偏离警告。

车道偏离警告（lane departure warning，LDW）功能可以对汽车在不经意间离开标记车道发出警告。其基本工作原理是：借助摄像头识别汽车前面的车道标记，并将其与汽车在车道中的位置进行比较。如果探测到汽车有不经意间离开车道的危险，该功能会通过视觉、声音和（或）触觉（如转向盘振动）发出警告。这样，驾驶人能提前注意到汽车偏离车道并进行相应的方向调整。若驾驶人在变换车道或转弯时打开转向信号灯，则该功能不会发出警告。

(5) 车道保持辅助。

车道保持辅助（lane keeping assistance，LKA）功能可以主动帮助驾驶人使汽车保持在标记的车道中。其基本工作原理是：使用摄像头探测汽车前面的车道标记，如果识别到与车道边界线的距离小于定义的最小距离，该功能就会温和但明显地将汽车转向反方向，从而使汽车保持在车道内。驾驶人可以随时无视该功能而越权控制，并对汽车操控负责。如果驾驶人在变换车道或转弯时打开转向信号灯，则该功能不进行干预。

(6) 车道变道辅助。

车道变道辅助（lane changing assistance，LCA）功能可以帮助驾驶人在汽车变道时对碰撞危险做出警告，其基本工作原理是：以监控汽车侧面和斜后方区域的雷达传感器为基础。若该功能探测到盲区中的汽车或从后方高速驶来的汽车，则以视觉形式警告驾驶人，如在车侧后视镜中显示一个发光符号。在驾驶人因需要变道而打开了转向灯的情况下，该功能发出听觉和（或）触觉警告，提醒驾驶人注意潜在的危险。

(7) 紧急制动。

紧急制动（automatic emergency braking，AEB）功能在即将发生追尾事故的情况下，帮助驾驶人制动防止事故的发生或者至少降低事故的严重程度。其基本工作原理是：如果紧急制动系统识别到与前车快速接近并存在追尾危险，就会让制动系统提前做好紧急制动的准备。如果驾驶人未对危险情况做出反应，该功能会通过一个听觉和（或）视觉信号警告驾驶人，并随之产生一个短促但可感知的间歇制动。然后紧急制动系统执行部分制动，以降低车速并给驾驶人创造更多宝贵的反应时间。一旦驾驶人踩下制动踏板，该功能就会在制动时提供支持并持续计算汽车为避免碰撞所需的减速度。如果识别到驾驶人的制动强度不够，则该功能会增加制动压力使汽车尽可能在障碍物前停止，以最大限度地避免碰撞。如果驾驶人未做出任何反应并且系统预估碰撞不可避免，则该功能会触发完全制动，以尽可能地减轻碰撞后果。

21.3.3　无人驾驶汽车

无人驾驶汽车是智能汽车的一种，也称轮式移动机器人。目前，无人驾驶汽车有两种结构方案：一种是对原有车型加装执行机构、感知设备等进行无人驾驶功能改装；另一种是完全抛弃原有车辆外形，从实现无人驾驶功能的角度设计车辆外形，创造出全新车型。

2014 年 12 月 22 日，谷歌公司宣布已完成第一辆无人驾驶汽车原型（图 21.6），这是该公司的首辆全功能无人驾驶汽车。谷歌原型车外部被各种传感器环绕。车顶部装的是一台激光测距仪，通过 360°旋转生成周边 180m 距离的 3D 影像资料。车身前后两侧的黑色凸起则是雷达系统，主要用于侦测临近的障碍物。而风窗玻璃内的视频摄像头则主要用于识别交通标志、信号等信息。通过这三组感应器的联合效用，谷歌原型车基本上可以获取汽车周围会影响驾驶的环境信息，并为汽车做出正确决策提供依据。

（1）无人驾驶汽车的总体结构。

如图 21.7 所示，无人驾驶汽车的总体结构可分为感知层、任务规划层、行为执行层和运动规划层 4 个主要部分。感知层用于融合处理来自车载传感器的数据，为整个系统的其他部分提供周围环境的关键信息；任务规划层根据已有的路网信息计算所有到达下一个路径检测点可行路径的代价，再根据道路拥堵情况、最大限速等信息比较生成的可行路径，得到到达下一个检测点的最优路径，为运动规划层产生一系列局部任务；运动规划层根据来自行为执行层的运动目标生成相应运动轨迹并执行，从而使无人驾驶汽车到达运动目标。行为执行层收集所有重要的汽车周围信息，不仅包括无人驾驶汽车本身的当前位置、速度、方向和车道，还包括无人驾驶汽车一定距离内所有与感知相关的重要障碍物信息以及预测的轨迹等。

图 21.6　谷歌公司第一辆无人驾驶汽车原型

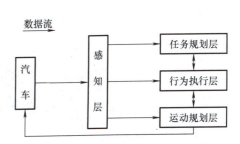

图 21.7　无人驾驶汽车的总体结构

(2) 无人驾驶汽车的工作原理。

如图 21.8 所示,无人驾驶汽车的工作过程大致分为 5 步。首先,汽车通过传感器、雷达、摄像机等车载装置,获取对周围环境信息的感知,然后将这些信息映射到地图上,从而得知汽车自身的位置信息;根据环境信息和位置信息,确定可能的行进路线,由决策部分处理,决策算法根据这些路径,综合当前道路信息、车辆状态、环境信息等,计算出最佳路线,最后由控制模块采取行动。在汽车运行期间,感知部分会不断扫描和监控周围的环境并更新信息,后续的模块处理也不断进行,5 个步骤相辅相成,实现汽车的无人驾驶功能。

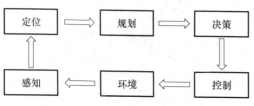

图 21.8 无人驾驶汽车的工作过程

人工智能算法是无人驾驶汽车的核心,直接关系到无人驾驶的智能化程度。在无人驾驶过程中,它要实现诸多复杂的功能,如行人检测、物体识别、多传感器融合、路径规划、行为决策等。无人驾驶涉及人身安全,任何可能造成交通事故的故障都是不可接受的。

(3) 无人驾驶汽车的实现方式。

按周围环境信息获取渠道分,无人驾驶汽车的实现方式分为自主式和网联式两种,如图 21.9 所示。自主式无人驾驶汽车[图 21.9(a)]基于车载装置,能像人一样具有环境感知和决策控制能力;网联式无人驾驶汽车[图 21.9(b)]基于移动互联网,也能像人一样具有环境感知和决策控制能力。

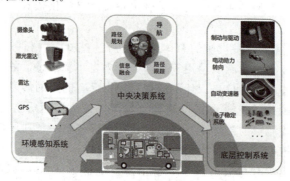

(a) 自主式

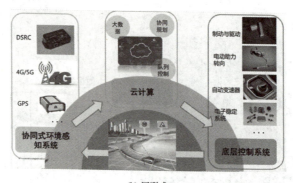

(b) 网联式

图 21.9 无人驾驶汽车的实现方式

21.4 汽车网联化技术

21.4.1 车联网的含义

车联网是以车内网、车际网和车载移动互联网为基础，按照约定的通信协议和数据交互标准，在车与 X（X：车、路、行人及互联网等）之间，进行无线通信和信息交换的大网络系统。它是物联网技术在交通系统领域的典型应用。

车联网是汽车与信息化相结合的高新技术。车联网通过集成多种通信技术将汽车内部各部件、汽车内部与外部世界之间连接成网络，形成融合车内网、车际网、车载移动互联网的一体化网络，如图 21.10 所示。

车内网是指基于成熟的总线技术，如局域互联网络（local interconnect network，LIN）、控制器局域网络（controller area network，CAN）、面向媒体的系统传输（media oriented system transport，MOST）等建立的标准化整车网络，实现车内各电器、电子单元之间的状态信息和控制信号在车内网上的传输，使汽车具有状态感知、故障诊断和智能控制等功能。

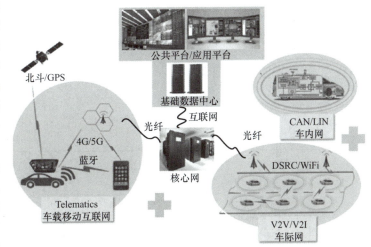

图 21.10 车联网的内涵

车际网是指基于短程通信技术构建的车-车、车-路、车-行人/非机动车网络，实现汽车与周围交通环境信息在车际网上的传输，使交通参与者具有行驶环境感知、危险辨识、智能控制等功能。

车载移动互联网是指基于远程通信技术构建车-互联网、车-中心、后端、车-云端网络，实现汽车与服务信息在车载移动互联网上的传输，使车联网用户具有智能信息服务、应用管理和控制等功能。

车联网技术有 3 个主要发展方向：①以远程无线通信为基础的汽车 Telematics 技术；②以短程无线通信为基础的车车通信、车路通信、车人通信技术；③以车内总线通信为基础的车内网络技术。

21.4.2 车联网的功能

便捷、安全和环保是车联网应用的核心价值。车联网通过对多样化信息的融合，可以面向不同用户开发个性化的应用,为出行者提供更加便捷的交通服务,为汽车驾驶人提供智能化的安全服务和控制,为交通管理部门提供节能环保的交通服务和控制。

车联网的主要功能及应用场景见表 21-4。

表 21-4 车联网的主要功能及应用场景

主要功能	主要应用	应用场景
主动道路安全	驾驶辅助-协同感知	紧急车辆接近报警
		低速车辆报警
		交叉口碰撞报警
		非机动车接近提醒
	驾驶辅助-道路危险报警	紧急电子制动灯
		走错路报警
		静止车辆-事故、故障
		交通条件报警
		违反交通信号报警
		道路施工报警
		碰撞风险报警
		分布式浮动车数据服务——危险位置、降水量、路面附着系数、能见度、风
协同交通效率管理	速度管理	限速提醒
		绿灯通行速度建议
	协同导航	交通信息和推荐行程
		增强型路线引导和导航
		限制进入报警和绕行提醒
		交通标志显示和报警
协同本地服务	基于位置的服务	兴趣点提醒
		自动门禁和停车场管理
		ITS 本地电子商务
		多媒体下载
全球互联网服务	通信服务	下载区管理
		车队管理
		保险和金融服务
	ITS 站点寿命周期管理	车辆软件配置和更新
		车辆和路侧数据标定

21.4.3 互联网汽车

自 2015 年以来,汽车无疑成了互联网界的一大焦点,受关注程度几乎超过了手机、智能手表等数码产品。"互联网+"时代给汽车产业带来的巨大变革,使得汽车企业和互联网企业纷纷积极探索跨界融合之路,互联网汽车应运而生。互联网汽车是未来汽车的发展趋势。根据调查显示,2018年互联网汽车实际的保有量已经超过6000万辆,50%以上的汽车厂商生产出来的汽车都会搭载互联网系统。

1. 互联网汽车的含义

2014年7月,阿里巴巴集团与上汽集团签署了"互联网汽车"战略合作协议,并表示将积极开展在"互联网汽车"和相关应用服务领域的合作,共同打造面向未来的"互联网汽车"及其生态圈,这是"互联网汽车"概念首次在业内正式提出。

人们对互联网汽车的认识熟悉而陌生,互联网汽车出现了如下三个阶段的演变。

第一个阶段大致可以归为"汽车+手机"。将手机和汽车连接起来,将手机功能投影到车载屏幕上,进而实现更多的功能,如通信、语音操作等。典型的代表就是苹果的CarPlay、谷歌的Android Auto及百度的Carlife。

第二个阶段可以归为"互联网+汽车"。不少汽车厂商打造独立的智能车载系统,比如通用的安吉星、丰田的G-BOOK、宝马的互联驾驶、奔驰的My Command等都是具备联网功能的新一代车载系统,实现了听音乐、通话、使用浏览器等简单功能。只不过汽车厂商在操作系统上的功底显然不如"久经考验"的互联网公司,如阿里巴巴的YunOS系统,搭载了YunOS的互联网汽车第一次实现了在线可感知地图、语音交互、汽车拍照等功能,同时也是生活服务平台和智能硬件平台。不难发现,YunOS互联网汽车是投屏模式过渡到系统模式的标志,以系统的形式为汽车提供了数据引擎,从而拥有了用户数据、行车数据、道路数据等,并不断了解用户的驾驶习惯。

第三个阶段可以归为无人驾驶。人们对于车载系统的要求越来越高,并催动了投屏模式向系统模式的发展。同时,人们对自动驾驶、安全技术、舒适性等有着更多的需求。互联网汽车的出现加速了无人驾驶的发展,汽车进入智能网联时代。

2. 全球首款量产的互联网汽车荣威RX5

2016年7月6日,上汽集团与阿里巴巴集团在杭州云栖小镇举行了"登陆·探索"互联网汽车新品类联合发布会,全球首款量产的互联网汽车荣威RX5正式上市,如图21.11所示。

作为首个与互联网企业联合开发汽车产品的汽车企业,与阿里巴巴集团共同打造的互联网汽车——荣威RX5正是上汽集团创新转型的重要举措。

在资源整合方面,荣威RX5充分集成了上汽集团的整车研发、造型设计、动力总成、新能源技术、汽车电子及架构等资源和阿里巴巴集团的YunOS智能操作系统、支付宝、阿里通信、高德导航、虾米音乐等资源,开放融合互联网和大数据,围绕用户的车生活,整合双方线上线下资源,为用户提供智慧出行服务。

在产品开发方面,双方提出了Car On The Internet的创新设计理念,瞄准用户在

图21.11　全球首款量产的互联网汽车荣威RX5

汽车使用全生命周期内的"痛点",包括维修保养、道路交通、加油停车、环保需求等,通过对大数据分析和消费者习惯的研究,不仅计划推出纯电动版、插电式混合动力版、传统汽油版三种车型,还将主动、便利、实时推送消费者感兴趣、有价值的信息和服务,化"痛点"为"甜点"。

在服务运营方面,双方探索产业链前后端的有机结合,全面整合与汽车产业紧密相关的服务资源,打造互联网汽车的生态圈,构建全新出行生活服务体系和商业模式。

3. 互联网汽车的功能

互联网汽车具有车辆管理、车辆服务、车辆控制、车辆生活等功能。

车辆管理:互联网汽车可以把油量、可行驶距离、保养周期、胎压等汽车基本信息通通显示在手机上,还可以纠正驾驶习惯,再也不用担心汽车出问题。

车辆服务:汽车保养的方式将变成APP预约、4S店上门提车、保养结束还车,而且支付也能简便地在手机端完成,做到足不出户就能保养汽车。目前,已经有相应的服务商推出上门保养服务,而车企官方的上门保养服务也逐步出现。

车辆控制:近年来无匙进入功能已经得到广泛应用,接下来用APP控制汽车的方式也将逐步出现,如用手机开关车门、车灯等。

车辆生活:给汽车连上互联网,找车、找吃、找玩、看天气、看新闻,再也不用停下车来慢慢翻手机了,直接在行车过程中就可以完成。如果与朋友一同出行,还可以查看他们车的位置,找人找车更加方便。

1. 什么是智能网联汽车?
2. 智能网联汽车的技术架构是怎样的?
3. 智能网联汽车是如何分级的?
4. 什么是智能汽车?
5. 高级驾驶辅助系统有哪些典型功能?
6. 无人驾驶汽车的总体结构分为哪几部分?
7. 无人驾驶汽车是如何工作的?
8. 无人驾驶汽车的实现方式有几种?
9. 什么是车联网?车联网的功能有哪些?
10. 如何理解互联网汽车的含义?

参 考 文 献

陈刚，殷国栋，王良模，2019. 自动驾驶概论［M］. 北京：机械工业出版社.
陈慧岩，熊光明，龚建伟，2018. 无人驾驶车辆理论与设计［M］. 北京：北京理工大学出版社.
陈家瑞，2009. 汽车构造：上册［M］. 3版. 北京：机械工业出版社.
关文达，2016. 汽车构造［M］. 4版. 北京：机械工业出版社.
何洪文，熊瑞，等，2018. 电动汽车原理与构造［M］. 2版. 北京：机械工业出版社.
中国汽车工程学会，2021. 节能与新能源汽车技术路线图2.0［M］. 北京：机械工业出版社.
全国自动车整备专门学校协会，2005a. 汽油发动机构造［M］. 3版. 东京：山海堂.
全国自动车整备专门学校协会，2005b. 柴油发动机构造［M］. 3版. 东京：山海堂.
全国自动车整备专门学校协会，2005c. 底盘构造［M］. 3版. 东京：山海堂.
史文库，姚为民，2013. 汽车构造：上册［M］. 6版. 北京：人民交通出版社.
史文库，姚为民，2013. 汽车构造：下册［M］. 6版. 北京：人民交通出版社.
王望予，2004. 汽车设计［M］. 4版. 北京：机械工业出版社.
王震坡，孙逢春，刘鹏，2014. 电动汽车原理与应用技术［M］. 北京：机械工业出版社.
肖生发，2019. 汽车工程概论［M］. 3版. 北京：北京理工大学出版社.
肖生发，罗永革，陶健民，等，1999. 汽车工程学基础［M］. 北京：人民交通出版社.
肖生发，赵树朋，2012. 汽车构造［M］. 2版. 北京：北京大学出版社.
谢伯元，李克强，王建强，等，2013. "三网融合"的车联网概念及其在汽车工业中的应用［J］. 汽车安全与节能学报，4（4）：348－355.
余志生，2018. 汽车理论［M］. 6版. 北京：机械工业出版社.
臧杰，阎岩，2017. 汽车构造［M］. 3版. 北京：机械工业出版社.
赵航，史广奎，2012. 混合动力电动汽车技术［M］. 北京：机械工业出版社.
EHSANI，GAO，EMADI，2010. 现代电动汽车、混合动力电动汽车和燃料电池车：基本原理、理论和设计第2版［M］. 倪光正，倪培宏，熊素铭，译. 北京：机械工业出版社.

附录　AI 伴学内容及提示词

AI 伴学工具：生成式人工智能（AI）工具，如 DeepSeek、Kimi、豆包、通义千问、文心一言、质谱清言、ChatGPT 等。

序号	AI 伴学内容	AI 提示词
1	总论	为什么说"汽车是改变世界的机器"
2		世界汽车工业的发展历程
3		汽车的主要组成、作用及分类
4		举例说明车辆识别代号的含义
5	第1章 汽车发动机的基本知识	发动机的分类、总体构造、特点及工作原理
6		发动机行程、排量、压缩比的含义及计算
7		汽油机和柴油机有哪些不同之处
8		举例说明发动机产品型号的含义
9	第2章 曲柄连杆机构	曲柄连杆机构的功用及组成
10		气缸的排列方式及特点
11		发动机燃烧室的作用、形状及特点
12		发动机活塞连杆组的组成、作用及特点
13		发动机曲轴飞轮组功用及组成
14		曲轴曲拐的排列布置
15		发动机扭转减振器的作用及主要类型
16		发动机悬置的作用及布置形式
17	第3章 配气机构	配气机构的作用、组成及特点
18		凸轮轴的布置形式、传动方式及特点
19		为什么发动机采用多气门结构
20		配气相位的含义、作用及计算
21		凸轮轴的作用、组成及驱动方式
22		发动机为什么采用可变配气机构？举例说明常见可变配气机构的工作原理
23	第4章 汽油机燃料供给系统	汽油的使用性能指标及选择方法
24		汽油机燃料供给系统的作用
25		空燃比、过量空气系数的含义及可燃混合气浓度的表示方法
26		汽车发动机各种工况对可燃混合气浓度的要求
27		电控汽油喷射系统的优点、分类、组成及工作原理

续表

序号	AI 伴学内容	AI 提示词
28	第 5 章 柴油机燃料 供给系统	柴油的使用性能指标有哪些
29		柴油机燃料供给系统的作用及组成
30		喷油泵的作用、分类、结构及工作原理
31		调速器的作用、分类、工作原理及应用
32		柴油机高压共轨系统的优点、组成及工作原理
33		出一套柴油机燃料供给系统的自测题
34	第 6 章 进、排气装置及 排气净化装置	发动机进、排气装置的作用、组成及工作原理
35		排气消声器的作用、分类及工作原理
36		发动机增压器的作用、分类及工作原理
37		汽车排放的主要污染物及控制方法
38	第 7 章 冷却系统	发动机冷却系统的作用、组成及工作原理
39		发动机冷却强度的调节方式
40		发动机风扇的作用、类型及工作原理
41		冷却液的作用、组成及其特点
42	第 8 章 润滑系统	发动机润滑系统的作用及主要组成
43		发动机的润滑方式及应用
44		发动机的润滑油路
45		机油泵的作用、分类及工作原理
46		机油滤清器的作用、分类及工作原理
47		出一套发动机润滑系统的自测题
48	第 9 章 点火系统及 起动系统	发动机点火系统的作用、分类、特点及工作原理
49		点火提前装置的工作原理
50		火花塞的作用、组成及工作原理
51		发动机起动系统的作用及常见起动方式
52		起动系统的组成及工作原理
53	第 10 章 新能源汽车 简介	新能源汽车的定义
54		新能源汽车的主要类型、特点、组成及工作原理
55		纯电动汽车与传统燃油汽车的比较
56		混合动力电动汽车与纯电动汽车的比较
57		燃料电池电动汽车与纯电动汽车的比较

续表

序号	AI伴学内容	AI提示词
58	第11章 汽车底盘的 基本知识	汽车底盘的作用及组成
59		汽车的布置形式、特点及应用
60		典型的汽车动力传递路径
61	第12章 离合器	离合器的作用、组成及工作原理
62		膜片弹簧离合器的组成、特点及工作原理
63		离合器扭转减振器的作用及工作原理
64		离合器操纵机构的作用、分类及应用
65	第13章 变速器与 同步器	汽车变速器的作用及分类
66		齿轮式变速器的工作原理
67		变速器变速传动机构的分类、组成及工作原理
68		同步器的作用、结构形式及工作原理
69		变速器操纵机构的作用、类型及应用
70		变速器操纵机构的锁止装置的作用、分类及工作原理
71	第14章 自动变速器	汽车自动变速器的含义、作用、分类及工作原理
72		液力变矩器的作用、组成及工作原理
73		行星齿轮变速器的作用、组成及工作原理
74		汽车无级自动变速器的组成及工作原理
75		汽车机械式自动变速器的组成及工作原理
76		汽车双离合器自动变速器的组成及工作原理
77	第15章 万向传动装置	汽车万向传动装置的作用及组成
78		万向节的作用、分类及工作原理
79		传动轴的作用及结构特点
80		中间支撑在万向传动装置中的作用
81	第16章 驱动桥	汽车驱动桥的作用、组成及分类
82		主减速器的作用、分类、特点及应用
83		差速器的作用、分类、特点及应用
84		半轴的作用及支承形式
85		驱动桥壳的作用、工作要求及分类
86	第17章 车架、车桥 和车轮	汽车行驶系统的作用、主要组成及基本类型
87		车架的作用、分类、结构特点及应用
88		车桥的作用、分类及组成
89		转向轮定位的含义及前轮定位参数
90		车轮的作用、组成及类型
91		轮胎规格的表示方法

续表

序号	AI伴学内容	AI提示词
92	第18章 悬架	悬架的组成、分类、特点及应用
93		汽车悬架弹性元件的类型、结构特点及应用
94		汽车减振器的作用、分类及工作原理
95		非独立悬架的分类、结构、工作原理及应用
96		独立悬架的分类、结构、工作原理及应用
97		电子控制悬架系统的作用、分类、组成及工作原理
98	第19章 汽车转向系统	汽车转向系统的作用、分类及工作原理
99		转向操纵机构的作用及组成
100		转向器的作用、分类、组成及工作原理
101		转向传动机构的作用及类型
102		液压动力转向系统的特点、类型及工作原理
103		电子控制动力转向系统的特点、类型及工作原理
104		线控转向系统的含义、组成及工作原理
105	第20章 汽车制动系统	汽车制动系统的作用、分类、组成及工作原理
106		制动器的作用、分类、工作原理及应用
107		鼓式制动器与盘式制动器的比较
108		驻车制动系统的作用、类型、工作原理及应用
109		制动防抱死系统的作用、组成及工作原理
110		电子稳定性系统的组成及工作原理
111	第21章 智能网联汽车简介	智能网联汽车的含义、组成及技术架构
112		智能汽车的含义、组成及分级
113		高级驾驶辅助系统的含义及典型功能
114		无人驾驶汽车的含义、组成及工作原理
115		高级驾驶辅助汽车与无人驾驶汽车的区别
116		车联网的含义、主要功能及应用场景
117		互联网汽车的含义及功能